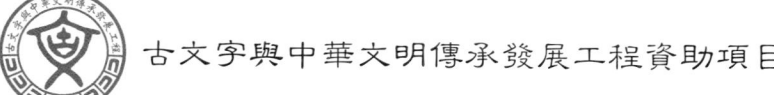
古文字與中華文明傳承發展工程資助項目

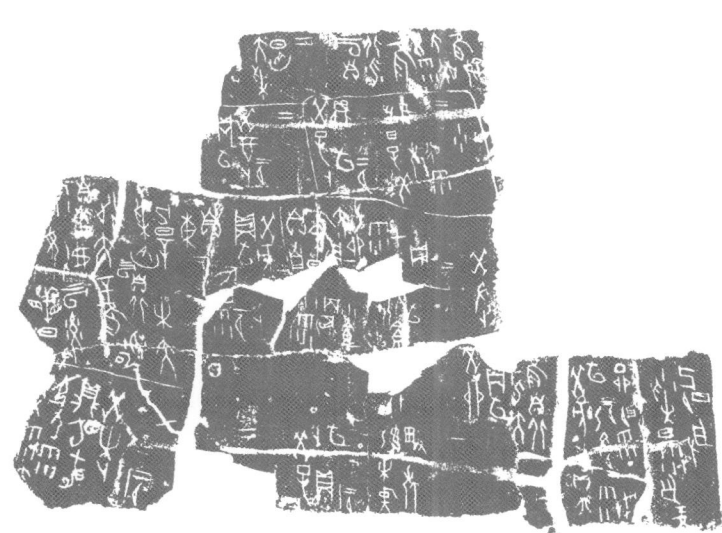

相觀䀛集（第一輯）

馮時 主編

中國社會科學出版社

圖書在版編目(CIP)數據

相觀而善集. 第一輯 / 馮時主編. —北京：中國社會科學出版社，2022.8
ISBN 978 – 7 – 5227 – 0507 – 1

Ⅰ.①相… Ⅱ.①馮… Ⅲ.①考古學—文集②古文字學—文集
Ⅳ.①K870.4 – 53②H028 – 53

中國版本圖書館 CIP 數據核字(2022)第 129918 號

出 版 人	趙劍英
責任編輯	郭　鵬　王沛姬
責任校對	劉江濤
責任印製	李寡寡

出　　版	中國社會科學出版社
社　　址	北京鼓樓西大街甲 158 號
郵　　編	100720
網　　址	http：//www.csspw.cn
發 行 部	010 – 84083685
門 市 部	010 – 84029450
經　　銷	新華書店及其他書店
印　　刷	北京明恒達印務有限公司
裝　　訂	廊坊市廣陽區廣增裝訂廠
版　　次	2022 年 8 月第 1 版
印　　次	2022 年 8 月第 1 次印刷
開　　本	787×1092　1/16
印　　張	18.5
字　　數	393 千字
定　　價	98.00 元

凡購買中國社會科學出版社圖書，如有質量問題請與本社營銷中心聯繫調換
電話：010 – 84083683
版權所有　侵權必究

序

  主編這部文集的初衷是希望中國社會科學院研究生院考古係古文字學專業的學生們，有一個將自己碩士階段的研究心得發表出來的園地。碩士學位論文一般反映了學生對某一問題的階段性研究成果，雖不及博士論文全面深入，但篇幅也會不小，學術期刊是很難容納的。而文集的文章則使學生們不致惜墨如金，可以從容討論學術問題，這對於他們學術思維的培養是有好處的。

  中國社會科學院考古研究所的古文字與出土文獻研究很有傳統，早年以陳夢家先生爲代表，近世又以王世民、劉一曼先生爲領軍，成績斐然。其個人的學術研究姑且不論，僅就大型的集體項目而言，即有如《殷周金文集成》十八冊（後有修訂增補本八冊）、《小屯南地甲骨》五冊、《殷墟花園莊東地甲骨》六冊、《殷墟小屯村中村南甲骨》二冊、《金文文獻集成》四十六冊，至於秦漢時期的出土文獻，則有劉慶祝先生主持整理的《漢長安城未央宮骨簽》九十冊等，成果皇皇，卓有貢獻。這個傳統當然沒有理由不很好地繼承下來。

  對古文字的學習殊途而異趣，而在中國社會科學院研究生院考古係學習古文字學，將古文字學與考古學彼此結合就成爲這一學科的特點，因此，僅以解決古文字問題作爲自己最終學術目的的研究就遠遠不够了。古文字材料只是重建上古社會的直接史料，這意味着打好考古學、歷史學、古文獻學的基礎乃是不可或缺的功課。文集收錄的都是學生們在其碩士學位論文的基礎上修訂完成的成果，這是他們邁入古文字學術之門的處女作，雖有不足，但值得珍視。

  《禮記·學記》云："獨學而無友，則孤陋而寡聞。"又謂："相觀而善之謂摩。"學術的進步既需要知識的長期積累，也需要同道之間的相互砥礪和切磋。文集取"相觀而善"爲名，即體現了對諸生的這種期待。

  文集的出版得到"古文字與中華文明傳承發展工程"的資助，謹誌謝忱。郭鵬主任對文集的出版給與大力支持。王沛姬博士從統稿到編輯，付出很多辛苦。張程昊博士爲文集治印增色。在此一並致以謝意。

馮　時
2022 年 4 月 4 日於尚樸堂

目　　録

殷卜辭中商王廟主問題的研究 ·· 胡輝平（1）

甲骨文敦地及相關地理研究 ·· 韓　雪（39）

甲骨文"魚"與武丁時期的戰爭 ·· 何　苗（91）

應國具銘銅器研究 ·· 黄益飛（117）

仿作僞作青銅器簡史 ·· 王沛姬（196）

晉侯穌鐘銘文稱謂研究 ·· 于靖涵（235）

殷卜辭中商王廟主問題的研究

胡輝平

中國國家圖書館

摘要：商王廟主問題是研究商代先祖神主中的一個重要方面，對商代宗法制度的研究有重大作用。商人用天干地支紀日，商王廟號也用日干名，祭祀時依廟號日干名而定祭日。關於商王日干廟號的起源問題，則一直是學者們研究商代宗法制度時面臨的首要問題。自漢晉以來，關於廟號來源的"生日説"和"死日説"被逐漸否定後，對這一問題的討論，出現了衆説紛紜的局面。爲了更清楚的認識商代的商王廟號問題，我們采用歸納總結的方法，並結合甲骨卜辭本身所反映的規律，對有關廟號起源的十一種説法分別進行了比較分析，得出廟號是由卜選得來的祭日説較有説服力。

商王名號中的集合廟主問題是學界一直關注的熱點，此問題關係到商代宗法制度及商代社會制度問題的研究。探討集合廟主的具體含義，意義是極其重大的。它可以讓我們更清楚地認識商代的祭祀體系，對卜辭的分期斷代也有幫助。以往學者關於各個集合廟主含義的解釋，分歧很大，而且大多都只討論某一個或某幾個集合廟主的含義，而不是將所有的集合廟主的名稱當作是一個完整的體系來考察。本文試圖在盡量充分掌握卜辭和文獻資料的基礎上，對卜辭中的集合廟主名稱進行一次較全面、系統的研究。

關鍵詞：商代，卜辭，廟號，日名制度，集合廟主

引　言

商代神主問題是研究商代宗法制度中的一個重要課題。按大類分，神主可以分爲自然神主和先祖神主。在此，我們主要關注商代的先祖神主的相關問題。其中商王廟主問題又

是先祖神主中的一個比較核心的問題，且備受關注。因此，本文主要從商代的日名制度（即廟號來源）和集合廟主名稱兩方面入手，以期對廟主問題進行一次較全面而深入的討論。

在"國之大事，在祀與戎"的商代社會中，祭祀成爲當時社會生活的重要部分。商代以干支爲紀日的單位，而十干尤爲重要。十日爲一旬，卜辭中常見"卜旬"的記錄。商王自上甲微以後都以十干爲名，在殷王祭祖的祀典中，以各王的日干定其祭日。此日名，學者們一般稱之爲廟號。商王以天干爲廟號，究竟緣何而起，漢晉以來就有分歧。自殷商甲骨被發現後，王國維發表《殷禮徵文》，聚訟不休。20世紀60年代，張光直先生發表《商王廟號新考》，繼而在以後的近半個世紀裏，學術界掀起了一場關於廟號問題的熱烈討論，但最終也沒有取得共識。商王以十干爲名，是死後而非生前，學者多表贊同。《史記·殷本紀》所載的商王世系是商史研究的重要史料。自帝嚳到振，商王不以十干爲名，自上甲微至帝辛止，共三十七王，無一不以十干爲名。帝辛之子武庚亦不例外。甲骨學者多同意殷王世系自上甲以上爲傳說時代，[1] 卜辭周祭祀典也始於上甲。因此，我們在討論商王廟主問題時，亦是自上甲開始。

在祭祀卜辭中，人們很早就注意到了其中對先公先王的不同稱謂問題，有單指某一先王或先妣，或以部分先王作爲一個集合體。在先王集合體中又可以分兩種：一類是先祖泛稱，如多祖、多毓，其所指范圍可隨時而變；一類是集合廟主[2]，如大示、小示、元示等，此類稱謂的含義應是相對固定的。在此，我們主要討論集合廟主問題。

殷商卜辭中關於集合廟主的名稱很多，有些名稱往往成對出現，構成一組互相對立的概念，例如大示與小示，上示與下示等。在注重祭祀的商代，祭祀體系應該是相當嚴密而完善的，各個集合廟主具體所指在整個祭祀體系中都應是協調一致的，即各個集合廟主之間互相關聯，形成一個完整的體系。關於這些集合廟主的具體含義，已有許多學者進行了討論，但是，各家多是討論某一組或某幾個集合廟主名稱的含義，極少將所有集合廟主當作一個整體來考察。基於此，我們在盡量充分掌握卜辭和文獻資料的基礎上，試圖對卜辭中的集合廟主進行一次較全面的研究，希望能對澄清此問題有所益處。文中不免存在遺漏和錯誤之處，敬請大家批評指正。

一　關於商代的日名制度

中國古代的紀日法，到商代時已形成一套規整的干支日名。現存甲骨文中的日名制材

---

[1] 郭沫若：《卜辭通纂》，科學出版社1983年版，第362頁。
[2] 陳夢家：《殷虛卜辭綜述》，中華書局1988年版，第460頁。

料連篇累牘，商代甲骨刻辭中習見有完整的干支表，其中最引人矚目的是歷世商王均以十干爲名號。商王的名號自上甲微到商紂王帝辛，均由十個天干日名和干名前的區別字組成；不僅商王如此，一般貴族也是如此，商代銅器銘文和甲骨文中以日爲名的現象很普遍，致使學者認爲西周早、中期銅器銘文反映的日名制度也應爲殷制的孑遺。[1] 日名制源遠流長，成爲商代祖先最盛行的一種命名制度。多數學者傾向於稱日名爲廟號。卜辭對先公、先王的祭祀看似錯綜復雜，但全面深究起來，其中還是有一定規律可循。

第一，在祭祀卜辭中，對商代諸王和后妣的祭祀常在與他們廟號相同的日干之日行祭。如：

酚奉甲辰于上甲。	《合集》32362
甲子卜，宁貞：王賓上甲㞢，亡尤。	《合集》27042
甲辰，貞：來甲寅又伐上甲羌五，卯牛一。	《合集》32083
來甲午侑伐上甲。	《合集》904正
乙巳卜，貞：王賓報乙彡日，亡尤。	《合集》35447
丙午卜，行貞：王賓報丙彡，亡［尤］。在正月。	《合集》25307
丁卯卜，旅貞：王賓報丁彡亡尤。在七月。	《合集》22688
壬子，貞：王賓示壬翌日，亡尤。	《合集》35468
甲辰卜，貞：王賓示癸奭妣甲㞢日，亡尤。	《合集》36190
戊申卜，尹貞：王賓大戊翌，亡尤。	《合集》22829
乙卯，貞：酚大乙。	《合集》32437
庚子，貞：王賓大庚祭，亡尤。	《合集》35560
壬寅卜，行貞：王賓大庚奭妣壬㞢，亡尤。	《合集》23314
辛卯卜，貞：王賓武丁奭妣辛翌日，亡尤。	《合集》36267
癸亥卜，貞：王賓武丁奭妣癸㞢日，亡尤。	《合集》36271

第二，卜辭中所反映的商王日名，按大、中、小等區別詞可以分組別，如：

(1) 大乙、大丁、大甲、大庚、大戊
(2) 中丁、中己
(3) 小甲、祖丁（小丁）、小辛、小乙
(4) 上甲
(5) 下乙（祖乙）

第三，商王、后妣的日名在十個天干日名上均有分佈，統計情況如下：

---

[1] 張懋鎔：《周人不用日名說》，《歷史研究》1993年第5期；又收入《古文字與青銅器論集》，科學出版社2002年版，第217—222頁。

商王：甲（7）、乙（6）、丙（2）、丁（7）、戊（1）、己（2）、庚（4）、辛（3）、壬（2）、癸（1）
　　先妣：妣甲（2）、妣丙（1）、妣戊（4）、妣己（3）、妣庚（4）、妣辛（3）、妣壬（2）、妣癸（3）

商王在世時，各有生稱，如大乙在卜辭稱作唐，唐即是生稱。從卜辭所反映的情況看來，天干日名一般是死後使用，這似乎不能用生日、死日之巧合來解釋，而更像是人爲安排。日名制度的起源一直是學者們感興趣的問題，先後共有十一種說法，現按時間早晚分別說之。

其一，生日說。此說出現最早，《白虎通·姓名篇》云："殷人以生日名子何。殷家質，故直以生日名子也。"《易緯乾鑿度》亦云："帝乙則湯，殷家質，生日爲名，順天性也。"司馬貞《史記索隱》中皇甫謐云："'微字上甲，其母以甲日生故也。'商像生子以日爲名，蓋自微始。"又《太平御覽》卷八三亦云："帝祖乙以乙日生，故謂之帝乙。"屈萬里從之，但糾正"生日名子"之誤，謂諡號乃死後依生日而定。[1]"蓋祖甲父乙云者，乃祖日甲，父日乙云云之簡稱。意謂祖之生日爲甲，父之生日爲乙……即以此日，以代祖若父之名耳（或疑此日干之號，指死之日言）。按帝辛不以辛日死，故籍章章可考，知其非是。……於生日皆謹記之。《周禮》，《內則》，雖皆甚晚之書，然此重視生日之俗，蓋傳自古昔也。"

生日說雖然發創最早，時間上與商周年代較爲接近。但與卜辭所反映的事實不相吻合，故知其不可行。

其二，廟主說。《史記·殷本紀》索隱："譙周以爲死稱廟主曰'甲'也；又云：夏、殷之禮，生稱王，死稱廟主，皆以帝名配之。天亦帝也，殷人尊湯，故曰天乙。"譙周的死稱廟主說頗爲準確，但未說明何以用日名爲廟主。

其三，祭日說。王國維指出，"殷之祭先，率以其所名之日祭之，祭名甲者用甲日，祭名乙者用乙日，此卜辭之通例也。"[2]王國維的廟名甲乙相應於祭日的甲乙，雖指出廟名與祭日的關係，但對於廟名的由來仍未說明。

其四，死日說。董作賓主張此說，在《論商人以十日爲名》一文中云："漢人以爲甲乙乃生人之名，所以解以'以生日名子'，這是合理的。現在既由甲骨文字證明了甲乙不是生前的名字，只是死後神主之名，當然以死日、忌日爲神主之名、祭祀之日，最爲合理。若說甲乙是死後的神主之名而取生日爲標準，就未免邇遠而不近人情。固然，從殘缺的貞卜文字裏，找出某人的生日以證明神主的甲乙命名的來源，是絕不可能之事；找死日也同

---

[1] 屈萬里：《諡法濫觴於殷代論》，《歷史語言研究所集刊》第十三本，1949年，第219—226頁。
[2] 王國維：《殷卜辭中所見先公先王考》，《觀堂集林》卷九，中華書局1959年版，第409—437頁。

樣不可能。"[1]此說得到學者的回應。[2]雖然董先生也承認商紂王於甲子日死，不名帝甲而名帝辛，這對死日說是一個障礙。但爲圓其說，而猜測"周人記載下來的伐商史料"不可靠；又猜測帝辛非甲子日死，其"真正死日，可能在甲子前三天的辛日"。[3]其紕漏之處，正如張懋鎔先生所指正：牧野之戰結束得太快，殷人前徒倒戈使戰局突然爲之改觀，勝敗在瞬間決定，豈容殷紂王預先知曉而提前自縊呢。[4]1976年陝西臨潼出土利簋，銘文開篇曰："武王征商，惟甲子朝"，武王伐商在甲子日，更是鐵証如山，表明死日說不合理。

其五，致祭次序說。陳夢家先生主張此說。[5]"我們從周祭祀譜中，知道周祭先王先妣的次序，主要是依了及位、死亡和致祭的次序而分先後的。……卜辭中的廟號，既無關於生卒之日，也非追名，乃是致祭次序；而此次序依了世次、長幼、及位先後、死亡先後、順著天干排下去的。凡未及位的，與及位者無別。"[6]至於周祭祀譜中事實上沒有顯示出這種次序，乃是因爲中間有不少死者因不重要而被淘汰。

致祭次序說之誤，正如李學勤先生所分析："如果此說是真的，則我們將不能用日名親稱（父甲、母乙等）來斷代，因爲：（1）一人有父癸，則他必有父甲至父癸一套。（2）所謂'父甲'可以是第一、十一、二十一……父，不能確定，如武乙的父乙。"[7]

其六，兩組執政群所組織的廟主分類制度說。張光直先生對以上的幾種說法均不滿意，於是在《商王廟號新考》（以下簡稱爲《新考》）中從人類學的角度來說明廟號在世系中的規則性，認爲十日爲名的習俗是死後的廟主分類制度，是商王室的兩種執政組（一是以甲、乙廟號爲代表，二是以丁廟號爲代表）輪流執政的結果。[8]

《新考》一經發表，立刻引起學術界的轟動，隨即在20世紀60年代掀起一場"關於商王廟號起源問題"的熱烈討論。不少學者對此表示贊同，並補充發揮之。如丁驌先生承《新考》的原則，重整資料，將商王分爲三段分別對史料進行檢討；[9]許倬雲先生對繼《新考》後的若干討論文章作總評論後，仍對張說持贊同意見；[10]劉斌雄先生依張先生之假設，對殷商王室親屬制度提出了十分組制的解釋。[11]但林衡立先生對張先生文中運用的論

---

[1] 董作賓：《論商人以十日爲名》，《大陸雜誌》第二卷，1951年第三期。
[2] 常玉芝：《商代周祭制度》，中國社會科學出版社1987年版。
[3] 董作賓：《論商人以十日爲名》，《大陸雜誌》第二卷，1951年第三期。
[4] 張懋鎔：《商代日名研究的再檢討》，《古文字與青銅器論集》，科學出版社2002年版，第231—226頁。
[5] 陳夢家：《商王名號考》，《燕京學報》第27輯，1950年。
[6] 陳夢家：《殷虛卜辭綜述》，第404—405頁。
[7] 李學勤：《評陳夢家〈殷虛卜辭綜述〉》，《考古學報》1957年第3期。
[8] 張光直：《商王廟號新考》，原載《民族學研究所集刊》第十五期；又收入《中國青銅時代》，生活·讀書·新知三聯書店1983年版，第165—202頁。
[9] 丁驌：《論殷王姓諡法》，《民族學研究所集刊》第十九期，1965年。
[10] 許倬雲：《關於"商王廟號新考"一文的幾點意見》，《民族學研究所集刊》第十九期，1965年。
[11] 劉斌雄：《殷商王室十分組制試論》，《民族學研究所集刊》第十九期，1965年。

证法提出質疑;[1]許進雄先生對兩組輪流執政和張先生所構想的婚姻制度表示不同意,不贊同將"從上甲到示癸六世"解釋爲"疑心太史公或史前有人修改的"觀點,指出如果太史公或史前的人有意的修改殷世系,則大乙以後而不合規律的也要修改才是,不會只修改這幾世。[2]

楊希枚先生也認爲《新考》的説法出於幾乎全無史實支持的虚構假設,其循環論斷的方式顯然也是難於成立的。商王世系卜辭中的確存在如此的商王廟號命名譜式:A—B—A—B—A—B……即楊希枚所解釋的隔代祖孫同名現象,"就商王世系與聯名系譜材料的比較結果,只能説商王廟號在世系上的規律命名現象頗類聯名系譜上的現象。但只是如此而已。"至於"諸王和后妃究依何種原則命名,十干如何起源,且如何用以表示序列等等問題,則均史料不足,而難以論斷。"[3]并且王權的承襲及親族制度等問題也不能憑僅有的卜辭系譜材料來討論。

其七,卜選説。李學勤先生在《評陳夢家〈殷虚卜辭綜述〉》文中指出,次序説實創於清吴榮光的《筠清館金文》卷一:"甲乙丙丁猶一二三四,質言之如後世稱排行字",主張"殷人日名乃是死後選定的"。[4]并引卜辭爲証。

[癸]未[卜],囗[貞:旬]亡禍。……[己]丑小刅[死]。[八]月。

《合集》4962

貞:其有[來]艱。二日己[丑]小刅死。八月。　　　　　《合集》17098

癸未卜,兄貞:卅羌惠宜宀。

癸未卜,大貞:來丁亥薰丁卅羌卯。

庚寅卜,大貞:作喪小刅冬。八月。

辛卯卜,大貞:作胖小刅,亡梌。

《綴》98 =《合集》23574 +《山東》1144 +《法》CFB17

丙申卜,出貞:翌小刅日,惠癸。八月。　　　　　　　《合集》23713

丁酉卜,大貞:小刅老,惟丁由。八月。　　　　　　　《合集》23716

按小刅死於八月己丑,次日始作喪,八日丙申卜其日爲癸。

癸丑卜,大貞:子侑于刅羌五……　　　　　　　　　《合集》22559

壬午卜,大貞:翌癸未侑于小刅三牢,窺一牛。　　　　《合集》23719

丁酉日卜老(考,宫廟初成之祭)。然而,值得注意的是,在小刅死後的第二十五日(癸丑)和第五十五日(癸未),商人開始對其祭祀,但仍以在世之名稱之,而不稱其廟號

---

[1] 林衡立:《評張光直"商王廟號新考"中的論証法》,《民族學研究所集刊》第十九期,1965年。
[2] 許進雄:《對張光直先生的"商王廟號新考"的幾點意見》,《民族學研究所集刊》第十九期,1965年。
[3] 楊希枚:《聯名制與商王廟號問題》,《民族學研究所集刊》第二十一期,1966年。
[4] 李學勤:《評陳夢家〈殷虚卜辭綜述〉》,《考古學報》1957年第3期。

癸。或許，商人還需等到某些祭祀舉行後，才能開始用廟號。

此外，李學勤先生還在《海外訪古續記（二）》中談及此問題："由此可知，此人死於己日，祭日用癸，所以日名不是由死日而定。這和紂死於甲子夕，日名爲辛，是一樣的。再看丙申一辭，卜問此人日名爲癸，説明日名確是在死後卜選的。這對研究日名的性質，是很珍貴的線索。"

其八，吉日説。代表之一是楊希枚先生。[1] 他從商周的卜俗上説明，不僅周人卜日有剛柔遠近之别，卜近日不吉而改卜遠日，卜剛日不吉也可改卜柔日的慣例；且商人也應有喪葬大典之卜，且應有擇元辰、卜吉日之俗。而後依祭日之干名命名所祭商王的廟號，並認爲"關於廟號來源問題，早於1957年李學勤提出的卜選祭日的卜辭實證而得到解決。且無論就商周卜筮之俗或商代惟以干支紀日之制而言，廟號源於卜選祭日説都是合理的"。對於商王日干廟號的理解方面，他從一些民族的家庭個體同名和異名制説明，商王族系譜的同名和異名現象，尤其祖孫隔代同名現象，實是許多民族常見的而非不可解的奇特命名現象。而且這些命名原則也顯然與名號的來源、家族結構和婚姻形式無必然關係。

代表之二是美國學者吉德煒先生。[2] 他認爲"廟號將不會與商王的選擇有任何關係，而且可能只有一個祭祀上的功用。廟號的選擇體現了商人對吉日的偏好，干名廟號的功用不是在於世系，即廟號並没有反映任何實際的繼承制度；不過倒是有祭祀上、官制作業便利的功用。"

從日干名分佈的規律來看，商人對日名是有選擇性的。而且祭祀是一項莊重而嚴肅的事情，對先王的日名稱謂選擇必定是有一定的程式和儀式的，其中吉日想必應是其中的一項。至於其間又依了何種規則和程式，就有待更深一步的探討。

其九，冠禮和婚禮説。爲馬承源先生所提出。[3] 他指出："商周貴族男子所稱的日干實爲冠禮中所受之字，而女子的日干乃是許嫁之字。冠禮在前，婚禮在後，故男女一般不同字。"可是，從卜辭所反映的情況看，我們至少現在還找不出支持這一説法的證據。

其十，嫡庶説。張光直先生以對殷商銘器的統計結果否定了生日説，也否定了死日説，並提出：十日不僅是廟號，同時也是生人分類的稱呼，乙、丁、己、辛、癸五日遠占多數，是由於這五干的男子多娶另外五干的女子的緣故。[4] 而朱鳳瀚先生認爲，將金文中的日名

---

[1] 楊希枚：《論商王廟號問題兼論同名和異名制及商周卜俗》，《殷墟博物院院刊》創刊號，中國社會科學出版社1989年版，第9—19頁。

[2] 吉德煒：《中國古代的吉日與廟號》，《殷墟博物院院刊》創刊號，中國社會科學出版社1989年版，第20—32頁。

[3] 馬承源：《關於商周貴族使用日干稱謂問題的探討》，《王國維學術研究論集》第二輯，第19—41頁。

[4] 張光直：《談王亥與伊尹的祭日並再論殷商王制》，原載《民族學研究所集刊》第35期，1973年；又收入《中國青銅時代》，生活·讀書·新知三聯書店1983年版，第203—227頁。

理解爲宗族成員之分類（或説分群）的標誌或宗族分支名號均是不妥當的，將奇數的日干與偶數的日干間的關係理解爲婚姻組的關係亦是説不通的；並認爲吉德煒先生的吉日説也難以説清楚，爲何奇數日干中除壬日極少外，其他都有一定數量存在。"從典籍所記載宗廟之祭禮可知，祭禮之差別主要取決於受祭者在宗族中的等級地位，故頗疑商人日名奇偶數分佈之差異是由於受祭者的嫡、庶身份不同決定的。"因而朱先生認爲，商末的偶日干名者是嫡子，奇日干名者是庶子。對於女性日名的分佈情況，推測有兩種可能：一是，日名在夫家確定，是另一套制度；二是，日名源於母家。[1]

日名本來就是分奇偶數的，但據此認爲偶日干名者是嫡子，奇日干名者是庶子，我們以爲這也同樣缺乏實証材料。卜辭中的同一日名既可用於直系，也可用於旁系的，如日名甲：上甲、大甲、祖甲是屬於直系的，而小甲、戔甲、羌甲、陽甲則是屬於旁系的，並不能由此而分辨出嫡和庶。

其十一，葬日説。由日本學者井上聰先生提出。《禮記·曲禮》記載："外事以剛日，内事以柔日。"鄭玄注云："順其出爲陽也，出郊爲外事。"《孔疏》云："外事以剛日者，外事郊外之事也。剛，奇日也。十日有五奇五偶，甲、丙、戊、庚、壬五奇，剛也。……内事以柔日者，内事郊内之事也。乙、丁、己、辛、癸五偶爲柔也。（剛日即陽日，柔日即陰日）"[2]井上聰先生認爲商人有死後在陰日埋葬的習俗，甲骨文、金文中的陰日廟號，是基於埋葬的日子而定，而葬日又多選用陰日，所以廟號多爲陰干名。李學勤先生在分析小〇卜辭時，只説"小〇死於八月己丑，當日卜作喪，丙申卜作其日名爲癸"，井上聰先生認爲事實上在丙申日作卜的原因是爲了選擇埋葬的日子。

張懋鎔先生也提出類似的觀點，"認爲卜選日名作爲一種制度，盛行於商代是没有疑義的"商代廟號不僅與後世諡法有關聯，且與葬日關係密切。"而且卜葬在前，作考廟在後，作考廟時，廟號已有。所以説到底，所謂卜選日名，就是卜選葬日。"[3]

以上各種説法中，"吉日説"與"葬日説"歸根結蒂也是建立在卜選説的基礎上的。但是，主張"吉日説"的楊希枚先生和吉德煒先生均認爲：此吉日乃"依祭日之干名命名所祭商王的廟號"，是爲祭祀所用。由此我們可以肯定，吉日説所指的吉日，實際是祭日，而非葬日。《商周金文録遺》78 西周史喜鼎："史喜作朕文考，翟祭乓日惟乙"。"翟"通"擇"，意即選擇。"翟祭乓日惟乙"即選定祭日惟乙那天。選祭日的方式、方法可能有多種形式，但終歸一點，這個祭日是通過某種方式人爲選定的。史喜稱"文考"是周人的習慣，其擇乙日爲祭日，以殷人的習慣相稱，則可爲"父乙"。從銘文字形、書寫風格看，史喜鼎的年代應屬西周時期。銘文明確記載"翟祭日"，表明至少在西周確實存在選擇祭日的

---

[1] 朱鳳瀚：《金文日名統計與商代晚期商人日名制》，《中原文物》1990年第3期。
[2] 井上聰：《商代廟號新論》，《中原文物》1990年第2期。
[3] 張懋鎔：《商代日名研究的再檢討》，《古文字與青銅器論集》，科學出版社2002年版，第231—226頁。

做法。

卜辭祭祖多在與祖日名相同的日干進行，也間接反映出廟號與祭祀的關係，說明廟號的選擇是以祭祀爲目的。因而，根據金文文獻，商代廟號應爲卜選而得的祭日。

卜辭中商王廟號大都能與文獻相印証，但對於商王生稱，雖然文獻記載明確，但卜辭可以確証者僅大乙名唐。盡管學者對商王生名有所研究，[1] 但現有的卜辭材料中還不曾見有王的生稱配合日名使用的現象。

1991 年安陽殷墟花園莊發現了大批甲骨，屬非王卜辭。其中有名"丁"者，有些則很值得注意。

  子夢丁，亡禍。 《花東》349（H3∶1106）

類似的占"夢丁"之卜辭，有如下，

  己丑卜，㱿貞：王夢惟祖乙。

  貞：王夢不惟祖乙。 《合集》776

  貞：王夢不惟大甲。 《合集》14199

  貞：王夢不惟兄戊。 《合集》17379

  辛未［卜］，㱿貞：王夢兄戊，何比不惟禍。四月。 《合集》17378

  貞：王夢兄丁，不惟禍。 《合集》892

在這些卜辭中，王夢見的祖乙、大甲、兄戊、兄丁均是亡人，類比 H3∶1106 的"子夢丁"，說明"丁"也應理解爲已經去世的人。

  乙亥卜，其乎多宵見丁，永。

  乎多宁眔辟丁，永。 《花東》275（H3∶816＋1221）

"見"即"現"，可與同類卜辭比較。

  辛未卜，㱿貞：⿳⿴告于祖乙。二告 小告

  辛未卜，㱿貞：易告于祖乙。二告

  癸卯卜，㱿貞：乎引往于㲋比。

  癸卯卜，㱿貞：［易］乎引往比㲋于㲋。小告

  王占曰：惟今夕癸見于丁。 《合集》667 正、反

"祖乙"與"丁"見於同版，說明"見于丁"中的"丁"也應爲已經去世的人。

  壬卜，在𧰼，丁昇子圍臣。

  壬卜，在𧰼，丁曰：餘其啓子臣。允。 《花東》410（H3∶1290）

劉一曼、曹定雲先生認爲：H3 卜辭中"子"與"丁"的關係密切。"丁昇子圍臣"，是

---

[1] 晁福林：《殷墟卜辭中的商王名號與商代王權》，《歷史研究》1986 年第 5 期。

"丁"將一些"圉臣"送給"子"。[1]但這似乎也不是不存在其他的解釋的可能。[2]花園莊東地的材料發表後,關於"子"與"丁"的身份問題,曾引起廣泛討論。[3]從辭例本身看,有一些"丁"解釋爲人名或解釋爲天干日名似乎都能説得通,目前學界占多數的學者均認同花東中"丁"大多指武丁的説法。綜上分析,僅就現有的材料而言,日干廟號是由死後確定的事實應比較清楚。

二 卜辭中的集合廟主

商人對先公先王的祭祀,或單獨祭祀某一先王或先妣,或將若干先王作爲一個集合共同祭祀,對於後一種情況,有時會具體列出這一集合中的具體王名,有時則僅概言集合廟主。殷卜辭中的集合廟主有如大示、小示、上示、下示、元示等,探討這些集合廟主的具體含義,意義極其重大。它可以讓我們更清楚地認識商代的祭祀體系,對卜辭的分期斷代也有幫助。這一問題關係到商代宗法制度及商代社會制度問題的研究,因而一直是學者感興趣的課題。迄今關於各個集合廟主名稱含義的解釋,分歧很大。但這些集合廟主的名稱不會是商人隨意而定的,每個集合廟主的名稱都有其特有的含義,且應相對固定;否則這種集合稱謂就失去了它的意義。因此,如果我們將卜辭中所有的集合廟主一起討論,會比較容易發現其中的規律。本節旨在通過卜辭本身所反映的情況,對比分析各集合廟主的具體含義。

(一) 大示、小示

卜辭中有大量祭祀"大示"的辭例,現將一些"大示"與其他集合廟主並祭的典型辭例摘録如下:

庚子卜,爭貞:其祀于河,以大示至于多毓二□。　　《合集》14851
大示卯一牛,小示卯惟羊。　　《合補》184(《合集》1961 正+14835)
[壬]午卜,貞:登自上甲,夫(大)示曁惟牛,小示惟[羊]。　　《合集》14849
……大示三牢,六示二牢,小[示]□牢。　　《合集》14898
貞:御王自上甲,曁大示。十二月。　　《合集》14847

---

[1] 劉一曼、曹定雲:《殷墟花園莊東地甲骨卜辭選釋與初步研究》,《考古學報》1999年第3期。
[2] 馮時教授認爲:丁或可解釋爲嫡。另可參考島邦男著《禘祀》,《古文字研究》第一輯,中華書局1979年版,第396—412頁;裘錫圭:《關於商代的宗教組織與貴族和平民兩個階級的初步研究》,《古代文史研究新探》,江蘇古籍出版社1992年版,第296—342頁。
[3] 張新斌主編:《河南歷史考古研究的回顧與展望》,大象出版社2018年版,參見關於"花東甲骨研究的回顧與綜述"部分。

貞：御王自上甲，暨大示。　　　　　　　　　　　　　　　《合集》14848

　　……大［示］十宰，㝬五宰，它示三宰。八月。　　　　　《合集》14353

　　癸卯卜，爭貞：下乙其侑鼎。王占曰：侑鼎。上惟大示，［王］亥亦巳。一

　　　　　　　　　　　　　　　　　　　　　　　　　　　　《合集》11499

以上爲賓組卜辭。

　　己丑，貞：侑伐自上甲大示五羌、三宰。　　　　　　　　《合集》32090

　　丁未，貞：侑歲自上甲，大示三宰，小示二宰又……　《合集》34104＋34615[1]

　　癸卯，貞：射㢦以羌，其用惟乙。

　　甲辰，貞：射㢦以羌，其用自上甲㐱至于……

　　丁未，貞：皋以牛，其自上甲，㐱大示。

　　己酉，貞：皋以牛，其用自上甲，㐱大示惟牛。

　　己酉，貞：皋以牛，其用自上甲五宰，㐱大示五宰。　　　《屯南》9＋25

　　□□，［貞］：射㢦以羌，其用自上甲㐱至于父丁，惠甲辰用。

　　甲辰，貞：射㢦以羌，其用自上甲㐱至于父丁，惠惟乙巳用，伐四十。

　　□□，貞：皋以牛，其［用］自上甲五宰，㐱大示五宰。　《屯南》636

　　庚午，貞：今來□御自上甲至于大示，惠父丁［ ］用。

　　癸酉，貞：甲戌其侑伐自上甲㐱。茲［用］。

　　癸酉，貞：其侑伐自上甲㐱，惠辛巳伐。

　　癸酉，貞：甲申其酌大御自上甲。

　　乙亥，貞：其酌王御于父丁告。　　　　　　　　　　　　《屯南》1104

　　……伐自上甲，大示……五十羌，小示廿……　　　　　　《屯南》1113

　　乙亥，貞：卯于大，其十宰，下示五宰，小示三宰。

　　庚子，貞：伐卯于大示五宰，下示三宰。

　　癸卯，貞：惠餗先于大甲、父丁。　　　　　　　　　　　《屯南》1115

　　甲午，貞，大御自上甲六大示，燎六小宰，卯九牛。　　　《屯南》1138

　　乙巳，貞：侑歲自上甲，大［示］三宰三……小示……　　《懷特》1555

　　貞：其侑伐自上甲……羌，大示十宰……五宰。　　　　　《懷特》31

　　□子卜，㐱自大……葬。　　　　　　　　　　　　　　　《遺》654

　　甲辰［卜］，伐于七大示。不［用］。

　　甲辰卜，侑祖乙歲。

　　于十示又二侑伐。茲用。　　　　　　　　　　　　　　　《屯南》1015

---

［1］林宏明：《醉古集——甲骨的綴合與研究》，第242組，臺北萬卷樓2011年版。

以上爲歷組卜辭。

從卜辭可見，與大示並祭的集合廟主有：六示—小示、小示、下示—小示、下示、自上甲、多毓、它示。

關於"大示"與"小示"，學術界似乎有一種較統一的認識，即"大示"是指直系先王，"小示"是指旁系先王。其實不然，通觀卜辭中所有與大示並祭的集合廟主，我們可作如下分析。

1. 大示不等於從上甲到父王的所有直系先王

多數學者認爲大示和小示並祭，大示是直系先王廟主的概稱，小示是旁系先王廟主的概稱。他們的理由是："直系之先祖用大主，旁系之先祖用小主，此大示、小示稱謂之所由來"[1]；大示所享受的祭禮隆於小示。但通過上引諸辭似乎並不能得出類似的結論。晁福林先生指出："從帝辛上溯到大乙，共有直系先王十六人，上溯到上甲則共有二十二人，然而，卜辭所載大示，最多者僅稱'六大示'，從數目上看與直系先王甚懸殊，而不是'與直系同'"[2]。又如《合集》14898所顯示，"大示"和"六示""小示"並列。如果"大示"指所有的直系先王，"小示"指所有旁系先王，那麽，介於"大示"與"小示"之間的"六示"範圍將無法確定。總之，"大示""小示"和若干示一樣，不應當是自上甲開始的所有先王世系，而只可能是部分先王的組合。此外，大示若指所有直系先王，卜辭還可舉出充分的反證。

翌乙酉侑伐于五示：上甲、成、大丁、大甲、祖乙。
　　　　　　　　　　　　　　　《合集》248正+《乙補》2089+《乙補》5853[3]

桒于上甲、成、大丁、大甲、下乙。二告。　　　　　　　《合集》6947正

乙丑卜，大貞：于五示告：丁、祖乙、祖丁、羌甲、祖辛。　　《合集》22911

□戌卜，桒上甲、成、大丁、大甲、下乙。　　　　　　　《合集》6947

□未卜，桒雨自上甲、大乙、大丁、大甲、大庚、大戊、中丁、祖乙、祖辛、祖丁十示，率牪。
　　　　《合補》10436（《合集》32385+35277）+《甲》2283+《合集》22484[4]

這些卜辭均是對直系先王的祭祀，其中羌甲的身份比較特別，舊以爲旁系，但出組卜辭中將其與直系並列，而且其配偶享受周祭，也證明其可作爲直系。值得注意的是，這裏直系先王"五示"不稱爲"五大示"，可知其中必有不屬於大示者，"十示"也不稱"十大

---

[1] 胡厚宣：《殷代婚姻宗族宗法生育制度考》，《甲骨學商史論叢》初集第一册。
[2] 晁福林：《關於殷墟卜辭中的"示"和"宗"的探討——兼論宗法制的若干問題》，《社會科學戰線》1989年第3期。
[3] 林宏明：《醉古集——甲骨的綴合與研究》，第326組，臺北萬卷樓2011年版。
[4] 陳逸文：《殷墟文字甲編新綴十二組》，《淡江中文學報》第二十九期，2013年。

示"，道理相同。卜辭又云：

　　庚申，貞：王其告于大示。
　　庚申，貞：王于父丁告。　　　　　　　　　　　　　　　　《合集》32807
　　王占曰：南庚耂，祖丁耂，大示、祖乙、祖辛、羌甲耂。　　《乙》3063

《合集》32807中"大示"與"父丁"同版並卜告祭，如果認爲"大示"視同直系，則應包括"父丁"。但《乙》3063所顯示的"大示"與"祖乙、祖辛、羌甲"卻必須分讀。因爲如果連讀爲"大示祖乙、祖辛、羌甲耂"的話，那無異於將本屬於直系的祖丁排除在"大示"之外，然而同一位祖丁在《合集》22911中爲直系，在《乙》3063中卻不是"大示"。這意味著"大示"不僅並不專指直系先王，而且也不包括祖乙及其以下的直旁系先王。

驗之卜辭，我們還發現："大示"作爲集合廟主如果與先祖相配，則只出現於某位作爲這一集合之首的神主之後，即如"上甲六大示"，而絕不作爲統攝之稱而出現於某些神主之前，卜辭不見如"大示上甲""大示大乙"或"大示大丁"之類的辭例。從卜辭文法上看，《合集》32807、《乙》3063中的"大示"與"父丁""祖乙、祖辛、祖丁"也應屬並列的關係，因而我們可以很清楚地認定，自祖乙至父丁的直系先王不被包括在"大示"之內。由以上的分析可知，大示不可能是從上甲到父王的所有直系先王的集合，而只是部分先王的集合稱謂。

2. 大示不等於上甲至示癸的六位先祖

在以大示爲直系先王的觀點中，還有一種認爲大示是指上甲至示癸的六位先祖。[1] 但是在卜辭中，三報二示常被排除在自上甲開始的直系先王合祭之外，這表明大示不可能是指上甲至示癸的六位先祖。如：

　　□□［卜］，［㚔］雨自上甲、大乙、大丁、大甲、大庚……　　《合集》32385
　　乙酉，貞：侑燎于上甲、大乙、大丁、大甲……　　　　　　　《合集》32387
　　庚申，貞：其御于上甲、大乙、大丁、大［甲］…祖乙……　　《屯南》290

自上甲始祭而獨不祭三報二示，證明在商人的觀念中，三報二示的實際地位低於其他的直系先王。

再舉一組重要的同文卜辭：

　　乙未酚茲品，上甲十、報乙三、報丙三、報丁三、示壬三、示癸三、大乙十、大丁十、大甲十、大庚七、小甲三……祖乙……　　《合集》32384

---

[1] 金祖同在《殷契遺珠》631片考釋云："大宗自上甲，小宗自大乙。蓋以先公之祠爲大宗，先王之祠爲小宗。大示與小示同此。"曹錦炎在《論卜辭中的示》（《吉林大學研究生論文集刊（社會科學版）》1983年第1期）也認爲大示是指上甲至示癸六位先祖。

……報丙三……大乙十……小甲三、大戊……乙十、祖……三、父……

《屯南》450 + 《屯補遺》244[1]

《合集》32384 是由《殷虛書契後編》1.8.14 與《戩壽堂所藏殷虛文字》1.10（原哈同所藏拓片之一）綴合而成，當年王國維先生正是依據這一準確的綴合，才有其根據《殷本紀》恢復商王世系的經典之作——《殷卜辭中所見先公先王續考》[2]。近年林宏明先生又綴合了《屯南》450 与《屯補遺》244，李學勤先生還擬補了所缺內容。[3] 這組卜辭記錄了一次隆重的直旁系先祖的合祭，從祭品的數量看，上甲、大乙、大丁、大甲等直系均爲"十"，大庚爲"七"，而三報二示、小甲等均爲"三"，清楚表明三報二示的祭禮規格比直系先王低，應是旁系先王所享受的禮遇。因而，受祭地位甚高的"大示"不應包括三報二示五位先王。卜辭又云：

乙卯卜，祼三匚至戔甲十示。　　　　　　　　　　　《合集》22421 反

這是一條比較特殊的卜辭，它反映出殷商時代的祭祀情況並不像以往大家所想像的那般簡單。從三報到戔甲共有直旁系先王十六位，三報至戔甲十示到底包括哪十示，似乎很令人費解。卞仁先生認爲三匚至戔甲應爲報乙、報丙、報丁、示壬、示癸、外丙、小甲、雍己、外壬、戔甲，外丙至戔甲都是旁系先王，因此卞仁先生推斷"這條卜辭不是大示、小示的合祭，而是將三報二示也作爲小示對待，否則就很難理解爲什麼大乙以下參加的都是小示，這也進一步說明爲什麼不少大示合祭的卜辭不包括三報二示。"[4] 這個分析很恰當。顯然，在此祭祀中三報二示的地位相當於旁系先王。

由以上的分析可知，三報二示在祀譜中雖屬直系，但其實在商代人心目中的地位卻遠不如其他直系先王，若此五位先王就是大示的主要成員，則明顯與卜辭中大示的特殊地位不相符。故此我們認爲，大示不等於上甲至示癸的六位先祖。

3. "自上甲六大示"不是"自上甲六示"

對《屯南》1115 的解釋，有學者認爲："'大示'在此指自'上甲'至'示癸'的六大示。'下示'在此指'大乙'至'中丁'六示。這都是直系。'小示'則是指除此之外的諸旁系先王。"[5] 由以上的分析，我們知道這種認識並不合理。自上甲至示癸的六位先王在卜辭中稱爲"自上甲六示"，而不稱爲"六大示"，因此，"自上甲六示"不能等同於六大示，大示也不可能是指自上甲至示癸的六位先王。"自上甲六示"與"自上甲六大示"所稱不同，不能忽視這種區別。事實上，"自上甲六示"與"自上甲六大示"本來就不應等

---

[1] 林宏明：《從一條新綴的卜辭看歷組卜辭的時代》，《古文字研究》第二十五輯，中華書局 2004 年版。
[2] 王國維：《殷卜辭中所見先公先王續考》，《觀堂集林》卷九，中華書局 1959 年版。
[3] 李學勤：《一版新綴卜辭與商王世系》，《文物》2005 年第 2 期。
[4] 卞仁：《也談殷卜辭中的上甲廿示》，《考古》1993 年第 9 期。
[5] 姚孝遂、肖丁：《小屯南地甲骨考釋》，中華書局 1985 年版。

同，區别就在於"大"字。

有學者以爲"自上甲六示"是"自上甲六大示"的省略寫法，在《合集》22911、《合集》6947、《合集》32385+《合集》35277等祭上甲以下直系的卜辭中，均不見祭三報二示，似乎上甲可以代表三報二示，由此推測"上甲六示是一個集合的宗廟，當時並未給三報二示單獨設宗"。[1] 石璋如先生根據考古發掘的遺跡現象認爲，甲六基址所供奉的神主，分三報二示，按中國傳統的排列方法，以中爲長，當是三報居中，二示居側，三報的排列也應如此。因此，認爲卜辭與《殷本紀》雖然次序先後不同，其實位置是固定的，兩者一致，只是記録的方法不同而已。卜辭所記爲祭祀的次序，應爲宗廟中的位置。《殷本紀》所記是觀察者以自己的右爲標準的實際情形。[2] 然而，這是否與卜辭反映的情况符合，尚需進一步研究。而《合集》22421三報二示可與旁系合祭，可見其並不與上甲共主。

　　□申卜，酌自上甲一牛，至示癸一牛，自大乙九示一牢，柁示一牛。　　《人》2979

這條卜辭更能説明問題。"自上甲一牛，至示癸一牛"是指上甲、報乙、報丙、報丁、示壬、示癸，共有六示。"自大乙九示一牢"是指對大乙、大丁、大甲、大庚、大戊、中丁、祖乙、祖辛、祖丁共九位直系先王的祭祀。朱鳳瀚先生認爲這是："卜自上甲至示癸每示各用一牛爲牲，下面雖已言'自大乙九示'，是用的集合神主之稱，但上甲至示癸卻不采用'自上甲六示'之稱"。並由此推測，在用自上甲若干示的形式稱集合神主時，一般可能不計入報乙至示癸五示。[3] 我們認爲這種分析似有可商之處。朱先生意即"自上甲六示"不應指上甲、報乙、報丙、報丁、示壬、示癸。但我們認爲，卜辭原意是：上甲用一牛，三報二示則共用一牛，用牲有别。因爲上甲至示癸每示各用一牛與上甲用一牛、而三報二示共用一牛的祭禮明顯不同，所以在此不能使用"自上甲六示"的集合廟主名稱。因此，這條卜辭不能作爲否定"自上甲六示"是指上甲至示癸六先王的證據。況且，"自上甲六大示"與"自上甲六示"顯然不能等同，所以"自上甲六示"不應理解爲六大示，而應是上甲至示癸六示。

4. "自上甲"絶不等同於大示

再來看看卜辭中對"自上甲"和"大示"的祭法有何分别。

　　［壬］午卜，貞：登自上甲，夫（大）示眢惟牛，小示惟［羊］。　　《合集》14849

　　貞：御王自上甲，眢大示。十二月。　　《合集》14847

　　貞：御王自上甲，眢大示。　　《合集》14848

　　丁未，貞：翌以牛，其自上甲，元大示。

---

[1] 劉桓：《説卜辭的"六大示"與"毛"示》，《夏商文明研究》，中州古籍出版社1995年版，第222—227頁。
[2] 石璋如：《殷代地上建築復原第四例——甲六基地與三報二示》，《第二屆國際漢學會議論文集·歷史考古組》，1989年。
[3] 朱鳳瀚：《論殷墟卜辭中的"大示"及其相關問題》，《古文字研究》第十六輯，1989年。

己酉，貞：𥳑以牛，其用自上甲，𠦪大示惟牛。

己酉，貞：𥳑以牛，其用自上甲五牢，𠦪大示五牢。　　　　　《屯南》9+25

……貞：𥳑以牛，其〔用〕自上甲五牢，𠦪大示五牢。　　　　《屯南》636

以上卜辭中的"登"[1]"𥳑"[2]"御"[3]"𠦪"[4]是幾種不同的祭名或用牲法。《合集》14849 言先登獻自上甲以下的各先王，再對大示進行𥳑祭。《合集》14847、《合集》14848 言先對自上甲以下的各先王進行御祭，再對大示進行𥳑祭。《屯南》9、《屯南》636 言用牛牲祭自上甲以下的各先王，再對大示進行𠦪牛之祭。對"自上甲"與"大示"所用的祭法明顯不同，這就表明"自上甲"與"大示"是兩個不同的受祭群體，否則不必區別對待。"自上甲"是指從上甲開始至父輩的通祀，"自上甲"與"大示"並祭說明，大示只能是"自上甲"通祀之中的部分集合廟主。總之，"自上甲"不能等同於大示。

5. 大示不等於元示

"元"字在古文獻中常訓爲大，因而有學者認爲元示就是大示的別稱。然而，卜辭中與元示並祭的集合稱謂有如下：

辛巳卜，大貞：侑自上甲元示三牛，二示二牛。十三月。　　《合集》25025

……于六元示五……　　　　　　　　　　　　　　　　　　《合集》14830

貞：元示五牛，它示三牛。　　　　　　　《合集》14354（《合補》4139[5]）

貞：三元示五牛，它示三牛。　　　　　　　　　　　　　　《懷特》898

貞：元示五牛，二示三牛。　　　　　　　《合集》14822（《合補》4139）

甲子卜，爭貞：來乙亥告𥳑其西於六元示。　　　　　　　　《合集》14829

卜辭只見元示與它示、二示並祭，而大示卻與小示、下示、自上甲、六示並祭，二者顯然無法推導出元示與大示兩個集合稱謂所包含的內容相等的結論。

《說文·一部》"元，始也。"元訓爲始。卜辭中"元"字的用法有"元卜"（《合集》23390）、"元臣"（《合集》5856），"元卜"意爲首卜，"元臣"之"元"意應近"元示"之"元"，均爲初始、開始之意。因此，卜辭"元示"意即初始之神主，而稱元示的又最

---

[1] 登，唐蘭（《天壤閣甲骨文存考釋》，北京輔仁大學出版1939年版）、羅琨（《商代人祭及相關問題》，《甲骨探史錄》，生活·讀書·新知三聯書店1982年版）、徐中舒（《甲骨文字典》，四川辭書出版社1988年版）均有考釋。

[2] 𥳑，見於省吾《釋𥳑》，《甲骨文字釋林》，中華書局1979年版；徐中舒《甲骨文字典》，四川辭書出版社1988年版。

[3] 御，見王國維《殷卜辭中所見先公先王考》，《觀堂集林》卷九，中華書局1959年版，第409—437頁；郭沫若《卜辭通纂考釋》，科學出版社1983年版，第281頁；葉玉森《殷虛書契前編集釋》，上海大東書局1934年版。

[4] 𠦪，見於省吾《雙劍誃殷契駢枝續編》，虎坊橋大業印書局1941年版；饒宗頤、池田末利等均認爲是祭名。

[5] 裘錫圭：《甲骨綴合拾遺》，《古文字研究》第十八輯，中華書局1992年版。《合集》14354+《合集》14822+《合集》14824=《合補》4139。

多不超過六示,"六元示"意即六位初始的神主,即指上甲和三報二示而言,爲大乙以前的六位先祖。由前文分析可知,大示不可能是指上甲至示癸的六位先祖,因而元示和大示是兩個不同的先祖集合稱謂,元示與大示不能等同。

6. 大示並不僅僅指稱"大"的直系先王

由上分析可知,大示並非所有的直系先王,不同於自上甲;大示不等於上甲至示癸的六位先祖,由於三報二示的地位關係,"自上甲六大示"中也不包括他們。那麼大示或許只包括廟號區別字稱"大"的先王集合,即大乙、大丁、大甲、大庚、大戊。若真如此,則"大示"的范圍一般是指大乙、大丁、大甲、大庚、大戊五位冠以"大"字的先王,再加上"上甲",正好合爲"六大示"。這是將"大示"視爲廟號區別字爲"大"的先王集合的觀點。[1]

  辛未卜,龜(?)二大示。   《屯南》935

  貞:勿侑于四大示。   《合集》14846

  甲午,貞:大御六大示,燎六小宰,卯三十牛。 《屯南》2361

  甲午,貞:大御自上甲六大示,燎六小宰,卯九牛。 《屯南》1138

  庚戌,貞:其先于六大示告㞢。   《屯南》2295+H57·57[2]

此類集合廟主的區別字在一個"大"字,故"六示"不言"大"者,絶不能理解爲六大示。

然而,卜辭中明言大示數目的除了四大示(《合集》14846)、六大示(《屯南》2361、《屯南》1138、《屯南》2295)之外,還有七大示(《屯南》1015)(《小屯南地甲骨下冊第一分冊·釋文》釋文如此,[3]《小屯南地甲骨考釋》漏釋,[4]溫明榮先生已正其謬[5])。"七大示"雖屬孤例,但確實存在。因拓片稍有模糊,故有人懷疑其真實性。筆者曾仔細查驗原骨,《屯南》1015是一片獸骨,骨面多有骨花漫漶,但"七大示"仍是清晰可辨的。

從卜辭所反映的情況看,大示只可能是指固定的幾個集合廟主,而不是直系先王廟主的概稱。這一點前人早已明確指出。朱鳳瀚先生指出"祖乙不在大示内,大示是祖乙以上的先王",將"祖乙"視爲"大示"的分隔線是正確的。但據被奉爲"中宗"的祖乙不在大示内而認定中丁也沒有理由成爲大示,[6]卻有可商。我們認爲,祖乙雖然不在大示内,中丁卻應屬大示。張秉權先生誤將《乙》3063的大示與祖乙、祖辛、羌甲連讀,所以認爲

---

[1] 朱鳳瀚:《論殷墟卜辭中的"大示"及其相關問題》,《古文字研究》第十六輯,1989年。

[2] 肖楠:《小屯南地甲骨》綴合篇,《考古學報》1986年第3期;蔡哲茂:《甲骨綴合彙編》,第374組,花木蘭文化出版社2011年版。

[3] 中國社會科學院考古研究所編:《小屯南地甲骨·下冊第一分冊》,中華書局1983年版,第931頁。

[4] 姚孝遂、肖丁:《小屯南地甲骨考釋》,中華書局1985年版。

[5] 溫明榮:《〈小屯南地甲骨釋文〉訂補》,《考古學集刊》第12集,中國大百科全書出版社1999年版。

[6] 朱鳳瀚:《論殷墟卜辭中的"大示"及其相關問題》,《古文字研究》第十六輯,1989年。

祖乙、祖辛、羌甲均在大示内。[1]然而，卜辭未見有稱某王名時冠以"大示"或"小示"的辭例，"大示"不應與祖乙連讀，而應斷讀爲"大示、祖乙、祖辛、羌甲"。而此條卜辭同時也顯示，大示不應包括祖乙。這說明五位稱"大"的先王加上中丁都應屬於大示，否則在《乙》3063中貞問"大示"以及祖乙以下諸王，中間惟獨不提中丁，也明顯於理不合。同例還見於：

  癸卯卜，爭貞：下乙其侑鼎。王占曰：侑鼎。上惟大示、王亥亦酚。

                        《合集》11499

  這是武丁時的賓組大字卜辭，朱先生以此卜辭爲"大戊以後先王神主不稱大示"的又一例證。然而我們認爲，此卜辭對下乙（祖乙）侑鼎之祭後，又對其上的神主大示與王亥進行酚祭，這正好表明大示必在王亥與下乙之間，其間包括中丁應很清楚。自王亥之子（上甲）至下乙之父（中丁）的直系先王，如果排除三報二示，恰爲七位神主，也合卜辭所稱"七大示"。因而我們認爲，中丁應該包括在大示之内，七大示即指五個稱"大"的先王加上甲和中丁。二大示、四大示、六大示則是對七位大示神主依先後順序進行有選擇的祭祀。

  根據《乙》3063、《合集》11499的分析可知，大示應指祖乙以上的神主。排除三報二示，則僅有上甲、大乙、大丁、大甲、大庚、大戊和中丁七位神主，如此恰合卜辭所言"七大示"。因此，我們以爲"七大示"應當即指這七位先祖，那麽，大示則是以廟號區別字爲"大"的神主爲主體的集合廟主。

  7. 卜辭中的"大"與"大示"

  作爲廟號區別字的"大"字，有時獨立成文，如《屯南》1115的"卯于大"。從同版比照可知，此"大"即是"大示"。過去常被認爲是漏刻，黄天樹先生則認爲此"大"實是"大示"之省稱。[2]黄先生曾舉大量的卜辭材料證實了卜辭中存在商王名號省稱的現象。但是，關於"大"即"大示"之省的實例，惟有《屯南》1115明確可以考慮爲"大"爲"大示"，因爲根據受祭先王必在與廟號相同的日干受祭的規律，其他獨立成文的"大"似分别應爲"大甲""大丁"等具體先王廟號之省，這意味着"大"仍不能排除爲"大示"漏刻的可能。雖然卜辭它示或省稱作它，但我們以爲，商王以大、小、上、下等區別字爲集合廟主是否存在省稱，還值得進一步探討。

  卜辭中與大示對舉並祭的集合廟主有小示，典型辭例摘錄如下：

    乙卯，貞：萃年自上甲六示牛，小示乢羊。   《甲》712
    丁未，貞：萃年自上甲六示牛，小示乢羊。   《合集》33296

---

[1] 張秉權：《殷虛文字丙編·中輯（二）》，"中央研究院"歷史語言研究所1965年版，第459—462頁。
[2] 黄天樹：《關於甲骨文商王名號省稱的考察》，劉利民等主編《語言》第二卷，首都師範大學出版社2001年版，第286—301頁。

庚寅，貞：酯伐自上甲六示三羌三牛，六示二羌二牛，小示一羌一牛。

《合集》32099

甲申卜，貞：酯桒自上甲十示又二牛，小示㞢羊。茲用。

《合集》34115（34116同文）

乙未，貞：其桒自上甲十示又三牛，小示羊。

《合集》34117（《屯南》4331同文）

癸亥，貞：王其伐盧羊告自大乙，甲子自上甲告，小示又一牛。茲用。在果四陸。

《屯南》994

庚寅卜，貞：辛卯有歲自大乙十示又……牛，小示㞢羊。　《屯南》1116

大示三牢，六示二牢，小［示］牢。　《合集》14898

乙巳，貞：有歲自上甲，大［示］三牢三…小示……　《懷特》1555

□未，貞：有歲自上甲，［大］示三牢，小示二牢又……《合集》34104+34615

乙亥，貞：卯于大，其十牢，下示五牢，小示三牢。

庚子，貞：伐卯于大示五牢，下示三牢。　《屯南》1115

以上可見，與小示並祭的集合廟主有：自上甲六示、自上甲十示又二、自上甲十示又三、自大乙十示又……自上甲—大示、大示—六示、大示—下示。

關於小示的含義，我們可作如下分析。

1. 小示不是所有旁系先王的概稱

學術界對卜辭中的小示爲旁系先王似乎毫無異議。如前文分析，既然大示只包含部分的直系先王，常與大示並祭的小示就沒有理由包含所有的旁系先王。實際已有學者對此提出過疑議。如晁福林先生認爲，卜辭的"下示""小示"應當是晚近先王的集合稱謂，它們和"大示""上示"等的區別不在於地位尊卑，而只在於時代早晚。[1]

分析"小示"所包含哪些先王，除考慮大示的因素外，還應從與"小示"並祭的自上甲十示又二、自上甲十示又三、自上甲六示、自上甲六大示等卜辭入手。以往的學者均習慣從祭祀用牲情況分析，認爲自上甲十二（或十三）示用牛牲，小示用羊牲，形式上同於"大示卯惟牛，小示卯惟羊"，故認定自上甲十二（或十三）示爲大示。但是卜辭中至今未見過稱七大示以外的集合神主爲大示的，所以這種說法並無確證。從卜辭所反映的情況看，小示地位要低於自上甲十二（十三）示等。如果大示的主體是廟號區別字稱"大"的先王，那麼小示的主體似乎也可以考慮爲廟號區別字稱"小"的先王。王國維曾指出："卜辭中又有小示，蓋即謂'二示'以下，'小'者對'大示'言之也。"[2]

---

[1] 晁福林：《關於殷墟卜辭中的"示"和"宗"的探討——兼論宗法制的若干問題》，《社會科學戰線》1989年第3期。

[2] 王國維：《殷卜辭中所見先公先王續考》，《觀堂集林》卷九，中華書局1959年版，第240頁。

2. 小示與直、旁系的劃分無關

卜辭中有小甲、小丁、小辛、小乙等。

癸丑卜，王貞：旬亡禍，在五月。	
甲寅酚小甲。	《綴合》21
甲辰卜，貞：王賓小甲酚日，亡尤。	《林》1.12.8
丁亥卜，又㞢于小丁。	《合集》32640
丁未卜，行貞：小丁歲宰。	《合集》23055
辛巳卜，行貞：王賓小辛㞢伐羌二，卯二宰，亡尤。	《合集》23106
乙未卜，行貞：王賓小乙歲，亡尤。	《合集》23119
王其侑于小乙羌五人，王受祐。	《合集》26922

小丁，即祖丁。[1]由於廟號區別字稱"小"的先王中有直系（小丁、小乙），也有旁系（小甲、小辛），因而，若小示是指廟號區別字稱"小"的先王，則小示就應與直、旁系的劃分無關。

（二）元示

商代的集合廟主有元示。

辛巳卜，大貞：侑自上甲元示三牛，二示二牛。十三月。	《合集》25025
……于六元示五……	《合集》14830
貞：元示五牛，它示三牛。	《合集》15354（《合補》4139）
貞：三元示五牛，它示三牛。	《懷特》898
貞：元示三牛，二示三牛。	《合集》14822（《合補》4139）
甲子卜，爭貞：來乙亥告阜其西于六元示。	《合集》14829

據卜辭，與元示並祭的集合廟主有：它示和二示。

《合集》14829曾有人考釋為"其西于人，元示"，並解釋：告，謂告廟也。阜為人名。元示蓋為元祀省文，此辭乃記阜征伐有功，歸自西方。告於祖廟，將崇以功而作元祀也。《尚書·洛誥》："今王即命曰記功，宗以功，作元祀。"偽孔《傳》云："今王就行王命於洛邑，曰：當記人之初，尊人亦當用功大小為序，有大功則列於大祀。"是知崇功而作元祀，其制度則周因於殷也。[2]此解釋實有不當之處。此條卜辭中的"其西于人"之"人"應是"六"字的誤釋。另外，把大、小示的區別標準定為有無功勞，用於解釋殷商祭祀體系似乎也有些牽強。

---

[1] 陳夢家：《殷虛卜辭綜述》，中華書局1988年版，第425頁。
[2] 陳邦懷：《甲骨文零拾》28片，天津人民出版社1959年版。

關於元示含義的分析如下：

1. 元示不等於上甲

自陳夢家先生提出"元示當指上甲，故稱'上甲元示''一宗上甲'"[1]後。這一觀點就陸續有人反駁，如楊昇南先生指出："三元示""六元示"應指三位先祖神和六位先祖神；[2]曹定雲先生指出：由"六元示例看，元示並非是指上甲一人，而是指起自上甲的不間斷的合祭先王。"[3]因此，"元示"不應指上甲一人，這已是學術界趨於一致的認識。

2. 元示不等於自上甲廿示，不等於自上甲至下乙

既然元示不是特指上甲一人，曹定雲先生則據《合集》34120中的"自上甲廿示"與《合集》25025中的"自上甲元示"都與"二示"相對，辭意也大致相近，從而推斷"自上甲廿示"就應是"自上甲元示"，認爲"元示"是指自上甲至祖乙（下乙）的不間斷的包括直系、旁系的合祭先王。[4]由於"元"含有初始之意。因此，曹定雲先生認爲"元示"即"最早之示"。"二示"與"元示"相對而言，是"元示"之後的其他之"示"。"元示""二示"是按商先公先王世次先後劃分的；並認定"元示""二示"之間的分界線在祖乙（下乙）與"祖辛"之間，"自上甲至下乙"即"自上甲廿示"，也即"自上甲元示"。

《合集》32385+35277已經明確地列舉出了自上甲十示的先王，類似的卜辭還有：

壬戌卜，用侯屯自上甲十［示］。　　　　　　　　　《合集》32187

［壬］戌卜，用侯［屯自］上甲十示……　　　　　　《合集》34113

這些卜辭都是歷組卜辭，因此我們有理由認爲，"自上甲十示"亦即上甲、大乙、大丁、大甲、大庚、大戊、中丁、祖乙、祖辛、祖丁這十示。在《合集》32385+35277中將所祭的十示一一列出，而在《合集》32187、34113卜辭中的"自上甲十示"則應是其簡略寫法。《合集》34120也是歷組卜辭，由於"自上甲廿示"與"自上甲十示"遣辭相同，從邏輯上講，"十示"的最後一位先王不可能比"廿示"更晚。如果"自上甲十示"已經晚到祖丁，我們便沒有理由認爲"自上甲廿示"只到祖乙爲止。反之也說明，"自上甲廿示"不能等於"自上甲至下乙"。所以我們不能認爲"自上甲至下乙"就是"上甲廿示"。從商代成文的歷史來看，大乙建國，因而成湯又名商湯，上甲和三報二示六位先公的廟號日干正好分佈於十干的頭尾，一般被認爲是後人所追命而成。[5]商代周祭卜辭以上甲、三報二示六位先公作爲受祭神主之始，因此，代表殷商"最早之示"的"元示"似應指大乙之前的此六位先公，而沒有道理指"自上甲至下乙"或"自上甲廿示"。

---

[1] 陳夢家：《殷虛卜辭綜述》，中華書局1988年版，第460頁。
[2] 楊昇南：《從殷墟卜辭中的"示"、"宗"說到商代的宗法制度》，《中國史研究》1985年第3期。
[3] 曹定雲：《論"上甲廿示"及相關問題——兼論卜辭中的"元示"與"二示"》，《文物》1990年第5期。
[4] 曹定雲：《論"上甲廿示"及相關問題——兼論卜辭中的"元示"與"二示"》，《文物》1990年第5期。
[5] 王國維：《殷卜辭中所見先公先王考》，《觀堂集林》卷九，中華書局1959年版，第409—437頁。

3. 元示不等於大示，應是上甲六示

許多學者根據"元"字在文獻中常訓爲大，因此認爲卜辭"元示"即"大示"。然而，卜辭中只見有元示與它示、二示並祭的情況，而大示與小示、下示、自上甲、六示、十四示並祭，顯然無法推出元示與大示兩者所包含的内容相等的結論。曹定雲先生認爲"元示"即"最早之示"，對此，我們深表贊同。《説文·一部》"元，始也。"元訓爲始，故元示應即自上甲開始的若干示。王國維先生曾指出，"自上甲至示癸，皆卜辭所謂元示也。"[1]其説可從。

卜辭中"元"字的用法有"元卜"（《合集》23390）、"元臣"（《合集》5856），"元卜"意爲首卜，"元臣"之"元"意應近"元示"之"元"，均爲初始、開始之意。因此，卜辭"元示"意即初始之神主，而稱元示的又最多不超過六示，説明元示即指上甲和三報二示而言，也即上甲六示，爲大乙以前的六位先公。

（三）上示、下示

商代集合廟主有上示：

　　□戌卜，貞：㞢見百牛，兀用自上示。
　　……來劦陟于西示。　　　　　　　　　　　　　　　　　　《合集》102

有關"上示"，學界主要的觀點有以下幾種：一種認爲"上示當是自上甲"的大示，"是以上甲爲首的直系"，此派以陳夢家先生爲代表；二種認爲上示即大示的不同叫法，此派以朱鳳瀚先生爲代表。由於有關"上示"的卜辭很少，又無其他集合廟主同條並祭的辭例，因此，上示的範圍界定只能靠下示的範圍來推斷。

商代集合廟主又有下示：

　　……酚大御王自上甲，其告于大乙。在父丁宗卜。
　　……大御王自上甲，其告于祖乙。在父丁宗卜。
　　□卯，貞：其大御王自上甲盟，用白豭九，下示[兀]牛。在大乙宗卜。
　　……自上甲盟，用白豭九……在大甲宗卜。
　　[乙]卯，貞：其大御王自上甲盟，用白豭九，下示兀牛。在祖乙宗卜。
　　丙辰，貞：其酚大御王自上甲，其告于父丁。　　　　　　《屯南》2707
　　甲辰，貞：其大御王父……盟，用白豭九……
　　　　丁未，貞：其大御王自上甲盟，用白豭九，下示兀牛。在父丁宗卜。
　　丁未，貞：今夕酚御，在父丁宗卜。
　　癸卯，貞：其大御惟甲子酚。　　　　　　　　　　　　　《合集》32330

---

[1] 王國維：《殷卜辭中所見先公先王考》，《觀堂集林》卷九，中華書局1959年版，第409—437頁。

甲辰，貞：其大御王自上甲盟，用白豭九，下示卌牛。
癸丑，貞：其大御惟甲子酚。
癸卯，貞：其［用白］豭九，下示卌⋯⋯　　　　　　　　　　　　《合集》34103
乙亥，貞：卯于大，其十牢，下示五牢，小示三牢。
庚子，貞：伐卯于大示五牢，下示三牢。　　　　　　　　　　　《屯南》1115

據卜辭，與下示並祭的集合廟主有如下：自上甲、大示—小示。

關於"下示"，學界的爭論很大，大致可分爲三派：第一派認爲，上、下示是直系與旁系的分別；第二派認爲，上、下示均屬於直系，是對世次前後的劃分；第三派認爲，下示是指未曾即位的王室成員。根據下示與其他集合神主對貞的卜辭分析，我們可以得出以下結論：

1. 下示不等於小示

多數學者將大、小示視同於直、旁系，認爲上、下示也是分別指直、旁系，從而得出下示即等於小示的結論。如陳夢家先生就認爲："上下示與大小示是相當的"，下示爲"旁系的小示"[1]。《屯南》1115《小屯南地甲骨·下冊釋文》考釋爲："卯于大，應爲'卯于大示'，卜辭中大示、下示、小示並列，說明下示與小示、大示的內涵不同，同樣，與下示相對的上示與大示的內涵也不應等同，從此條卜辭看，下示低於大示，而高於小示。"[2]而姚孝遂、肖丁先生認爲："下示在此（《屯南》1115）指大乙至仲丁六示，是直系。"[3]這與我們的理解是不同，因爲"大乙至仲丁六示"在前面已證明是大示，而不可能是下示。

2. 下示不是指未曾即位的王室成員

丁亥卜，侑歲于下示、父丙眾戊。　　　　　　　　　　　　　　《合集》22098

《合集》22098屬武丁時期的午組卜辭，對其釋讀一直存在爭議，焦點在於"下"字，主要有兩派意見。一派認爲應釋爲"二"字，如張秉權[4]、姚孝遂等[5]；一派認爲應釋爲"下"字，如島邦男[6]，楊昇南，曹定雲[7]，其中楊昇南先生據此認爲，下示有父丙和父戊二人，是武丁的父輩，亦即陽甲、盤庚、小辛、小乙的兄弟行而未即位者，因而認

---

[1] 陳夢家：《殷虛卜辭綜述》，第467、473頁。
[2] 中國社會科學院考古所編：《小屯南地甲骨下冊·第一分冊》，中華書局1983年版，第928頁。
[3] 姚孝遂：《小屯南地甲骨考釋》，中華書局1985年版，第26頁。
[4] 張秉權：《殷墟文字丙編考釋》六一三。
[5] 姚孝遂、肖丁：《殷墟甲骨刻辭類纂》、《殷墟甲骨刻辭摹釋總集》中的《合集》22098"丁亥卜，有歲于二示父丙、父戊"。
[6] 島邦男：《殷墟卜辭綜類》，汲古書院1967年版。
[7] 曹定雲：《論殷墟卜辭中的"上示"與"下示"——兼論相關的集合廟主》，《中國考古學論叢——中國社會科學院考古研究所建所40週年紀念》，科學出版社1993年版，第289—297頁。

定：" 卜辭中的下示當是指未曾即位的諸王之兄弟行"。[1]而陳建敏先生則主張：從父戊稱謂卜辭以及同版的稱謂觀察，父戊應是午組主人的生父。第二期卜辭有祖庚，必是武丁的父戊，午組卜辭中的父戊不是武丁之父戊，而應是武丁之兄戊。[2]細審拓本後，我們認爲《合集》22098 中的"二"應釋爲"下"。

"下示"與"父丙眔戊"應該分開來讀，同例見於"《甲》742：于大示、父丁。"中的介詞"于"兼及大示、父丁。此辭的介詞"于"當兼及"下示""父丙"及"父戊"。同時前面我們已經談到，卜辭未見有集合廟主冠於某位或某群神主之前的辭例，顯然，"下示"與"父丙""父戊"爲並列的神主，"父丙"與"父戊"並不從屬於"下示"。因此，那些據此條卜辭而認定"下示"或"二示"應指未曾即位的王室成員的觀點還值得再商榷。

總之，如果認爲"下示"所指應是未曾即位的王室成員，那麼與之對應的"上示"就應指自上甲至時王的所有即位先王了，這勢必與《屯南》1115 的內容相牴牾。既然《屯南》1115 中有大示—下示—小示並祭，而大示、小示又分別是指部分的直系或直旁系先王，那麼用牲規格處於大示、小示中間的下示是指未曾即位的王室成員就顯然沒有道理了。

3. 上示、下示是指"示"存放的方位

曹定雲先生等認爲，"上甲"通常是殷代祭祀中的第一位先公，故"自上甲……"爲"上示"似在情理之中。因此，殷墟卜辭中的"上示"應是起自"上甲"。"上示""下示"是對直系先公先王的不同劃分。[3]《屯南》1115 將"大示""下示""小示"並列在一起，因此曹先生認爲"上示""下示"都是直系先王，它們依世次先後分爲兩組不同的祭祀群，而且上、下示在不同時期的分界線還有變動。原因就在於康丁時代對祭祀進行了改革，重新整頓先祖宗廟，對集合廟主重新組合。當然也有不同意見，如晁福林先生主張卜辭裏的"下示""小示"應當是晚近先王的集合稱謂，它們和"大示""上示"等的區別不在於地位尊卑，而只在於時代早晚。[4]

卜辭中除了有上示、下示，還有西示《合集》102，"上、下、西"等都是表方位的詞語，從此種意義上講，這些應該都是按一定的方位排列先祖的集合神主稱謂。上示、下示到底應該如何界定，也許石璋如先生對殷墟甲十二基址遺跡的分析有一定道理。石先生通過對殷墟基址遺跡的分析，認爲"甲十二基址……內部的組合分爲前後兩半，前半爲通敞的大廳，後半爲階層的祭臺，祭臺兩側則爲向後的通道，中間則爲十小間，每間又分上下兩層，上層代表世，爲父子輩相承，每間只放一個神主，故神主較大，可稱大示、或上示。

---

[1] 楊昇南：《從殷墟卜辭中的"示"、"宗"説到商代的宗法制度》，《中國史研究》1985 年第 3 期。
[2] 陳建敏：《論午組卜辭的稱謂系統及其時代》，《全國商史學術討論會論文集》，《殷都學刊》增刊，1985 年 2 月。
[3] 曹定雲：《論殷墟卜辭中的"上示"與"下示"——兼論相關的集合廟主》，《中國考古學論叢——中國社會科學院考古研究所建所 40 週年紀念》，科學出版社 1993 年版，第 289—297 頁。
[4] 晁福林：《關於殷墟卜辭中的"示"和"宗"的探討——兼論宗法制的若干問題》，《社會科學戰線》1989 年第 3 期。

下層因兄弟輩同間，一間不只一個兄弟，間是固定的，一間要放多個神主，則神主勢必較上層縮小，故稱小示，也稱下示。這十間可容納九世的祖宗，按排列上恰好爲大乙至祖丁九示，至於多出的一間當爲陽甲的位置。"[1]

我們對石先生的結論雖然部分認同，但是他對甲十二基址現象的分析卻是值得注意的。祭臺分上下層，共有十間，其間正好容納大乙至祖丁九世。這也許並非巧合，而是商人的有意安排。殷墟宗廟祭祀基址中甲十二基址的祭臺分層現象極有可能是與上示、下示有關。甲十三基址雖然破壞嚴重，但石先生根據三個礎石的方位推斷其外貌與內涵都與甲十二基址非常相似，並認爲這是盤庚遷殷後諸王的宗廟。[2]宗廟祭祀基址的祭臺分層現象是客觀存在的，由此我們推測，上示、下示有可能與"示"存放的方位有關。

4. 上示、下示的分界在中丁與祖乙間

若集合神主之間有上、下示之分，那麼上下示之間必定要有一個分界。"下示"之稱見於賓組、午組、歷組和出組卜辭，而"下乙"之稱則皆爲武丁時期的賓組、午組卜辭。相對於世系中排在前面的報乙、大乙而言，祖乙似乎更適合於被稱爲中乙或小乙之類，而武丁卜辭中卻偏稱祖乙爲下乙，這應該與"示"，即神主所存放的上、下位置有一定關聯，祖乙稱"下乙"之"下"是相對於上甲之"上"而言的。朱鳳瀚先生承陳夢家先生的觀點，認爲被奉爲中宗的祖乙在卜辭中被稱爲"下乙"，是由於祖乙列於下示之故"，卻頗有道理。但是朱先生認爲"下示應是中丁至武丁六位直系先王。中丁以後的直系稱下示，可能是因爲於集合神主的序位元上在'自上甲六大示'之下；被奉爲中宗的祖乙在卜辭中被稱爲"下乙"，是由於祖乙列於下示之故"。[3]這點我們不太能認同。朱先生由於沒有看到《屯南》1015中有"七大示"，因而認定"大示"就是"自上甲六大示"，而將中丁劃入了下示之列。

另有方述鑫先生也以下示爲直系先王，但認爲下示是上甲之後的三報二示五位直系先王，而不是其他直系先王。[4]前文我們已經將三報二示五位先公歸入"上甲六元示"之列，自然，下示就與此五位先公無涉了。

我們同意曹定雲先生的"上示、下示是對直系先公先王的不同劃分"的觀點，但對上示、下示之間的分界線卻有不同的看法。我們以爲，上示、下示的分界線應在中丁與祖乙間，上示應是指自中丁以上的所有先王，下示是指自祖乙以下的所有先王。武丁卜辭稱祖乙爲下乙，這也許與武丁"五世遷宗"有關。祖乙是中丁之子，祖乙到武丁正好五世，符

---

[1] 石璋如：《殷墟地上建築復原第五例——兼論甲十二基址與大乙九示及中宗》，《歷史語言研究所集刊》第六十四本第三分，1993年。
[2] 石璋如：《殷墟地上建築復原第六例兼論甲十三基址與柢示》，《歷史語言研究所集刊》第六十五本第三分，1994年。
[3] 朱鳳瀚：《論殷墟卜辭中的"大示"及其相關問題》，《古文字研究》第十六輯，1989年。
[4] 方述鑫：《論殷墟卜辭中的示》，《夏商文明研究》，中州古籍出版社1995年版，第206—221頁。

合宗法制度中的"五世遷宗",且祖乙又稱"中宗"。這樣回過頭來看《屯南》1115 的"卯于大[示],其十牢,下示五牢,小示三牢。"就容易理解了。大示是指上甲、五位稱"大"的示及中丁,下示是指自祖乙往下的所有先王,小示主要是指廟號區別字稱"小"的先王。從表面上看,祭祀下示、小示似乎重疊,但是,對小示的祭祀只是體現了對下示中部分先王的重視,且對時王而言,小示所指的神主相對下示所指的神主,則屬近祖。如同前引卜辭所表現,在對自上甲以後的所有先王通祀之後,又對大示的特殊祭祀一樣,對小示的重視應該是體現了商人重視近祖的觀念。商人在對非集合的先祖祭祀時,往往挑選那些具有特殊地位的先王。如:

甲午,貞:乙未酻高祖亥……大乙羌五牛三……小乙羌三牛二,父丁羌五牛三,亡壱。　　　　　　　　　　　　　　　　　　　　　　　　　《合集》32087

……玫身自上甲……祖乙牛一,父丁……　　　　　　　　　《合集》32389

……大乙、大丁、大甲、祖乙、小乙、[父丁]……　　　　　《合集》32439

丙寅,貞:王又犅于祖乙牢一牛。

丙寅,貞:王又犅于父丁牢。　　　　　　　　　　　　　《合集》32113

除高祖亥外,受祭的上甲是大示和上示之首,大乙既是大示,又是開國之君,祖乙是下示之首,小乙則爲小示,與父丁同爲近祖,這些先公、先王在祀譜中的地位都很特殊,對他們單獨進行祭祀體現了商人對他們的重視。與此相同,《屯南》1115 在對先祖的集合祭祀時,僅祭下示顯然無法體現對近祖的重視,爲了強調近祖,便出現了祭祀完下示之後又祭祀小示的局面。

5. 卜辭中"中示"及上下示省稱問題的討論

《屯南》1115、《屯南》2707、《合集 32330》中的"下示"寫作"示",有學者認爲此爲"中示"。[1]然而,卜辭有"中宗","中"字均作"中",表示中間之意的"中"均作"𠁧",而沒有作"三"的。"示"應是"下示"之合文,因爲"示"在卜辭中可作"丅",也可作"示"。

多數學者認爲要解決上示、下示問題,以下卜辭至關重要。

辛未,貞:在丐牧來告辰衛其比史受。

桒,其上。

桒,其下。

桒,其上自祖乙。

桒,其下自小乙。

---

[1] 晁福林:《關於殷墟卜辭中的"示"和"宗"的探討——兼論宗法制的若干問題》,《社會科學戰線》1989 年第 3 期。

桒，其即宗於上甲。
　　桒，甲酚。
　　乙酚。
　　桒，丁酚。　　　　　　　　　　　　　　　　　　　　　　　《合集》32616

　　曹定雲先生在討論武乙卜辭中上示、下示分界線時，就曾引用此條卜辭"桒，其下，自小乙"說明"下示"是從小乙開始的，而《合集》32616中的"上示"則是從祖乙開始的。"祖乙"與"小乙"之間尚有"祖辛"、"祖丁"二位直系先王。故此次所祭祀的"上示"只有祖乙、祖辛、祖丁三位先王。[1]

　　陳夢家先生認爲該卜辭"謂自祖乙而上，自小乙而下，"祖乙之稱下乙。"亦有可能由於'上示'、'下示'的分別，"意思是下乙之稱或可能是因爲祖乙列於下示之故。"桒，其下自小乙。桒，其上自祖乙。"可見祖乙不在上示內，上示是祖乙以上的先王。[2] 方述鑫先生依據裘錫圭先生的"逆祀卜辭說"[3]也認爲"桒，其上"，"桒，其上自祖乙"是指從祖乙往上逆祀至上甲。"桒，其下"，"桒，其下自小乙"，是指從小乙往下順祀直系先王。[4] 這個分析是正確的。此辭的"上""下"只是表示逆祀和順祀的次序，而與上、下示無關，而"桒，其上。桒，其下。"中的"其"對占卜者來說，主要用來表示希望、命令或將要的語氣。[5] 我們認爲，此辭的上、下不能視爲上示、下示，它們之間不能劃等號。卜辭中的"上示"僅見一例（《合集》102），下示也未見有省稱爲"下"之例。

（四）它示、二示

商代集合廟主有它示：

　　侑于成、大丁、大甲、大庚、大戊、中丁、祖乙、祖辛、祖丁一牛，它羊。
　　《合集》672正+《合集》1403+《合集》15453+《合集》7176+《乙》2462）[6]
　　……省於它。　　　　　　　　　　　　　　　　　　　　　《後》下11.9
　　辛酉卜，賓貞：勿于它示桒。　　　　　　　　　　　　　　《合集》6257
　　……大[示]十牢，帚五牢，它示三牢。八月。　　　　　　《合集》14353
　　□申卜，酚自上甲一牛，至示癸一牛，自大乙九示一牢，柁示一牛。　《人》2979
　　貞：元示五牛，它示三牛。　　　　　　　　　　《合集》14354（《合補》4139）

---

[1] 曹定雲：《論殷墟卜辭中的"上示"與"下示"——兼論相關的集合廟主》，《中國考古學論叢——中國社會科學院考古研究所建所40週年紀念》，科學出版社1993年版，第289—297頁。
[2] 陳夢家：《殷墟卜辭綜述》，第414、441、467、473頁。
[3] 裘錫圭：《甲骨卜辭中所見的逆祀》，《出土文獻研究》，文物出版社1985年版，第30—32頁。
[4] 方述鑫：《論殷墟卜辭中的示》，《夏商文明研究》，中州古籍出版社1995年版，第206—221頁。
[5] 張玉金：《甲骨金文中"其"字意義的研究》，《殷都學刊》2001年第1期。
[6] 此爲嚴一萍、桂瓊英綴合的甲骨片。

貞：三元示五牛，它示三牛。　　　　　　　　　　　《懷特》898
貞：元示三牛，二示三牛。　　　　　　　　　　　《合集》14822

據卜辭，與它示並祭的集合廟主有：自上甲至示癸——自大乙九示、三元示、元示、大示。

《人》2979 中的"朼"字，張政烺先生認爲應讀爲"柂"，即《說文》中的杝字，假爲迤也，柂示即它示。[1] 趙誠先生也認爲"朼"字應釋爲柂，是代詞。[2] 而于省吾先生認爲應釋爲"杝"，與"他"爲古今字。[3] 晁福林先生認爲應釋爲杝，因爲有《說文》："杝，落也。"段《注》："落亦爲籬落，纏絡字。"杝本指籬落，和墻垣相比，籬落不僅低矮，而且須纏束係連，所以，杝當含有低、連之義。卜辭"杝示"可能指係連於大示、中示的晚、近之示。[4] 張政烺先生和趙誠先生的釋法較爲可取，柂示即它示，柂爲它的異體。

"它"字，過去有的學者釋爲"蠱"，認爲卜辭中有"蠱神"，後來張政烺先生在《釋它示——論卜辭中沒有蠱神》一文中訂正爲"它"，認爲"二示"即"它示"，"它示"與"元示"相對，猶"二示"與"元示"相對。"元示和二示對言，猶大示和小示對言，前者指直系先王，後者指旁系先王，前一條'凵自上甲元示'是說祭從上甲以下的大示，也就是我們在前面說過的上甲加九示。這裏的'二示'指旁系先王，也就是我們考證的它示，第二條相同。'元示五牛，二示三牛'就是大示五牛，它示三牛。"張先生對《合集》14353 的解釋是這樣的："'大示十𢎭'是十個人各有一𢎭，這十個人是誰。就現有的甲骨文研究知識言，是上甲、大乙、大丁、大甲、大庚、大戊、中丁、祖乙、祖辛、祖丁十個人，即上甲加大乙九示。'䎽五𢎭'是上甲以後的五個示每示各得一𢎭，這五示是誰。只可能是報乙、報丙、報丁、示壬、示癸五位了。"[5]

按張政烺先生的推理，那麼在此條卜辭中被稱大示的受祭直系先祖就有十位先王了。另外，按一人一𢎭的說法，"它示三𢎭"也就是指三個示每示也各得一𢎭，它示只是包括三個示而已。從《合集》14354、《合補》4139 與《合集》14822 兩條卜辭的排比得出，"二示"即"它示"，那換言之，二示也就只是包括三個示了。又張先生認爲"二示"指旁系先王，旁系先王在殷商祀譜中遠不止三個，所以張先生對於《合集》14353 的解釋尚可斟酌。在這裏，仍是建立在將元示等於大示，大示即是直系先王的傳統邏輯上，與我們如今的邏輯是不同的。對《合集》14353 我們可作如下理解：對所有以廟號區別字爲"大"的

---

[1] 張政烺：《釋它示——論卜辭中沒有蠱神》，《古文字研究》第一輯，中華書局 1979 年版。
[2] 趙誠：《甲骨文虛詞探索》，《古文字研究》第十五輯，中華書局 1986 年版。
[3] 于省吾：《釋杝》，《甲骨文釋林》，中華書局 1979 年版，第 423—424 頁。
[4] 晁福林：《關於殷墟卜辭中的"示"和"宗"的探討——兼論宗法制的若干問題》，《社會科學戰線》1989 年第 3 期。
[5] 張政烺：《釋它示——論卜辭中沒有蠱神》，《古文字研究》第一輯，中華書局 1979 年版。

神主爲主體的集合廟主——大示进行祭祀時用十牢，對䄰祭祀時用五牢，對它示祭祀時用三牢。

1. 它示不是二示

李學勤先生承張政烺先生之説，認爲，"二示意同它示，是很對的。'二'應讀爲'貳'，意思是次。'它示'即其他的示，'二示'即其次的示。"[1]而蔡哲茂先生認爲它示非二示，"二示"應爲旁系先王。[2]我們同意這種看法。從以下裘錫圭先生綴合的一版卜辭可以看出：

辛巳卜，[貞]……元示……十三月。

乙卯卜。

貞：元示五牛。二示三牛。

貞：㞢歲日酚。十三月。

壬午。

貞：㞢歲酚。十三月。

貞：元示五牛，它示三牛。十三月。　　　　　　　　《合補》4139[3]

在此，元示、二示、它示並見於一版，從而引發了一個問題，即它示是否等於二示。我們以爲，它示和二示並見與一版，説明這是兩個具有不同内涵的集合廟主名稱，顯然，它示不能等於二示。

2. 它示不是小示

有不少學者認爲它示即小示。蔡哲茂先生對它示就是旁系先王、小示的説法提出質疑。"把那些大示與小示並列的卜辭，和大示（元示）與它示並列對言的卜辭加以比較，很容易使人以爲它示就是小示。但從訓詁學的觀點來看，'它'的意義無法等於'小'，另一方面由《合集》14898、《懷特》1555和《屯南》1115可知，大示和小示之間，尚有"下示"的存在，由此得出小示即它示顯然是成問題的。而且《人》2979和《合集》672正＋《合集》1403＋《合集》15453＋《合集》7176＋《乙》2462這兩條卜辭在大乙至祖丁的直系九示之後，就用它示，如果説它示就是小示，但祖丁之後、武丁之前的先王並非全是旁系的小示，那麼要把它示解成小示，是非常可疑的。"[4]這裏是將小示當作全部旁系先王的專稱來看待的，而實際上，我們認爲小示可能是指稱"小"的先王。由《合集》14898、《懷特》1555和《屯南》1115可推，殷先王的祭祀系統除了大示和小示之外，有下示，而且下

―――――――――
[1] 李學勤：《關於自組卜辭的一些問題》，《古文字研究》第三輯，中華書局1980年版。
[2] 蔡哲茂：《殷卜辭"伊尹䎃示"考——兼論它示》，《歷史語言研究所集刊》第五十八本第四分，1987年。
[3] 裘錫圭：《甲骨綴合拾遺》，《古文字研究》第十八輯，中華書局1992年版。《合集》14354＋《合集》14822＋《合集》14824＝《合補》4139。
[4] 蔡哲茂：《殷卜辭"伊尹䎃示"考——兼論它示》，《歷史語言研究所集刊》第五十八本第四分，1987年。

示的地位是高於小示的，那麼大乙至祖丁的直系九示之後的它示，指的就是祖丁之後的先王，也應包括部分下示。在《合補》4139中，先卜問元示五牛，二示三牛，再卜問元示五牛，它示三牛。它示是指其他的示，不等於二示，而有可能包括部分二示、下示與小示。

商代集合廟主又有二示：

癸卯卜，貞：酚桒，乙巳自上甲廿示一牛，二示羊，土燎牢，四戈彘。四巫豭。

《合集》34120

壬寅卜，桒其伐歸，惟北㲋用，廿示一牛，二示羊，以四戈彘。

《合集》34121、34122

辛巳卜，大貞：侑自上甲元示三牛，二示二牛。十三月。　　《合集》25025

貞：元示三牛，二示三牛。　　《合集》14822

據卜辭，與二示並祭的集合廟主有：自上甲元示、自上甲廿示、元示。

卜辭中除明確的三報二示的二示之外，以上卜辭中的"二示"則爲集合廟主。"二示"可以與"元示""它示""上甲廿示"相對。

元示即上甲六示，指上甲至示癸的六位先公。而與"二示"相對的"廿示"，曹定雲先生認爲是"上甲至下乙"。[1] 而"二示"是指下乙以下的所有先王。表面看來，曹說不假。但事實並非如此。前文討論已經解決了"自上甲至下乙"不能等同於"自上甲廿示"。所以我們不能認爲"自上甲至下乙"就是"上甲廿示"。如果這點不能成立，那麼所謂"二示"是指下乙以下的所有先王的觀點也就不能成立了。

"二示"不等於"小示"和"它示"，這在前文已經討論過。多數學者認爲"二示"指旁系先王，李學勤先生讀"二"爲"貳"，認爲"二示"是次示、副示。我們認爲此看法是對的。《合集》25025、《合集》14822中"二示"與"上甲元示"或"元示"並祭，"上甲元示"或"元示"即指上甲至示癸六先公，而"二示"用牲之禮或低於"元示"，或與"元示"相等，顯然其不能是指自大乙以下的直系先王。因此，"二示"應指旁系先王。

有人將《合集》22098誤讀爲"二示、父丙、父戊"，並推測"二示"應指未曾即位的王室成員。事實上，這種讀法和解釋是不對的，前文已論述過。我們認爲將"二示"理解爲未曾即位的王室成員亦是不妥。"自上甲廿示"對祀譜中的先王祭祀並未全，其中還應剩餘數位旁系先王。若"二示"理解爲未曾即位的王室成員，則勢必造成未曾即位的王室成員受祭，而即位的旁系先王反而不受祭。按理未曾即位的王室成員不應比即位的王室成員地位更高、更受重視，因此，我們認爲"二示"不能是指未曾即位的王室成員，而應指旁

---

[1] 曹定雲：《論"上甲廿示"及相關問題——兼論卜辭中的"元示"與"二示"》，《文物》1990年第5期。

系先王。

（五）自上甲廿示

卜辭有"上甲廿示"的集合之稱，見如下：

　　癸卯卜，貞：酻秦，乙巳自上甲廿示一牛，二示羊，土燎牢，四戈彘，四巫豭。

《合集》34120

　　壬寅卜，秦其伐歸，惟北㠯用，廿示一牛，二示羊，㠯四戈彘。

《合集》34121、34122

關於"上甲廿示"的含義，學界意見分歧，大致可歸納爲兩類觀點。

第一，學者認爲有關"上甲廿示"的卜辭是文丁卜辭，"廿示"是"自上甲以下至武乙父子相承共二十世"。這一觀點最早由郭老在《殷契粹編考釋》中提出："'廿示'者自上甲以下武乙父子相承共二十示，此辭蓋文丁所卜。知自上甲起算者，《戩壽堂》1.9一骨，其中有辭與此大同小異。其辭云：'癸卯卜貞，酻秦乙巳自上甲廿示一牛，二示羊，四戈彘，[牢]四巫豕。'壬寅癸卯日相聯，蓋亦同時所卜。"[1]由此"上甲廿示"是直系"大示"的觀點在學術界流行了很長時間。卞仁先生曾在《也談殷卜辭中的上甲廿示》一文中指出："'上甲廿示'與二示相對應而祭，其祭禮是前者用牛，後者用羊，這種規格，與卜辭中常見的大示與小示相對應而祭，大示用牛，小示用羊的規格是一樣的。"[2]

第二，學者認爲有關"上甲廿示"的卜辭是武丁卜辭，廿示是包括從上甲到祖乙或羌甲的直、旁系。李學勤先生在《論有關𠂤組的一些問題卜辭》和《小屯南地甲骨與甲骨分期》[3]兩文中，指出這一組卜辭與《小屯南地甲骨》4516一版的關係。從這幾版卜辭字體、事類、貞人等看，應爲武丁時期。而《屯南》4516的時代屬於殷墟文化早期，在地層上也不晚於武丁時期。由此確定"自上甲廿示"的卜辭不會晚於武丁時期。楊升南先生也持此觀點，認爲"廿示"應該包括直系旁系先王，從上甲數到祖乙，若除不見卜辭的仲壬、沃丁外，則要數到羌甲。[4]曹定雲先生則認爲"上甲廿示"是"上甲至下乙"。即從上甲數至中丁之子祖乙的二十位先公先王。[5]

學者們將"上甲廿示"卜辭的時代，或定爲文丁時期，或視爲武丁時期，這就表明"上甲廿示"卜辭的時代尚不確定。拋開卜辭時代早晚的因素，我們將"上甲廿示"內涵所有存在的可能性都考慮進去，也不外乎以下幾種：第一，"廿示"指自上甲往下數不間斷

---

[1] 郭沫若：《殷契粹編》，科學出版社1965年版。
[2] 卞仁：《也談殷卜辭中的上甲廿示》，《考古》1993年第9期。
[3] 見《古文字研究》第三輯，1980年，《文物》1981年第5期。
[4] 楊升南：《從殷墟卜辭中的"示"、"宗"說到商代的宗法制度》，《中國史研究》1985年第3期。
[5] 曹定雲：《論"上甲廿示"及相關問題——兼論卜辭中的"元示"與"二示"》，《文物》1990年第5期。

的二十位直系，則自上甲至武乙的直系剛好二十位先公先王，即郭老提出的爲"文丁卜辭"。第二，"廿示"指自上甲往下數的二十位直旁系的先公先王，即從上甲至羌甲的二十位直、旁系先公先王，即李學勤先生的"武丁卜辭"説。第三，"廿示"指有選擇性的二十位先公先王的組合。

爲了便於討論，我們先從"上甲廿示"辭例的句型分析入手。自上甲若干示的計算方法，朱鳳瀚先生提出現有的卜辭資料所反映的有兩種：第一，直、旁系皆計算在內。如"自上甲廿示"。舊説以爲是直系，後又有學者認爲此片卜辭屬於武丁時期，故自上甲廿示亦可能包括直、旁系。第二，以直系計，但不包括報乙至示癸五示。[1] 卜辭中凡可以明確所祭王世的合祭卜辭，大致情況可以分成以下幾類：

1. "自……至于"標誌句式

　　丁酉卜，古貞：大示五牛。九月。
　　□□卜，古貞：大示三宰。九月。
　　癸亥卜，古貞：秦年自上甲至于多毓。九月。
　　甲子卜，古貞：秦年自上甲。九月。　　　　　　　　　　《合集》10111
　　丁卯，貞：盄以羌，其用自上甲，𠃉至于父丁。　　　　　《合集》32028
　　甲辰，貞：射盄以羌，其用自上甲，𠃉至于父丁。惟乙巳用伐四十。《屯南》636
　　乙亥，貞：有伐自上甲，𠃉至于父丁于乙酉。　　　　　　《合集》32212
　　庚寅，貞：甲……自上甲，其眔（逮）大甲酚。　　　　　《合集》32388
　　…酉……九示，自大乙至丁祖，其從侯叀。　　　　　　　《合集》20065
　　乙丑……秦自大乙至丁祖九示。　　　　　　　　　　　　《合集》14881
　　己亥卜，侑自大乙至于中丁六示牛。　　　　　　　　　　《合集》14872
　　甲子王自大乙至祖乙兄（祝）……。　　　　　　　　　　《合集》19820
　　癸亥卜，行貞：王賓……自大乙至于毓，亡尤。　　　　　《合集》22722
　　□亥，貞：翌乙丑其又歲于大乙至于大甲。　　　　　　　《屯南》2420
　　庚子卜：貞：其祀于河，以大示至于多毓。　　　　　　　《合集》14851
　　乙卯卜，祼三報至炎甲十示。　　　　　　　　　　　　　《合集》22421反

這類句式有"至于""眔（逮）"，通常表示不間斷的連續祭祀，尤其像"自上甲至于多毓"句常見於周祭卜辭，更明確證明"自上甲至于"這類句式是指一種自上甲開始的連續不斷的排次。然而，如果連續不斷的祭祀直系先王，則只能自大乙開始，因爲三報二示是作爲旁系對待的。因此，"自上甲至于"這種表示連續祭祀先王的句式應表示對自上甲開始的直旁系先王的祭祀。

---

[1] 朱鳳瀚：《論殷墟卜辭中的"大示"及其相關問題》，《古文字研究》第十六輯，1989年。

這類句式有時會省去"至于"而構成"自……"。如癸未卜作"自上甲至于多毓"的完整形式，而次日甲子卜則省稱爲"自上甲"，但無論省與不省，"自（某先王）"之某先王一般應是世系次序排在前面的一位神主，如"自上甲至于父丁"。因此，這類形式我們都應視爲是一種連續不斷的集合祭祀形式。但《合集》14881、《合集14872》中的"自大乙至於某先王若干示"是對大乙以下的若干直系連續不斷的祭祀。因爲，雖其有"至于"，但其後的"若干示"卻明確限制了其所祭的范圍。盡管如此，"自大乙至于某先王若干示"句式仍不違背"自……至于……"表示不間斷的連續祭祀的原意。

而《合集》32384是一條比較特殊的卜辭。它反映出殷商時代的祭祀情況並不像以往大家所想像的那般簡單。從三報到戔甲共有直旁系先公先王十六位，三報至戔甲十示到底包括哪十示，似乎很令人費解。下仁先生認爲"三報至戔甲應爲報乙、報丙、報丁、示壬、示癸、卜丙、小甲、雍己、卜壬、戔甲"，三報二示是當旁系對待。因此，此辭便是對自報乙開始至戔甲十位旁系先王的連續不斷的祭祀。同樣符合我們的分析。顯然，這種句式無論是通祀，還是僅祭直系或僅祭旁系，都應是連續不斷的。

2. "自……若干示"標誌句式，如：

　　□未卜，桒雨自上甲、大乙、大丁、大甲、大庚、大戊、中丁、祖乙、祖辛、祖丁十示，率羊土。　　　　　　　　　　　　　　　　　　　《合集》32385

　　貞：御自唐、大甲、大丁、祖乙百羌百宰。　　　　　　　　　《合集》300

　　己卯，貞：桒自上甲六示。

　　□□貞：十［示］又［二］桒。　　　　　　　　　　　　　《合集》34111

　　甲午，貞：卓來……其用自上甲十示又□，羌十又八。乙未……　《屯南》3562

　　甲辰，貞：今日桒年自上甲十示又三。　　　　　　　　　　　《屯南》827

這些卜辭對表示從某王到某王的不連續的先公、先王的組合的祭祀，顯然"自……"僅表示"從……"開始的意思，其合祭組合則是有選擇的。除"自上甲六示"爲上甲至示癸六元示之外，這是由六位先公的特殊地位決定的，其他合祭，其祭祀次序都是間斷而不連續的。而"上甲廿示"之後加以特定的集合稱謂限制，"上甲廿示"恰好符合這種形式。因此，"上甲廿示"應爲一種有選擇的祭祀，並非自上甲往下不間斷地祭祀二十位直系先王。

那些認爲凡言"自上甲至于某王"和"自上甲若干示"，都是指以上甲爲首的一系列直系先王的觀點，從前文的論證可知，是值得商討的。我們認爲"自上甲至于"與"自上甲若干示"是不同的概念，"自上甲至于某王"是指對先祖的一種通祀，各代商王對"自上甲至于某王"的祭祀，其所含的神主的數目是不一樣的。而"自上甲某示"是一個固定的集合，猶如大示、小示、元示、下示等，它們在商人的心中都是有特指的含義。

我們知道，"自上甲十示"即對上甲、大乙、大丁、大甲、大庚、大戊、中丁、祖乙、祖辛、祖丁十位直系的合祭，其中排除了三報二示。如果"自上甲廿示"可以理解爲是對直系的合祭，那麼也應同"自上甲十示"一樣排除三報二示，但這樣做的結果將使"自上甲廿示"在殷代祀譜中無法被容納，因而，"自上甲廿示"爲僅祭直系的觀點是無法成立的。

    壬寅卜，設貞：興方以羌用自上甲至下乙。   《合集》270

"下乙"即祖乙。從句式上看，"自上甲至下乙"應指從上甲到下乙的連續不間斷的所有直旁系先祖的祭祀。如果像有學者認爲的"上甲廿示"是上甲至下乙，但是，仲壬、沃丁均不見於卜辭，上甲至祖乙其間包含的先公、先王便不是二十示，而是十八示；即便計入仲壬、沃丁而湊齊二十示，那爲何不徑稱"自上甲廿示"，而稱"自上甲至下乙"。因此，上甲廿示是"上甲至祖乙"之説似難成立。

  楊昇南先生認爲"廿示"指自上甲往下至羌甲的二十位直、旁系的先王，此説看似頗有道理，但仍存在某些理解不暢通之處。楊先生將卜辭時代定爲武丁，而"自上甲廿示"的合祭卻只到羌甲，武丁的祖輩與父輩反而不祭，這似乎於情理不合。況且，與之並祭的"二示"也不好理解。因爲，若"上甲廿示"是指自上甲往下的二十位連續不間斷直旁系的先王，則"二示"只能指"上甲廿示"之後的直旁系先王。從卜辭"元示"與"二示"並祭的情況分析，"二示"似應更宜於考慮爲區別於直系的旁系神主。然而，如果"上甲廿示"被認爲是對羌甲以前的直旁系先祖的合祭，則"二示"便只能被視爲相對於這一集合的另一直旁系集合，這與"二示"實指旁系先王的含義顯然不相符合。

  以上的論证排除了第一、二種可能性，那麼就只剩下第三種可能性，即"廿示"是指有選擇性的二十位直旁系先公先王的組合。由於"二示"是指旁系先王，因此與其並祭的"上甲廿示"當是以歷組卜辭所處時代所應祭祀的全部直系爲主，同時增加若干旁系先王的固定集合之稱。而被剔除在"上甲廿示"之外的只能是部分旁系先王，這與"二示"即所指旁系先王是符合的。我們認爲在此"二示"是次一等的旁系先王，爲副示，"上甲廿示"與"二示"在地位上應是兩個層次的集合廟主。

  但由於受現有材料的限制，我們只能對這以直系爲主的"廿示"的具體所指作一些可能的推測。在二十位直旁系先公先王的集合中，"廿示"可能是剔除了三報二示，也有可能是包括三報二示在內。但卜辭中祭直系時常將三報二示省去，所以，我們以爲在對"上甲廿示"直旁系進行合祭時將三報二示省去的可能性也很大。

  卜辭中祭祀直系先王時省去三報二示的例子已有很多，其中的原因已有很多學者作過推測。王國維先生謂"疑商人以日爲名號，乃成湯以後之事，其先世諸公生卒之日，至成湯有天下後定祀典名號時已不可知，乃即用十干之次序以追名之。"[1]董作賓先生也説：

---

 [1] 王國維：《殷卜辭中所見先公先王續考》，《觀堂集林》卷九，中華書局1959年版，第437—450頁。

"我疑心這是武丁時代重修祀典時所定。……至於成湯以前先世忌日，似已不甚可考，武丁乃以十干之首尾名此六世。"[1]而于省吾先生卻認爲六示中上甲和三報的廟號，乃後人所追定。而示壬、示癸二示的廟號則是有典可稽的。[2]他的理由是：甲骨文周祭中的直系先妣，是自示壬的配偶妣庚和示癸的配偶妣甲開始的。朱鳳瀚先生認爲在用自上甲若干示的形式稱直系先王的集合神主時，一般可能不計入報乙至示癸五示。"理由是人們一般認爲三報二示這五示的廟號是後人追命的。但不管如何，三報二示的地位較直系先王低下則是客觀存在的事實。但問題是三報二示是否在合祭直旁系先祖的祭祀中也被排除，目前還缺乏這樣的證據。"上甲廿示"到底應該是指哪二十位直旁系先公先王的組合，還有待日後新證據的出現。

（六）餘論

卜辭中有關"示"的名稱還有㲋示、䍙示等，由於受材料的限制，在此暫且不作深入討論，僅簡單的介紹前人的觀點如下。

1. 㲋示

……貞：今囚（合卣）巫九备，惟餘酌……莽……戋人方，上下于㲋示，受余有祐……于大邑商，亡𡆥在𢦏。　　　　　　　　　　　　《合集》36507

丁卯王卜，貞：今囚（合/卣）巫九备，余其比多田于多伯，征盂方伯炎，叀衣翼日步，亡左自上下于㲋示，余受有祐，不䧹㱿[囚]，告于兹大邑商，亡𡆥在𢦏。[王占曰]：引吉，才十月，遘大丁翼。　　　　　　　　　　《合集》36511

甲午王卜，貞：作余彫朕，莽酌余步比侯喜征人方，上下㲋示受有祐，不䧹捷，囚（肩）。告于大邑商，亡[𡆥]在𢦏。王占曰：吉。才九月，遘上甲𩰫，惟十祀。

甲午王卜，貞：其于西宗奏示。王占曰：引吉。　　《合集》36482

甲戌王卜，貞：今囚（合/卣）巫九[备]，□𰉮盂方率伐……西戊典西田□𦎧盂[方]……妥余一人□余其比多田甾正□□盂方……又自上下于㲋[示]……

《合補》11242

……余一人……今夕田甾征盂方亡左……自上下于㲋示，余受有祐。

《合集》36514 + 36360[3]

---

[1] 董作賓：《甲骨文斷代研究例》，《慶祝蔡元培先生六十五歲論文集》上冊，《歷史語言研究所集刊》外編第一種，1933年。

[2] 于省吾：《釋自上甲六示的廟號以及我國成文歷史的開始》，《甲骨文字釋林》，中華書局1979年版，第193—198頁。

[3] 宋雅萍：《背甲新綴六十五—六十六則》，先秦網2013年12年2日。

卜辭"今㘡（🀆）巫九备"中，"🀆"另有隸定爲一字：舍或佘。[1]李學勤先生曾讀作"舍巫九备"或"舍巫九靈"，認爲是關於卜法的習語，詳細涵義雖不了解，但一定是卜法中一種特別隆重的儀節。[2]在"舍巫九备"下面，一般是講人方"伐東國"之事，和盂方的"伐西國"對應。其中"𢿩"，甲骨文作"𢿩"。陳夢家先生讀作"上下于祭示"似乎是指上示、下示與祭示。上示、下示合指即是以上甲爲首的包括三報二示的直系先王。祭示可能是它示，亦可能指旁系先王。[3]它，古音屬歌部，祭部字與歌部字多相通，祭、它可通轉。從字形上看，"𢿩"從崇從又象神前薦血以祭，應是一種與血祭有關的祭名；[4]"𢿩"則應是祭字的別體。"𢿩"字在甲骨文中有多是右半從"丑"形，左半有從"貝""血"等形。陳劍認爲應釋作"徹"字，"徹示"亦即"徹通"所有在"示"之集合（大示、小示、若干示之類）、序列（上示、下示）中之"示"，係强調從上到下"通貫"之集合神主、"成系列"的所有神主。對於商王所尊的所有祖先神來說，"徹示"所包應該中間有略過者（如旁系不重要的先王），但連續無斷裂，沒有被未計入的先人神主隔爲兩個或幾個集合，此即所謂"徹通之示""徹示"。[5]

2. 希示

有關希示的主要卜辭如下：

乙卯卜，㱿貞：于希示奉…… 《合集》14348

貞：于希示奉…… 《合集》14349

……卜，其奉年于示希，有大雨。 《合集》28266

……貞：奉年于河。

貞：[于]希[示]奉[年]。 《合集》10087

癸酉卜，王疾，豕惟示希。 《合集》21380

辛巳卜，貞：牛示，奉自上甲一牛，希惟羊，希惟豕。 《合集》14358

希字形作"𢁉"。舊有兩種意見。（1）釋"殺"，餘永樑先生云："此殺字，後借爲蔡。說文殺字，古文作𣪩，與此同。"[6]郭沫若先生云："此字卜辭習見，均用爲祟字。《說文》希，古文作𣪩，三體石經春秋殘石蔡人之蔡古文作𣪩。又殺字《說文》所列古文作𣪩，此等均是一字，蓋本𣪩之象形文，因音近，假爲殺、爲蔡、爲祟也。"[7]（2）陳夢家先生隸定爲

---

[1] 㘡，除《甲骨文合集釋文》外，諸家均作"今酚"；奉，參見李宗焜《甲骨文字編》，中華書局2012年版。
[2] 李學勤：《論新出現的一片征人方卜辭》，《殷都學刊》2005年第1期。
[3] 陳夢家：《殷虚卜辭綜述》，中華書局1988年版，第467頁。
[4] 參考陳邦懷《殷代社會史料征存》，天津人民出版社1959年版。
[5] 陳劍：《釋甲骨金文的"徹"字異體——據卜辭類組差異釋字之又一例》，《出土文獻與古文字研究》第七輯，2018年。
[6] 餘永樑：《殷墟文字考》，《國學論叢》一捲一號，1926年。
[7] 郭沫若：《兩周金文大係考釋》，第103頁。

"求"，無説。[1]曹定雲先生認爲前説欠妥，應隸定爲"求"。[2]

禾在以上兩種釋法中，釋作求的觀點尤爲流行。裘錫圭先生以爲甲骨文的"禾"與金文的"求"字形很相似，即求字。在"旬有禾"、"羌甲禾王"、"南庚禾王"……的卜辭中，"禾"仍應釋爲"求"，但應讀爲"咎"，指的是伊尹一人。[3]蔡哲茂先生認爲"禾示"或"禾"在卜辭中很有可能就是假借成音讀和咎字相同的"舅"字，指的就是伊尹；"禾示"即"求示"應該讀成"舅示"。[4]方述鑫先生認爲禾示即下示。[5]眾説暫無評定，但禾示即下示的説法有誤。因爲，下示是指自祖辛往下的直系先王的組合；它示是指其他的示，它示不等於下示，而可能包括下示與小示。"禾示"究竟該作何解，還有待日後進一步研究。

3. 鼠示

丙寅，貞：惟5以羌眔它于鼠示用。

□□貞：[ ]來告秋，其用自上甲。　　　　　　　《合集》32033

乙卯，貞：彳伐鼠示，五羌三牢。　　　　　　　《合集》32086

癸未，[貞]：辛卯其奉禾于示。

乙酉，貞：又歲于伊鼠。　　　　　　　　　　　《合集》33329

丁丑，貞：多宁以㠯又伊。

丁亥，貞：多宁以㠯又伊尹鼠示。兹用。　　　　《屯南》2567

卜辭中有"鼠示""伊鼠示""伊尹鼠示"等稱謂，張政烺先生認爲："鼠示於元示相當，鼠即鼉之異體字，伊鼠示是伊尹加商代的鼠示"。[6]蔡哲茂先生認爲"鼠示""伊鼠示"都是"伊尹鼠示"的省稱，即指伊尹。[7]劉桓先生則以爲，"鼠"表遷移之義，"鼠示"並非是一個單獨的人名，乃指伊尹的廟主遷至先王宗廟者。[8]

三　結論

現將本文主要論點概括如下：

---

[1] 陳夢家：《殷虚卜辭綜述》，中華書局1988年版，第462頁。
[2] 曹定雲：《論殷墟卜辭中的"上示"與"下示"——兼論相關的集合廟主》，《中國考古學論叢——中國社會科學院考古研究所建所40週年紀念》，科學出版社1993年版，289—297頁。
[3] 裘錫圭：《釋求》，《古文字研究》第十五輯，中華書局1986年版。
[4] 蔡哲茂：《殷卜辭"伊鼠示"考——兼論它示》，《歷史語言研究所集刊》第五十八本，第四分，1987年。
[5] 方述鑫：《論殷墟卜辭中的示》，《夏商文明研究》，中州古籍出版社1995年版，第206—221頁。
[6] 張政烺：《釋它示——論卜辭中沒有蠶神》，《古文字研究》第一輯。
[7] 蔡哲茂：《殷卜辭"伊鼠示"考——兼論它示》，《歷史語言研究所集刊》第五十八本，第四分，1987年。
[8] 劉桓：《説卜辭的"六大示"與"黽示"》，《夏商文明研究》，中州古籍出版社1995年版，第222—227頁。

1. 證據表明，商王廟號日干是死後擇定的祭日，商代並不存在生名配用日干名的事實，更說明廟號是死後而定的。

2. 大示只是部分直系先王的集合神主的概稱，卜辭大示共有七位，稱"七大示"指上甲、大乙、大丁、大甲、大庚、大戊及中丁。小示不應是指所有旁系先王，且與直、旁系的劃分無關，而有可能是指稱"小"的先王。

3. 元示是指從上甲開始的神主集合，稱元示的最多不超過六示，說明元示即是指上甲和三報二示，即上甲六示。

4. 卜辭大示、下示、小示並祭，說明下示不等於小示，下示的地位低於大示而高於小示。殷墟祭祀基址的祭臺分層現象，表明上、下示可能是指"示"存放的方位。上、下示的分界線在中丁與祖乙間，上示是指自中丁往上的所有先王，下示是指自祖乙往下的所有先王。

5. 卜辭中的它示不是二示，它示是其他的示，不等於下示，而可能包括下示與小示，其意義相對於並祭的集合而定。"二示"應指旁系先王，不等於"小示""它示"。

6. "上甲廿示"並非自上甲的連續不斷的直系或直旁系的合祭，而應是有選擇的先王合祭，祭祀的主體為直系先王，並增以若干旁系先王。

7. 至於𣪘示䂂示、𪓐示等確切的含義，還有待深入研究。

甲骨文敦地及相關地理研究

韓 雪

中國國家博物館

摘 要：歷史地理問題是史學和考古學研究的基本問題，殷商甲骨文提供解決商代地理的直接史料。本文綜合商代甲骨文資料、考古資料、文獻資料，在前人研究的基礎上，對商代晚期部分田獵地名和商末征人方地理進行研究。

關鍵詞：商代，甲骨文，敦，地理，田獵，征人方

緒 論

20世紀90年代以前，學者在探討商代晚期田獵區的觀點上主要分爲兩種，一種是以郭沫若和陳夢家爲代表的殷西"沁陽田獵區"説；另一種以董作賓、島邦男爲代表，將晚商田獵區放在殷都之東或東南，大致位於"今山東泰山、蒙山、嶧山之西麓"。[1] 鄭傑祥另立新論，提出商王的田獵區"既不在沁陽附近，也不在山東泰山周圍"，大致在今河南省濮陽及新鄉以東和山東西部地區，[2] 與此前兩大觀點均有不同。近年學者在董作賓觀點的基礎上，提出晚商王室田獵區"以泰山爲中心，以汶水、淄水、古濟水及渤海爲邊沿"。[3] 上述諸説對商代田獵地名網路中的關鍵地敦地地望的認識也大相徑庭，現將學術界的幾種主要觀點梳理如下。

---

[1] 鍾柏生：《殷商卜辭地理論叢·緒論》，藝文印書館1989年版。
[2] 鄭傑祥：《商代地理概論》，中州古籍出版社1994年版，第80頁。
[3] 陳絜、趙慶淼：《"泰山田獵區"與商末東土地理——以田獵卜辭"盂"、"㠱"諸地地望考察爲中心》，《歷史研究》2015年第5期。

1. 殷西沁陽田獵區説

陳夢家《殷虚卜辭綜述·方國地理》中提出敦地在"沁陽田獵區";[1]李學勤從陳説,認爲敦區爲"沁水西岸最東的狩獵區";[2]韋心瀅進一步提出敦地"當在太行山東、焦作與沁陽之間、溫縣以東"的王畿與晉東南的交通要道上。[3]

2. 殷東或殷東南説

董作賓《殷歷譜·帝辛日譜》以爲敦在今山東泰山以西地帶;[4]胡厚宣在《殷代之農業》一文中以敦地應在"殷之東南",島邦男從胡氏之説,並結合卜辭中諸地名間的行程關聯提出敦地在殷東南田獵區内,地處淮陰至商邑附近的路線中。[5]

3. 二敦説

臺灣學者鍾柏生提出敦地有二,一爲武丁時期重要農業、祭祀和行政場所的"西敦",地在殷都北方或西北邊境上;[6]二爲廩辛、康丁時期以後田獵卜辭中的"南敦",地在商丘東南,[7]其説兼顧殷西説和殷東、東南兩説。

4. 頓丘説

日人林泰輔曾在《甲骨文地名考》中提出,敦地乃《詩·衛風》中"送子涉淇,至於頓丘"中的頓丘,其地在今河南清豐縣西南;持"濮陽田獵區"説(爲行文方便,現將鄭傑祥以"河南省濮陽市及新鄉市以東和山東省西部地區"爲晚商主要田獵區的觀點簡稱"濮陽田獵區"説)的鄭傑祥以林説爲近是,[8]他認爲"敦""頓"爲同音假借,卜辭中的敦地即《詩經》中的頓丘,只是他對頓丘地望的考證與林氏有所不同。鄭氏據《水經·淇水注》中古淇水在河南浚縣境内的流經路線,進一步將古頓丘考訂在今河南浚縣西北約10公里一帶。[9]

以上諸説中除了鍾氏宣道"敦"爲異地同名將其一分爲二看待外,其餘觀點皆以敦地爲晚商時期具有延續性的一地而存在。鍾柏生之"西敦"説、以及堅持敦地在沁陽田獵區説法的學者認爲,"敦"與傳統所認爲的生活在太行山以西的"羌"同版互見(詳參《合集》139:癸亥卜,爭貞:旬亡禍?王占曰:有祟。五日丁未,在敦執羌。)因此而推測武丁時的敦地在殷都以西地區,不可謂不牽强。正如鄭傑祥所駁[10],武丁卜辭中另有"北

---

[1] 陳夢家:《殷虚卜辭綜述》,中華書局2008年版,第270頁。
[2] 李學勤:《李學勤早期論集——殷代地理簡論》,河北教育出版社2008年版,第179頁。
[3] 韋心瀅:《關於王都以外商王的長居地》,《甲骨文與殷商史》新三輯,2013年。
[4] 董作賓:《殷歷譜》,中央研究院歷史語言研究所,1945年。
[5] 島邦男:《殷墟卜辭研究》,上海古籍出版社2006年版,第716頁。
[6] 鍾柏生:《殷商卜辭地理論叢》,藝文印書館1989年版,第73頁。
[7] 鍾柏生:《殷商卜辭地理論叢》,藝文印書館1989年版,第77頁。
[8] 鄭傑祥:《商代地理概論》,中州古籍出版社1994年版,第83頁。
[9] 鄭傑祥:《商代地理概論》,中州古籍出版社1994年版,第84頁。
[10] 鄭傑祥:《商代地理概論》,中州古籍出版社1994年版,第84頁。

羌"（見《合集》6627、6628、6625）以及"在北史獲羌"（《丙》32）的記載，可明商晚期的羌人非限於殷都之西方，而應如陳夢家所理解的"羌方應理解爲一流動的遊牧民族，羌爲其種姓"[1]，説是。故鍾氏"西敦"説或以"敦"地爲異地同名並不可靠。

武丁卜辭中曾見在敦地進行有關農事占卜的相關內容，如下：

□戌卜，賓貞：我受年？
□□卜，賓貞：乎黍于敦，宜受年？　　　　　　　　　　　　《合集》9537
乙卯卜，賓貞：敦受年？
乙卯卜，賓貞：陮受年？　　　　　　　　　　　　　　　　　《合集》9783

此爲在敦地種植黍的記載。《禮記·月令》言"黍宜高燥，稌宜下濕"，可知敦地地勢必高。

《説文·𨸏部》："陮，陮隗，高也。"敦與陮對貞，雖爲兩地，但也可推知敦地當爲高地。

明人胡渭《禹貢錐指》認爲："兖少山而丘頗多，其見於經傳者約楚丘、帝丘、庉丘、鐵丘、瑕丘、清丘、廪丘、敦丘（在今觀城縣南），皆在濮水之南。"文中的"敦丘"與卜辭所記敦地地勢面貌一致，地在今山東聊城觀城鎮南，即河南范縣境。

值得注意的是，2003 年河南范縣春秋時代遺址出土書有"敦"字銘文的陶器，該發現對商代的敦地地望的確定及相關地理研究至關重要，惜材料至今尚未發表。2010 年馮時先生觀摩資料，並提出商代之敦地應在河南范縣附近，[2]該説以明確的考古資料將"敦"地地望落實在今天的河南范縣一帶，爲胡渭的説法提供了堅實佐證。由此觀之，此前鄭傑祥先生所倡敦地應位於"濮陽田獵區"的觀點最爲近實。

卜辭反映的商王對人方的戰爭是晚商時期的重要事件，其中尤以十祀征人方的活動規模最大，歷時最久。關於征人方卜辭的年代，學者根據帝辛周祭祀譜、卜辭文例特點以及文獻中"商紂爲黎之蒐，東夷叛之"等記載，[3]考證爲帝辛十祀已成爲學界共識。[4]但關於人方地望的討論仍久訟未決，其具體征伐路徑及所涉及的地理問題也有多種意見。將主要觀點概括爲以下四種。

1. 人方在山東及淮河流域

郭沫若認爲征人方事件乃"帝乙十祀"所征，夷方爲"乃合山東之島夷與淮夷而言"。[5]

---

[1] 陳夢家：《殷虚卜辭綜述》，中華書局 2008 年版，第 281 頁。
[2] 2010 年馮時先生承河南濮陽孫德萱先生、張相梅女士引爲觀摩資料（資料尚未公開發表），證實該"敦"銘陶器出土於范縣春秋時期的遺址中，見氏著《殷禮剒存》，《第二屆中國文字發展論壇"文字與民族文化"學術研討會論文集》，《中國文字博物館》2010 年第 2 期。
[3] 詳見《左傳·昭公四年》；又《左傳·昭公十一年》："紂克東夷而隕其身。"
[4] 鄭傑祥：《商代地理概論》，中州古籍出版社 1994 年版，第 355 頁。
[5] 郭沫若：《卜辭通纂》第 569 片，《郭沫若全集·考古編》第二卷，科學出版社 1982 年版。

2. 人方在淮河流域

董作賓在《殷曆譜·帝辛日譜》中首次將征人方卜辭排入帝辛日譜,並以人方當在淮水之南。[1]陳夢家結合新出卜辭,剔除董氏錯置的材料,注重卜辭中的日程係聯,重新考訂了征人方歷程,將其終點定在淮水一帶。[2]島邦男也以淮河流域爲帝辛伐人方目的地所在。[3]

3. 人方在山東地區

王恩田根據山東境內出土的一系列帶族徽銘文銅器認爲帝辛十年征人方行程大部分發生在今山東地區,征人方終點的"淮"應爲山東的濰水。[4]李學勤早年以人方在陝西渭水一帶,[5]2006年更改此前觀點,亦以人方在山東中東部地區。[6]陳絜以人方爲《春秋》經傳中的東土之夷,地在山東萊蕪附近。[7]

4. 人方在江漢

以鄧少琴、溫少峰爲代表的學者認爲人方在"江漢",[8]又爲商王征人方問題增添新論。

縱觀上述諸說,人方地望問題的爭論焦點主要集中於山東說、淮水說,或兼以山東、淮水爲晚商人方所在。五期黃組卜辭中見"小臣𠂤"[9]曾與征人方事件中的重要地理"攸"地相涉:

  辛卯王[卜,貞]:小臣𠂤其作圉于東對?王占曰:[吉]。　　《合集》36419

  𠂤其還至于攸,若?王占曰:大吉。其𢁉于之若。　　《合集》36824

上條卜辭記錄了小臣𠂤在東部邊遂,及其速來於攸地還是遲來於攸地的占卜,應與晚商征人方的軍事事件有關。晚商𠂤銘銅器大宗出土於山東青州蘇埠屯的貴族墓葬中,晚商𠂤族即卜辭中的小臣𠂤,應居於山東青州蘇埠屯地區,該族又與征人方重要軍事據點攸地相關,爲人方地望在山東之說增添了重要證據。此外,滕州前掌大史氏家族墓地出土奉盉銘文記述器主奉擒獲人方濰伯事,學者以"濰"爲商代人方的一支,當處於淮泗流域。[10]准此,可初步排除人方在江漢之說。

---

[1]　董作賓:《殷曆譜》下編卷九,中央研究院歷史語言研究所,1945年。
[2]　陳夢家:《殷虛卜辭綜述》,中華書局2008年版,第301—305頁。
[3]　島邦男:《殷墟卜辭研究·帝辛十祀征夷方歷程》,上海古籍出版社2006年版,第771頁。
[4]　王恩田:《人方位置與征人方路線新証》,《胡厚宣先生紀念文集》,科學出版社1998年版。
[5]　李學勤:《殷代地理簡論》,《李學勤早期文集》,河北教育出版社2008年版,第223頁。
[6]　李學勤:《商代夷方的名號和地望》,《中國史研究》2006年第4期。
[7]　陳絜、田秋棉:《卜辭"𩫖"地與武丁時期的王室田獵區》,《故宮博物院院刊》2018年第1期。
[8]　鄧少琴、溫少峰:《論帝乙征"人方"是用兵江漢》,《社會科學戰線》1982年第3、4期。
[9]　學界過去多釋爲"醜",觀點可商。關於該字的新觀點可參韓雪《青州蘇埠屯亞𠂤族徽新釋》,《中原文物》2019年第6期。
[10]　馮時:《前掌大墓地出土銅器銘文匯釋》,《滕州前掌大墓地》,文物出版社2005年版,第583—585頁。

有關晚商卜辭中反映的田獵地理和商末征人方地理等問題，學者已有廣泛的探討。早期如董作賓、陳夢家、島邦男、李學勤等學者主要以古文字資料參以歷史文獻的方法，對商代地理進行論證，但由於時代的局限，特別是缺乏考古資料的證實，各家對具體地名的考釋和地望的考訂聚訟不決，莫衷一是。20世紀90年代，鄭傑祥始將考古資料廣泛應用到商代地理的研究之中，創立了研究殷商地理問題的科學方法，使對歷史地理研究的可信性大爲提高。其後，林歡博士亦循此方法論证晚商地理，取得了成績。然而二人著作或在二十餘年之前，或距今也有十餘年之久，其時考古資料的積累尚欠豐富，尤其是涉及一些關鍵地名的考古資料未曾發現，致使許多商代地理問題仍待重新研究。

郭沫若首揭以卜辭日程係聯探討商代地理問題的方法，[1]爲商代地理問題的研究提供了切實可行的研究思路。這一方法不僅使零散的地點有機會通過日程的係聯構成彼此關聯的地理網路，而且可以將此法與考古學研究相結合，將地理的考證與殷商考古遺存彼此對應，盡可能客觀地復原殷商的地理系統。

商代甲骨文中"敦"字習見，除用作動詞使用有撻伐、攻擊、氾濫之意外，還作爲武丁至乙辛時期的重要地名，所涉内容涵蓋農業、祭祀、田獵和商末征人方路線等商史重要問題，是解決商代地理問題的關鍵。近年新的考古資料的發現對解決殷卜辭中關鍵地名的地望問題具有重要的意義，其中敦地地望的確證即是其中顯著的一例。因此，結合最新的考古學成果對晚商地理的研究進行重新檢討便成爲可能。故本文擬以對有確鑿考古學及出土文獻證據的敦地的研究入手，以期爲相關地理的探討奠定確然可信的基礎。

敦地的地望確認之後，卜辭中與敦同版互見的地名，尤其是那些與其有著明確日程關係的田獵地名也必須隨之重新考慮。另外，一些與敦地相關的地名兼涉商末征人方事件，因此征人方地理問題亦需重新梳理。

隨著考古學的蓬勃發展，考古資料與古文字資料的結合對歷史學研究提供了珍貴可靠的證據，甚至可以對早期歷史進行修正和補充。本文旨在從敦地地望的落實出發，結合甲骨文、金文、文獻資料以及新的考古發現，在前人研究的基礎上對相關田獵地名略作考述，兼而探討帝辛十祀征人方路線，既希求得晚商區域性田獵地理網路，亦冀考訂晚商征人方地名、地望，管窺渺缺之商史。

一　敦地相關田獵地研究

緒論引述明確的考古資料，足証晚商之敦地在河南范縣附近，這對進一步研究甲骨文

---

[1] 郭沫若：《卜辭通纂》第596片，《郭沫若全集·考古編》第二卷，科學出版社1982年版。

中與其同見的地名提供了堅實的基礎。基於以上認識，我們從敦地地處范縣出發，重點研究它在田獵卜辭中與其他地名的關聯，以此構建它與各地名之間的方位、日程關係，藉以建立以敦地爲中心的區域性田獵地理網路。

需要提及一點，過去學者所作卜辭中的地理研究，均顯示商人以"日行三十公里"的速度行軍或田獵。如島邦男根據他所推定的商（商丘）、亳（山東曹縣）間隔二日，行程六十公里；[1]陳夢家以商（商丘）、亳（商丘以南的南亳，今高辛集一帶）相距六十公里，[2]進而以此爲標準推斷出百餘個地名位置；鍾柏生也以一日路程不超過三十公里爲原則；[3]鄭傑祥在探討帝辛十祀征人方路線時，也是按照日行三十公里來計算的。[4]下文中，我們將擇取已被考古資料證實的地名地望，檢驗"商人日行三十公里"的可靠性，並在驗証的基礎上進一步探索其餘相關地名的地望問題。

（一）田獵地考証

1. 婓

婓來馬　　　　　　　　　　　　　　　　　　　　　　《合集》9172

婓來十四，在敦。　　　　　　　　　　　　　　　　　《合集》9194

貞：叀子婓乎伐……　　　　　　　　　　　　　　　　《合集》6209

乎子婓涉……　　　　　　　　　　　　　　　　　　　《合集》6477 反

武丁時期婓爲商屬國，與商王朝有著貢納關係，曾在敦地停留。

甲午卜，互貞：翌乙未易（錫）日。王占曰：有祟，丙其有來艱。三日丙申允有來艱自東，婓告曰：兒[白]（伯）……　　　　　　　　　　　《合集》1075

……東，婓告曰：兒白（伯）……　　　　　　　　　　《合集》3397

卜辭內容爲：王占卜兩日後將有不好的事情發生，果然二日後婓向商王報告，來自東方的兒將對商王朝不利。可見，婓地應處大邑商東部與兒地之間的地帶。關於兒地，學者已有探討，郭沫若認爲兒即從邑作郳，乃爲殷舊有之國，入周後爲邾所滅而成爲其封地，因地係商之郳地，又係出於邾，故該地既稱郳，又稱小邾。[5]於其地望，郭老採《春秋·莊公五年》"郳黎來來朝"引杜注"附庸國也，東海昌慮縣東北有郳城"之說，將商周時期的郳國地望定在今山東滕縣東，[6]説是。2002 年山東棗莊山亭區東江村南發現了春秋時期小

---

[1] 詳見島邦男《殷墟卜辭研究》，上海古籍出版社 2006 年版，第 688 頁。
[2] 陳夢家：《殷虛卜辭綜述》，中華書局 2008 年版，第 258—259 頁。
[3] 詳見鍾柏生《殷商卜辭地理論叢》，藝文印書館 1989 年版，第 84 頁。
[4] 鄭傑祥：《商代地理概論》，中州古籍出版社 1994 年版，第 360 頁、第 363—364 頁。
[5] 郭沫若：《卜辭通纂》，《郭沫若全集·考古編》第二卷，科學出版社 1982 年版，第 120 頁。
[6] 郭沫若：《卜辭通纂》，《郭沫若全集·考古編》第二卷，科學出版社 1982 年版，第 120 頁。

郳國國君及夫人墓地，其中 M2 中出有銅鬲銘文爲"兒（郳）慶作秦妊羞鬲，其永寶用"，同墓所出青銅壺銘爲"黿（郳）君慶作秦妊醴壺，其萬年眉壽永寶用"[1]，自銘乃爲國君爲夫人秦妊所作之器。由此可知，"兒（郳）慶"與"郳君慶"實爲一人，證明春秋時期"郳"和"郳"爲一國兩名，與文獻記載若合符契。小郳國國君墓地所處棗莊地區，其封地"兒"（郳）也應在附近，從地圖上看，該地距敦地約 230 公里。商代的敦地應處於今山東棗莊以西地區，由卜辭驗辭可知敦距大邑商（安陽殷墟）爲二日路程。

無名組卜辭和五期田獵卜辭中敦還從水寫爲𣲖，又稱其爲麓，地當臨近水和山脈。如：

戊辰卜，在𣲖，犬中告麋，王其射，亡災？禽（擒）。　　　　　　　《合集》27902
戊寅卜，貞：今日王其田𣲖，不遘大雨？茲節。　　　　　　　　　《合集》37787
弜焚𣲖麓？
王叀成麓焚，亡災？　　　　　　　　　　　　　　　　　　　　《屯南》762

關於敦字的釋讀，學界頗存爭議。王國維疑其字爲"畫"字；[2]郭沫若讀爲"規"，"蓋謂以規畫圖也"；[3]丁山以其爲"父"之古寫，摯乳爲嫛，治理之意，同時又謂字"概象人執筆習畫形"從而又讀"畫"；李孝定從丁氏之"讀敦爲嫛"說；[4]馬承源據西周穆王器師望鼎"不敢不？儆不敦"釋其爲"父"，乃言順從也，[5]其說與李說近似。鄭傑祥從郭說釋字爲"規"字，並進一步結合金文材料中"用作季日乙敦"提出敦字應與器名"簋"讀音相同，敦即規。

甲骨文、金文中的敦字從聿、從𠙴，如商晚期"子敦"簋（《三代》6.9）。又可簡爲"𠙴"，見"子𠙴觚"（《美集録》R120）。可知聿爲意符，讀"𠙴"音。商晚期爵銘有"敦父癸。"（《三代》16.31.5），西周晚期《冉簋》銘文"鼂生薎冉歷，用作季日乙敦，子子孫孫永寶用"（《三代》6.48.3）。此處之敦顯然爲器名，從而讀"簋"音（圖1）。

郭老將敦讀爲規劃之"規"，説是。"規"屬支部

圖1　冉簋銘文

---

[1] 李學勤：《小郳國墓及其青銅器研究》，《東嶽論叢》第 28 卷，2007 年第 2 期。
[2] 《古文字類編》也將其歸入"畫"字，詳見《古文字類編》，上海古籍出版社 2010 年版，第 872 頁。
[3] 郭沫若：《卜辭通纂》，《郭沫若全集・考古編》第二卷，科學出版社 1982 年版，第 105 頁。
[4] 李圃：《古文字詁林》十一冊，上海教育出版社 2004 年版，第 181—183 頁。
[5] 馬承源：《商周青銅器銘文選》第三卷，文物出版社 1988 年版，第 146 頁。

見紐，"簋"爲幽部見紐，規、簋雙聲可通。《說文·夫部》："規，有法度也。"段《注》："規巨，有法度也。各本無規巨二字。……古規巨二字不分。……凡規巨、威儀有分用者皆互文見意。非圓不必矩，方不必規也。……凡有所圖度匡正皆曰規。"由此，"規"本爲匡正圖度、以規畫圓的工具，其聲符𢻻爲規畫的結果，稱爲"畫"，而這個畫圓的過程稱爲"規"，也就是說，𢻻字不僅體現了畫圓的過程"規"，亦表達了其結果"畫"，規、畫二層含義均在其中。

綜上，古文"規""畫"本爲一字，均寫作𢻻，象以手執筆畫圓。西周早期，人們將𢻻字增以田地之形，賦予其規劃田界的專屬含義，始將"畫"字分離出來。例如：西周早期小臣宅簋銘文"賜小臣宅畫冊、戈九"中"畫"。西周中期，𢻻字獨作爲"規"字使用，如師望鼎中有"不敢不□𢻻"，𢻻在此讀爲"規"，有順從、合乎規定之義，即《說文·夫部》中"規，有法度也"的引申義。戰國璽印中所見的"規"字從夫、見，爲新造字，而此前𢻻字已棄之不用。自此"規""畫"分別，各表其義，字形也截然不同了。

𢻻地地望亦久訟不決。林泰輔、董作賓、胡厚宣、島邦男多持"臨淄說"，以其地爲《水經·淄水注》中"溡水之南有王蠋墓"的溡水、"孟子去齊宿畫"之畫邑，地在今山東臨淄西北三十里。[1] 然今山東臨淄西距棗莊地區的兒地約260公里，從方位上看與卜辭内容截然相反，餘以爲"臨淄說"殊爲可疑。鄭傑祥因規、桂通假，提出規地爲後世"桂陵"，又據卜辭中規地與山東鄆城南之"成"地（參《屯南》762條：王叀規田湄日亡災？叀成田湄日亡災？）、山東濟寧之"兀"地同見（參《合集》10302條"令兀往於規"）、河南滑縣桑村之"桑地"同見（參《屯南》625：……在桑貞……［田］𢻻衣逐亡災？），故以規地在今山東菏澤縣東北約10公里，[2] 該地距離范縣不遠，其說可從。

2. 𤈦（皆，楷）

田獵地名中另見𤈦地，與敦地同見。

  戊申王卜，貞：田敦，往來亡災？王占曰：吉。

  壬子王卜，貞：田𤈦，往來亡災？王占曰：吉。獲鹿十。　　　　《合集》37403

𤈦從𦣞從火，又簡寫成𤈦，如：

  辛卯卜，王叀𤈦鹿逐，亡災？　　　　《合集》28349

  丁亥卜，戊王其田𤈦，湄［日亡災］？　　　　《合集》29296

字或從口寫作𤈦或𤈦。如三四期卜辭：

  𤈦令二人……　　　　《合集》27749

  𤈦［雩］二田桑、孟，又（有）大雨？　　　　《合集》30044

---

〔1〕 胡厚宣：《殷代封建制度考》，《甲骨學商史論叢初集》，河北教育出版社2002年版。
〔2〕 鄭傑祥：《商代地理概論》，中州古籍出版社1994年版，第194—197頁。

于省吾釋從口之𣦵爲並列之"列",從火之𤈦則作爲地名,二字均讀爲"列";[1]徐中舒結合秦二十六年殘詔版中"皆明壹之"之"皆"字作"𣦵",結構與甲骨文同,將𣦵釋爲"皆",將𤈦釋爲地名,[2]于、徐之説大致相同。《説文·白部》:"皆,俱詞也。"段玉裁《注》:"其意爲俱,其言爲皆。"𤈦、𣦵均從二𧆞,似強調並列、比從之意,字釋爲"皆"可從。考"皆"字在上述卜辭中的用法,從口者多作爲連詞,如《合集》27749、《合集》30044;從火者作地名使用,如下:

　　……涉,狩于𤈦? 《掇》1.98
　　戊,王其田𤈦,蔌,亡災? 《合集》29373
　　戊,王其田𤈦,不遘小雨? 《合集》29298

上述辭例中,凡涉及到田於𤈦之貞卜,貞問内容涉及是否下雨,或言"狩",應與田獵方法有關。狩,《爾雅·釋天》:"火田爲狩。"郭璞《注》"放火燒田,獵亦爲狩。"《説文·犬部》:"犬田也。"段玉裁《注》:"火田也。"並引《釋天》曰:"冬獵爲狩。"卜辭應在相當於商代的冬季所貞,𤈦從火作地名似與商王在該地狩獵有關。

"皆"地作爲廩辛至乙辛時期商王田獵場所,學者以其爲金文中的"楷",[3]山西西周黎國墓地的發掘者讀楷爲黎,即文獻中"西伯戡黎"之"黎",[4]説是。皆字古音屬脂部見紐,黎爲脂部來紐,疊韻可通。黎一作"耆"(《史記·周本紀》"明年敗耆國"),張守節《正義》引鄒誕生云"耆,本或作黎。"黎又作"𥠇",《説文·邑部》:"𥠇,殷諸侯國,在上黨東北。"

文獻中關於黎國地望有三。其一爲壺關之黎。《漢書·地理志·上黨郡壺關》顔注引應劭曰"黎,侯國也,今黎亭是。"《續漢書·郡國志》上黨郡壺關條:"有黎亭,故黎國。"《注》:"文王戡黎即此也。"以黎國在壺關縣。其二爲潞城之黎。《括地志·黎城縣》:"故黎城,黎侯國也,在潞州黎城縣東北十八里。《尚書》曰'西伯既戡黎'是也。"其三爲衛黎陽。《毛詩序》:"《旄丘》,責衛伯也。狄人迫逐黎侯,黎侯寓于衛。"《水經·河水》"過黎陽縣南",《注》:"黎侯國也。"《毛詩傳箋通釋》引《水經注》"河水又東北過黎陽縣,亦曰黎侯國,《詩》曰'黎侯寓于衛'是也"。以古黎陽在河南浚縣境内。[5]

黎國地望有先後之分,商之黎國(即西伯所戡之黎)爲殷之侯國,地在今長治南壺關境内,入周後遷故商之黎國(抑或殷人另一支)至今潞城縣東北的黎城繼續爲侯,[6]東周時黎侯則久寓河南浚縣;還有學者結合金文材料提出周代之黎國爲姬姓,乃畢公高之長子

---

[1] 于省吾:《甲骨文字釋林》,商務印書館 2010 年版,第 370—373 頁。
[2] 徐中舒:《甲骨文字典》,四川辭書出版社 1990 年版,第 382、526 頁。
[3] 李學勤:《𠧪簋銘文考釋》,《故宮博物院院刊》2001 年第 1 期。
[4] 高智、張崇寧:《西伯既戡黎——西周黎侯銅器的出土與黎國墓地的確認》,《中國古代文明研究通訊》2007 年總第 34 期。
[5] 馬瑞辰:《毛詩傳箋通釋》上册,中華書局 2012 年版,第 142 頁。
[6] 顧頡剛、劉起釪:《尚書校釋譯論》,中華書局 2010 年版,第 1056—1057 頁。

所封。[1] 2006 年山西長治東北黎城縣西關村發現西周中晚期的諸侯級墓葬群，根據未經盜擾的中型墓 M8 出土"楷侯宰"銘文的青銅壺、鼎[2]，可知該墓地爲西周晚期的楷國所在。該墓爲豎穴土坑墓，葬具爲一槨一棺，槨底板下有腰坑及殉犬，[3] 此爲殷人特有之葬俗，是墓主爲殷系之證。此外，文獻中如《世本》以黎爲子姓（《左傳·隱公元年正義》引），《史記·楚世家集解》引服虔曰："黎，東夷國名也，子姓。"爲商代之黎乃子姓的説法增添了證據。[4]

黎城墓群的發現證明西周黎國在今山西潞城東北部黎城縣，其族屬應爲商系。"西伯戡黎"以前的商代黎國遺存尚未發現，應在西周時期黎國附近，文獻所提示的山西長治壺關縣境內不失爲一條極具説服力的線索。再回看卜辭《合集》37403 條，時代爲乙辛時期，戊申商王在大邑商貞問選擇敦地還是皆地進行田獵，最終於壬子日在皆地田獵並有所收穫，其内容有二層涵義：其一，大邑商應距敦、皆兩地路程近似；其二，自大邑商至皆地所需時日不超過 4 天。今安陽殷墟到山西壺關縣距離約 140 公里，從安陽到河南范縣之"敦"地約 130 公里，首先證實了上述卜辭蘊含的第一層内容：大邑商距皆、敦二地路程幾乎一致；更重要的是它驗證了古人每日三十公里左右的行進速度，對文獻中"師日行三十里"的概念進行了修訂。黎地近於王畿，故西伯戡黎引起"祖尹恐，奔告於受"的記載可信。

3. 䖒

䖒地主要見於四、五期田獵卜辭，寫作䖒（該字寫法與征人方路線中辰地附近的䖒地有別，當非一地），字舊多釋爲呈，[5] 學者已辨其非。[6] 䖒與敦地同見。

戊午卜，在䖒貞：王田，衣逐亡災？
辛酉卜，在敦貞：王田，衣逐亡災？　　　　　　　　　　　　　《合集》37532

此條卜辭顯示：從䖒地到敦地需要三天日程，但䖒、敦的方位關係尚不明確。

䖒又與前面所提到的皆地同見：

辛未卜，翌日壬王其田皆，亡災？在䖒卜。大吉。茲用。禽（擒）。《屯南》3156

如將卜辭中的翌日壬假設爲辛未第二天壬申日，那麼從䖒地到皆地需要一天時間。從已經明確的敦在東、皆在西的方位關係出發，䖒地的位置只有兩種可能，其一，其地位於

---

[1] 李學勤結合西周早期獻簋、叔䚄簠和西周中期的䂆簋認爲：西周第一代楷伯爲畢公高之子分封于楷，爲周係姬姓，詳見氏著《䂆簋銘文考釋》，《故宮博物院院刊》2001 年第 1 期；陳穎飛：《清華簡畢公高畢恒與西周畢氏》，《中國國家博物館館刊》2012 年第 6 期。
[2]《黎城出土"楷侯宰作寶壺永用"銘文——西周黎國所在地之謎破解》，《山西日報》2007 年 3 月 22 日 B04 版。
[3] 張崇寧、楊林中：《山西發掘黎城西周墓地》，《中國文物報》2007 年 4 月 25 日。
[4] 杜勇：《從清華簡〈耆夜〉看古書的形成》，《中原文化研究》2013 年第 6 期。
[5] 于省吾：《甲骨文字釋林·釋呈》，商務印書館 2010 年版，第 19—20 頁。
[6] 馮時：《甲骨文"震"及相關問題》，《甲骨文與殷商史》新三輯，上海古籍出版社 2013 年版。

皆、敦之間，則由敦到皆需四天日程；其二，⿰在皆西，則敦到皆日程爲兩天，這兩種結果均與敦（河南范縣）到皆地（山西長治壺關縣或黎城縣）距離約 270 公里、間隔約 9 日的事實矛盾。因此，此前對翌日壬爲壬申日的假設不能成立，翌日壬只能爲十一日之後的壬午日。換句話說，從⿰到皆應需十一天左右才能到達，故⿰地應位於敦地東部約 2—3 日路程處，大致處於梁山一帶。這樣看來，"翌日壬"的表述形式則是對未來壬日的不固定的選擇。

4. 㭒、桑與凡

㭒地最早見於二期出組卜辭，其時不知是否已成爲田獵地（《續》3.27.2：壬寅卜，兄貞：王往㭒，□？……在六［月］）。㭒與敦及其他田獵地名常共同見於三四期無名組田獵卜辭中，在乙辛時期的黃組卜辭中更是經常作爲商王田獵地出現。

辛卯卜，翌日壬王其**迿**于敦，亡災？

于㭒，亡災？

于喪（桑），亡災？　　　　　　　　　　　　　　　　《合集》28915

辛未卜，王其**迿**于敦，亡災？

于㭒，亡災？　　　　　　　　　　　　　　　無名組《合集》28917

學者對**迿**的隸定眾說紛紜，或釋踐（董作賓），或釋越（郭沫若），或釋**弌**（李學勤）等等，莫衷一是。[1] 裘錫圭隸爲"**迿**"，讀爲戡，[2] 謂其含有戒敕鎮撫之意，說是。

㭒：字作⿰、⿰，此地名見於殷墟出土的帝辛時期的銅器四祀邲其卣，銘文言"王在㭒"，顯爲甲骨文中的㭒地。山東壽張梁山出土的"梁山七器"之一晚商小臣艅犀尊，其銘記錄了商王對"小臣艅"進行賞賜之事，該器內容爲帝辛十五祀征人方回程中所發生的事情，器主"艅"，與"㭒"一樣從右側的"余"得聲。同屬"梁山七器"的大保簋亦見地名㭒，于省吾隸爲艅，即後世之"俞"字；[3] 徐中舒將"㭒"釋爲"榆"，作地名。[4] 商代作地名的"㭒"或即金文小臣艅的"艅"，古人常以地名作爲氏名，如小臣禽、小臣邑、小臣高等，這些小臣的名字極有可能來源於其所在的地名或邑名，如禽地多認爲在殷西，卜辭中有地名曰"高"。巧合的是，與小臣艅尊同出的周初銅器大保簋明言"休㭒土"，亦見㭒地之稱。故甲骨文中的㭒地，或即出土小臣艅尊等器的梁山吳垓村一帶。結合卜辭中貞問王**迿**于敦、㭒、桑地，且**迿**有敕戒鎮撫之義，可知這三地與大邑商距離相近，敦在范縣，桑在濮陽南部（見下文），距離大邑商均爲 3—4 日路程，今梁山縣距離安陽 170 公里左右，

---

[1] 此外，王國維隸爲從辵從戈，楊樹達從之讀爲"過"；羅振玉或以其省爲復；商承祚以其爲步武之專字等。詳見《古文字研究》第三輯《釋祕》一文注 35—40，中華書局 1980 年版。

[2] 裘錫圭：《釋祕》，《古文字研究》第三輯，中華書局 1980 年版。

[3] 于省吾：《甲骨文字釋林·釋㭒》，商務印書館 2010 年版，第 73—74 頁。

[4] 徐中舒：《甲骨文字典》，四川辭書出版社 1990 年版，第 643—644 頁。

約5、6日行程，與卜辭相合。

䘮字作地名，學者或隸爲噩（羅振玉：《增訂殷虛書契考釋》）；于省吾駁羅説、葉玉森"枭"説，以其字從桑從口，作地名或人名讀爲"桑"，作動詞用則假借爲喪，有喪亡之意。[1]鄭傑祥采用于説釋爲"桑"，以桑地在今河南滑縣桑村鄉。[2]西周金文也有喪地，其字從桑、從口，學者以其地爲甲骨文中的桑地，位於山西鄉寧，[3]可備一説。

卜辭言，王將從某地（應指大邑商）出發前往敦、棶或桑地，可知三地距大邑商的距離相近，敦地位於大邑商東部約130公里，滑縣桑村之桑地距離大邑商約110公里，與卜辭反映的路程相合，鄭説可從。

棶與䎽、䘮、桑、盂、宮同見。

  辛丑卜，翌［日壬王其］迍于䎽，亡災？

  于棶，亡災？

  于䘮，亡災？   《合集》28922

  翌日壬王其迍于䎽，亡災？

  于棶，亡災？

  于桑，亡災？

  于盂，亡災？

  于宮，亡災？   《合集》28919

同上，䎽、盂、宮、䘮、桑與棶地一樣，應位於大邑商周邊3—4日路程左右。

棶地又與凡地同見。

  從棶，亡災？

  從凡，亡災？

  翌日壬王其迍于向，亡災？   《合集》28945

凡地在一期子組卜辭中爲田獵地：

  ……貞：仲子肱疾，呼田于凡？   《合集》21565

凡、向應距大邑商不遠。陳夢家認爲商代之凡即《春秋·隱公七年》之凡，據杜《注》知其地在"汲郡共縣東南"的凡城，又結合《水經·清水注》以其地在"今輝縣西南二十里"。[4]又《春秋左傳注》："凡，本國名，周公之後。……凡伯蓋世爲周王室

---

[1] 于省吾：《甲骨文字釋林》，商務印書館2010年版，第76—77頁。
[2] 鄭傑祥：《商代地理概論》，中州古籍出版社1994年版，第123—124頁。
[3] 馮時：《喪、噩考——兼論喪禮的形成及其意義》，《中原文物》2019年第1期。
[4] 陳夢家：《殷虛卜辭綜述》，中華書局2008年版，第262頁。

卿士而食邑于凡。"《讀史方輿紀要》《春秋大事表》亦以凡城在今河南省輝縣西南二十里。[1]周公之後所封之凡應即商代卜辭中的凡地，西周晚期厲王、幽王時期的凡伯在詩經中也有所體現。今輝縣距安陽殷墟約 110 公里，與卜辭反映的路程相合。

5. 疐與㬱

在前文討論的商代地理區劃內，我們可以根據幾個與敦地同見的地名之間的聯繫進一步探討其方位和日程關係。

  戊午王卜，貞：田疐，往來亡災？王占曰：吉。
  辛酉王卜，貞：田㬱，往來亡災？王占曰：吉。
  壬戌王卜，貞：田敦，往來亡災？王占曰：吉。
  丁亥王卜，貞：田盂，往來亡災？王占曰：吉。
  戊子王卜，貞：田桑，往來亡災？王占曰：吉。
  辛卯王卜，貞：田㬱，往來亡災？王占曰：吉。 《合集》37746（圖 2）
  壬辰王［卜，貞：田□，］往來［亡災？］
  乙未王卜，貞：田栐，往來亡災？王占曰：吉。
  丁酉王卜，貞：田疐，往來亡災？王占曰：吉。
  戊戌王卜，貞：田疐，往來亡災？王占曰：吉。
  辛丑王卜，貞：田疐，往來亡災？王占曰：吉。
  壬寅王卜，貞：田疐，往來亡災？王占曰：吉。 《合集》37745（圖 3）

從《合集》37745 看，商王連續貞卜在栐、疐兩地的田獵是否順利（除首日壬辰日田獵地名殘泐外），這一旬內商王似乎只在這兩地停留。其中，乙未到丁酉所卜的田獵地發生了轉變，可推栐地到疐地最多需 2 日行程，其後從丁酉至壬寅 6 日內商王一直處在疐地。此外，《合集》37746 無論從卜辭時代、貞卜內容及其涉及的田獵地均與《合集》37745 相同或相近，且前者最後一日"辛卯"剛好與《合集》37745 條的首日"壬辰"銜接，這兩條卜辭可視爲同時所卜，這樣我們可以得出商王在近一個月內（25 日）的田獵路線及各地間日程：

疐—3 日—㬱—1 日—敦—5 日—盂—1 日—桑—3 日—㬱—1 日—□（此地極有可能爲㬱地）—3 日—栐—2 日—疐

上述卜辭體現的行程關係應較爲可信，如敦、㬱兩地間隔一日也被《合集》37781 佐証。

  乙亥王［卜，在］敦貞：王步于□，亡災？

---

[1] 楊伯峻：《春秋左傳注》（修訂本），中華書局 2012 年版，第 53 頁。

相觀而善集·第一輯

圖2 《合集》37746　　　　　　　　　圖3 《合集》37745

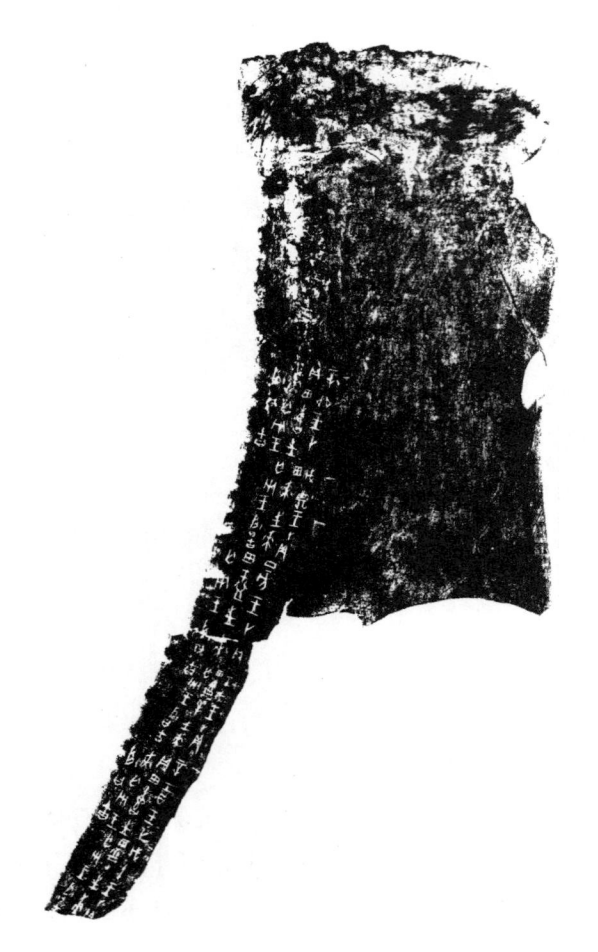

　　丙子[1]王卜，在舊貞：田瀍，往來亡災？　　　　《合集》37781

此外，㭒、舊、𤆥、𢀛的日程關係可據卜辭更加具體化。

　　壬寅王卜，貞：田㭒，往來亡災？

　　乙巳王卜，貞：田舊，往來亡災？王占曰：吉。

　　丁未王卜，貞：田舊，往來亡災？王占曰：吉。

　　戊申王卜，貞：田𢀛，往來亡災？王占曰：吉。

　　辛亥王卜，貞：田舊，往來亡災？王占曰：吉。

---

[1] 甲骨文合集釋文將此干支摹釋"丙戌"，由於原片剝蝕嚴重、拓片也模糊不清，有學者結合五期黄組卜辭文例及占卜習慣，提出此當爲乙亥後一日所占卜，此說可從；且與《合集》37746片對证均顯示敦、薰兩地相距2日之日程關係，故此當爲"丙子"日。詳參門藝《〈合集〉37781的誤摹和誤釋——簡談文例研究和照片著錄的重要性》，http：//www.xianqin.org/blog/archives/3368.html，2013年11月。

壬子王卜，貞：田梌，往來亡災？王占曰：吉。　　　　　　　　　　《合集》37619

此旬内商王的田獵路線爲：梌—3日—曺地—1日—霋—3日—曺—1日—梌。此間，梌地和曺地的最短路程可在一日實現，曺到霋也可在一日内到達。

　　戊戌卜，貞：王田梌，往來亡災？
　　辛丑卜，貞：王田梌，往來亡災？王占曰：吉。
　　壬寅卜，貞：王田霋，往來亡災？　　　　　　　　　　　　　　　《合集》37624
　　乙亥王卜，貞：田梌，往來亡災？王占曰：吉。
　　戊寅王卜，貞：田𡉜（𡊄），往來亡災？王占曰：吉。
　　辛巳王卜，貞：田霋，往來亡災？王占曰：吉。
　　壬午王卜，貞：田梌，往來亡災？王占曰：吉。
　　戊子王卜，貞：田曺，往來亡災？王占曰：吉。　　　　　　　　　《合集》37621
　　辛巳王卜，貞：田霋[1]，往來亡災？[王占曰：吉。]
　　壬午王卜，貞：田桑，往來亡災？　　　　　　　　　　　　　　　《合集》37710

結合《合集》37624、37621可知，梌到霋地最短1日可達；從梌到𡊄爲3日内可達，𡊄到霋也爲3日内路程；由《合集》37710推測，霋、桑二地間1日可達。

鄭傑祥以霋爲今河南濮陽鐵丘，𡊄爲濮陽咸城村（詳見後文），[2]其說可從。今河南濮陽鐵丘遺址距離山東梁山縣的梌地約100公里；濮陽咸城村的𡊄地距離梌地約100公里；鐵丘遺址與咸城村間隔約30公里，與滑縣桑村距離50公里。上述地名之間的路程與卜辭反映的内容相合，同時證明《合集》37710中霋地、桑地的日程間隔爲1日是可信的。

6. 宫與兖

宫是五期田獵卜辭常見地，已知其處於殷墟周邊約130公里的路程範圍内，並曾與敦同見：

　　乙卯王卜，貞：田宫，往來亡災？王占曰：吉。
　　戊午王卜，貞：田敦，往來亡災？王占曰：吉。　　　　　　　　　《合集》37605

宫與曺、兖同見：

　　乙丑王卜，貞：田于曺，往來亡災？
　　丁卯王卜，貞：其田于宫，往來亡災？
　　戊辰王卜，貞：田兖，往來亡災？獲狐七。　　　　　　　　　　　《合集》37481
　　辛未卜，王田曺，往來亡災？
　　乙亥卜，王田宫，往來亡災？　　　　　　　　　　　　　　　　　《合集》37618

---

[1]《甲骨文合集釋文》原釋爲"梌"，此據《殷墟甲骨刻辭摹釋總集校訂》第291頁校正爲"霋"。
[2] 鄭傑祥：《商代地理概論》，中州古籍出版社1994年版，第94、103頁。

戊寅王卜，貞：田宮，往來亡災？王占曰：吉。

辛巳王卜，貞：田𦰩，往來亡災？王占曰：吉。 《合集》37417

三條卜辭同爲五期黃組，內容均涉及𦰩、宮兩地，且干支相聯，貞卜起點和終點都是𦰩地，因此可將它們看作某一次田獵行程中依次貞卜，從而構成了商王在 16 天內的田獵路線，其路程和日程關係可按如下順序整理：𦰩—2 日—宮—1 日—兗—3 日—𦰩—4 日—宮—3 日—𦰩。其中，宮與𦰩地間隔最短爲 2 日路程，宮與兗間隔 1 日，兗到𦰩 3 日行程。

學者以兗地爲"河濟之間爲兗"的濟水沿岸地帶，位於敦地東、南，[1]或即今山東兗州，該地正處於《尚書·禹貢》中所描述的兗水流經的主要地區。[2]本文以𦰩、𤴑實爲同一地的兩種寫法（詳見後文），位於河南濮陽咸城村，日程關係與卜辭相合，以此推測宮地應處於咸城村至兗州的路程中，其分別距離咸城村 2 日路程、距離兗州 1 日路程，從地圖上推測，宮地當位於今山東鄆城附近。

此外，宮又與梌同見。

辛卯卜，貞：王田梌，往來亡災？

壬辰卜，貞：王田宮，往來亡災？ 《合集》37620

前已探討梌地位於山東梁山縣吳垓村一帶，距山東鄆城約 30 公里，與卜辭反映內容相合。

宮與桑、𩧢同見。

戊子王卜，貞：田桑，往來亡災？王占曰：引吉。茲卟。獲狐一。

辛卯王卜，貞：田宮，往來亡災？王占曰：吉。

壬辰王卜，貞：田𩧢，往來亡災？王占曰：吉。 《合集》37497

可知桑（滑縣桑村）到宮、𩧢（河南濮陽鐵丘遺址）兩地的距離相近，將宮地考定爲山東鄆城附近與卜辭亦合。

7. 羌

羌最早在武丁時期卜辭曾與敦同時出現，似爲商王朝征伐的對象。四五期卜辭中，羌作爲地名，見於田獵卜辭和征人方路線。

癸亥卜，爭貞：旬亡禍？王占曰：有祟。五日丁未，在敦執羌。 《合集》139 反

貞：在北史有獲羌？

貞：在北史亡其獲羌？ 《合集》914

貞：有來羌自西？ 《合集》6597

我們已經知道，敦地在大邑商東部地帶，上述卜辭中首條即言羌在殷東出現，又言在

---

[1] 鄭傑祥：《商代地理概論》，中州古籍出版社 1994 年版，第 92 頁。

[2] 詳見《尚書·禹貢》："道兗水東流爲濟……東出陶丘北，又東至於菏，又東北至於汶。"

殷之北部是否獲羌，又言是否有羌來自西部，其族所處之地並不固定，可見某些學者所認爲"羌只出現的商都之西"而將羌與殷商西部地帶掛鉤的看法是靠不住的，其方位並不固定。應如陳夢家所言：羌是一支遊牧的種姓。

羌與敦、🔲、🔲同見。

  戊辰王卜，貞：田敦，往來亡災？王占曰：吉。茲節。獲鹿二。
  壬申王卜，貞：田羌，往來亡災？王占曰：吉。茲節。獲鹿十又一。
  戊寅王卜，貞：田🔲，往來亡災？王占曰：吉。茲節。獲鹿二。
  壬午王卜，貞：田🔲，往來亡災？王占曰：吉。茲節。獲鹿三。 《合集》37421

據上述卜辭中清晰的驗辭我們可獲知商王的田獵路線及日程關係：敦—4 日—羌—6 日—🔲—4 日—🔲。

2. 羌與🔲、䎽、祝同見。

  戊申王卜，貞：田羌，往來亡災？茲節。鹿一。
  壬子王卜，貞：田于🔲，往來亡災？茲節。獲鹿□。
  乙卯王卜，貞：田于🔲，往來亡災？茲節。獲鹿□。
  戊午王卜，貞：田于䎽，往來亡災？獲鹿一。
  壬戌王卜，貞：[田于] 祝，[1] 往 [來] 亡災？獲鹿九，狐一。 《合集》37416

由於商王在上述各地均有獵獲記錄，可明商王曾實際到達以上地點並有所停留，因此可得出各個田獵地名之間日程關係：羌—4 日—🔲—3 日—🔲—3 日—䎽（本文以🔲、䎽爲一地地名的繁簡體寫法，故此處或爲商王在同一地點停留，説詳後）—4 日—祝。

卜辭中又見：

  戊戌王卜，貞：田羌，往來亡災？王占曰：吉。茲節。獲鹿四。
  乙巳王卜，貞：田䎽，往來亡災？王占曰：吉。茲節。獲鹿四，兕一。

                     《合集》37408

由此可知，自羌至䎽最多需 7 日路程，與上文所得羌、🔲之間爲 6 日路程近乎相同，或可輔証🔲、䎽實乃一地。

二期卜辭中曾見"師羌"的稱呼，此時羌地爲商王駐紮軍隊之處，它的軍事作用爲五期商王朝伐人方埋下伏筆。

  戊戌卜，王……在一月，在師羌？   《合集》24281

結合羌地與敦地（河南范縣）、🔲地（濮陽咸城村）、🔲地（下文中以該地在河南衛輝、淇縣以南地帶）的日程關係，從地圖上可得出羌地的大概位置：它應處於大邑商之東南部、

---

〔1〕 該地名《甲骨文合集》隸爲祝，從禾、從兄；《殷墟甲骨刻辭摹釋總集校訂》第 288 頁隸爲"祝"。參考同時期黃組卜辭《合集》37409 中的地名羌、祝同見，此處將字隸定爲祝。

羌地北距敦地約 4 日路程，推測羌地或位於今山東曹縣一帶。

8. 勞

勞地與滴水同見，卜辭中有商王涉滴水至於勞地田獵的記載，可明該地應在滴水沿岸，如：

……涉滴，至于勞，射左豕，禽（擒）？	《合集》28882
王其田，涉滴至于勞，亡災？	《合集》28883
王其從□勞麓［告］豕□，在孟犬……	《合集》28899

學術界關於滴水地望的研究聚訟不決，其觀點主要有三種。一，葛毅卿、楊樹達爲代表的"滴水即漳水說"，[1]地應處今河北西南部、河南北部之間。因滴、漳古音相通以及漳河型先商文化遺存的發現，該說多爲學者所從。二，李學勤以滴水爲後世沁水，[2]鄭傑祥認爲卜辭中有沁水之稱，從而不可能又稱"沁"爲"滴"，從而否定了沁水說。三，鄭傑祥提出"滴水即清水說"。他結合卜辭中商王在滴水逆羌以及在宗門逆羌的記載（見《合集》32035、32306），認爲滴水應處於朝歌商廟以南，從而考滴水應爲《水經·清水注》中朝歌以南清水所流經的地帶，[3]此說可從。

前從卜辭出發已知勞地應位於大邑商以南、以東 130 公里左右的范圍内，此外卜辭又顯示大邑商東南方向更遠處的羌地距離敦地（河南范縣）和勞地均爲 4 日路程左右，那麽勞地和與之相關聯的"滴"不可能處於更遠的大邑商之北，從這個層面講，"漳水說"不能成立，鄭氏"清水說"更接近卜辭反映的實際情況。《水經·清水注》："清水出河内修武縣之北黑山，……清水又東南流，吳澤陂水注之，……於修武縣故城西北（《大清一統志》言今獲嘉縣治，）……又南逕凡城東（今輝縣西南二十里）。……清水又東，周新豐塢（注云地當在今獲嘉、輝縣之間），又東注也。東北過獲嘉縣北（今新鄉市西）……又東過汲縣北（今河南衛輝市西南），……清水又東，與倉水合（注據《大清一統志》蒼峪山在汲縣西北四十裏，《汲縣誌》倉水源出西北一百里外管家井，故清水與倉水應在今汲縣境内合），……又東南逕合城南（今淇縣南），……又東入於河。"楊守敬《疏》云："清水本自入海，自周定王時，河徙，南注黎陽以北，清水之流遂絕，而故道猶存。至曹操開白溝，遏淇水北流，行清水之道，故《淇水注》謂之清淇，互受通稱。"可知清水在淇縣南又繼續北流（即曹操所開之白溝）。《水經·淇水注》："淇水又東過内黃縣南爲白溝，……白溝又北逕高城亭東（今内黃縣西北），……又北逕問亭東（河北魏縣）。"此後白溝水又歷經

---

[1] 葛毅卿：《說滴》，《中央研究院歷史語言研究所集刊》第七本第四分，1939 年；楊樹達：《積微居甲文說·釋滴》，科學出版社 1954 年版。

[2] 李學勤：《殷代地理簡論》，《李學勤早期文集》，河北教育出版社 2008 年版，第 174 頁。

[3] 鄭傑祥：《商代地理概論》，中州古籍出版社 1994 年版，第 75 頁。

館陶、清河，北經棗强縣至東光縣南匯入古黃河入海。[1]文獻中清水曾流經今河南衛輝市、淇縣以南的區域正處大邑商以南約90公里處，商王涉滴而到達的田獵地㷽當在此范圍內。

卜辭中㷽、寧同見，如：

　　叀寧田，亡災？吉。

　　叀㷽田，亡災？大吉。　　　　　　　　　　　　　　　　　　　《合集》28897

寧在武丁時期已爲田獵地，三四期亦見，加水旁作濘，五期從宀作寍：

　　丙戌卜，□貞：翌丁亥我狩寧？　　　　　　　　　　　　　　　《合集》11006 正

　　乙未卜，㫋貞：在寧田……　　　　　　　　　　　　　　　　　《合集》28196

　　叀在濘田亞示，王弗每（悔）？　　　　　　　　　　　　　　　《屯南》2409

鄭傑祥結合文獻記載和考古資料提出寧地即今河南獲嘉縣修武故城所在，[2]爲古清水流域，説是。該地距㷽地所在約40公里左右，與卜辭合。

另，卜辭㷽、凡二地同見：

　　甲辰卜，㷽貞：叀㷽［逐］，凡從，亡災？　　　　　　　　　　《合集》28892

如將凡理解爲凡地，那麽㷽、凡相近可知。我們推測㷽在衛輝市、淇縣以南地區，而凡地地處輝縣西南，二者相距約50公里，㷽地地望的推測亦與卜辭相合。

9. 灉

灉在卜辭中的寫法主要有四種形式，䧹、䧹，或從水旁作灉或省爲䧹，字形從水、從隹、從宮，當釋爲雝或灉（今寫爲灉）。[3]武丁時期該地爲"子雍"封地，如：

　　丁丑卜，賓貞：子雍其御王于丁妻、二匕（妣）己？　　　　　　《合集》331

　　貞：雍芻于盠？

　　雍芻勿于盠？　　　　　　　　　　　　　　　　　　　　　　　《合集》150

五期時該地名增水旁，是商王田獵場所。

　　壬子卜，貞：王田灉，往來亡災？吉。　　　　　　　　　　　　《合集》37406

五期卜辭中灉與敦地同見：

　　丁卯［卜，在］灉［貞：王］今夕［亡禍］？

　　［癸］酉卜，［在］敦［貞］：王今夕［亡］禍？　　　　　　　《合集》36605

由上可知，灉地與敦地日程間隔不超過6天。

灉作爲地名出現顯係與水相關的地名。[4]目前學界對其地望所在主要持兩種觀點：一，菏澤説。《尚書·禹貢》和《史記·夏本紀》記"雷夏既澤，雍沮會同"，鄭玄《尚書注》

---

[1] 鄭傑祥：《商代地理概論》，中州古籍出版社1994年版，第56頁。
[2] 鄭傑祥：《商代地理概論》，中州古籍出版社1994年版，第72頁。
[3] 詳見《古文字詁林》第四冊第113—116頁，葉玉森考雝從宮得聲，李孝定從該説。
[4] 鍾柏生：《殷商卜辭地理論叢》，藝文印書館1989年版，第66—72頁。

曰"雍水、沮水相觸而合入此澤中"（澤指雷夏澤）；《史記索隱》引《爾雅》謂"水自河出爲灉"；《史記正義》言"雍、沮二水在雷澤西北平地也"；錢穆《史記地名考》案"宋時河決曹、濮間，雍、沮適當其冲，久而泥浮填淤，二水遂涸"。以上均以夏商時期的灉地在今山東菏澤縣東北。鄭傑祥認同此説，以卜辭中的灉即《禹貢》之雍水，地在"今河南濮陽縣以南以東地帶"[1]（又從陳夢家釋爲"淮"，以其地在安徽霍邱一帶）[2]。二，淮水説。林歡認爲卜辭中的灉地當爲《吕氏春秋·察今》"荆人欲襲宋，使人先表灉水"中的灉，指今河南商丘以東汳水下游故道之擭水，汳水在商丘北接擭水，然後東南經虞城縣、安徽碭山、蕭縣北，然後在江蘇徐州市北入泗水。[3]馮時先生也以該灉爲汳水下游的灉水，乃淮泗一帶的夷方之地。[4]前從卜辭知悉灉地到敦地的路程在 6 日内，如灉在菏澤地區，那麼按照今天范縣到菏澤約 70 公里的距離，古人從敦地到灉地在 2 日左右即可到達，與卜辭中顯示的日程關係相差甚遠；如灉在商丘，從范縣到商丘約 170 公里，按照商人的行進速度所需日程約爲 5 天到 6 天，與卜辭相合。可見，灉地作爲五期田獵地名以及征人方路綫中的重要地名地處河南商丘的觀點甚確。

10. 剌

剌地在武丁卜辭中即已出現，如：

貞：奠于丘剌？　　　　　　　　　　　　　　　　　　　　《合集》4248

剌地在祖庚、祖甲時期卜辭中作爲田獵地出現：

戊辰卜，行貞：王其田于剌亡災？　　　　　　　　　　　《合集》24459

壬辰卜，出貞：王其田于剌亡災？　　　　　　　　　　　《合集》24460

剌地在帝辛征人方回程的路綫中亦見（見《合集》36751 條，詳後）。學者或認爲剌地或在河南榮陽，[5]或認爲在考城，[6]尤其以 20 世紀 70 年代兖州"中李宫遺址"出土剌銘銅器的"兖州説"爲重。[7]近年，出有"剌"字銘文銅器的貴族墓地發現於山東濟南歷城區大辛莊遺址，遺址内還發現了中商時期的貴族墓和殷墟文化晚期帶回廊的高規格夯土建築基址。其中，中商時期墓葬以 M139 爲代表，該墓出有青銅器 14 件，包括鼎、爵、斝、卣、罍等在内的青銅禮器及軍事權力象徵的銅鉞，時代約當二里崗上層晚段；M225、M256

---

[1] 鄭傑祥：《商代地理概論》，中州古籍出版社 1994 年版，第 110 頁。
[2] 鄭傑祥：《商代地理概論》，中州古籍出版社 1994 年版，第 368 頁。
[3] 林歡：《晚商地理論綱》，中國社會科學院研究生院博士學位論文，2002 年，第 24 頁。
[4] 馮時：《前掌大墓地出土銅器銘文匯釋》，《滕州前掌大墓地》，文物出版社 2005 年版，第 584—585 頁。
[5] 鄧少琴、温少峰：《論帝乙征"人方"是用兵江漢》（下），《社會科學研究》1982 年；林歡以索氏爲《左傳·昭公五年》中的索，爲春秋時鄭邑，地在河南榮陽，詳見《晚商地理論綱》，中國社會科學院研究生院博士學位論文，2002 年，第 30 頁；鄭傑祥：《商代地理概論》，中州古籍出版社 1994 年版，第 380 頁。
[6] 鍾柏生：《殷商卜辭地理論叢》，藝文印書館 1989 年版，第 118 頁圖 16。
[7] 郭克煜：《索氏器的發現及其重要意義》，《文物》1990 年第 7 期；王恩田：《山東商代考古與商史諸問題》，《中原文物》2000 年第 4 期。

則是遺址內規格最高的商晚期墓葬，時代相當於殷墟文化三期，其中 M225 "剌" 字銘文族徽的發現爲我們判定該墓地的族屬提供重要的線索，墓主當屬商卜辭中的 "剌" 族，其封地 "剌" 地當處大辛莊一帶可知。商代甲骨文和大辛莊遺址的考古發現共同證明商代中期和晚期的剌族原本生活在濟南大辛莊地區，周初因伯禽封魯而南遷至 "兗州中李宮" 一帶。

11. 薛

卜辭中有㫃、㫃，字隸定爲㫃，爲薛之本字，其作爲地名或國名使用。

  ……司薛伐羌？   《合集》32149

卜辭所記應爲以羌用爲伐祭的犧牲。

薛地還是晚商田獵地之一，主要見於四期卜辭，有商王在薛地射兕的記載：

  叀壬射薛兕，弗禽（擒）？   《合集》28409

  弜田薛，其每（悔）？   《屯南》2401

丁山曾提出薛乃仲虺所居之地，[1] 已爲學者近年的研究證實。[2] 近年山東滕州前掌大遺址發現大量隨葬 "史" 字族徽青銅器的貴族墓地。研究表明，該遺址是商周時期的史氏家族墓地，該族以其所司之官職 "史" 爲氏，應即卜辭中商王朝的 "東史" 子裔。[3] 此外，學者又據西周薛侯鼎銘及《左傳·隱公十一年》可知史氏之薛爲任姓，其家族墓地地望與江永《春秋地理考實》"薛國在滕縣南四十里" 正合。[4] 1978 年，考古工作者曾在前掌大墓地西側一公里處發現春秋、戰國時期的薛國故城，此地極有可能爲商代之薛地所在。

綜上所述，我們可以得到一幅以敦地爲中心的晚商田獵區域圖（圖 4）。這幅以敦地爲中心的田獵圖顯示，商晚期主要田獵區位於殷墟以南、以東地區，其東至於山東滕州的薛地，其西到達山西黎城的皆地，南至商丘北部的灘水一帶。

（二）喜即𦎫地辨析

前文在探討喜、𦎫兩地地名時，多重證據顯示它們或爲同一地名的不同寫法，理由有四：

其一，兩地名所處時代大致相同，尤在第五期卜辭中出現的次數最多。

其二，辭例、事項相同。

  癸酉卜，在喜貞：王旬亡禍？   《南明》808

  癸巳卜，在𦎫貞：王旬亡禍？   《存》2.98.3

---

[1] 丁山：《甲骨文所見氏族及其制度》，中華書局 1988 年版，第 153—156 頁。

[2] 詳參馮時《前掌大墓地出土銅器銘文匯釋》第 591—592 頁對 "䭔婦尊" 的解讀。

[3] 馮時：《前掌大墓地出土銅器銘文匯釋》，《滕州前掌大墓地》，文物出版社 2005 年版，第 587—588 頁。

[4] 馮時：《前掌大墓地出土銅器銘文匯釋》，《滕州前掌大墓地》，文物出版社 2005 年版，第 589 頁。

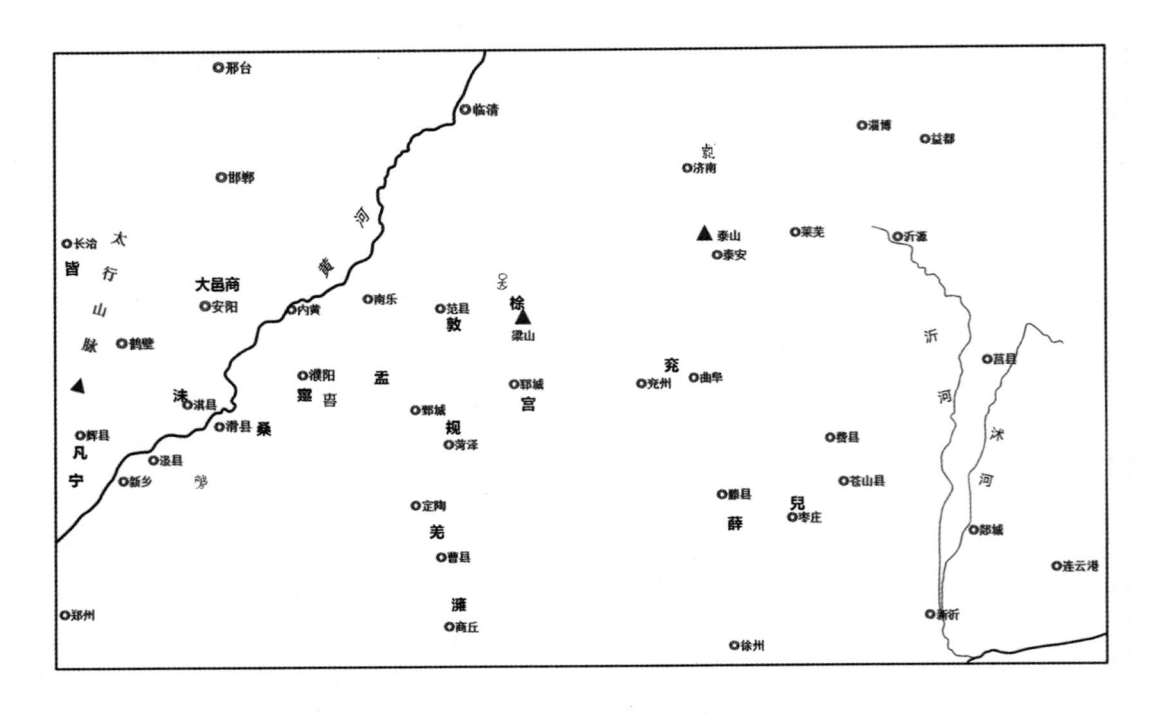

圖4　以敦地為中心的田獵區域圖[1]

丙戌王卜，在曺貞：田麥，往來亡災？　　　　　　　　　　　　《南南》2.252
戊子王卜，貞：田敦，往來亡災？王占曰：吉。　　　　　　　　《前》2.41.2

丁酉卜，貞：王迺于曺，往來亡災？　　　　　　　　　　　　　《金》532
乙酉卜，貞：王迺于敦，往來亡災？　　　　　　　　　　　　　《佚》56

癸丑王卜，在曺次貞：旬亡禍？王占曰：吉。在四月。
癸卯［王卜，在］敦［次貞：旬］亡禍？在……月。甲辰……叴……　《卜》111

□亥王卜貞：旬亡禍？……二月。甲子，彡妹工典，其……敦次，王征人［方］。
　　　　　　　　　　　　　　　　　　　　　　　　　　　　　《前》2.40.7
癸卯卜，王旬亡禍？在五月，在曺……隹王來征人方。　　　　　《合集》36495

商王在曺、敦兩地均有田獵、敕戒鎮撫、舉行祭祀以及在征人方路程中臨時駐紮軍隊，

---

[1]　本圖在《中國歷史地理地圖集》商時期中心區域圖基礎上繪製。

對比相關卜辭了然俱見。

其三，與二地同見的地名相互重疊，且同一地名距離𠂤、𦎫二地的日程關係幾乎相同（上文顯示羌地距離二地日程分別爲 7 日、6 日）。例如，與𠂤地同見的地名有：梌、𢽎（《合集》37621）、宮、𠂤（《合集》37418）、羌、𣪞（《合集》37416）、敦、盂、桑（《合集》37746）等；與𦎫同見的地名有：梌（《合集》28922）、𢽎（《合集》37472）、敦（《屯南》660、《合集》37421）、桑、盂、宮（《合集》28919）、羌、𣪞（《合集》37416）。據此可明，與𠂤、𦎫同見的地名重合率極高。

其四，𠂤、𦎫字形相近，或爲同一地名的簡繁體，李宗焜也將𦎫、𠂤歸爲一字。[1] 它們曾出現在同一版卜辭中，現選取部分同版互見的卜辭，字形對比如下：

（《合集》37426）　（《合集》37472）　（《合集》37621）　（《合集》37714）

由上可知，𠂤字從東從口。

𦎫從東從口，字的下方較"𠂤"多了尖底器形，如下所示：

（《合集》37426）　（《合集》37472）　（《合集》37621）　（《合集》37714）

馮時結合山東壽光、山西地區商周鹽業遺址的考古資料考證了𦎫字下方所從的尖底器乃爲煮鹽器皿之象形，隸爲"㪤"，其義正與煮鹽器器壁之厚、滋味醇厚的雙重含義暗合無間。[2] 他還比較了金文中的"覃"字，其字從西（鹵）、從㪤，象徵以尖底器煮鹽之事實（圖5），從而可知例1—4中所從之"⊗（西）"實爲例5中的"鹵"字，"覃"實際爲"鹽"的本字。[3]

圖5　圖片選自《古文字所見之商周鹽政》第60頁

在這個研究基礎上，再看唐蘭先生早年在《殷虛文字記》中的一段論述可豁然開朗。唐蘭先生認爲：𦎫字所從之 （東）實爲"鹵"字的訛誤，從 之𦎫應隸爲從 之"覃"，可

---

[1] 李宗焜：《甲骨文字編》下冊，中華書局2012年版，第1278頁。
[2] 馮時：《古文字所見之商周鹽政》，《南方文物》2009年第1期。
[3] 馮時：《古文字所見之商周鹽政》，《南方文物》2009年第1期。

備一説。

考諸卜辭，☒字本身或隨時代變遷存在著由繁至簡的演變，它主要的簡省體現在該字下方的器皿形象上，可分成四個主要階段：

第一階段：底部所從器皿爲明顯的尖底狀象形

☒《合集》28921　　☒《合集》33373　　☒《屯南》4301　　☒《合集》36636

第二階段：底部所從象形部分略有簡化

☒《合集》36203　　☒《合集》37363　　☒《合集》37711　　☒《合集》37714

第三階段：底部所從器皿的象形更爲簡省

☒《合集》37718　　☒《合集》36633　　☒《合集》37720

第四階段：底部器皿形象完全消失

☒《合集》36639　　☒《合集》36624

其中第三階段似爲☒字從繁至簡的過渡階段，尤以《合集》36639、37720條最爲明顯。因此，喜、☒應爲一字的簡、繁體，早期☒字保留了尖底煮鹽器的象形☒，晚期☒字有所簡省，截取了早期字形的上半部作喜。從卜辭來看，☒字出現的時代更早一些，目前所見到的☒最早出現在三四期無名組卜辭中，而喜字則主要出現在五期卜辭中，☒、喜二字之時代次序與字形顯示的演化順序一致。

綜上可述，☒、喜應爲同一地名的兩種寫法，後來截取☒字上半部簡寫作從甴、從口之"喜"字。喜或即文獻中的古咸國。《左傳·僖公十三年》："會於咸。"杜《注》："衛地。東郡濮陽縣東南有咸城。"《讀史方輿紀要》："咸城在開州東南六十裏。"錢穆《史記地名考》以《讀史方輿紀要》爲是。喜、咸均屬匣紐，雙聲可通。今河南濮陽縣東南有咸城村，應爲文獻中"咸"，也即晚商卜辭中的田獵地喜。其距敦地直線距離約40公里，距梁山縣的㮤地約80公里，距兗州130公里左右，這與前文卜辭中喜到敦1日路程、喜距㮤1—3日路程、喜至兗3日路程關係若合符節。

卜辭中目前所見與敦地同版互見的地名其實並不僅限於以上所探討的部分，但與敦地有明確日程關係、或内容聯繫的卻並不多，這對商代地名的考釋、古名與今名的對應、商代田獵區域的界定帶來極大的困難。隨著考古工作的不斷深入，殷商卜辭中已有部分地名地望已可得到證實，如殷墟大邑商、河南范縣敦地、山西黎城皆地、濟南大辛莊☒地等。在這些明確可征的地理資訊基礎上，輔以卜辭中路程或方位線索，結合文獻記載，我們得出了部分地名的示意圖，它對我們研究商代地理有著兩方面的意義。

其一，我們勾勒出以敦地爲中心的部分晚商田獵圖，該圖示表明商晚期主要田獵區在殷墟以南、以東地區，其東以薛地爲界（東史），其西到達山西黎城的皆地（西史），南至商丘北部的灘水一帶。隨著考古工作的繼續深入，這個田獵區域會繼續明確和擴大。

其二，晚商田獵區東、南、西的界限應與晚商軍事布局有著密切關係，諸如田獵地中的灘地、剝地與晚商征人方事件相涉；敦地之東的田獵地斐在武丁時期肩負著向商王報告東方方伯軍事情報的重任，亦涉軍事；大邑商西部的田獵之地皆（楷），地處文獻中的王畿範圍內（如將皆地作爲晚商王畿範圍的尺規，那麼敦地及與之經常往來的田獵地也應處於王畿範圍之內），在周人對商王朝的戰爭中亦屬戰略要地，可見商晚期所記眾多田獵事件不僅僅像文獻提及的那樣因商王個人愛好而爲"逸樂"，更與商王對周邊地區的政治和軍事經略密切相關。

二　帝辛十祀征人方路線及相關地理研究

晚商征人方卜辭涉及的地名眾多，對其具體地望準確地落實非常困難。然而隨著考古工作的蓬勃發展，經科學發掘的考古資料越來越豐富，爲我們進一步研究征人方地理提供了更多可能。現擬在前人研究的基礎上，結合上文對晚商部分田獵地的考證，尤其是已爲考古資料所證實，同時出現在征人方路線中的田獵地名的考定，重新論證征人方所經的地點和路線。

比較諸家有關征人方卜辭的行程，[1]其征伐路線未見明顯差異，其分歧主要體現在對部分地名的隸定和釋讀上，這對推定古地名地望有著極大影響。現據學者整理的帝辛十祀征人方行程，列舉其中的重要地名加以探討。

（一）去程路線及重要地理探討

我們先就目前學者整理出的帝辛十祀征人方路線，對其中重要地名進行重新討論。[2]

1. 大邑商

學者多以九月甲午作爲商王從大邑商出發去征人方的伊始，癸亥日到達雇地，歷時29日。

---

[1] 董作賓：《殷曆譜》，中央研究院歷史語言研究所，1945年；陳夢家：《殷虛卜辭綜述》，中華書局2008年版，第301—304頁；鄭傑祥：《商代地理概論》，中州古籍出版社1994年版，第384—386頁；林歡：《晚商地理論綱》，中國社會科學院研究生院博士學位論文，2002年，第14—16頁。

[2] 本文以林歡博士2002年博士論文中的路線爲本，其對晚商地理的系統研究是在前人成果基礎上，結合當時最新考古資料以及甲骨綴合成果進行，故本文選擇在其基礎上對其中部分地名以及行進路線進行研究。

甲午王卜，貞：𢎨余彭，朕來下酉余步比侯喜征人方，上下𢛭示，余受有佑？不
𦣞𢦔？𠬝告于大邑商，亡徍（𡉈）在禍？王占曰：吉。在九月，遘上甲𥁷，隹（唯）
十祀。

甲午王卜，貞：其于西宗奏王？王占曰：引吉。　　　　　　　　　　　《合集》36482

癸亥王卜，貞：[旬亡禍]？在九月，王征人方，在雇。　　　　　　　　《合集》36485

癸亥卜，黃貞：王旬亡禍？在九月，征人方，在雇彞。　　　　　　　　《合集》36487

實際上首條卜辭記錄了：九月甲午日商王告於大邑商，其將在下旬酉日"比侯喜征人方"，商王祈福並貞問是否有災禍，結果爲吉；同日商王還貞問其在大邑商西宗奏樂亦得到長吉的占卜結果。據卜辭内容可知，攸侯喜當爲此次征人方主帥，其時他應在大邑商。後文詳細探討了攸地或在今山東定陶，但其所轄司地境廣大，此不贅述。

卜辭明確表示"來下酉"爲征人方的出發日期，即未來九月下旬辛酉日，如商王嚴格遵循卜辭，那麼從大邑商到雇地實際只需 2 日路程可達。

2. 雇

王國維說以雇爲春秋時的"扈"地，[1]陳夢家亦以雇地爲原武縣之有扈亭故址，[2]鄭傑祥從其說認爲雇地在今河南原武鎮西北；[3]郭沫若認爲雇地爲《詩・商頌・長發》中的古顧國，在今河南范縣東南，[4]可從。證據有三：

其一，《説文・隹部》："雇，九雇。農桑候鳥，扈民不婬者也。從隹戶聲。"《左傳・昭公十七年》郯子曰："五鳩，鳩民者也。五雉爲五工正，利器用、正度量，夷民者也。九扈爲九農正，扈民無淫者也。"可見雇地之名或來源於東方某一族屬，與知時的鳥類有關，暗示雇地應在商王朝東方去尋找。

其二，卜辭中雇與敦地同見：

丁卯 [卜]，□雇：[王] 今夕□ [禍]？

□酉卜，□敦□：王今夕□禍？　　　　　　　　　　　　　　　　　　《甲》56[5]

雇地又與嘉地同見，如下：

癸卯卜，行貞：王步自雇于勴（嘉），亡災？在八月，在師雇卜。

《合集》24347

敦地在河南范縣，嘉地即今山東嘉祥（詳見下文征人方回程路線討論），雇地與敦、嘉同見，可知，雇地距離范縣、嘉祥二地不遠，郭氏以雇在河南范縣東南可從。

---

[1] 詳參王國維《殷虚卜辭中所見地名考》，《觀堂集林・觀堂別集》，中華書局 1959 年版，第 1154—1155 頁。
[2] 陳夢家：《殷虚卜辭綜述》，中華書局 2008 年版，第 305 頁。
[3] 鄭傑祥：《商代地理概論》，中州古籍出版社 1994 年版，第 70 頁。
[4] 郭沫若：《卜辭通纂》，《郭沫若全集・考古編》第二卷，科學出版社 1982 年版，第 123 頁。
[5] 屈萬里：《中國考古報告集》之二《小屯》第二本，《殷虚文字甲編考釋》，"中央研究院"歷史語言研究所，1992 年。

其三，今安陽距離河南范縣約 130 公里，與卜辭中二地相距 2—4 日路程關係相合。故雇在今河南范縣説可從。

3. 嘉

行程表顯示，商王自雇地出發歷經一旬到達嘉地。陳夢家以嘉地在鄭州附近，鄭傑祥以嘉、黄相通，以嘉爲後世的黄地，在今滎陽一帶。[1] 如陳夢家先生所言，商王在行進路程中經常在某地停留一段時間後再次出發，或中途前往他處再返回原地，那麽從甲地到乙地的日程不僅包括行進時間，還包括了停留時間，[2] 故商王在相鄰兩地途中實際耗費的時間應短於卜辭顯示的時間間隔。卜辭中有商王自雇地到嘉地的記載：

癸卯卜，行貞：王步自雇于嘉，亡災？在八月，在師雇卜。

己酉卜，行貞：王其步自嘉于來……亡災？　　　　　　　　　　　　　《合集》24347

可知雇到嘉所需日程最多爲 6 日。嘉地應在今山東嘉祥境内（詳見下文征人方回程路線的探討），其距范縣之雇地約 100 公里，日程與卜辭相合。

4. 香組地理

此組地理共包括香、桑、樂、䏽四個地名。商王於十月乙酉日先到達香地，又經桑、樂到達䏽地。

乙酉卜，在香貞：王今夕亡禍？

丁亥卜，在桑貞：王今夕亡禍？

己丑卜，在樂貞：王今夕亡禍？

辛卯卜，在䏽貞：王今夕亡禍？

癸巳卜，在䏽貞：王今夕亡禍？

乙未卜，在䏽貞：王今夕亡禍？　　　　　　　　　　　　　　　　　　《合集》36553

甲午卜，在䏽貞：……從東……在十月，兹節，王征［人方］隹十祀。

　　　　　　　　　　　　　　　　　　　　　　　　　　　　　　　《合集》37856

丙申［卜，在］䏽貞：［王今］夕亡［禍］？

［壬］寅卜，在商貞：王今夕亡［禍］？　　　　　　　　　　　　　　《合集》36549

此間行程上承勳地：勳—12 日（所需時間應遠短於 12 日）—香—2 日—桑—2 日—樂—2 日—䏽，商王自 10 月辛卯到達䏽地一直待到 10 月丙申，至少停留 6 日。

鄭傑祥以香地在河南延津香臺觀一帶，可備一説。[3]

桑，詳見第一章田獵卜辭，其地應在大邑商東南約 4 日路程範圍内，即今河南滑縣

---

[1] 鄭傑祥：《商代地理概論》，中州古籍出版社 1994 年版，第 69—70 頁。
[2] 陳夢家：《殷虚卜辭綜述》，中華書局 2008 年版，第 309 頁。
[3] 鄭傑祥：《商代地理概論》，中州古籍出版社 1994 年版，第 38 頁。

桑村。

卜辭顯示樂地距離桑地2日路程，鄭傑祥以樂地爲後世新樂城，地在河南新鄉，[1]可備一説。《水經．河水注》："故瀆又逕繁陽縣故城東，……北逕陰安縣故城西，……故瀆又東北，逕樂昌縣故城東。……《地理志》，東郡之屬縣也。"楊守敬《疏》載後魏在漢之"樂昌"舊縣基礎上置"昌樂"縣，地在今南樂縣西北。[2]卜辭中的樂地或在今河南南樂縣一帶，其距滑縣之桑地約70公里，與卜辭中桑、樂相距2日路程相合。

䁅，丁山認爲該字從雨從目，象雨點迷目，爲《詩・豳風・東山》"零雨其蒙"之"蒙"，地在今河南商丘北大蒙城一帶。[3]鄭傑祥以䁅爲"視"，與示相通，後訛爲"市"，地在今鄭州西北。[4]林歡未釋其字，但以䁅地或䁅族曾爲商王朝提供兵役力量，位於商丘以北地帶。[5]卜辭中有關此地的材料有：

  壬午卜，自貞：王令多䁅御方于商？

  壬午卜，自貞：呼御方于商？   《合集》20450

"方"應爲位於商王朝東部的方方，[6]商應指今河南濮陽縣（詳下），䁅地當距商不遠，應在河南濮陽附近。

5. 商組地理

此組地理包括商、缶、亳、鴻。據行程表，商王在離開䁅地後經6日來到商地。

  丙申［卜，在］䁅貞：［王今］夕亡［禍］？

  ［壬］寅卜，在商貞：王今夕亡［禍］？   《合集》36549

  ［辛］丑卜，……于商……征人方。

  ……其往……在十月（又一）。   《合集》36506

王在商地停留期間曾貞問過前往亳地、鴻地之事：

  ［乙巳］[7]王卜，在商貞：今日［步］于亳，亡災？

  甲寅王卜，在亳貞：今日［步于］鴻，亡災？

  乙卯王卜，在鴻貞：今日［步］于徹，亡災？   《合集》36567

  癸卯王卜，貞：旬亡禍？在十月又一，王征人方，在商。

  癸丑王卜，貞：旬亡禍？在十月又一，王征人方，在亳。 《合集》41753

據此條卜辭可明商王自商經歷8日先到達亳地，又從亳地耗時1日到達鴻地，但不知

---

［1］鄭傑祥：《商代地理概論》，中州古籍出版社1994年版，第38頁。
［2］楊守敬、熊會貞：《水經注疏》上冊卷五，江蘇古籍出版社，第424頁。
［3］丁山：《盤庚遷蒙澤武丁始居小屯》，《商周史料考證》，國家圖書館出版社2008年版，第35頁。
［4］鄭傑祥：《商代地理概論》，中州古籍出版社1994年版，第261—262、358頁。
［5］林歡：《晚商地理論綱》，中國社會科學院研究生院博士學位論文，2002年，第19頁。
［6］馮時：《甲骨文、金文"戋"與殷商方國》，《華夏考古》1988年第2期。
［7］此處干支殘泐，曾存"乙卯""乙巳"二説，根據卜辭上下日期和地名間日程關係，在此當爲"乙巳"爲是。

是否繼續由鴻地到達徹地。此間行程爲：🈳—6 日—商—8 日—亳—1 日—鴻。

林歡將《合集》36553 條卜辭補入商地至亳地之間的行程内，[1] 卜辭如下：

　　□□卜，在商［貞：王］今夕亡禍？
　　己酉卜，在盂貞：王今夕亡禍？
　　辛亥卜，貞：王今夕亡禍？在盂。　　　　　　　　　　　《合集》36553

卜辭爲五期黃組，其中曾在商地貞卜，且干支與王在商、亳二地的干支相連，故可補入。各地行程關係隨之調整爲：🈳—6 日—商—4 日—盂—2 日—亳—1 日—鴻。

商地地望的確定是征人方卜辭中至關重要的一個節點，對其地望的探討學術界存有激烈爭論，目前主要有商丘説（董作賓、陳夢家持此説）、濮陽説（鄭傑祥以商在今河南濮陽縣以南[2]），此外鄭傑祥又認爲征人方卜辭中的商爲河南淇縣的朝歌商邑。[3] "商丘"一名最早出現在春秋時期，考古發現證實：周初封商後人微子啓于"宋"，即今天的商丘，時人並不稱之爲"商"；另外武丁早期卜辭中有"子宋"之稱，如：

　　□□卜，🈳子宋犬……　　　　　　　　　　　　　　　《合集》20033
　　乙巳卜，王侑子宋？　　　　　　　　　　　　　　　　《合集》20034

或可證明今之商丘在商代稱爲"宋"。

商在淇縣的説法似乎與商王出征人方事實有違，今安陽距離淇縣僅 2 日路程，且淇縣通常認爲是帝辛離宮别館"鹿臺"所在，商末伐人方自大邑商出發已歷經六地、歷時數十日，此時没有停止于淇縣的理由。

余以爲"商"即卜辭中的"商丘"抑或"丘商"。例如"丘索"又可稱爲"索"，"凡丘"又可簡稱爲"凡"，商地在濮陽説更接近卜辭内容和考古發現，理由如下：

其一，卜辭中屢見關於宅于某丘的記載，如：丘雷（《合集》24367）、京丘（《屯》2149）、凡丘（《丙》6.3、《合集》6953）等。《説文·丘部》："丘，土之高也。非人所爲也。"段《注》："大司徒注曰：'土高曰丘。非人所爲也。'《釋丘》曰：'非人爲之丘。'"亦证卜辭中稱丘者地勢自然高燥，丘商或商丘也必滿足這個條件。濮陽地區曾發現豐富的仰韶、龍山、二里頭、商周及其後歷史時期的文化遺存，多分佈在古老河流兩岸高出周圍地面的臺地上。[4] 這表明在商周及以前的遠古時代，濮陽地區是非常適宜人類居住的地區，與胡厚宣先生著名的"古人居丘説"正相合。[5]

其二，文獻古稱濮陽爲"帝丘"或"商丘"。《帝王世紀》："顓頊自窮桑徙商丘。"

---

［1］林歡：《晚商地理論綱》，中國社會科學院研究生院博士學位論文，2002 年，第 15 頁。
［2］鄭傑祥：《商代地理概論》，中州古籍出版社 1994 年版，第 21—24 頁。
［3］鄭傑祥：《商代地理概論》，中州古籍出版社 1994 年版，第 358 頁。
［4］馬連成、廖永民：《濮陽市郊區考古調查簡報》，《中原文物》1986 年第 4 期。
［5］胡厚宣在 20 世紀 40 年代《甲骨學商史論叢初集》中曾撰文《卜辭地名與古人居丘説》言殷人有居丘之傳統；他又結合卜辭"宅丘"補证殷人確有居丘事實，詳參氏著《説"宅丘"》，《史學月刊》1989 年第 2 期。

《太平寰宇記》："濮州，顓頊遺墟，古曰帝丘，亦曰商丘。"古本《竹書紀年》："夏后相出居商丘。"《讀史方輿紀要》："舊濮陽城東有商丘。"《水經·瓠子河注》："河水舊東決，逕濮陽城東北，故衛也，帝顓頊之墟。昔顓頊自窮桑徙此，號曰商丘，或謂之帝丘，本陶唐氏之火正閼伯之所居，亦夏伯昆吾之都，殷之相土又都之。故《春秋傳》曰：'閼伯居商丘，相土因之'是也。"可知濮陽爲"商丘"的說法古已有之。

其三，近年考古學者在今河南濮陽縣東南五星鄉高城村南發現了東周時期城址，該城址在春秋時代面積爲 916 萬平方米，與同時期東周國都規模一致，經證實爲東周時衛成公所遷都城所在。[1]此外，在遺址的發掘過程中還發現了大量龍山時期的陶片，發掘者認爲，此前曾存在一處面積較大的龍山文化遺址，[2]可知該地的人類活動早至龍山時期，極有可能繼續爲商代居民使用。《左傳·僖公三十一年》："冬，狄圍衛，衛遷於帝丘，卜曰三百年。"今濮陽縣高城遺址應即文獻中的帝丘，或即卜辭中更爲古老的"商丘"所在。

缶曾與商朝敵對，武丁早期卜辭中缶與方同見（見《合集》20449），此方應爲㞢方，位於商王朝東方，故缶亦應在商之東。鄭傑祥以爲缶地即後世陶地，並結合文獻記載將其地考定在今山東省定陶縣西南，說是。[3]《元和郡縣圖志》引《帝王世紀》云："'舜陶於河濱，即禹貢之陶丘，今濟陰定陶西有陶丘。'是也。"今濮陽縣東南五星鄉高城遺址（商）東距定陶（缶）100 公里左右，符合卜辭中商至缶地 4 日內的路程關係。

鄭傑祥繼以商爲河南淇縣，又據鄭州商城遺址發現的戰國"亳"字陶文而以今鄭州市爲商代之"亳"地，以鴻爲今河南中牟北的古鴻溝。[4]林歡以鄭州在戰國爲"管地"，且鄭州發現的陶文尚不能斷定爲"亳"而持不同看法，她認爲征人方所經之亳爲"三亳"之一的"北亳"，即《左傳·莊公十二年》"群公子奔蕭，公子御說奔亳"中的"亳"，在今山東曹縣附近，鴻地爲《左傳·昭公二十一年》中的宋地"鴻口"，地在今河南商丘市東、虞城縣西北，[5]對於鴻地地望，其觀點與陳夢家同。[6]結合卜辭中路線和日程關係（缶—2 日—亳—1 日—鴻），亳地位於今山東曹縣南、鴻地位於商丘東的觀點更具勝義。

6. 孃組地理

此組地理包括四個地名，有孃、𨸏、𢎥（危）與攸。

辛酉王卜，在孃貞：今日步于𨸏，亡災？

---

[1] 袁廣闊：《試論濮陽高城東周城址的性質》，《中原文物》2009 年第 1 期。
[2] 河南省文物考古研究所、首都師範大學歷史學院、濮陽市文物保護管理所：《河南濮陽縣高城遺址發掘簡報》，《考古》2008 年第 3 期。
[3] 鄭傑祥：《商代地理概論》，中州古籍出版社 1994 年版，第 168 頁。
[4] 鄭傑祥：《商代地理概論》，中州古籍出版社 1994 年版，第 359—360 頁。
[5] 林歡：《晚商地理論綱》，中國社會科學院研究生院博士學位論文，2002 年，第 20 頁。
[6] 陳夢家：《殷虛卜辭綜述》，中華書局 2008 年版，第 306 頁。

［癸］亥王卜，在雚貞：今日步于危，亡災？　　　　　　　　　《合集》36961

　　　癸亥王卜，貞：旬亡禍？在十月又一，王征人方在雚。　　　　《合集》41753

　　商王離開鴻地後不知是否前往徹地，卜辭顯示征人方之師在6日後到達嬇地，又經2日從嬇至雚。

　　嬇地或在今山東滕州一帶，詳見征人方回程路線部分。

　　雚字從升、從隹，或讀"升"音。雚地或即文獻中魯國之"升陘"。《左傳・僖公二十二年》："春，伐邾，取須句。……八月丁未，公及邾師戰于升陘，我師敗績。"《春秋地名考略》卷二："升陘，僖二十二年及邾人戰于升陘。杜《注》：魯地。"已知邾國位於山東棗莊山亭區，故升陘應位於曲阜與棗莊之間一帶可明。

　　厃字此從于省吾之說釋為"危"，[1]王從雚地出發經1日到危，繼而從危至攸，歷時4日。[2]

　　　甲子［王卜］，在危［貞：］……𢦏……陸……亡災？［在］十［月又（又）二］。

　　　己巳王卜，在危貞：今日步于攸，亡災？在十月又二。　　　　《合集》36825

　　　癸酉王卜，在［攸］貞：旬亡禍？在十月又二，王征人方。　　《合集》41753

　　結合同時期征人方卜辭的文例特點和驗辭，危地距離攸地的實際路程似乎可縮短在1日左右。例如：

　　　甲寅王卜，在亳貞：今日［步于］鴻，亡災？

　　　乙卯王卜，在鴻貞：今日［步］于徹，亡災？　　　　　　　　《合集》36567

　　　庚子王卜，在濬次貞：今日步于灘，亡災？在正月，獲狐十有（又）一。

　　　辛丑王卜，在灘次貞：今日步于玉，亡災？　　　　　　　　　《合集》37475

　　例句皆以"在A貞，今日步於B"為共同的文例特點，其結果明言亳距離鴻為一日路程，濬至灘為一日路程，《合集》36825中"在危貞，今日步于攸"的文例特點，因此危地距離攸地也可理解為一日路程。故可得出各地行程關係：鴻—6日—嬇—2日—雚—1日—危—1日—攸。

　　危地處於滕縣之雚與定陶附近的攸地之間，即今山東滕州以西、定陶以東地區。

　　鄭傑祥在其征人方去程路線中下補入《合集》36606條[3]，可從。

　　　丙子［卜，在］攸［貞：王］今［夕亡］禍？

　　　□□［卜］，在舊［貞：王今］夕亡［禍]？　　　　　　　　《合集》36606

　　本文據干支日期及上下文關係，可將《合集》36607條補入《合集》36606下：

---

[1]　于省吾：《甲骨文字釋林》，商務印書館2010年版，第17—18頁。
[2]　陳夢家、鄭傑祥、林歡均將此條排在《合集》36825下，即以危、攸日程間隔為4日。
[3]　鄭傑祥：《商代地理概論》，中州古籍出版社1994年版，第384頁。

　　　　辛巳［卜，在］舊［貞：王今］夕［亡禍］？　　　　　　　　　《合集》36607

由上可知，商王離開攸地後隨之前往舊地，所需日程應不超過 5 日。攸地是征人方路程中最重要的軍事地點，商王在征人方去程和回程中均路過此處並做長時間停留。如前所述，攸地當位於今山東定陶一帶（攸地當爲廣泛的政治地理概念）。

7. 舊組地理

此組共涉及七個地名，此處先探討其中四地，爲舊、**㳄**、㶇、**㵼**，糵、春、**㴸**三地探討詳見下一組地理。

商王在舊地停留 3 日後到達**㳄**地，又經**㳄**地先後到達㶇、**㵼**、糵、春、**㴸**地：

　　癸未卜，在舊貞：王步于**㳄**，亡災？
　　乙酉卜，在**㳄**立貞：王步于㶇，亡災？　　　　　　　　　　《合集》41762
　　丙戌［卜，在］㶇［貞］：［王步］于**㵼**，［亡災］？
　　庚寅卜，在**㵼**次，貞：王齒林方，亡災？
　　壬辰卜，在**㵼**貞：王其至于黃霍，亡災？
　　甲午卜，在**㵼**貞：今日王步于糵，亡災？　　　　　　　　　《合集》36968
　　甲午王卜，在**㵼**次貞：今日步糵，亡災？十月二。隹（唯）十祀ク。
　　丁［酉］王卜，在［糵］次［貞］：今日……從……往來亡災？在正月。
　　己亥王卜，在春［次］貞：今日步于**㴸**，亡災？　　　　　　《合集》41757
　　庚子王卜，在**㴸**次貞：今步于灖亡災？在正月，獲狐十又一。

　　　　　　　　　　　　　　　　　　　　　　　　　　　　　《合集》37475

由卜辭我們可得出如下一組日程關係：舊—2 日—**㳄**—1 日—㶇—4 日—**㵼**—3 日—□—2 日—春—1 日—**㴸**。

舊地在四期無名組卜辭中曾爲"人方邑"，如《屯南》2064：王族其敦人方邑舊，它在五期田獵卜辭中與 ![字] （垂[1]）地僅隔半日路程：

　　戊午王卜，在垂貞：田舊，往來亡災？［茲］節。獲鹿、狐。
　　己未王卜，在垂貞：今日步于拔，亡災？
　　庚申王卜，在拔貞；今日步于嘉，亡災？　　　　　　　　　《合集》37434

可知：垂—1 日內往返—舊，此處可忽略垂、舊半日路程關係將此二地視爲一地看待，故卜辭日程關係爲：垂（或舊）—1 日—拔—1 日[2]—嘉。前文已知嘉地在今山東嘉祥，本文第二章第二節詳細討論了垂地位於今山東菏澤市北、拔地位於兗州嵫陽，故而舊地當

---

〔1〕 學者釋字爲"垂"爲行文方便，我們直接將該字隸寫爲"垂"。詳參韓雪《卜辭征人方地理舉例》，《殷都學刊》2019 年第 2 期。

〔2〕 卜辭內容滿足"在 A 貞：今日步于 B"的文例特點，故推測㫖與嘉地間隔一日路程。

地近菏澤可知。鄭傑祥認爲卜辭中的舊地爲今安徽太和縣的舊縣集,[1]與卜辭顯示日程關係不合,其説可商。

"舊"地主要出現在五期征人方卜辭中,並曾爲人方聚邑,"舊"地的考證極爲重要。金文"舊""有"相通,如何尊:"爾有唯小子亡識。""有"讀爲"舊"。[2]"舊"又與"繇(繇)"相通,如伯䯧簋"繇自乃祖考有勞于周邦"的"繇"即讀爲"舊"。"繇"在文獻中寫作"繇",又與"陶"通。《尚書·皋陶謨》:"皋陶。"《楚辭·離騷》作"咎繇。"故而"舊"與"陶""繇"互通。卜辭中的舊地應即文獻中的陶地,即山東定陶。定陶古稱陶丘,爲西周曹國所在。定陶縣北部仿山遺址曾發現西周至東周二十五代曹國國君墓群,西周曹國都於定陶可信。然而陶地之稱或在更早的時代就已産生,《帝王世紀》記舜"陶於河濱,即《禹貢》所謂陶丘。今濟陰定陶之西南陶丘亭是也。"《孟子·離婁下》云舜乃東夷之人。[3]因此,陶丘應屬東夷范圍。山東定陶西北佃户鄉曹樓村安邱堌堆遺址發現有岳石文化遺存,該文化通常被認爲是龍山文化晚期至二里頭、先商時期在山東地區佔據統治地位的考古學文化,[4]且該遺址内的晚商文化遺存也具有顯著地方特徵,[5]這爲陶地屬於東夷勢力范圍提供了考古學證據。巧合的是,四期卜辭言"人方邑舊"明言舊地在晚商曾爲夷人聚邑,定陶在恰處於夷、夏勢力交界。綜合考慮,卜辭中的舊地應即文獻中的陶地(定陶)。

學者結合清華簡《保訓》將舜時所測地中縮小至今濮州、范縣、鄄城、定陶一帶。[6]定陶自古被認爲是"天下之中"的觀點在春秋亦爲時人所信奉。[7]《史記·貨殖列傳》記載范蠡助越王勾踐滅吴後變名易姓爲陶朱公,云"朱公以陶爲天下之中"。2015年,山東定陶十里鋪北遺址發現距今3900—3800年前後的古城墻遺跡,圍護面積約3萬平米,城墻有多次增寬增厚現象,該城址一直沿用到距今2300—2200年前後,時代從龍山文化晚期延續到漢代。[8]此地或爲春秋時期的陶地,也即晚商之"舊"地。[9]

綜上,卜辭中的舊地應處定陶十里鋪一帶。它距離**戓**地(詳下,大致位於寧陵縣一帶)約60公里,相當於古人2日路程;在商王征人方回程中,舊地距離山東曹縣北的"垂"地爲半日路程,於卜辭日程關係吻合。

---

[1] 鄭傑祥:《商代地理概論》,中州古籍出版社1994年版,第366—367頁。
[2] 張政烺:《周厲王胡簋釋文》,《古文字研究》第三輯,中華書局1980年版。
[3] 《孟子·離婁下》:"孟子曰:'舜生於諸馮,遷於負夏,卒於鳴條,東夷之人也。'"
[4] 鄭衡:《菏澤安邱堌堆遺址發掘簡報》,《文物》1987年第11期。
[5] 北京大學考古係商周組、菏澤地區博物館、菏澤市文化館:《山東菏澤安邱堌堆遺址1984年發掘報告》,《考古學研究》(八),2011年6月。
[6] 馮時:《〈保訓〉故事與地中之變遷》,《考古學報》2015年第2期。
[7] 馮時:《〈保訓〉故事與地中之變遷》,《考古學報》2015年第2期。
[8] 武鯌、通達:《山東菏澤定陶十裏鋪北遺址 地下古城墻嶄露頭角》,《牡丹晚報》2015年6月1日。
[9] 韓雪:《卜辭征人方地理舉例》,《殷都學刊》2019年第2期。

據卜辭可知㵼地距離舊地（山東定陶）2 日路程、距灉（河南商丘）僅 1 日路程。㵼從水，當爲灉水上游沿岸，即《水經注》中的汳水所流經地帶。《説文·水部》："汳水，受陳留浚儀陰溝，至蒙爲雕水，東入於泗。"段玉裁《注》："雕當作獲。字之誤也。……蒙，今河南歸德府治商丘縣府東北四十里有蒙城是也。"㵼地應處於商丘以西汳水沿岸一日路程處，[1]從而可排除陳夢家以㵼爲後世之澮水、地在今安徽鳳陽五河縣的説法，[2]亦可排除鄭氏以其地處安徽舊縣以南的觀點。[3]李學勤以㵼爲山東臨朐東南、沂水東北處之沭水，以灉爲濰[4]之説亦不能成立。

卜辭中灉寫作𣲖、𣲖，陳夢家隸爲"淮"，鄭傑祥亦釋爲"淮"，以其爲古代四瀆之一的淮水，地在今安徽霍邱縣附近。[5]該字實從水、從隹、從宫，或省爲從水、從隹，古灉地當在今河南商丘北。

根據卜辭路線顯示，瀙地據灉地 4 日路程。汳水在商丘北接獲水（獲水即灉水），然後東南經虞城縣、安徽碭山、蕭縣北，在江蘇徐州北入泗水[6]的流經路線，那麽卜辭中的瀙應在商丘東約 4 日路程的獲水沿岸地帶，從地圖上推測其地大致位於今蕭縣附近。

8. 灛組地理

此組地理有灛、𡊅、辰，以及䆉、春、淩三地：

庚子王卜，在淩次貞：今步於灛，亡災？在正月。獲狐十又一。

辛丑王卜，在灛次貞：今日步於灛，亡災？　　　　　　　《合集》37475

壬寅王卜，在灛次貞：今日步於辰，亡災？

癸卯王卜，在辰次貞：今日步於[溫]？　　　　　　　　《合集》41768

結合上組卜辭地理，各地間日程關係爲：（䆉—2 日—春—1 日—淩）淩—1 日—灛—1 日—𡊅—1 日—辰。

學者隸定該字爲灛，[7]從水旁，地應近水。或省水（《合集》36844、38724 條），應與從水旁爲同一地，只在五期卜辭中出現。灛從即、從寮，或讀"即"聲。《春秋地名考略》卷二祝丘條引《路史》："祝丘，祝融氏之後，臨沂東南五十裏有即丘城，漢爲即丘縣。"《漢書·地理志》東海有"即丘"，孟康曰："古祝丘。"《水經注》卷二十六引闞駰曰："即、祝，魯之音"，楊守敬《疏》："魯音以祝爲即也。"[8]古音祝、即同音可通，故此灛

---

[1] 參見楊守敬《水經注圖》，中華書局 2009 年版，第 296—297 頁。
[2] 陳夢家：《殷虛卜辭綜述》，中華書局 2008 年版，第 306—307 頁。
[3] 鄭傑祥：《商代地理概論》，中州古籍出版社 1994 年版，第 367 頁。
[4] 李學勤：《帝辛征夷方卜辭的擴大》，《中國史研究》2008 年第 1 期。
[5] 鄭傑祥：《商代地理概論》，中州古籍出版社 1994 年版，第 368 頁。
[6] 林歡：《晚商地理論綱》，中國社會科學院研究生院博士學位論文，2002 年，第 24 頁。
[7] 李宗焜：《甲骨文字編》中冊，中華書局 2012 年版，第 493 頁。
[8] 楊守敬、熊會貞：《水經注疏》中冊卷二十六，江蘇古籍出版社 1999 年版，第 2197 頁。

地應爲文獻中的即丘城，位於今山東蘭山縣一帶。參照後文所探討"𠂤"地位於今山東莒縣東南一帶，山東蘭山距離莒縣約70公里，與卜辭日程相隔2日吻合。

🈳該地與田獵卜辭地名之🈳（🈳）顯非一地，田獵地🈳與敦地、皆（楷）地同見，距敦地約3日路程；而🈳地距離人方之𠂤地僅1日路程，地望與🈳地有別。🈳地位於灉地到𠂤地之間的路徑上，分別距離兩地1日路程，從地圖上推測該地或位於今山東莒縣附近。莒南大店曾發現春秋中晚期貴族殉人墓，學者以其屬東夷文化，[1]卜辭中的🈳字雖不可考，但其與征人方的終點日程極近，將其定爲今山東莒縣或可備一説。

有關𠂤地地望，學術界多從陳夢家的河南永城説，[2]最近有學者提出了𠂤地地望在琅琊的新觀點。業師馮時先生曾詳細探討了𠂤、永二字的源流關係，他結合古文字訓詁、考古發現和古代醫學文獻提出："𠂤"字實爲"脈"的本字，𠂤、永同源，本義爲人體血脈、經脈，後引申爲永長之義；又以𠂤爲氏，作爲地名，並提出"稗縣或在琅琊"。[3]論見精審，爲"𠂤"地地望問題研究提供了極富價值的線索。

文獻中有關琅琊的記載甚豐。《漢書·地理志》記："琅邪，越王勾踐嘗治此，起館臺。"《水經·濰水注》云："越王勾踐之故國也，勾踐並吳，欲霸中國，徙都琅邪。"《越絕書》："勾踐徙都琅琊，起觀臺，臺周七裏，以望東海。"顧祖禹《讀史方輿紀要》記："琅邪，今兗州府東境，沂州、青州府南境，莒州、萊州府南境，膠州一帶皆是其境。"學者對越王勾踐所遷之琅琊進行了深入的考古調查，調查顯示勾踐所遷都之琅琊應爲於今江蘇連雲港錦屏山九龍口古城址，該城三面環山，東面臨海，城內臺地上發現了商代至戰國時期遺存，尤其是采集了大量春秋晚期到戰國早期越國的印文硬陶陶片、殘器，與文獻記載勾踐遷都琅琊時代相符，此爲春秋晚期之琅琊。[4]該地西有沂河、沭河，東鄰大海，南爲淮水，北有沂蒙山，這一廣大區域當爲先秦時期琅琊所在。[5]卜辭中的𠂤地當在這個區域內尋找。

周振鶴《漢書地理志匯釋》中有"稗"地，位於今山東莒縣東南，[6]稗、𠂤古音可通，其地亦位於考古資料所探明的春秋戰國時代的琅琊境內，故可備一説。

我們再回過頭看來時所經過的三個地點：釋、春、濝。

釋地距離濂（推測位於蕭縣附近）3日路程。釋、鄭同音可通，《説文·邑部》："鄭，

---

[1] 印群：《論春秋時期莒國殉人墓》，《三代考古》2013年。
[2] 陳夢家：《殷虛卜辭綜述》，中華書局2008年版，第306頁；鄭傑祥從此説。
[3] 馮時：《釋𠂤、永——中國古人對脈的認識》，《古文字研究》第三十一輯，中華書局2016年版。
[4] 張志立、彭雲、梁湧：《越王勾踐遷都琅琊考古調查綜述》，《中外關係史論文集——新視野下的中外關係史》第14輯，2008年。
[5] 張志立、彭雲、梁湧：《越王勾踐遷都琅琊考古調查綜述》，《中外關係史論文集——新視野下的中外關係史》第14輯，2008年。
[6] 周振鶴：《漢書地理志匯釋》，安徽教育出版社2006年版，第245頁。

東海縣，帝少昊之後所封。"段玉裁《注》："今山東沂州府郯城縣縣西南百裏有故郯城。帝少昊之後所封。"地望位於文獻中的東夷范圍，山東郯城一帶或爲帝辛征人方所經的"釋"地。

春字從草、屯聲，于省吾讀"屯"爲"春"，説是。由卜辭辭例知，春地與㴲地間隔一日路程。鄭傑祥認爲春地即《大清一統志·安徽泗州》中的古屯城，在今安徽泗縣南約90公里淮水沿岸，[1]此説可商。

春、㴲兩地地望暫不可考，它們應位於山東郯城到蘭山區所經路線上。山東蒼山縣東高犮村曾出土晚商窖藏銅器，族徽[2]象人手持戈、盾，軍事色彩明顯，其地正處郯城縣至臨沂的必經之路上，故應爲一處處於商、夷交界地帶的重要軍事據點確然無疑。征人方卜辭中的春、㴲二地應距離此地不遠，或在蒼山縣一帶。

根據學者對越國都城琅琊的考古調查，征人方路程中的最後六地：釋（山東郯城）、春（山東蒼山縣附近）、㴲（山東蒼山縣附近）、灝（即丘）、🜨（莒南）、辰（莒縣東南）位於春秋戰國時期的"琅琊"境內，這個區域在商末或爲人方所領。考古資料顯示，除了沂水、郯城個別遺址發現晚商文化遺址外，商文化向東未超過山東費縣，[3]山東費縣以東應爲夷方勢力所轄，得到了考古學的印証。

此外，在下文探討征人方回程路線中，我們可將《合集》32982補入去程路線，該地位於囗、春二地之間。

  戊戌貞：右牧于爿，攸侯進鄙？
  戊戌貞：中牧于義，攸侯進鄙？   《合集》32982

卜辭中的干支、地望及所涉及的人物均與帝辛十祀征人方卜辭相合，故可補入。

《合集》36484云："癸卯卜，黃貞：王旬亡禍？在正月。王來征人方，在攸侯喜鄙辰。'"辰地爲征人方路程的最後一站，其時爲帝辛十祀第二年正月。

綜上，我們可將帝辛十祀征人方去程路線以及所在地望修訂如下（表1）：

表1　　　　　　　　　　帝辛十祀征人方去程路線

九月	甲午	大邑商		安陽殷墟
	癸亥	雇		河南范縣
十月	癸酉	嘉		山東嘉祥

---

[1] 鄭傑祥：《商代地理概論》，中州古籍出版社1994年版，第370頁。
[2] 張鳴雪、劉心健：《山東蒼山縣出土青銅器》，《文物》1965年第7期。
[3] 劉延常：《珍珠門文化初探》，《華夏考古》2001年第4期。

續表

	乙酉	香		延津香臺觀
	丁亥	桑		滑縣桑村
	己丑	樂		南樂
	十月辛卯—十祀十月丙申	冒		濮陽一帶
十一月	十一月辛丑—乙巳	商		濮陽高城村遺址
	己酉—辛亥	缶		定陶
	癸丑、甲寅	亳		曹縣
	甲寅、乙卯	鴻		商丘東
	辛酉	嬿		滕州
	癸亥	雚		曲阜、棗莊之間
十二月	己巳	危		滕州、定陶之間
	癸酉	攸		定陶
	辛巳	舊	《合集》36607	定陶十里鋪
	壬午、癸未	舊		
	甲申	泝		商丘以西
	丙戌	濰		商丘北
	庚寅—甲午	淪		蕭縣
	乙未—丁酉	輝		郯城
	戊戌	肙	《合集》32982	費縣
	己亥	春		蒼山東高夌
正月	正月庚子	凌		蒼山東高夌
	辛丑	灉		山東蘭山
	壬寅	玊		莒縣
	癸卯	辰		莒縣東南

帝辛十祀征人方去程所經地理以及路線示意如下（圖6）。

相觀而善集・第一輯

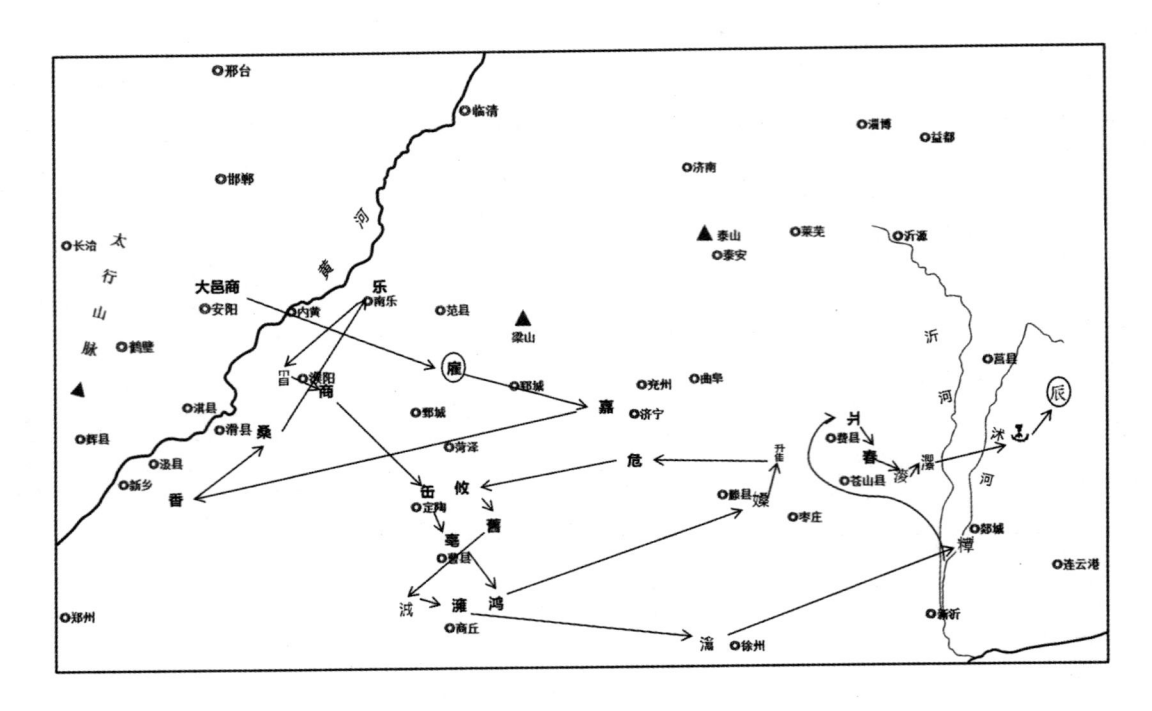

圖6　帝辛十祀征人方去程路線示意圖

（二）回程路線及重要地理探討

征人方回程所經歷的重要地理可分爲六組，如下：

1. 辰組地理

本組地理包括四個地名，有辰、溫、攸與丬。目前來看，商王征人方回程自辰地始，經溫地到達攸地：

　　癸卯王卜，在辰次貞：今日步于［溫，亡災］？
　　乙巳王卜，在溫貞：今日步于攸，亡災？　　　　　　　　　　　《合集》41768

辰至溫爲2日路程。其後，商王從溫到達攸地，爲時1天，即：辰—2日—溫—1日—攸。前文將攸地定於山東定陶一帶，似乎從毗鄰東海的辰地至此顯非3日行程可以實現。《合集》36484條卜辭中稱辰地爲"攸侯喜鄙"，可明攸侯所轄境地廣大，[1] 辰地雖處山東莒縣，卻爲攸地之邊鄙，商人或將伐人方回程所經的路線歸於"攸"地這個廣泛的政治地理概念中了。

　　丙午卜，在攸貞：王其呼在丬牧延執冑人方𠦪？焚白（伯）樕，弗每（悔）？在正月，隹來征［人方］。

――――――――――
[1] 陳夢家亦以"攸"爲一區域地名，詳見氏著《殷虚卜辭綜述》，第323頁。

辛亥卜，在攸貞：大左族有禽（擒）？不禽（擒）？

《合集》36492 + 36969 + 《懷特》1901[1]

卜辭表明，商王自溫到達攸地，並在攸侯所領的"爿牧"處置了人方首領，有學者以此爲帝辛十祀伐人方勝利的重要標誌。[2]該地名爲"爿"，或與晚商族徽爲■的商族有關。■又可寫作■、或■形，學者多以爲省吾先生釋字爲"舉"爲是。[3]但考其字形演變，該族徽早期應寫作■，其後逐漸冠以"爿"或"爿爿"作聲符，這與甲骨文顯示的字形演變一致。甲骨文中所見該族名寫作■，多爲早期的武丁卜辭，僅偶見於無名組卜辭，[4]絶不見於五期卜辭。從考古發現來看，■族在西周初年仍延續存在，故■族之名在武丁以後至乙辛時期的甲骨文中亦應有所體現，但其族名可能已經簡化成後來附加的聲符"爿"，而不再寫作■了。

戊戌貞：右牧于爿，攸侯進鄙？

戊戌貞：中牧于義，攸侯進鄙？

《合集》32982[5]

與甲骨文不同，■族族徽在青銅器銘文中堅持以繁複的字形體現，從未得到簡化，學者認爲這是殷周先民用以表明族氏的古老以及恪守傳統的思想，[6]可從。

綜上，卜辭中作爲地名的"爿"爲■字上半部分聲符的截取。晚商■銘銅器在河南安陽、山東長清興復河和費縣等地均有發現，但主要以山東費縣所出爲大宗，此雖爲文物揀選所得無法查考，但所揀選的28件銅器中有19件均有■族徽，傳出於費縣，時代爲商晚期。[7]據此，"爿"地當位於今山東費縣一帶。

李學勤先生在其《帝辛征夷方卜辭的擴大》一文中將《屯南》2301條補入商王回程在攸的正月癸亥、乙丑間，將《屯南》2320條補入2月癸酉，並提出小屯南地甲骨在時代上或晚至帝辛時期[8]。李氏釋文如下：

甲子卜，叨以王族守方在辛山，亡災。

有災。吉。

□擒。吉。

方來降。吉。

---

[1] 該綴合詳見李學勤：《帝辛征夷方卜辭的擴大》，《中國史研究》2008年第1期。
[2] 鄭傑祥：《商代地理概論》，中州古籍出版社1994年版，第372頁。
[3] 于省吾：《釋舉》，《考古》1979年第4期。
[4] 詳參李宗焜《甲骨文字編》上册第79頁，典型賓組：《合集》5770、《合集》6341、《合集》13758等條，無名組《合集》28401條。
[5] 此條卜辭在《甲骨文合集分組分類總表》中時代被定爲1—2期，爲歷組2類卜辭，經查卜辭干支、地望及人物，該條卜辭應可列入征人方卜辭去程路線，位於□、春兩地之間。
[6] 馮時：《中國古文字學概論》第七章，中國社會科學出版社2016年版。
[7] 程長新、曲得龍、董東方：《北京揀選一組二十八件商代帶銘銅器》，《文物》1982年第9期。
[8] 李學勤：《帝辛征人方卜辭的擴大》，《中國史研究》2008年第1期。

不降。

方不失自辛山。

其失。 《屯南》2301

李氏認爲此條卜辭中"方"爲人方，其貞卜內容爲人方在商王朝征伐下潰敗奔走後的情景，此説可商。卜辭中屢有"方"之稱，不一定指的是人方。

李學勤將《屯南》2320釋文如下：

癸酉卜，戍伐，右牧䍙啓，夷方伐，有捷。吉。弜悔。

[右戍有]捷。引吉。

中戍有捷。引吉。

左戍有捷。引吉。

亡捷。吉。

右戍不雉眾。

中戍不雉眾。吉。

左戍不雉眾。吉。 《屯南》2320

李氏以《屯南》2320爲二月癸酉在攸地所卜，説是。今據《小屯南地甲骨》，重新釋文如下：

甲辰卜，在㲋牧，延啓，從邑曰：□，在盧。引吉。

癸酉卜，戍伐右牧䍙啓人方，戍有戠？引吉。

中戍有戠？

左戍有戠？

右戍有戠？ 《屯南》2320

此外，該條卜辭所記爲甲辰在㲋牧、癸酉日商王軍隊與夷方相戰，這與正月丙午在攸地的㲋牧處置人方首領之事吻合，故此條卜辭可補入伐人方回程路線中。

《合集》35345條亦可補入征人方回程路線。卜辭內容如下：

壬申卜，在攸貞：右牧䍙告啓，王其呼戍從䧹伐，弗悔？利。

其雉眾？吉。

不雉眾？王占曰：吉。 《合集》35345

該條卜辭內容無論日期、地望、辭例，還是所涉及的人物"右牧䍙""戍"，均証其可排入《屯南》2320條前。如此則我們又獲得一條珍貴的征人方卜辭，並獲知與商王伐人方，除了攸侯喜外，還有一位重要人物右牧䍙。

晚殷金文中曾見右牧父己卣[1]，又見左牧巫鼎[2]、右牧巫鼎[3]，或與卜辭中的右牧▲有關。由銅器銘文中的"左牧""右牧"可知，其或出於巫氏。山東蒼山曬米城遺址曾出土"巫"銘銅尊[4]，該字字體與"左牧巫""右牧巫"一致，或爲晚商之巫地所在，而商末征人方卜辭中的右牧▲所封或在巫地。今山東蒼山縣曬米城距離伐人方重要戰場費縣附近的𠂤牧約30餘公里，於卜辭甚合。

結合上述新的征人方卜辭，我們可獲知其間路程爲：商王自攸地，先於甲辰日來到𠂤牧，然後於次日乙巳至溫地，[5]可知溫地應爲攸侯所統領屬地之一。其後又於𠂤地處置人方首領後，然後才踏上了歸程。因此，𠂤地才是商王與人方交戰的前沿地帶，也即此次伐人方的終點站，這對此前依據卜辭而認爲伐人方終點爲攸地是個重要補充。這與考古調查顯示商文化向東不超過費縣以東而將𠂤地考定在山東費縣一帶若合符契。

商晚期金文中亦明確顯示▲族與商末人方有著密切聯繫。例如，小子▲卣銘文記述了令小子▲望人方之事，由器内底▲銘可知作器者屬商末▲族。這可能對卜辭中商王伐人方後在𠂤地處置人方首領的結果做了一個交代，即人方首領歸順於商王朝。

2. 戠組地理

此組共包括五個地名，有戠、危、叉、沚、栗，危地在前文已經探討，其地在滕州與定陶之間。

根據目前修訂的商王回程路線，商王在攸地這個廣大區域停留了34天後，依次來到戠、危、叉和沚地：

　　戊寅王卜，在戠貞：今日步于危，亡災？　　　　　　　　　　　　《綴》218
　　丁丑王卜，[在]□（攸）[6]貞：今日步戠，亡災？
　　庚辰王卜，在危貞：今日步于叉，亡災？
　　辛巳王卜，在叉貞：今日步于沚，亡災？　　　　　　　　　　　　《合集》41768
　　[壬午]……在叉貞：王步[于]枊，[亡災]？　　　　　　　　　　《合集》36901
　　□□王卜，在叉貞：[王步]于▲（栗），亡災？　　　　　　　　　《合集》36902

據卜辭可知諸地日程爲：攸—1日—戠—2日—危—1日—叉—1日—沚（或栗）。

戠字寫爲▲，王國維將字釋爲甾，以其爲《漢書·地理志》中的故戴國，位於今考城

---

[1] 嚴一萍：《金文總集》第5240條，藝文印書館1983年版。
[2] 中國社會科學院考古研究所：《殷周金文集成》第1738號，出土地爲河南安陽。
[3] 劉雨、汪濤：《流散歐美殷周有銘青銅器集錄》，上海辭書出版社2007年版，第52頁。
[4] 劉延常等：《魯東南地區商代文化遺存調查與研究》，《東方考古》第11集，科學出版社2014年版，第467頁。
[5] 該地名在《屯南》2320中寫作▲，從水旁，從自、從皿，對讀可知溫地即澨地，又爲《屯南》2320與伐人方有關的一項重要證據。
[6] 此應爲"攸"地，李學勤亦以此地爲"攸"，詳參《帝辛征夷方卜辭的擴大》一文第20頁注2。

縣。陳夢家認爲"甾"應指楚國甾丘，故城在今安徽宿縣東北，[1] 鄭傑祥取陳説。

𢦏字從食、從戈，戈字作爲聲符本有災難之義，應與軍事相關。戈隸爲𢦏，從戈，才聲，《説文·戈部》："𢦏，傷也。"段玉裁《注》："傷者，刃也。此篆與烖、甾音同而義相近。謂受刃也。"明言𢦏（戈）乃象兵戈之災。

甲骨文見有"戈方"的記載，如：

  王占曰：吉。戩。之日允戩戈方，十三月。 《合集》6649 正
  壬其涉滴射麋，亡戈？ 《合集》28338

甲骨文中還見與水有關的"災"，寫作𝄞或𝄬，以示災因水而起，故從水爲意。

  王其省涉滴，亡𝄬（災），不雨？ 《合集》27783

水災之"災"也可寫作𣲞，從水形、才聲，如：

  其田遘麋，王其射亡𣲞（災）？ 《合集》28360

此外，古文中還有因火而起的"烖"，從火從戈，戈亦聲。《説文》："烖，籀文作災。"又謂"天火曰烖"，其義應與火有關。綜上可知，古文字中由不同原因導致的"災"字寫法也各異，諸如火災之災字從火，水災字從水，而兵戎之災則從戈，以字形表明其災難發生的原因。那麽𢦏字從食、戈音，或正取該地因食物短缺而遭災之義。《元和郡縣圖志》考城縣記載："古戴國也……漢之興也，其邑多甾，年數不登，故邑曰'甾'。"可明考城縣之古邑名即取自"年數不登"而缺少食物之義。甾或省爲甾，甾、戈同爲之部精紐，雙聲疊韻。西周早期叔𢦏卣銘文"叔𢦏乍寶尊彝"中𢦏字從食、從戈，西周中期嬴霝德簋蓋銘中有𢦏字，從食、從甾、從乇，字從甾聲，𢦏可隸爲𢦏，《説文》："𢦏讀若載。"此爲甾、戈互通之証。無論從音韻、字義以及文獻學，都可証𢦏、甾可以通假，甲骨文中𢦏地即後世的甾地，故王國維以𢦏爲檾國之甾、地在考城縣之説甚確。

卜辭中𢦏地距離攸地僅1—2日路程，可知攸地這個廣闊地帶的西界在定陶一帶，與此前考定攸地在定陶相合。

危，即武丁卜辭中的危方、下危。該地曾爲商敵，後服從商王朝，五期征人方卜辭中去程和回程均路過此地。卜辭顯示，危地距蘭考之𢦏地爲2日路程，與前文考定的危地在今山東滕州以西、定陶以東地區相合。

陳夢家從郭沫若釋叉爲後世"酇"縣，地在河南永城，鄭傑祥進一步將其地定在河南永城西南酇城鎮，結論可商。《説文·又部》："叉，手足甲也。"段玉裁《注》："叉、爪古今字。古作叉，今用爪。"文獻中叉、爪通用。《周禮·考工記·輪人》："欲其蚤之正也。"鄭《注》："蚤當爲爪。"《史記·魯周公世家》："周公乃自揃其蚤。"蚤亦當作爪。《説

---

[1] 陳夢家：《殷虚卜辭綜述》，中華書局2008年版，第307頁。

文·蚰部》："蚤，齧人跳蟲，從蚰、叉聲。叉，古爪字。"叉地距離蘭考之㦰地3日路程，距危地1日路程，其地或位於今山東金鄉一帶。

商王在叉地卜問前往沚地之事，從文例上看，叉地距離沚地爲1日路程。陳夢家以沚地位於今河南永城縣西北，鄭傑祥認爲沚地即洔或邿，地在今山東濟寧東南。[1]卜辭中的沚地曾與"方"族同見：

  方其來于沚？

  貞：方允其來于沚？   《合集》6728

方又與地名匚餘（區）同見：

  方出于▨（區）？   《合集》6717

鄭傑祥以"方"爲方族的專稱，主要活動於商王朝的東土，從丁山之說以方族所居在漢代山陽郡方與縣境内，[2]但鄭文未對▨地地望得出結論。余以爲卜辭中的▨，從匚、從余，或爲二字合文而讀作"方余"，應即文獻中的地名"方與"。《史記·楚世家》記有："魏之東外棄而大宋、方與二郡者舉矣。"《漢書·地理志》山陽郡下有方與；《水經·濟水注》："濟水……又東過方與縣兖州北爲荷水。"楊守敬《疏》引《大清一統志》云方與地在魚臺縣北。[3]"余"與"與"均爲喻紐魚部字，雙聲疊韻可通，故▨應爲"匚余"之合文，應即文獻中的方與，其地位於山東魚臺縣東。[4]武丁時期方族所活動的沚地、方余兩地地近可知，沚地應位於山東魚臺縣附近可知。鄭傑祥以沚地在濟寧東南，該地距離今山東魚臺縣約30公里，其說可從。

郭沫若據《漢書·地理志》沛郡有芒邑，以卜辭中的杧即漢代之"芒"，栗爲漢之栗國，其地在江蘇碭山縣。[5]陳夢家從郭說，認爲杧地在今河南永城西北，栗地在河南夏邑縣。[6]鄭傑祥在郭氏之說基礎上進一步提出杧地爲古芒縣，地在今河南永城縣東北，栗地在今河南夏邑縣[7]，杧地在永城之說可從。

卜辭中有"栗"字，寫作▨，從卥、從木。卥又省爲卤。《說文·卥部》："卥，草木實垂卥卥然，象形。讀若調。卥，籒文三卥爲卥。"又云："栗，木也，從木，其實下垂，故從卥。㮚，古文栗。"段玉裁《注》："栗，栗木也。"實"栗"字古文當作"㮚"，從三卥。武丁卜辭曾見"乎宅▨"（《合集》13663），▨或爲▨字之省，即"栗"，今隸爲"栗"。

學者多以栗地在河南夏邑縣爲是。20世紀70年代山東滕縣後黄莊曾出土卥人戈，器主

---

[1] 鄭傑祥：《商代地理概論》，中州古籍出版社1994年版，第177—178頁。
[2] 鄭傑祥：《商代地理概論》，中州古籍出版社1994年版，第160頁。
[3] 楊守敬、熊會貞：《水經注疏》上冊，江蘇古籍出版社1999年版，第773頁。
[4] 周振鶴：《漢書地理志匯釋》，安徽教育出版社2006年版，第154頁。
[5] 詳參郭沫若《卜辭通纂》第612片考釋部分。
[6] 陳夢家：《殷虛卜辭綜述》，中華書局2008年版，第307頁。
[7] 鄭傑祥：《商代地理概論》，中州古籍出版社1994年版，第375頁。

爲"蠱人之孫",[1]蠱或作地名位於今山東滕縣後黃莊附近,該地或即卜辭中的枼(栗)地。卜辭分別貞問從叉地去往杞地和栗地,今山東金鄉距離滕縣後黃莊的栗地約90公里,距永城一帶100餘公里,叉地距杞、栗二地路程相當,與卜辭合。栗地在山東滕縣後黃莊附近亦可備爲一説。

3. 𡢦組地理

此組地理共有四個地名,𡢦、亙、婍與杞。

商王離開叉地後,不知是否到達沚地,故林表中的"壬午,在沚"條應移除,商王於二月癸未到達𡢦地。

  癸未王卜,貞:旬亡禍?在二月,王來征人方,在𡢦。   《合補》11232
  丙戌[卜,在]亙貞:今日王步于□,亡災?
  庚寅卜,在婍貞:王步于杞,亡災?
  壬辰卜,在杞貞:今日王步于𩵋,亡災?   《合集》36751

可知各地日程爲:𡢦—3日—亙—4日—婍—2日—杞。

𡢦字從女桑聲,應與田獵卜辭之桑地(滑縣桑村)爲二地。學者以其地在商丘附近,應與春秋時期宋國的桑林之社有關,[2]可備一説。𡢦地與今商丘附近的鴻地相鄰6日距離,亦與叉地相隔1日距離,考慮到數日後商王來到杞地(應爲山東新泰),故𡢦地應在山東金鄉東部地區,大概位於滕州境內。餘以爲𡢦字從桑,或因其地多桑。今山東棗莊桑村因明清時遍植桑蠶而名,該地在商代或許亦爲適合養殖蠶桑之地,或即卜辭中的𡢦地。考古調查顯示,今山東滕州境內發現多處晚商時期遺存,如後黃莊遺址、種寨、井亭、前掌大遺址等。[3]卜辭中的𡢦地應位於滕州地區,或爲今山東棗莊桑村。

商王三日後從𡢦地來到亙地,亙地不可確指,但其位於山東棗莊桑村到後文山東新泰的杞地,故可推亙地當位於棗莊到新泰之間的路線上。

婍字從女、從黍、口,或可減省爲從黍、從口。陳夢家以其地爲《左傳·哀公七年》的"黍丘",杜《注》"樑國下邑縣西南有黍丘亭",地在今河南夏邑縣西南,可商。該地亦應爲今山東境內的一處地名,亦處於滕州至新泰的路線上。

杞地地望主要有河南杞縣説[4]和山東新泰[5]二説。主杞縣説的學者以今河南杞縣城關鎮的雍丘故城爲文獻中春秋時期的杞都,主新泰説的學者則依據山東新泰出土的東周杞國銅器爲依據。結合上文商王在山東滕州一帶,下文中商王在杞地貞卜是否前往山東濟南

---

[1] 該材料引自王恩田《商代考古與商史諸問題》一文。
[2] 鄭傑祥:《商代地理概論》,中州古籍出版社1994年版,第376頁。
[3] 吳汝祚等:《山東滕縣古遺址調查簡報》,《考古》1980年第1期。
[4] 王國維、董作賓持此説,鄭傑祥《商代地理概論》、林歡《晚商地理論綱》亦以杞地在河南杞縣。
[5] 王恩田:《山東商代考古與商史諸問題》,《中原文物》2000年第4期。

大辛莊的㠯地來看，商代晚期的杞地在山東新泰似更具意義。

4. 㠯組地理

此組地理包括四個地名，有㠯、㮐、㠯與齊。

　　壬辰卜，在杞貞：今日王步于㠯，亡災？

　　癸巳卜，在㠯貞：王逤㮐，往來亡災？于師北。

　　甲午卜，在㠯貞：王步于㠯，亡災？　　　　　　　　　　　　　《合集》36751

　　癸巳卜，貞：王旬亡禍？在二月，在齊次。隹王來征人方。　　　《合集》36493

諸地的日程關係爲：杞—1日—㠯—1日可往返—齊。

商王離開杞地，次日來到㠯地，該地距離杞地1日路程。鄭傑祥將㠯隸爲诇，诇與偵、聖相通，其地在今開封西北，可商。結合近年山東濟南大辛莊㠯族墓地的發現，以及M72中出土的㠯銘族徽銅爵，其字從辛從手，[1]推測甲骨文中的㠯或爲金文中的㠯，其地應位於濟南大辛莊遺址附近，而㠯銘族徽或與大辛莊的名稱由來有關。

另由卜辭可知，㮐地應在濟南大辛莊北部。山東濱州蘭家遺址曾出土銅卣、觚、爵等，時代爲殷墟文化二至四期。該遺址在20世紀60年代出土過商末青銅兵器。經70年代文物部門調查，蘭家遺址內揭露了以牛、鹿骨角爲主的骨器作坊區、貴族墓葬區以及大量盔形器，時代從商末延續到西周中期，是一處重要的高等級聚落遺址。[2]20世紀70年代，山東濱州惠民縣麻店公社曾出土商代青銅器，器形有鼎、方彝、鐃、爵、觚等銅器，並見殉人及殉狗現象，此外還發現商周、漢代遺存。[3]今山東惠民麻店、蘭家村一帶距離濟南大辛莊約90公里，其或爲卜辭中的㮐地。

㠯地在今山東濟南大辛莊一帶。㠯地曾與"丘雷"同見：

　　癸未卜，行貞：今夕亡禍？在正月，在丘雷卜。

　　甲申卜，行貞：今夕亡禍？在㠯卜。　　　　　　　　　　　　《合集》24367

丘雷，或可稱爲雷丘，或單稱"雷"，與㠯僅1日路程，地當在今山東濟南附近。

齊地地望爭議極大，郭沫若、董作賓、島邦男等學者是山東臨淄說的支持者，[4]鍾柏生從此說。陳夢家則認爲齊地爲河南陳留的大小齊城[5]。鄭傑祥據《大清一統志·河南開封府》古跡條"臨濟城在陳留縣西北五十里"，認爲齊地應指濟，即臨濟古城，地在今陳

---

[1] 方輝：《大辛莊遺址研究》資料卷，科學出版社2013年版，第100頁。

[2] 濱城文物管理所、北京大學中國考古學研究中心：《山東濱州市濱城區五處古遺址的調查》，《華夏考古》2009年第1期。

[3] 山東惠民縣文化館：《山東惠民縣發現商代青銅器》，《考古》1974年第3期。

[4] 詳見董作賓：《殷曆譜》下編卷九，中央研究院歷史語言研究所，1945年；鍾柏生：《殷商卜辭地理論叢》第218頁，藝文印書館1989年版。

[5] 陳夢家：《殷虛卜辭綜述》，中華書局2008年，第308頁。

留鎮西北、長垣西南一帶。[1]從該條卜辭干支、歷月、內容看,可視爲帝辛十年征人方所卜,那麼癸巳日,商王同在🐚、齊兩地,可知此齊距離濟南大辛莊極近,一日內可往返,但應非山東臨淄。

5. 冒組地理

此組地理共包括五個地名,有冒、商、樂、桑與香。這五個地名在前文均已進行探討,冒地位於河南濮陽西1日路程處,商地即河南濮陽東南的高城村遺址,樂爲濮陽南樂縣,桑爲滑縣桑村,香地地望則從鄭傑祥說,位於河南延津香臺觀。

卜辭顯示,商王在離開🐚地(濟南大辛莊附近),到達冒地過程中,曾進行過一次郊祭:

戊戌,王蒿田……文武丁祕……王來征……　　　　　《合集》36534

鄭傑祥將"蒿"解爲田獵地名而補入回程日程內,[2]但此條卜辭與商王田獵卜辭文例並不相合,釋"蒿"爲地名未免牽強。學者認爲"蒿"爲郊野之祭名,讀爲"郊","田"爲田社之神,卜辭言王在征人方回程中于郊野郊祭社神之事。[3]這其中涵蓋了"郊""田獵"和"祭祖"三層內容。

首先,我們看文獻中對"郊"的界定。《說文·邑部》:"郊,距國百里爲郊。"段玉裁《注》引杜子春注《周禮》曰:"五十里爲近郊,百里爲遠郊。"《爾雅·釋地》:"邑外謂之郊。"由文獻可明,"郊"當在邑外百里之範圍內,以古人日行速度推測,從邑至郊約需3—4日路程。卜辭貞於戊戌日,雖未顯示所處地點,但已距離出發地濟南有4日路程,推測已經行進到今安陽之東境,其地正位於安陽大邑之郊,與文獻中"百里之郊"合。

其次,卜辭言郊祭田社之神,需以田獵所獲犧牲獻祭,也就是《周禮·春官·甸祝》中所說的"及郊、饁獸"。這條卜辭恰好契刻於鹿頭之上,可知此鹿當爲田獵所得繼而作爲犧牲饋神。商晚期重要的田獵區就在河南濮陽一帶,濮陽縣程莊遺址龍山文化時期遺存中亦曾發現過偶蹄目鹿科的斑鹿、馬鹿、麋鹿,H1內發現的野生動物骨骼亦以鹿科爲最,發掘者還根據鹿角和頭骨片分析推測這些鹿應爲不同季節所獵獲。可知,龍山文化時期至商代,河南濮陽一帶氣候溫和、水流充沛,不僅爲人類擇居之處,也適宜鹿科動物生存。[4]故"王蒿田"所處之"郊"應在濮陽一帶。

最後,商王祭田祖後,還致祭"文武丁",即帝辛之祖文丁。《周禮·春官·甸祝》中所言:"及郊,饁獸,舍奠於祖禰。"其所承襲的古禮在商代卜辭有徵。

結合對《合集》36534中三個內容的闡釋,該條卜辭可補入三月商王征人方回程的行

---

[1] 鄭傑祥:《商代地理概論》,中州古籍出版社1994年版,第379頁。
[2] 鄭傑祥:《商代地理概論》,中州古籍出版社1994年版,第381頁。
[3] 馮時:《中國古文字學概論》第六章,中國社會科學出版社2016年版。
[4] 北京大學考古學係、濮陽市文物保管所:《豫東北考古調查與試掘》,《考古》1995年第12期。

程中。[1]需要注意的是，午組卜辭中曾有在敦地索祭祖先的記載：

　　索于敦，戒示，受于宗北？

　　丙戌卜，侑于父丁，叀龏？　　　　　　　　　　　　　　《合集》22072

殷人在正祭之前先索祭求神，索祭地點在今河南范縣的敦地，敦地距離大邑商約130公里；"王蒿田"卜辭所處地望也當在百里之郊，這兩則卜辭是否暗示了商代的"郊"爲大邑商外4日路程左右的地區？應是值得研究的問題。

商王在這次郊祭後，再次經過了䚘、商、樂、桑、香五地。

　　癸卯卜，貞：……在三月，來征人方，在䚘。　　　　　《補編》11232

　　乙巳卜……王田□，亡災？……兕廿又……來征人［方］？

　　丙午卜，在商貞：今日步于樂，亡災？

　　己酉卜，在樂貞：今日步于桑，亡災？

　　庚戌王卜，在桑貞：今日步于香，亡災？

　　辛亥卜，在香貞：今日步于䡓，亡災？

　　　　　　　　　　　　　蔡《綴》379（《合集》36501+36752）[2]

回程中各地日程關係爲：䚘—3日—商—3日—樂—1日—桑—1日—香（去程路線及日程關係：香—2日—桑—2日—樂—2日—䚘—6日—商）。去程時除了䚘、商間隔6日路程外，其餘諸地分別相隔2日。返程時商王在各地間的行進速度有所變化，由上可知。

6. 䡓組地理

此組地理共包括五個地名，䡓、奠、垂、拔、嘉。至此，已進入商王征人方回程的尾聲，其間商王主要經䡓、奠和垂地。

　　辛亥卜，在香貞：今日步于䡓，亡災？

　　甲寅卜，在䡓貞：今日王步于奠，亡災？　蔡《綴》379（《合集》36501+36752）

可知香到䡓地日程爲3日內。

近年有學者在蔡《綴》379（《合集》36501+36752）的基礎上，將其與《合集》37410、36772兩條綴合。[3]這樣就得到一組新的路線，如下：

　　甲寅卜，在䡓貞：今日王步于奠，亡災？

　　［乙卯］卜，在奠［貞］：王田自東，往來亡災？茲卩。獲鹿六，狐十。

　　丙辰卜，在奠貞：今日王步🈯亡災？

　　　　　　　蔡《綴》379（《合集》36501+36752）+《合集》36772+37410

―――――――――

〔1〕鄭傑祥曾將該條卜辭補入征人方回程路線，但以蒿爲地名不妥，詳見氏著《商代地理概論》第381頁。

〔2〕蔡哲茂已將《合集》36501、35752綴合，詳見氏著《甲骨綴合集》第379條。

〔3〕門藝：《殷墟甲骨黃組卜辭新綴》，《歷史與文明》2013年第1期。

商王自𡈼出發先來到奠地，又從奠前去田獵並有所獵獲，其後又返回奠地貞卜是否步於▨地之事。

學者認爲《合集》37434 條與上述之新綴卜辭時間、地點可銜接。[1] 經筆者比對查証，《合集》37434（圖7）條卜辭干支爲丙辰日，字體與《合集》36772 一致；卜辭中貞卜地雖殘，闕處依稀見有橫劃，應爲"奠"字；"步于"二字所接地名依稀見上端折角，應爲右側戊午所在▨地無疑。准此，我們可將《合集》37434 繼上文新綴卜辭（蔡《綴》379（《合集》36501＋36752）＋《合集》36772＋37410）也補入帝辛十祀征人方的返程路線中。

圖7　左：《合集》36772，右：《合集》37434

據卜辭釋文如下：

　　丙辰王卜，在［奠］貞：今日步于［▨］，亡災？

　　戊午王卜，在▨貞：田舊，往來亡災？［茲］節。獲鹿、狐。

――――――――――
〔1〕門藝：《黃組征人方卜辭及十祀征人方新譜》，《黃河文明與可持續發展》2013 年第 4 期。

己未王卜，在[?]貞：今日步于拔，亡災？

庚申王卜，在拔貞：今日步于勭，亡災？　　　　　　　　　　　《合集》37434

其間的日程關係爲：𧱏—1 日—奠（1 日內往返至自東）—2 日—[?]（1 日內往返到舊）—1 日—拔—1 日—勭。

𧱏，《古文字類編》將此字隸定爲𧱏，從豕、從史，[1]此爲地名。武丁卜辭亦見，但作爲動詞出現，應與軍事有關，寫爲[?]。

此前饒宗頤認爲該字從豕、從聿，隸定爲"豨"，乃"詩、禮謂犧牲體解"之義，與"殺"近似，[2]但該字寫法並不從"聿"，饒說可商。學者認爲作爲動詞的𧱏表達的是一種擒獲手段，[3]與征伐有關。如：

□□卜，㱿貞：王次于曾，廼呼𧱏𦣞［方］？　　　　　　　　　《合集》6536

辛丑卜，㱿貞：今日子𢀛其𧱏基方缶，弗其戠？　　　　　　　《合集》6571 正

𧱏在卜辭中也作爲氏名或地名出現，商人曾於此地置奠：

癸巳卜，又（侑）于亞𧱏一羌三牛？　　　　　　　　　　　　《摭續》91

……爭貞：在𧱏奠？　　　　　　　　　　　　　　　　　　《合集》8218 正

結合上述征人方卜辭顯示的路線，𧱏地應處於從香地（河南延津香臺觀）到[?]地（詳後，地在今山東菏澤北）的路途中。此前鄭傑祥曾隸字爲"擒"之別體，可商，又以其地爲後世的伯禽城，[4]不可據。

奠，卜辭中常見"多奠""南奠""北奠"等稱謂，有學者認爲"多奠"之義應作"多甸"，或爲《周禮》中的職官"甸師"，可能擔任供應商王祭祀神祖所需專用犧牲之職；以方位名詞開頭的"奠"或有王都之郊的含義；[5]也有學者認爲"奠"是外服農業區，通常分佈在商人和外服的混居區，但直接由商王所控。[6]

從卜辭日程關係可知：奠地應位於[?]地（菏澤北）以西 2 日路程處，該地西距香地（河南延津縣）1 日路程，大約位於今河南長垣一帶。該地位於大邑商東南直線距離 90 公里左右處，支持了學者所認爲的"奠有王都郊外含義"的觀點。

[?]，拔，勭，此三處地名的釋讀和地望落實，筆者已有文章進行探討，茲將主要結論厘次如下：[?]當隸定爲"垂"，商周時期有垂地或垂國，位於今山東菏澤一帶；拔從人、從[?]，讀爲[?]，作爲晚商的重要族氏和地名，應即《春秋經·定公三年》"仲孫何忌及邾子

---

[1] 高明、涂白奎：《古文字類編》，上海古籍出版社 2008 年版，第 1153 頁。
[2] 于省吾：《甲骨文字詁林》第二冊，中華書局 1996 年版，1003—1004 頁。
[3] 劉釗：《卜辭所見殷代的軍事活動》，《古文字研究》第 16 輯，中華書局 1989 年版。
[4] 鄭傑祥：《商代地理概論》，中州古籍出版社 1994 年版，第 260 頁。
[5] 詳參鄭傑祥《商代地理概論》，第 256 頁。
[6] 林歡《晚商地理論綱》，中國社會科學院研究生院博士學位論文，2002 年，第 71—73 頁。

盟於拔"之拔地，位於今山東兗州嵫陽一帶；勤讀爲嘉，本義與穀物嘉美有關，商代的嘉地或在今山東嘉祥一帶。[1]上述三處地理的落實，與卜辭反映垂、拔、嘉三地之間分別爲1日的日程關係吻合，有所理據。

此外，由《合集》37434、《合集》36490可知商王行程爲：📐—嘉—雇，由📐至嘉爲1日路程，📐距雇地爲3日路程，嘉地處於山東兗州嵫陽到河南范縣的途中，推測嘉距離范縣之雇地大致爲2日路程，如下：

　　庚申王卜，在📐貞；今日步于嘉，亡災？　　　　　　　　　《合集》37434

　　癸亥卜，辰貞：王旬亡禍？在雇[2]。

　　□□卜，在……鄙……次，小臣……來征……　　　　　　　《合集》36490

《合集》24347中嘉、雇同見一版，亦証嘉、雇不遠，如下所示：

　　辛丑卜，行貞：王步自🔲于雇，亡災？

　　癸卯卜，行貞：王步自雇于嘉，亡災？在八月，在師雇。　　《合集》24347

由嘉祥至河南范縣的雇地80公里左右，與卜辭揭露的三地間的日程關係幾無二致。

學者普遍以《合集》36495條作爲帝辛十祀伐人方的結尾，此時當爲五月：

　　癸卯卜，王旬亡禍？在五月，在曹……隹王來征人方。

　　癸［巳］卜，王旬亡禍？在五月，在曹次。　　　　　　　　《合集》36495

商王離開巳奠河邑後來到曹地，曹在田獵卜辭中曾與敦地同見，其距敦地僅1日，說明商王伐人方回程最終到達大邑商之前，停留在商邑之東的濮陽一帶。

至此，我們可以確定征人方回程線路及其對應的地理（表2）：

表2　　　　　　　　　　征人方回程線路及其對應的地理

正月	癸卯	辰		山東莒縣
	甲辰	𤊵牧	《屯南》2320	山東費縣
	乙巳	溫		攸地范圍
	丙午—癸丑—癸亥	𤊵牧		山東費縣
	壬申	攸	《合集》35345	費縣至蘭考間
二月	癸酉—丁丑	攸	《屯南》2320	費縣至蘭考間
	戊寅	截		蘭考
	庚辰	危		滕州至定陶間
正月	癸卯	辰		山東莒縣
	辛巳、壬午	叉		山東金鄉一帶

---

[1]　韓雪：《卜辭征人方地理舉例》，《殷都學刊》2019年第2期。

[2]　此片模糊不清，此從鄭傑祥說以字爲"雇"。

續表

正月	癸卯	辰		山東莒縣
	癸未	㜎		棗莊桑村
	丙戌	亙		棗莊至新泰間
	庚寅	婦		棗莊至新泰間
	壬辰	杞		山東新泰
	癸巳	𩵦		濟南大辛莊
	癸巳	齊		濟南附近
三月	甲午	𩵦		濟南大辛莊
	戊戌	王蒿田		商邑之郊
	癸卯	𣆪		濮陽西
	丙午	商		濮陽五星鄉高城村
	己酉	樂		南樂縣一帶
	庚戌	桑		滑縣桑村
	辛亥	香		延津香臺觀
	癸丑、甲寅	𡨚		延津至菏澤之間
	乙卯	師東	《合集》37410	延津至菏澤之間
	丙辰	奠	《合集》36772	河南長垣一帶
	戊午、己未	垂、舊、垂	《合集》37434	菏澤、定陶
	庚申	拔		兗州嵫陽
	癸亥	雇		范縣東南
四月	癸酉	巳奠河邑		滎陽
五月	癸卯—癸丑	䏁		濮陽咸城村

綜上，帝辛十祀征人方回程所經地理以及路線示意如下（圖8）。

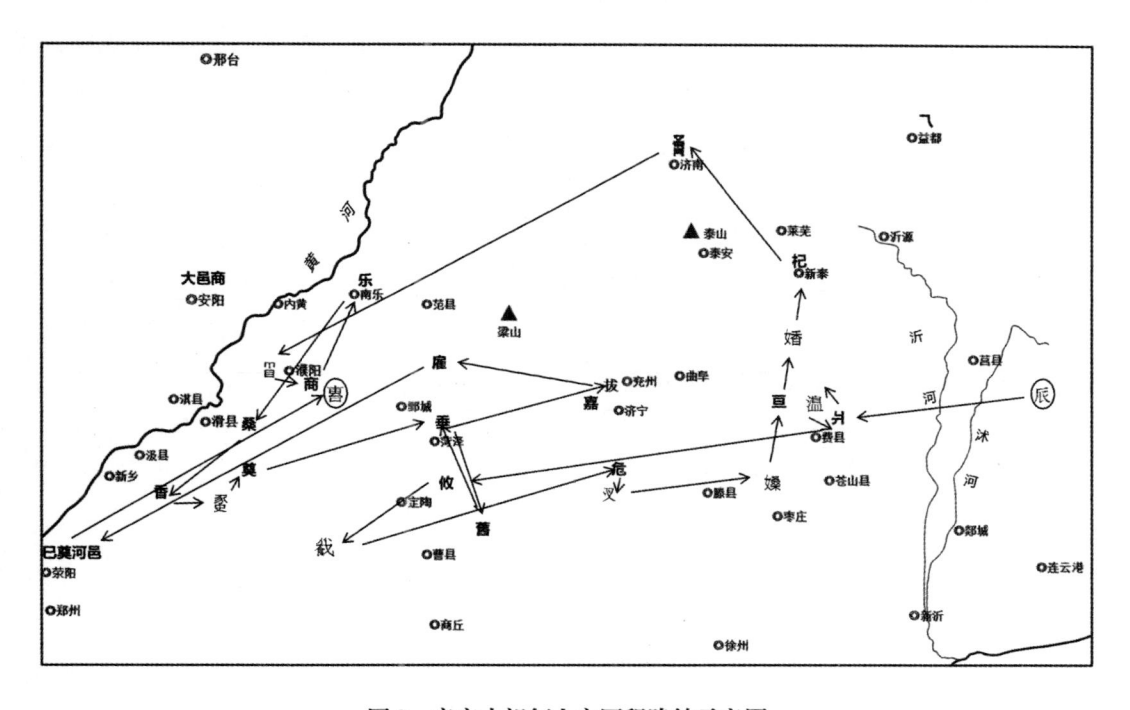

圖8 帝辛十祀征人方回程路線示意圖

經過對帝辛十祀征人方去程和返程路線所經部分重要地名的重新論證，我們對征人方的終點和所經路線有了新的認識：征人方去程中，商王自殷墟大邑商出發，先經河南范縣一帶、濮陽、定陶、曹縣到達商丘，其後沿商丘繼續東進到人方所轄區域的山東郯城一帶，征人方終點辰地大概位於今山東莒縣；回程中商王在攸地處置人方首領，並記述了有關人方之戰事，其後經蘭考、山東滕縣一帶至濟南大辛莊，轉而入商邑之郊，進入濮陽一帶後，經菏澤又東行至山東兗州、嘉祥、范縣一帶，最後行至濮陽一帶的胥地停留，推測商王最後應由胥地返回大邑商。

三、結論

本文以卜辭中的敦地爲標準地點，探討了晚商地理中的部分田獵地理和帝辛十祀伐人方路線問題。

其一，通過"敦"字陶文的考古發現，明確了卜辭中商代的敦地在今河南范縣一帶，使學界長期以來關於敦地地望的爭論得以解決。

其二，在明確了甲骨文中敦地地望的基礎上，結合卜辭中與敦地同見、尤其是與其地有明顯日程關係的田獵地名，整理出商晚期部分田獵示意圖，顯示商晚期以敦地爲中心的田獵區應位於大邑商以東、以南的商王畿范圍内。

最後，在田獵區域圖建立的基礎上，又探討了帝辛十祀征人方路線及所涉及地理、地望，對其中重要地理重新梳理和考定，進一步修正征人方去程和回程路線。經過重新論證的重要地名包括：商、舊、減、釋、辰、截、杞、垂、拔、嘉。經論证，商王伐人方去程大致按照如下路線進行：自安陽大邑商出發先到達河南范縣附近，經濮陽、定陶、曹縣到達商丘，其後沿商丘繼續東進到人方所轄區域的山東郯城一帶，征人方終點爲辰地（琅琊境内），大概處於今山東莒縣一帶；返程時商王由辰地出發經蘭考，經山東新泰、濟南大辛莊一帶到達商邑之東郊，進入濮陽一帶後經菏澤又東行至山東兗州、嘉祥、范縣，後行至濮陽附近的胥地停留，其最終終點應由胥地返回大邑商。

甲骨文"䚻"與武丁時期的戰爭

何 苗

中國社會科學院研究生院

摘要：關於甲骨文"䚻"字，過去學者曾有"漁""祭名""班賜""與天氣變化有關"或讀爲"變"等解釋。基於其中"變"的解釋，作者認爲"䚻"讀爲"變"，內容涉及天氣的變化、占卜方法和祭事的改變。另外，"䚻"還可讀爲"叛"，即反叛。以此爲線索，可揭示一些從前尚未被發現的商王武丁時期的諸侯方伯叛商的史實，並明確了另一些已知戰爭的性質亦屬於諸侯的反叛。這些反叛皆發生於武丁中期，其原因是諸侯方伯不敵舌方聯盟的進攻。這些新發現豐富了對商代戰爭史、政治史的認識。

關鍵词：商代，甲骨文，武丁，戰爭，反叛，舌方

甲骨文有"䚻"字，收入《甲骨文編》卷二和《甲骨文字編》魚部，皆以爲未識字。其字從"魚"從"八"，《説文》所無。有關對這個字的考釋，學者已有很多研究。吳其昌[1]、商承祚[2]、姚孝遂[3]先生釋爲"魚"或"漁"；陳邦懷先生認爲從"八"爲聲，讀爲班賜[4]；金祖同懷疑"䚻"字與天氣有關[5]；饒宗頤先生認爲是祭名[6]，方述鑫以爲魚祭[7]，楊澤生以爲禷祭[8]；馮時先生則認爲"八"聲，讀爲"變"[9]。

比較各種觀點，我們認爲以"䚻"讀爲"變"的觀點最近事實。沿著這一思路，可以

---

[1] 吳其昌：《殷虛書契解詁》，藝文印書館1959年版，第337—338頁。
[2] 商承祚：《殷契佚存》，金陵大學中國文化研究所專刊甲種1933年版，第73頁。
[3] 姚孝遂：《關於"殷代甲骨刻辭中夒方地理釋證"一文的商榷》，《人文雜誌》1959年第4期。
[4] 陳邦懷：《甲骨文䚻字試釋》，《中國語文》1966年第1期。
[5] 金祖同：《殷契遺珠》，上海中法文化出版社委員會影印本1939年版，第9頁。
[6] 饒宗頤：《殷代貞卜人物通考》，香港大學出版社1959年版，第858頁。
[7] 方述鑫：《甲骨文字考釋兩則》，《考古與文物》1986年第4期。
[8] 楊澤生：《甲骨文字詁林補編》，中華書局2017年版，第451頁。
[9] 馮時：《中國古文字學概論》，中國社會科學出版社2016年版，第365—366頁。

發現"龕"字在甲骨卜辭中有兩種用法。

"龕"字的第一種用法可讀爲"變",占卜内容涉及天氣的變化、占卜方法和祭事的改變。以下分别加以討論。

第一,用作天氣變化之"龕"。這種用法主要存在於"龕益醫"這樣的結構中。對此,馮時先生在其《中國古文字學概論》中已經進行過詳細的分析。現將相關卜辭轉録於下。

1. 己酉卜,兄貞:羍年于高且(祖)?四月。
   己巳卜,大貞:翌辛未龕益醫?
   甲申卜,出貞:翌□□子弓其出(侑)于匕(妣)辛,眔歲,其□?
   辛卯卜,大貞:洹引弗敦邑?七月。
   丁酉卜,□〔貞〕:□小羽老(考)?八月。 《合集》23717

馮時先生認爲:

"龕",從"魚""八"聲,疑即"半"之本字,讀爲"變"。上古"半""變"皆爲幫紐元部字,雙聲疊韻。《周禮·秋官·朝士》:"有判書以治則聽。"鄭玄《注》:"故書判爲辨。"《易·革》:"大夫虎變。"《音訓》:"變",晁氏曰"京作辨"。是"半""變"互用之證。

"益",讀爲"瞖"。文獻又作"瞕"。"瞖"即掩蔽之意,也謂陰也。

"醫",從"酉""臼"聲,讀爲"飆"。上古"臼"乃幫紐幽部字,"飆"爲幫紐宵部字,聲爲雙聲,韻爲旁轉。《說文·風部》:"飆,扶搖風也。飇,古文飆。""臼"即"捊"之本字,《說文·手部》或作"抱",是"臼""飆"相通之證。郭璞《爾雅注》:"暴風從下上"爲飆風。"變瞖飆",意即天氣變晴爲陰而有飆風。[1]

卜辭還有關於"龕益❋"的占卜,與"龕益醫"文法類似,同爲天氣變化。卜辭云:

2. 己巳卜,貞:翌庚午龕(變)益(瞖)❋?之日……
   己巳卜,貞:今日益(瞖)❋,不雨? 《合集》18801

《詩·小雅·吉日》:"瞻彼中原,其祁孔有。"《傳》曰:"祁,大也。"祁有盛、大之意,因此"益祁"或指陰沉的厲害,陰情加重,故問不雨。

在這種占卜天氣變化之"龕"的用法中,所有驗辭皆爲"之日允龕"或"之日允不龕",意即天氣變化或没有變化。

第二,龕字讀爲"變",還有"龕爻"的用法。卜辭云:

3. 庚寅卜,貞:翌辛卯王龕(變)爻,不雨?八月。 《合集》6
4. 貞:不其龕(變)爻? 《合集》18808

《說文·爻部》:"爻,交也。象《易》六爻頭交也。"爻字象巫作著算,而著草交錯之

---

[1] 馮時:《中國古文字學概論》,中國社會科學出版社2016年版,第365頁。

形。《尚書·洪範》："七稽疑擇建立卜筮人。"孔穎達《疏》："龜曰卜，蓍曰筮。"爻、教皆爲揲蓍筮占之謂。《周易·繫辭下》："爻也者，效此者也。"《廣雅·釋詁》："爻、教、學，效也。"《廣雅·釋言》："效，驗也。"爻、教、學之爲效，意亦驗也。[1]

辭 3 意即在辛卯由龜卜變行筮算而進行驗證，不會下雨吧？辭 4 則問不變爲行筮算。

第三，龡字讀爲"變"，還有與祭名連用的現象，例如"龡酚"和"龡酚莽"。卜辭云：

  5. 貞：翌乙卯酚，我雍（饗）伐于廰（庭）？
    貞：翌乙卯勿酚，我雍（饗）伐于廰（庭）？
    王占曰："龡酚，唯有祟，亡［囚（禍）］。"
    乙卯允酚。明陰。   《合集》721 正反

命辭對貞，問乙卯我致饗祭與伐祭於庭，要不要致酚祭？占辭意即變爲酚祭雖有祟，但無礙。驗辭以"乙卯允酚，明陰"印證了占卜的結果，乙卯這一日僅爲舉行酚祭，旦明陰，但不影響祭祀。

  6. 甲申卜，貞：［翌］乙酉龡酚莽？之日酚莽。往祝小入□雨。 《懷特》246

卜問乙酉將改爲酚祭和莽祭，驗辭說這一天果然改行酚祭和莽祭了。

除了讀爲"變"之外，第二種用法則涉及到邊方的侵擾與外服的反叛，可以爲商代政治史與戰爭史的研究提供一個全新的視角。卜辭云：

  7. 貞：呂其龡无？   《合集》18800（圖 1–1）
  8. 癸丑卜，賓貞：郭龡降，比陟？   《合集》18812（圖 1–2）
  9. 貞：弗其龡巍舌方？   《合集》18811（圖 1–3）
  10. □禹□龡□失？   《合集》3431（圖 1–4）
  11. 亘其龡，唯戎？   《英藏》424（圖 1–5）
  12. 戍弗其龡？   《合集》4286 反（圖 1–6）
  13. 庚辰卜，貞：宁戎龡，帛不在茲？   《合集》18805（圖 1–7）

上引各辭中的呂、陟、郭、巍、禹、亘、戍、宁（賈）均爲國族名，其中的"龡"字都應讀爲"叛"。

"龡"可讀"變"，而"變"與"反"可通用。《詩·齊風·猗嗟》："四矢反兮。"《釋文》："反，《韓詩》作變。"《淮南子·原道》："時之反側。"《文子·道原》作"時之變則。"以上皆爲"變""反"互通之證。《説文·半部》："叛，半反也。從半反。"段玉裁《注》："反者叛之全。叛者反之半。……古多假畔爲叛。"《戰國策·秦策四》："韓魏反之。"《史記·春申君列傳》"反"作"叛"。此爲"反""叛"互通之例。

《史記·殷本紀》記載，中宗之後，"中丁遷於隞，河亶甲居相，祖乙遷于邢。自中丁

---

[1] 馮時：《中國天文考古學》，中國社會科學出版社 2010 年版，第 93 頁。

相觀而善集·第一輯

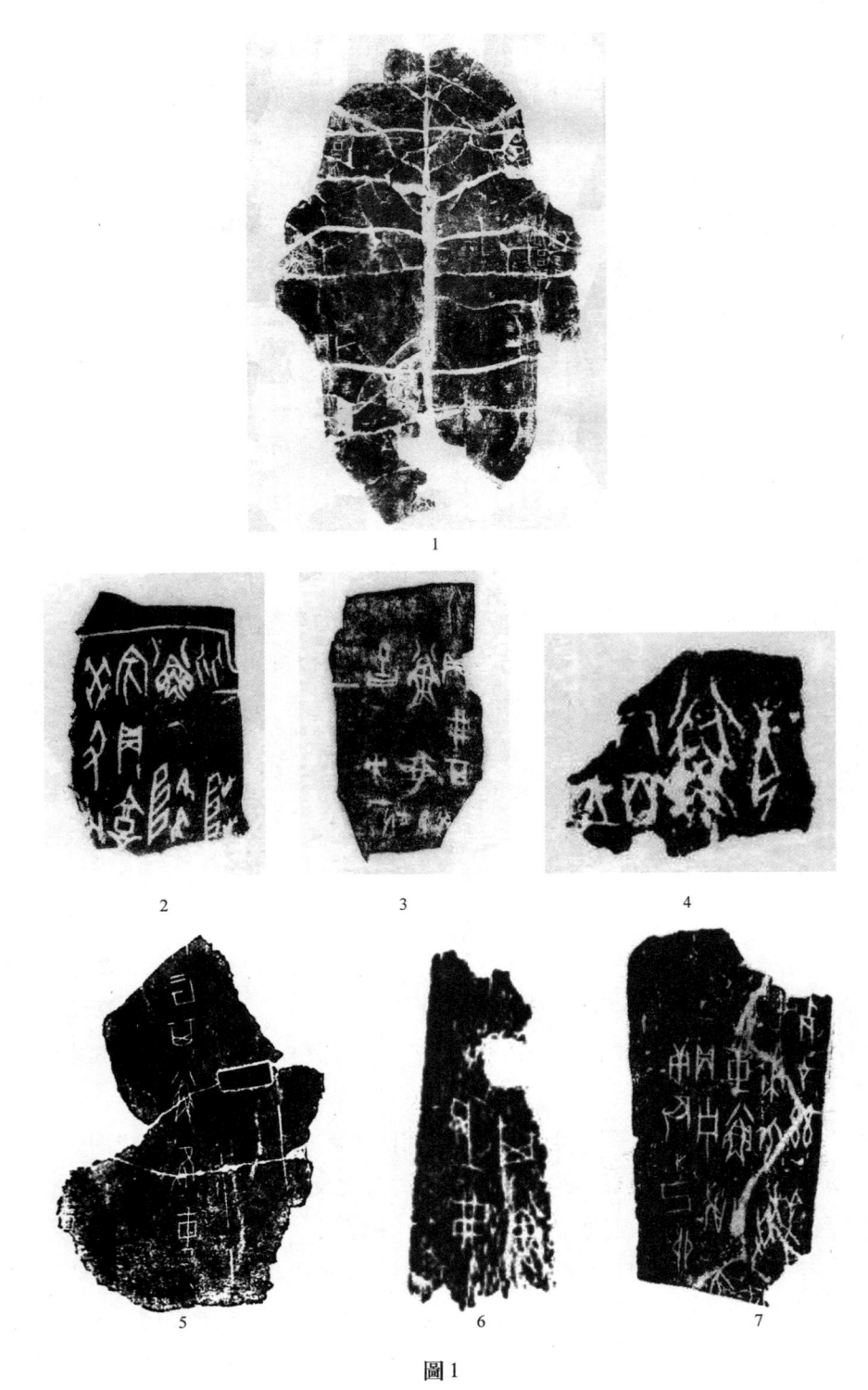

圖1

1.《合集》18800 2.《合集》18812 3.《合集》18811 4.《合集》3431 5.《英藏》424 6.《合集》4286 反 7.《合集》18805

以來，廢適而更立諸弟子，弟子或爭相代立，比九世亂，於是諸侯莫朝。"直至盤庚遷殷，行商湯之政，殷道才得以復興。而小乙之子武丁，是繼修商湯之功的一代商王。《詩·商頌·殷武》稱頌其曰："撻彼殷武，奮伐荆楚。罙入其阻，裒荆之旅，有截其所，湯孫之緒。"卜辭中記載的武丁時期的歷次戰爭，是其對外征戰、鞏固王朝統治的明證。這些戰爭既包括抵禦四土之外的遊牧民族如土方、𢀛方等多方的進攻，也不乏對叛服不定的外服的征伐。

通過對甲骨文"畬"字用爲"叛"的釋讀，可以揭示卜辭反映的某些諸侯反叛商王室的史實，對於商代政治史和軍事史研究都是非常重要的。

一　呂的反叛

呂爲商的外服侯國，今山西霍縣西。[1] 卜辭中有商王爲呂地占卜年成的記錄。

 14. 貞：呂不其受年？
   貞：呂［其］受年？ 　　　　　　　　　　　　　　　《合集》811 正

而卜辭中還有呂被敵方如𢀛方等侵擾的記錄。

 15. 丙辰卜，殼貞：曰"𢀛方以禽方敦呂"，允［其敦？］ 《合集》8610 正

"敦"，意即敦伐，[2] 卜辭及金文習見。

 16. 癸卯卜，賓貞：旬亡［𡆥（禍）］？囗方𢓊（拔）于呂，侵……
   癸丑卜，賓［貞：旬亡𡆥（禍）］？囗嫷（艱）。之日正（征）。囗延嚭……亦
   戕。 　　　　　　　　　　　　　　　　　　　　　　　《合集》6778 正

馮時先生認爲："𢓊，從邑從雙足，雙足或踏於邑中，與'正'字迥異。《說文·癶部》：'癶，讀若撥。'《說文通訓定聲》以爲假借爲'拔'，卜辭當用此義。"[3]

關於呂的反叛，賓組卜辭有載，此事發生在武丁時期。卜辭云：

 17. 貞：呂其畬（叛）无？
   貞：呂不畬（叛）无？
   貞：呂不畬（叛）？
   貞：呂不畬（叛）？ 　　　　　　　　　　　　　　　　　《合集》18800

"无"通"既"，意即既已。

對於反叛的侯國，商王朝顯然是要進行征討的，卜辭云：

 18. 丙戌卜，貞：其用正（征）？

---

[1]　楊伯峻：《春秋左傳注》，中華書局 2009 年版，第 335 頁。
[2]　唐蘭：《天壤閣甲骨文存並考釋》，上海古籍出版社 2016 年版，第 169 頁。
[3]　馮時：《中國古文字學概論》，中國社會科學出版社 2016 年版，第 343 頁。

相觀而善集・第一輯

丁亥卜，亘貞：乎（呼）取呂？　　　　　　　　　　　　　　　　　《合集》6567
　　貞：勿乎（呼）取呂？王占曰："吉，其取。"

《説文・又部》："取，捕取也。《周禮》：'獲者，取左耳。'"意即在戰爭中截取敵人的左耳，引申爲伐滅之意。

根據占卜得到的吉兆，商王決定伐滅呂。不過，伐呂的將領及詳細的征討過程均未見記録，卜辭中僅余一條決戰之前的占卜。

19. 翌戊□弗其克呂，入？　　　　　　　　　　　　　　　　　　　《合集》19190

顯然，商王已準備對呂發起進攻了，卜問是否能攻下城池。

戰爭的結果不見於卜辭，呂起兵叛亂後大概應該是被商王平叛了。

二　陟的反叛

陟爲國族名，應爲商的外服侯國。卜辭中所存記録有於陟地禦敵，亦有於陟地舉行祭祀：

20. 辛亥卜，古貞：令蒂以□禦方于陟？　　　　　　　　　　　　　《合集》4888
21. 戊辰㞢（侑）伐于陟，卯牢？　　　　　　　　　　　　　　　　《英藏》408

關於陟的反叛，應是與郭聯合的。

22. 癸丑卜，賓貞：郭㞢（叛）降，比陟？　　　　　　　　　　　　《合集》18812

"比"是親密聯合之義。[1]意即郭與陟聯合叛降嗎？明確了其戰爭性質爲反叛。

陟反叛之後，商王派了大將雀去平定。卜辭云：

23. 庚□[卜]，[貞]：雀弗其馘陟？
　　庚□[卜]，[貞]：雀[其]馘陟？　　　　　　　　　　　　　　《合集》6981
24. 內：翌丁丑雀母（毋）其執？
　　內：……正（征），屮目執陟？七月。　　　　　　　　　　　　《合集》5828

"馘"，馮時先生認爲即古代戰爭中割取所殺敵人的首級，引申爲伐滅。"馘"於文獻本也用爲動詞，後分化爲"聝"。[2]執，《説文・羊部》："執，捕罪人也。"《禮記・檀弓》鄭玄《注》："執，拘也。"《吕氏春秋・慎行》高誘《注》："執，囚也。""屮目執陟"即言希望目能擒獲陟之酋首。

陟的反叛亦爲賓組卜辭所記録，發生在武丁時期。戰爭結果不見記録。

---

[1] 林澐：《甲骨文中的商代方國聯盟》，《林澐學術文集》，中國大百科全書出版社1998年版，第73頁。
[2] 馮時：《甲骨文、金文"聝"與殷商方國》，《華夏考古》1988年第3期。

三　郭的反叛

郭亦爲商的外服侯國，郭即虢，此爲後世之北虢，在今山西平陸縣。[1] 卜辭中多見郭執行商王命令的記載，王也爲郭占卜禍福疾病。

25. 癸卯卜，賓貞：令郭系才（在）京奠？　　　　　　　　　《合集》6
26. 貞：郭亡囚（禍）？　　　　　　　　　　　　　　　　　《合集》4861
27. 癸酉卜，貞：郭其屮（有）疾？　　　　　　　　　　　　《合集》13731
28. 丁未卜，爭貞：令郭以屮族尹戌屮友？五月。　　　　　　《合集》5622
29. 癸丑卜，賓貞：令羽、郭以黃執▨？七月。　　　　　　　《合集》553

辭28、29中的"以"意即"與"。過去學者認爲"以"意即挈，[2] 爲帶領之意，然而卜辭云：

30. 辛酉卜，內貞：往西，多伊其以王伐？　　　　　　　　　《合集》880 正
31. 辛亥卜，賓貞：舌正化以王係？　　　　　　　　　　　　《合集》1100 正

顯然，多伊和舌正化是無法帶領王的，因此"以"當意爲"與"。

關於郭的反叛，前文辭22已有討論，是與陟聯合的。

郭反叛之後，商王朝隨即也進行了征討。其過程全爲賓組卜辭所記錄，亦爲武丁時期。卜辭云：

32. 己亥卜，爭貞：勿乎（呼）依敦郭？
　　庚子卜，賓貞：勿▨人三千乎（呼）［伐］舌方，弗［其］受屮（有）又（佑）？　　　　　　　　　　　　　　　　　　　　　　　　　《合集》6169

己亥占卜，問是否派依去討伐郭。第二日庚子，又占卜是否徵集三千人討伐舌方。郭的反叛是否與舌方有關呢？不過，卜辭中並未見商王直接命郭去征討舌方的記錄，但兩者存在間接的聯繫，即商王曾考慮派郭等幾支軍隊去抓捕▨，而某年一月▨曾受命去伐舌方。

33. 癸酉卜，殼貞：乎（呼）多▨伐舌方，受屮（有）［佑］？
　　［戊］辰卜，殼貞：翌辛未令伐舌方，受屮（有）又（佑）？一月。
　　　　　　　　　　　　　　　　　　　　　　　　　　　　《合集》540
34. 辛酉卜，爭貞：勿乎（呼）以多▨伐舌方，弗其受屮（有）又（佑）？
　　貞：勿執多▨乎（呼）望舌方，其橐？　　　　　　　　《合集》547

---

[1] 陳夢家：《殷虛卜辭綜述》，中華書局1988年版，第295頁。
[2] 胡厚宣：《殷非奴隸社會論》，《甲骨文商史論叢初集》，河北教育出版社2002年版，第143頁。

"望"意爲偵察監視敵方。[1]

從五月到七月，商王又陸續考慮派出疋、羽、郭、黄、亘、雀、𦏲、邑、並等軍隊去抓捕❏。

35. 癸丑卜，王：乎（呼）疋❏執？五月。 《合集》576

36. 癸丑卜，賓貞：令羽、郭以黄執❏？七月。 《合集》553

37. 貞：亘執❏？

　　貞：亘弗其執❏？ 《合集》575

38. 庚午雀執❏？ 《合集》574

39. 癸丑卜，賓貞：惠𦏲令執❏？ 《合集》578

40. □𦏲令執❏？七月。 《英藏》609

41. 癸丑卜，賓貞：令邑、並執❏？七月。 《英藏》608正

❏應是成功地被抓回了。卜辭云：

42. 貞：唯逆❏？ 《合集》567

《説文·辵部》："逆，迎也。"逆訓迎，典籍習見。故逆❏即言以❏爲牲而迎之以致祭。與"逆羌"類似。[2]

另外，卜辭中還記錄了對❏使用刖刑的懲罰。

43. 貞：刖❏八十人，不丼（藴）？ 《合集》580正

44. 己巳卜，亘□

　　貞：其刖❏，丼（藴）？ 《蔡綴》26

丼讀爲"藴"，意即埋。[3]

辭43記錄了一次少有的、大規模地使用刖刑的事件。武丁爲商晚期的一代中興之王，大規模地使用這樣的重刑似乎需要一個合理的解釋。因此，這次事件儘管可以解釋爲奴隸反壓迫鬥爭的結果，[4]但似乎也並非不存在執❏之後對其實行處罰的可能。至於❏獲罪的起因，也許是❏在對舌方作戰時不敵而逃循，或者甚至不戰而逃，所以要實行刖刑後甚至埋掉的重罰。此前一月之時商王命❏去征伐舌方，五月便見到第一次執❏的記録，時間綫是符合的。

郭反叛之後，商王大概是派出了依及師般等去平叛。

45. 己亥卜，争貞：勿呼依敦郭？ 《合集》6169

---

[1] 于省吾主編：《甲骨文字釋林》第一册，中華書局1996年版，第640頁。
[2] 于省吾：《釋逆羌》，《甲骨文字釋林》，商務印書館2010年版，第47頁。
[3] 張政烺：《釋"因藴"》，《古文字研究》第十二輯，中華書局1985年版。
[4] 胡厚宣：《甲骨文所見殷代奴隸的反壓迫鬥爭》，《考古學報》1976年第1期。

46. □未卜，扶［貞］：令般取郭人？ 《合集》20571

至於戰爭的結局，在卜辭中未見記錄。

四　霍的反叛

《國語·周語上》："三年，乃流（厲）王於彘。"彘之故地在今山西霍州市西。

彘爲商王朝的外服侯國，對商有貢納的義務，商王朝也會到彘地處理事務。另外，彘也會奉王命行事，卜辭云：

47. 彘入十。 《合集》9275 反

48. □□［卜］，貞：□至彘？ 《合集》21659

49. 庚寅卜，爭貞：令登眔（暨）彘弣工防，虫（有）禽（擒）？

　　□□［卜］，爭［貞］：令婦眔（暨）防以丙防，虫（有）禽（擒）？

《合集》9575

50. 乙卯卜，古貞：乎（呼）彘、舌在東係？ 《合集》1106 正

彘在武丁時期也曾發動過反叛，卜辭云：

51. 貞：弗其龠（叛）彘舌方？ 《合集》18811

意即彘不會叛投舌方吧。亦爲賓組卜辭。不過，關於商王朝如何平定了彘的反叛，在卜辭中卻未見記錄。

五　冎的反叛

冎是商的外服國。卜辭中可見其前來覲見商王，執行王命，任商王室的師官，商王亦曾爲其占卜禍福。

52. 辛卯卜，貞：冎其來？ 《英藏》1785

53. ……令冎□……以羌……須廿…… 《合集》286

54. 貞：師冎其有囚（禍）？ 《合集》3438 甲

由以下兩條卜辭可以推測，冎反叛之後可能俘虜了失。

55. □王□冎□龠（叛）□失？ 《合集》3431

56. 乙卯卜，王…冎艮（俘）失？ 《合集》3430

失國，在今山西浮山縣橋北附近。冎地當近於失。

辛酉、壬戌接連兩天占卜是否要征討、伐滅冎。

57. 辛酉卜：我伐䧹，亡［囚（禍）］？　　　　　　　　　　　　《合集》6853

58. 壬戌卜：伐䧹，戠？二月。　　　　　　　　　　　　　　　《合集》6854

䧹的反叛及征伐過程皆爲武丁時期的賓組卜辭所載，時代明確。但征討結果卜辭未見記録。

六　亘的反叛

亘，陳夢家先生以爲即《漢書·地理志》之垣，在今垣曲縣西二十里。[1] 亘作爲商王朝的外服屬國，有向王室納貢的義務。商王還卜問過在亘地舉行祭祀之事，説明亘地的重要性。

59. 亘入十。　　　　　　　　　　　　　　　　　　　　　　《合集》9289

60. 乙亥［貞］：其□酱，衣于亘，遘雨？十一月。在甫魯。　　《合集》7897

商王還關心亘方首領（或即貞人亘）的安危禍福，卜辭云：

61. 壬辰卜，貞：亘亡囚（禍）？　　　　　　　　　　　　　《合集》10184

亘的反叛似乎發生得很突然，卜辭云：

62. 亘其㪇（叛），唯戎？　　　　　　　　　　　　　　　　《英藏》424

縱觀整個平叛的過程可見，亘的反叛規模和影響是比較大的，商王朝出動了大量兵力進行征討。

63. 丁未［卜］，王貞：余不首隻（獲）獐？六月。

　　己酉卜，殻貞：乎（呼）⿰目夫侯？

　　貞：勿乎（呼）⿰目夫侯？

　　辛亥卜，争貞：今來乙卯㞢（侑）于成十牛？

　　于下乙㞢（侑）？

　　辛酉卜，殻貞：乙丑其雨，不唯我囚（禍）？

　　貞：乙丑其雨，唯我囚（禍）？

　　辛酉卜，殻貞：自今至于乙丑其雨？壬戌雨；乙丑陰，不雨。

　　辛酉卜，殻［貞］：自今至于乙丑不雨？

　　壬申卜，殻貞：亘戎，其戠我？

　　壬申卜，殻貞：亘戎，不戠我？七月。

　　癸酉卜，殻貞：宙亡才（在）亘？

---

[1] 陳夢家：《殷虛卜辭綜述》，中華書局1988年版，第276頁。

癸酉卜，殷貞：㞢由（咎）？

　　　癸酉卜，殷貞：令多奠、依爾（邇）郭？

　　　甲戌卜，殷貞：我馬及戎？

　　　貞：弗其及戎？

　　　貞：戜其取？

　　　貞：戜弗其取？

　　　其取？　　　　　　　　　　　　　　　　　　　　　　　《合集》6943

"不㞢"，張政烺先生釋爲"繼續"。[1] 馮時先生認爲㞢的繁字疑讀"央"。"央"，盡也。《詩·小雅·庭燎》："夜未央。"卜辭之不㞢、勿㞢意即文獻之"未央"，皆未盡不盡之謂，不盡不已則言繼續。[2]

"爾"，通"邇"。《說文·辵部》："邇，近也。"《詩·邶風·穀風》："不遠伊邇。"《呂氏春秋·孟春紀》高誘《注》引邇作爾。《周禮·地宮·肆長》："實相近者相爾也。"《唐六典·卷二十太府寺》引爾作邇。是"爾""邇"互通之證。即言命多奠、依逼近郭。

"及"意爲趕上，"及戎"即言趕得上參加戰鬥。

關於亘的反叛，皆爲賓組卜辭，發生于武丁之時。由上引辭 63 可知，這一年的六月，王還在貞問是否繼續與𢦏的戰爭，然而到七月亘便反叛了。而㞢是討伐𢦏的主力，在亘反叛之後，商王亦擔心他的安危，卜問他是否在亘，則伐𢦏的戰場或與亘地不遠。而在亘反叛的同時，還發生了郭的叛亂。

戎字，于省吾先生謂"本象縛盾于戈之中部，兩器並用，以戈鉤物，以盾自衛"[3]，可從，但釋戎爲捍則有可商。捍衛乃言我方保衛、抵禦外敵之意，然而卜辭中不僅商王朝一方可用"戎"，而且來犯的敵方也可用"戎"，因此該字並沒有立場上的用法區別。

胡厚宣先生認爲該字"從戈從盾，爲《說文》之戎。《說文》：'戎，兵也，從戈從甲。'盾與甲字相似，《說文》誤以爲甲，以戎字從戈從甲。實則戎字從戈從盾，正是兵戎之義。"[4] 殷墟王陵區曾出土"帶戈的盾牌"，似爲戈盾一體的兵器，或是戎字象形之物。戈爲進攻的武器，盾爲防禦的武器，兩者合爲一體，"戎"即泛指的進攻及防禦的兵戎之義。胡氏之說可從。

在三日之後的乙亥，亘可能進攻了鼓地。

　　64. 乙亥卜，亘不𢦏（拔）于鼓？

　　　今日執？　　　　　　　　　　　　　　　　　　　　　　《合集》20506

---

[1] 張政烺：《殷契㞢字說》，《古文字研究》第十輯，中華書局 1983 年版。

[2] 馮時：《中國古文字學概論》，中國社會科學出版社 2016 年版，第 400 頁。

[3] 于省吾：《釋戎》，《雙劍誃殷契駢枝續編》，中華書局 2009 年版，第 34 頁。

[4] 胡厚宣：《甲骨文所見殷代奴隸的反壓迫鬥爭》，《考古學報》1976 年第 1 期。

相觀而善集·第一輯

自壬申起，一旬內戰事四起，對於到底將雀派往桑、鼓、亘、🀄這幾個戰場中的哪一個，商王顯然難以抉擇。

65. 辛巳卜，㱿貞：乎（呼）雀敦桑？
    辛巳卜，㱿貞：乎（呼）雀敦鼓？
    辛巳卜，㱿貞：雀得亘我（宜）？
    [辛巳]卜，㱿貞：雀弗其得亘我（宜）？
    辛巳卜，㱿貞：勿乎（呼）雀伐🀄？
    辛巳卜，㱿貞：乎（呼）雀伐🀄？
    [癸]未卜，㱿[貞]：□戋？　　　　　　　　　　　　　　《合集》6959

裘錫圭先生認爲"我"應讀爲"宜"，意爲雀得到與亘作戰之宜。[1] 桑，馮時先生以爲在今山西鄉宁。[2]

隨著戰事的進行，亘果然進攻了鼓。

66. 壬午卜，㱿貞：亘允其戠鼓？八月。
    壬午卜，㱿貞：亘弗其戠鼓？
    兄丁𡆥（害）王？
    兄丁𡆥（害）亘？
    乎（呼）我人先于爨？
    不唯丁入🀄？　　　　　　　　　　　　　　　　　　　《合集》6945

此時商王命人進入爨地以應對。若聯繫武丁時期其他與爨地相關的卜辭，可推測商王的部署大概是爲了應對舌方對爨的進攻。

67. 戊寅卜，賓貞：今秋舌其㽙（拔）爨？　　　　　　　　《合集》6352

卜辭占問今秋舌方是否會拔爨，而殷曆的秋季指的是當時曆法的三月到七月。[3]

由下引辭68可知，商王在五月曾考慮是否繼續出兵於爨：

68. □□卜，亘貞：王……首出于爨？五月。　　　　　　　《合集》8178

辭66卜問呼我人先入爨，顯然戰事緊迫，這使商王考慮必須迅速調動幾支軍隊到爨地來與舌方決戰，其中包括師般、雀及畢等。

69. □□[卜]，□貞：師般入爨？　　　　　　　　　　　　《合集》8173

70. □□[卜]，爭貞：曰："雀翼（翌）乙酉至于爨。"……戈🀄亘，戠？
    癸巳卜，爭貞：亘戠獸？八月。　　　　　　　　　　　《合集》6939

---

[1] 裘錫圭：《釋"求"》，《古文字研究》第十五輯，中華書局1986年版。
[2] 馮時：《喪、噩考——兼論喪禮的形成及其意義》，《中原文物》2019年第1期。
[3] 馮時：《百年來甲骨文天文曆法研究》，中國社會科學出版社2011年版，第256頁。

71. 貞：惠畢令寏入彎？ 《合集》8180

72. 貞：曰："畢以[寏][至于]彎"。 《合集》8176

顯然，武丁某年的七、八月同時發生了亘反叛並攻擊鼓地，舌方進攻彎等事件。

辭66中出現的彎與𤉲兩個地名，學者認爲皆位於晉南一帶，是商人抵禦舌方南侵的軍事要地。[1] 卜辭又云：

73. 辛亥卜，爭貞：執亘？

□□卜，㱿[貞]：……其戠𤉲？

□□卜，㱿[貞]：……弗[其戠]𤉲？

壬子卜，㱿貞：王乎（呼）雀复（復），若？ 《合集》6904

聯繫辭63中"丁未[卜]，王貞：余不貴獲𤉲？六月"的內容可知，使商王考慮是否繼續親自伐𤉲的原因，大概是想把主要精力放在對戰舌方。於是從這一版開始，與亘的反叛同時發生的，隱藏於其身後的第二戰場的戰事逐漸浮出水面。

74. 戊午卜，賓貞：乎（呼）雀往于屯？

戊午[卜]，賓貞：弜乎（呼）雀往于屯？

庚申卜，㱿貞：乎（呼）王族延比象？

庚申卜，㱿貞：弜乎（呼）王族比象？

甲子卜，爭[貞]：雀弗其乎（呼）王族來？

雀其乎（呼）王族來？

貞：乎（呼）雀豎（拔）目？

丁卯卜，爭貞：乎（呼）雀惠戎夙？九月。

貞：犬追亘，屮（有）及？

[貞]：犬追亘，亡其及？

貞：乎（呼）王族…… 《合集》6946正

從戊午到丁卯這一旬時間內連續幾天的卜辭，集中反映了九月的戰況。商王考慮讓雀去往屯，還要讓王族與象前來參戰，而另一方面，犬追亘尚無結果。

此處值得注意的是象這個國族名（地名）。卜辭云：

75. [戊戌卜，㱿貞：王曰：]"侯豹，徒（都）！余不爾其合，以乃史歸。"

[貞：王]曰："侯豹，𩰦女（汝）史□，受。"

[乙丑卜，㱿貞：]曰："舌方其至于象，土（徒）亡昌（敗）。" 《合集》3298

76. 乙丑[卜]，[㱿]貞：曰："[舌]方[至]于[（象）]，土（徒）亡[昌（敗）]。"

---

[1] 孫亞冰、林歡：《商代史卷十·商代地理與方國》，中國社會科學出版社2010年版，第91—97頁。

貞：曰："[侯]豹，[🈳]女（汝）[史□，受。]"　　　　　　《合集》4620 正

"徒"，讀爲"都"，嘆詞。[1] "合"，意爲會合。"余不爾其合，以乃史歸。"意即"我不會和你會合，帶著你的史官回去吧。"[2]

由上引兩辭可知，吾方已經到了象，但商王的徒兵不敗。那麼辭 74 中"呼王族延比象"的目的大概就是要對付吾方了。

另外，關於"目"這個國族。辭 74 云"貞：呼雀䇂（拔）目？"從下引辭 77、78 可知，取"目"是爲了"望吾方"。

77. 丙申卜，爭貞：取目于𢀜，乎（呼）望吾？　　　　　　《合集》6188

78. 癸丑卜，令雀匕目？

癸丑卜，令匕目？　　　　　　《合集》20173

"于"，與也。意即與沚𢀜一起取目。

隨後，雀受命討伐亘。

79. ……令雀敦亘？　　　　　　《合集》6958

80. 癸亥卜，亘其月䇂（拔）雀？

癸亥卜，亘弗月䇂（拔）雀？

庚午卜，王步？

辛未易日。　　　　　　《合集》20393

81. 癸亥卜，亘弗月雀？

丁卯卜，雀獲亘？　　　　　　《合集》20383

"月"，郭沫若先生認爲"假爲拐，《說文》拐，折也。"意爲挫折，挫敗。[3]

接著，戰事進入十二月。下引辭 82 壬寅、癸卯接連兩天卜問，派雀銜伐亘能否克之。同版還占卜婦好生育之事，驗辭顯示婦好於壬辰誕下一女。

82. 辛丑卜，殼貞：王夢㫃（旗），唯又（侑）？

□亥[卜]，殼[貞]：我□獲戠亘？

壬寅卜，殼貞：婦好娩，嘉？壬辰🈳癸巳娩，唯女。

貞：婦好娩，不其嘉？

壬寅卜，爭貞：翌□未□勿□戠亘？

[壬寅卜]，殼貞：乎（呼）雀銜伐亘？

壬寅卜，殼貞：勿乎（呼）雀銜伐亘？

---

[1] 馮時：《中國古文字學概論》，中國社會科學出版社 2016 年版，第 324 頁。
[2] 黃天樹：《甲骨拼合五集》序，學苑出版社 2019 年版，第 4 頁。
[3] 郭沫若：《殷契粹編》，《郭沫若全集·考古編》第三卷，科學出版社 2016 年版，第 765 頁。

壬寅卜，爭貞：翌［丁］未［王］勿步？

貞：王惠翌乙巳步？

貞：今十二月我步？

貞：于生一月步？

癸卯卜，㱿貞：乎（呼）雀衒伐亘，戠？十二月。

弜乎（呼）雀衒伐亘，弗其戠？

辛□［卜］，□貞：［乎（呼）］雀 先？

弜［乎（呼）］雀［先］？

甲辰卜，賓貞：翼（翌）丁未王步？

丁未卜，㱿［貞］：……日舂于……且（祖）乙……

辛亥卜，㱿：鼓以？

［貞：雀］亡囚（禍）？

貞：雀亡囚（禍）？

乎（呼）亞豕獲？

亞不其獲豕？ 　　　　　　　　　　　　　　　　　　　　《合補》5121 正

戠字，字形象以鉞砍殺人首，亦即殺戮之義[1]。衒字，由"戈"繁化而來，與"伐"組辭意指戈伐。[2]

此外，卜辭還有以下關於雀執亘的記錄。

83. 辛亥貞：雀執亘受佑？ 　　　　　　　　　　　　　　《合集》20384

84. 自今至于乙卯雀［執］亘？ 　　　　　　　　　　　　《合集》6954

85. 辛亥卜，爭貞：翌乙卯雨？乙卯允雨。

貞：翼（翌）乙卯不其雨？

丁巳卜，爭貞：戠亡囚（禍）？

戊午卜，爭貞：乎（呼）雀弜戠？

貞：勿乎（呼）雀弜戠？

貞：雀以成？

雀不其以成？

戊午卜，㱿貞：雀追亘……

戊午卜，㱿貞：雀追亘，业（有）獲？

貞：亘不果唯執？

---

[1] 胡厚宣：《甲骨文所見殷代奴隸的反壓迫鬥爭》，《考古學報》1976 年第 1 期。

[2] 劉釗：《卜辭所見殷代的軍事活動》，《古文字研究》第十六輯，中華書局 1989 年版，第 112 頁。

　　　　貞：亘其果唯執？

　　　　戊午卜，爭貞：舀戬㠱？

　　　　貞：[舀]弗其戬㠱？

　　　　己未卜，㱿：令✿往？

　　　　己未卜，㱿：勿令✿往沚？

　　　　庚午卜，爭貞：亘執？

　　　　庚午卜，爭貞：亘不其執？

　　　　貞：亘不其執？

　　　　貞：亘[其]執？　　　　　　　　　　　　　　　　　　　《合集》6947正

　　執亘的同時，舀伐㠱的戰爭似乎也進入決戰階段，卜問舀能否伐滅㠱。辭85中"果"作虛詞用，訓爲"能"。[1]"亘其果唯執"即言亘方能否被抓獲。

　　戊午、庚午這兩日的占卜都關注於雀能否抓獲亘，説明這期間的十幾日都未能獲亘。大概出於這樣的原因，商王又派出戉、衣、戈等多支軍隊來支援。

　　　86. 戉禽（擒）亘？　　　　　　　　　　　　　　　　　《合集》6950

　　　87. 甲拳，衣執亘？　　　　　　　　　　　　　　　　　《合集》22397

　　　88. 丁酉卜，㱿貞：雀……

　　　　　□戌卜，賓貞：戈執亘？　　　　　　　　　　　　《合集》6951正反

　　下引辭89大概是與亘最後一戰的記録。

　　　89. [己亥卜，爭貞：令]獲執亘？

　　　　　己亥卜，爭貞：令弗其獲執亘？

　　　　　辛丑卜，㱿貞：戉不其獲亘？

　　　　　貞：戉獲？

　　　　　乙巳卜，爭貞：雀獲亘？

　　　　　乙巳卜，爭貞：雀弗其獲亘？

　　　　　貞：望䟽若啟雀？

　　　　　望䟽弗其啟雀？

　　　　　丙午，㱿貞：翌丁未王步？丁未啟。

　　　　　貞：翌丁未王勿步？

　　　　　□亥卜，㱿[貞]：雀□獲亘？

　　　　　貞：雀戬戉□？

　　　　　貞：雀以石係？

―――――――――――
[1] 于省吾：《釋果》，《甲骨文字釋林》，商務印書館2010年版，第406—407頁。

雀不其以石係？　　　　　　　　　　　　　　　　　　《合集》6952 正

　　啟，古代出征前軍稱爲啟。[1]"若啟"與"弗其啟"對貞，乃卜問望饘是否會順利地作爲雀的前軍。

　　己亥、乙巳連續占卜，問雀或令能否抓獲亘。另外，商王于丁未這日步行，可能便是最後的決戰日。而辛丑占卜戉會不會抓獲亘，同版卻又問雀能否伐滅戉。說明戉也反叛了。

七　戉的反叛

　　戉是商王朝的外服國之一，卜辭中有很多其首領來覲見商王的內容，王亦多次爲他進行占卜。

　　90. 戉其來？　　　　　　　　　　　　　　　　　　《合集》4280
　　91. 乙亥卜，辰貞：令戉來歸？三月。　　　　　　　《合集》4268
　　92. 戊辰卜，賓貞：戉亡囚（禍）？　　　　　　　　《合集》4282
　　93. 戉亡災？　　　　　　　　　　　　　　　　　　《合集》4281

　　戉還參與了商王朝的多次對外戰爭，除前文所涉及的對亘的平叛外，還有伐羌、湔方、土方、舌方等。相關的卜辭記錄有：

　　94. □□卜，殻貞：戉獲羌？　　　　　　　　　　　《合集》171
　　95. 壬辰卜，殻貞：戉戡湔方？　　　　　　　　　　《合集》6566
　　96. 甲寅卜，貞：戉其獲𢓊（拔）土方？一月。　　　《合集》6452

　　而在戉與舌方的交戰中，似乎戉處於下風。

　　97. 貞：戉弗其伐舌方？　　　　　　　　　　　　　《合集》6376
　　98. 貞：□出？
　　　　貞：王出？
　　　　舌戡［戉］？
　　　　舌允戡戉？　　　　　　　　　　　　　　　　　《合集》6369
　　99. 己巳卜，殻貞：舌方弗其允戡戉？十月。　　　　《合集》6371

　　雖然戉一直深受商王重視，但後來戉確實叛商了。

　　100. 戉弗其𩇕（叛）？　　　　　　　　　　　　　 《合集》4286 反

　　自古武將的反叛大多有兩種：主動作亂或是戰敗後叛降。在戉參與的數次戰爭中，其面對的最大勁敵顯然是舌方，戉不敵舌方而反叛是很有可能的。戉反叛之後，商王派出更爲

---

[1] 于省吾：《釋啟》，《甲骨文字釋林》，商務印書館 2010 年版，第 287—291 頁。

信任的將領雀去征討。

  101. 戉其戎？

    不唯我［囚（禍）］？   《合集》7748

  102. 癸巳卜，殻貞：呼雀伐望戉？   《合集》6983

  103. 貞：乎（呼）取戉？

    □丑卜，貞：王往出？   《合集》1479

  104. 甲午卜，爭貞：惠雀呼比望亶伐戉？   《天理》156

  結合上引辭89可知，在伐亘的幾乎同時，發生了戉的反叛，而雀以望亶爲前軍去討伐戉。

  卜辭云：

  105. 乎（呼）取戉？

    貞：乎（呼）取戉？

    乎（呼）婦姘出？   《合集》2728

  106. □□卜，扶：執戉？   《合集》20372

  107. 貞：國戉？二月。   《合集》5983

  上引辭105、106顯示要伐滅戉了，婦姘亦是商王考慮派出的人選。而當戰事進入抓捕階段，出現了貞人扶的占卜，爲師組大字。扶，學者皆認爲是武丁早期的貞人。這一重要信息提示了叛亂的時間當不晚于武丁中期。

  從武丁某年十二月對亘的最後決戰一版卜辭（《合集》6952正），可知戉反叛的事實。而後商王出兵平叛，於次年二月抓捕戉，戰爭持續時間很短。戰爭的最後結果不見於卜辭，大概應以商王的勝利告終。

八　宁的反叛

  古宁、賈爲一字，賈即今山西襄汾縣東。[1]作爲殷商的外服侯國，宁有向王室納貢的義務，或奉王命行事。商王亦關心宁的身體狀況，則宁（賈）的首領當爲商王所重視的侯國首領。

  108. 宁入。   《合集》6647反

  109. 貞：令宁以射、何弋衣？四月。   《懷特》962

  110. 貞：宁亡疾？   《合集》4711

---

[1]　楊伯峻：《春秋左傳注》，中華書局2009年版，第126頁。

關於宁的起兵反叛，卜辭云：

111. 庚辰卜，貞：宁戎龣（叛），婦不在茲？　　　　　　　　　　　《合集》18805

整個反叛及平定的過程皆爲賓組卜辭所記錄，因此宁的反叛亦爲武丁時期之事。辭 111 的"婦"當指婦好。顯然是商王在得知宁已反叛的情況後關心婦好的安危，問婦好不會在宁這里吧，這意味著婦好也參與了戰爭。

關於平叛的詳細過程，卜辭語焉不詳。卜辭僅可見"取宁"的記錄。

112. □戎取宁？　　　　　　　　　　　　　　　　　　　　　　　　《合集》7060

113. □□卜，王：令取宁？

　　　其令？十一月。　　　　　　　　　　　　　　　　　　　　《合集》7062

這場叛亂的結局，當是商王朝取得了勝利，而宁或被用於祭祀祖先了。

114. 貞：用宁？　　　　　　　　　　　　　　　　　　　　　　　　《合集》15410

綜上分析，可以發現很多反叛都集中發生在一個較短的時間之內，而呂、陟、郭、戠、亘、戉的反叛或與舌方直接相關，或與伐舌方同時，其中的原因值得研究。

中國歷史上的反叛無非有兩種：一種是爲爭奪權力而主動起兵造反，另一種就是戰敗而叛降。如果是因爲諸侯方伯不服商王朝的統治，那麼反叛爆發的時間應該是比較分散的，而不太可能集中、連續地發生。但如果反叛者皆在短時間內遇到了共同的強敵，戰敗之後爲了保全性命而叛降，那麼這種情況就可以得到合理的解釋了。

當我們梳理這些反叛事件的時候，會發現背後似乎總有線索在指向舌方：

第一、事件線索。由"依敦郭"可知亘反叛的同時，存在著商王與舌方交鋒的第二戰場。

首先，亘反叛中，"依爾（邇）郭"可視爲"依敦郭"的序幕，而"依敦郭"與"呼伐舌方"同版出現，下引辭 116 中庚子爲己亥的次日，因此這兩件事幾乎同時發生，從而提供了亘反叛的同時也存在著商王朝與舌方交戰的明證。

115. 壬申卜，殻貞：亘戎其戠我？

　　　壬申卜，殻貞：亘戎不戠我？七月。

　　　癸酉卜，殻貞：令多奠、依爾（邇）郭？　　　　　　　　　《合集》6943

116. 己亥卜，爭貞：勿乎（呼）依敦郭？

　　　庚子卜，賓貞：勿龣人三千乎（呼）[伐] 舌方，弗 [其] 出（有）又（佑）？　　　　　　　　　　　　　　　　　　　　　　　　《合集》6169

其次，郭反叛後，商王命師般取郭，而郭與亘大概是同時反叛的，所以亘反叛時的"婦好娩"當發生在近期。而由下引辭 118 可知，師般伐舌方之時，亦發生了"婦好娩"。而"婦好娩"是僅發生過極少數幾次的事件，不可能每次都恰好與"師般伐舌方"同時發生。因此，亘反叛時的"婦好娩"與師般伐舌方時的"婦好娩"應爲婦好的同一次生育。

這意味著亘反叛之時，師般在伐舌方。另外，亘反叛過程中發生了舌方拔轡之事，卜辭剛好又有師般入轡。可見在亘反叛過程中師般所參與的軍事行動也印證了伐舌方作爲商王第二戰場的存在。

117. □未卜，扶［貞］：令般取郭人？　　　　　　　　　　《合集》20571

118. 癸亥卜，殼貞：婦好娩，不其［嘉］？
　　……［乎（呼）師］般［伐］舌［方］？　　　　　　《合集》14006

119. □□［卜］，□貞：師般入轡？　　　　　　　　　　　《合集》8173

最後，"依敦郭"與"俶人三千"同版又有"涉㴬"，如下引辭120。而㴬地與商王朝同舌方的戰爭緊密相關。于省吾先生認爲甲骨文的水名有的省水旁，㴬爲㴬的省文。《水經注・濁漳水》："有涅水，西出覆甑山而東流。涅水又東南流注于漳水。"于先生考證㴬水爲涅水，在今山西東南部的武鄉縣，位於安陽西北方，與執舌方之地望相符。[1]

120. 貞：俶人三千？
　　貞：涉㴬？
　　依敦郭？　　　　　　　　　　　　　　　　　　　　《合補》2000 正

121. 乙酉卜，爭貞：往复（復）從㴬，執舌方？二月。　　《合集》6333

第二、人物及地點線索。卜辭所載參與伐舌方的人物還有沚馘、雀、畢、戉。

沚馘是伐舌方戰爭的主力。下引辭122中，七月亘反叛之初，同版卜問"馘其取？"即言馘要不要伐滅某個敵方？但馘自始至終並沒有參加過伐亘，卻總見其與伐亘的卜辭同版出現，那麼"馘其取"或與舌方有關。

122. 壬申卜，殼貞：亘戎其馘我？
　　壬申卜，殼貞：亘戎不馘我？七月。
　　貞：馘其取？
　　貞：馘弗其取？
　　其取。　　　　　　　　　　　　　　　　　　　　　《合集》6943

123. 丁巳卜，爭貞：馘亡囚（禍）？
　　戊午卜，爭貞：乎（呼）雀玨馘？
　　貞：勿乎（呼）雀玨馘？
　　戊午卜，殼貞：雀追亘……
　　戊午卜，殼貞：雀追亘，㞢（有）隻（獲）？
　　庚午卜，爭貞：亘執？
　　庚午卜，爭貞：亘不其執？　　　　　　　　　　　　《合集》6947 正

---

［1］于省吾：《甲骨文字釋林》，商務印書館2010年版，第139頁。

124. 貞：沚[han] 冓（稱）冊，[王] 比伐舌方…… 　　　　《合集》6164

125. han啟，王其執舌方？ 　　　　《合集》6332

辭 123 在丁巳占卜了han的安危之後的次日，接著又卜問"乎（呼）雀祈han"。"祈"字在此似有相助之意。而雀也與伐亘相關。在伐亘的戰爭中，舌方拔巒，八月，雀即至於巒；九月，犬追亘之時，"呼雀拔目"。前文分析過，取目是爲了"呼望舌方"。

126. □□［卜］，爭貞：曰："雀翼（翌）乙酉至于巒。"
　　　戈[?]亘，戠？
　　　癸巳卜，爭貞：亩戠獮？八月。 　　　　《合集》6939

127. 貞：乎（呼）雀䟽（拔）目？
　　　貞：犬追亘，虫（有）及？ 　　　　《合集》6946 正

128. 丙申卜，爭貞：取目于han，乎（呼）望舌？
　　　若。 　　　　《合集》6188

畢同樣爲伐舌方的大將，似乎與亘反叛過程中的舌方拔巒和商王安排軍隊入巒也有關係。

129. 貞：惠畢令寰入巒？ 　　　　《合集》8180

130. 貞：曰："畢以［寰］［至于］巒。" 　　　　《合集》8176

131. 戊子卜，賓貞：畢气步伐舌方，受虫（有）又（祐）？十二月。《合集》6292

132. 貞：王勿令畢以眾伐舌方？ 　　　　《合集》28

此外，前文分析過，戉也與舌方發生過正面衝突，之後戉反叛了，因此戉可能戰敗投降了舌方。

下引辭 133 記錄了亘反叛的同時還在[?]地發生的戰事，而[?]地與伐舌方也是密切相關的。

133. 辛亥卜，爭貞：執亘？
　　　□□卜，殻［貞］：……其戠[?]？
　　　□□卜，殻［貞］：……弗［其戠］[?]？ 　　　　《合集》6904

第三，卜辭還提供了直接證據，明確卜問甗是否叛投舌方。

134. 貞：弗其龠（叛）甗舌方？ 　　　　《合集》18811

上述線索都清楚地表明，前文所述商朝諸侯方伯的系列反叛，皆與伐舌方有關。而且參與反叛的諸國，幾乎都分佈於從太原通向軹關陘的晉南重要通道的兩側：呂在霍州西、[?]近于山西浮山、郭在平陸、甗在霍州西、亘在垣曲西、寧（賈）在襄汾東。説明這一條通道上的諸國都曾經受到了猛烈的攻擊。

關於武丁伐舌方之戰，過去學者曾有研究，如董作賓先生在其《殷曆譜》中曾經排譜。

— 111 —

然而，這場戰爭歷時很長，卜辭很多，而且顯然跨度超過一年，那麼建立時間框架就會存在如何甄別卜辭所屬的年份等系列複雜問題。卜辭中關於舌方的記錄中干支帶有紀月者僅二十條，難以固定日期，誠如胡厚宣先生所言，據此編爲年譜不可從。[1]所幸的是，由於商王朝與舌方的戰爭引起了一系列的反叛，其中干支帶紀月的卜辭數量衆多，這便爲我們重新提供了一個建立戰爭時間框架的可能。

而重建時間框架的基礎在於以下三版重要的卜辭。

首先，在亘反叛初期，發生了亘攻擊鼓的事件，而表面上看似與亘反叛毫無關聯的《合集》6 卻隱藏了重要的細節，即"癸亥卜，貞：令倉侯䇂，拔鼓？"。現轉錄於下：

135. 己酉卜，賓貞：王心不……

贞：其㞢（有）征（延）？四月。

甲戌卜，賓貞：翌乙亥㞢于且（祖）乙？用。五月。

丁丑卜，賓貞：㞢于丁，勿首□用？

辛卯卜，賓貞：子徠㞢（有）疾？

辛卯卜，賓貞：以子徠徒，不黹（蘊）？六月。

贞：□其㞢□

癸巳卜，賓貞：令眾人⌘入絴方裒田？

贞：勿令眾人？六月。

甲午卜，賓貞：取剛于舌？

贞：勿取？六月。

甲午卜，翌乙未……

丁酉卜，賓貞：令甫取元白（伯）受，及？

贞：令旅保甫？六月。

丁酉卜，賓貞：惠戌木令比擭王？

贞：惠戌征（延）令比擭王？六月。

癸卯卜，賓貞：令郭系才（在）京奠？

贞：勿［令郭系才（在）京］奠？六月。

癸亥卜，貞：令倉侯䇂，拔鼓？

贞：勿令倉侯？七月。

乙丑卜，賓貞：㞢（有）報于保？

戊寅卜，㱿貞：王弗疾有禍？

贞：其疾？七月。

---

[1] 胡厚宣：《甲骨學商史論叢初集·殷代舌方考》，河北教育出版社 2002 年版。

癸未卜，賓貞：馬方其拔？在汕。
　　貞：馬［方不］拔？
　　庚寅卜，貞：翌辛卯王龕（變）㚔，不雨？八月。
　　辛卯卜，貞：今日其雨？八月。　　　　　　　　　　　　　　　　《合集》6

　　在這版關鍵的卜辭上，可以算出四月己酉到七月戊寅正好90天，而根據殷曆大小月相間的規律，這兩日當同爲月首，或同爲月末。而八月庚寅距離七月戊寅爲12天，顯然四月己酉與七月戊寅應同爲月末。

　　其次，由以下與亘的最後一戰的卜辭（《合補》5121）可知，該年沒有十三月，而且顯然是乙巳與丁未之間應該是跨月的，這也基本確定了該年的年末日期。

　　136. 爭貞：翌［丁］未［王］勿步？
　　　　貞：王惠翌乙巳步？
　　　　貞：今十二月我步？
　　　　貞：于生一月步？　　　　　　　　　　　　　　　　　　　　《合補》5121

　　最後，在亘反叛之前發生了對獋的戰爭，由辭137與辭138可知，甲申與丁未同在六月，這幫助我們鎖定了六月當中24天的時間位置，這也意味着日譜可以前後移動的時間可以縮小到一個很小的範圍之內：

　　137. 甲申卜，王貞：余正（征）獋？六月。　　　　　　　　　　《合集》6928
　　138. 丁未卜，王貞：余不首獲獋？六月。　　　　　　　　　　《合集》6943

　　由於伐舌方的其中一年存在著十三月（《合補》1845），根據殷曆大約三年一閏的規律，於是我們可以放心地把亘反叛這一年確定爲平年。那麼，在以上三版卜辭的基礎上，可以擴展出亘反叛之年的全年日曆。然後，把後半年亘反叛過程中所有干支帶有紀月的卜辭置入其中進行檢驗，結果發現全部都可以容納。由於卜辭當中存在大量在某年一月準備討伐舌方的卜辭（如《合補》1804、1805等），於是再把十三月置於亘反叛的前一年末，並在此基礎上擴展出前一年的日曆。接著，把卜辭中所有干支帶有紀月的伐舌方卜辭置入這個連續兩年的日曆表中進行檢驗，發現全部二十多條紀月卜辭都可以順利地得到安排。由此，便可以得出爲期近三年的武丁伐舌方日譜。[1]

　　我們可以看到這一場戰爭中，涉及商王一方的國族和人物數量眾多，包括了外服諸侯、近臣、王族等多方面力量，如汕蔑、倉侯、𠂤侯、侯光、望䵼、𠂤、微、戈、犬征、師般、令、畢、雀、亙、甫、羽、㚔、扶、我史、多𠂤、多奠、眾人、王族、旨、依、黄、邑、並、瓰、婦好、婦井等。被討伐過的對象除了前文分析過爲反叛的亘、郭、戉、宁（貯）、

---

〔1〕 詳見筆者碩士論文《甲骨文龕及相關問題研究》，未發表。

呂、龇、園之外，還有瞽、獼、桑、㷰、目、豕、夒、牛爵、元伯戔、骨侯任等。[1]可見其規模和持續時間遠遠超過武丁時期的其他戰爭。在巨大的內憂外患之下，這很可能是武丁統治時期最大的一次政治危機。卜辭云：

139. 丙辰卜，㱿貞：帝隹（唯）其終茲邑？ 《合集》14210正

終訓爲終絕，茲邑指大邑商，即代表商國，問上帝是否要終絕茲邑，實際上是指商邦的存亡。[2]那麽上引辭139似乎應理解爲武丁在一種絕望的心情下向上帝發出的詢問。

然而，憑舌方一已之力，真的能夠造成這麼大的威脅嗎？根據卜辭所載，舌方與其他商的敵對方國如鬲方、馬方、絴方等有所聯合，這種可能性是不能排除的。卜辭云：

140. ……王比……[沚㦰]再（稱）……
　　　　貞：舌暨…… 《合集》8557

141. 㱿貞："曰舌方以鬲方敦呂"，允…… 《合集》8610正

142. □午卜，爭貞：□舌方□馬[方]于唐？ 《合集》8588

143. 舌□其以絴方…… 《合集》8598

144. 貞："曰舌方以□方敦□"，允…… 《合補》1761正

辭140中的"暨"表明在沚㦰稱冊準備伐舌方時，舌方已與其他方聯合。而舌方亦與鬲方聯合敦呂，這可能即爲呂反叛的原因。

著名的大版《合集》6057上記錄了舌方與土方曾在某年五、六月同時侵犯大邑商的與國。卜辭云：

145. [癸亥卜，㱿貞：旬亡禍？]五月。王占曰："有祟，其有來艱。"气（迄）至七日己巳允有來艱自西。微友角告曰："舌方出，侵我示肈田（甸）七十人。"五[月]

癸未卜，㱿[貞：旬亡禍？]王占曰："有祟，其有來艱。"气（迄）至九日辛卯允有來艱自北，虫妻笘告曰："土方侵我田（甸）十人。"

癸巳卜，㱿貞：旬亡禍？王占曰："有祟。其有來艱。"气（迄）至五日丁酉允有來艱自西。沚㦰告曰："土方拔于我東鄙，[戠]二邑，舌方亦侵我西鄙田（甸）。" 《合集》6057正反

146. ……沚㦰再（稱）冊□舌[方]……其敦□，王比，下上若，受[出（有）]又（祐）？] 《合集》6161

147. □□[卜]，貞：沚㦰再（稱）冊，王比伐土方，[受]出（有）又（祐）？
　　　□□[卜]，㱿貞：沚㦰再（稱）冊，王勿首比？五月。 《合集》6401

---

[1] 詳見筆者碩士論文《甲骨文魚及相關問題研究》，未發表。
[2] 于省吾：《釋"帝隹其冬茲邑"》，《甲骨文字釋林》，商務印書館2010年版，第188頁。

148. ……王伐土方，受业（有）又（祐）？
　　　□□［卜］，□貞：我受舌方又（祐）？　　　　　　　　　《合集》6431
149. ……乎（呼）依敦［郭］……
　　　瘋人三千乎（呼）伐土方？　　　　　　　　　　　　　　《合集》6407

上引辭146—148五月汕馘稱冊、王伐等行動應當即爲對辭145中五、六月舌方與土方入侵的反擊。而辭149中的依敦郭當與辭32的依敦郭（同版記有三千人伐舌方）爲同時所卜。

卜辭又云：

150. 貞：曰"戌祟方我（宜）"？
　　　戊申卜，殻貞：王惠土方伐，受又（祐）？
　　　貞：王惠舌方伐，受又（祐）？
　　　辛亥［卜］，殻貞：我受舌方又（祐）？
　　　辛酉［卜］，殻貞：我受舌方又（祐）？［五］月
　　　王占曰："方其出……"　　　　　　　　　　　　　　　《拾遺》93正反

辭150則提供了商與舌方、土方與方方同時作戰的同版證據。上引辭20言"令菁以□禦方于陟"，而陟又曾反叛。可見以上均屬同一場戰爭。

武丁之後，舌方、土方基本不見於卜辭，但方方在後世仍然持續地對商形成威脅，其實力不容小覷。黃組卜辭有：

151. 貞：方來入邑，今夕弗震王師？　　　　　　　　　　　　《合集》36443

結合前文的分析可知，這場戰爭是舌方、土方、方方、鬲方、馬方及絴方等聯合與商的作戰，很可能是文獻所載最早一次中原王朝與北方民族之間的大規模戰爭。

此外，關於商伐舌方戰爭所發生的時間，董作賓先生曾將其排入武丁二十九年至三十二年日譜當中。林小安[1]、王宇信[2]、范毓周[3]認爲戰爭發生于武丁晚期。但通過以上分析可知，武丁早期的雀、扶也出現在其中；兩位王后也參與了戰爭，後來婦好還生下一女，顯然婦好與婦井均正值盛年。

顯然這場戰爭也不可能發生在武丁早期，因爲此時子漁已經能夠主持祭祀了：

152. 乙巳勿酚漁禦？
　　　貞：勿乎（呼）望舌方？　　　　　　　　　　　　　　《蔡綴》328

縱觀中國古代史上歷代王朝，君王親征大都發生在其盛年。極少有五十歲以上還在征戰沙場的。因此，伐舌方之戰很可能發生在武丁中期。

---

[1] 林小安：《殷武丁臣屬征伐與行祭考》，《甲骨文與殷商史》第二輯，上海古籍出版社1986年版。
[2] 王宇信：《武丁期戰爭卜辭分期的嘗試》，《甲骨文與殷商史》第三輯，上海古籍出版社1991年版。
[3] 范毓周：《殷代武丁時期的戰爭》，《甲骨文與殷商史》第三輯，上海古籍出版社1991年版。

綜上所述，本文要點可歸納如下：

第一、甲骨文"兔"讀爲"變"，內容涉及天氣的變化、占卜方法和祭事的改變。其用法有三種：兔益（翳），是變陰，不晴；兔爻，是變爲爻，不卜；**兔酉**，是變爲**酉**，不饔伐。

第二、"兔"字讀爲"叛"，即反叛。以此爲線索可發現在武丁統治期間，發生過呂、陟、郭、甗、羉、亙、戉、宁（賈）等八國的反叛。

第三、文中所涉諸侯方伯的反叛，其原因大概爲不敵舌方及其同盟者的進攻，戰敗而反叛。

應國具銘銅器研究[*]

黄益飛

中國社會科學院考古研究所

摘要：本文系統梳理了早年著錄、傳世、流散及考古出土的應國具銘銅器，並在系統整理應國具銘銅器資料的同時，對具銘銅器進行了年代學研究。在對應國國君銅器分期斷代研究的基礎上，擬構了西周初年至春秋早期十一世應侯的世系。通過具銘銅器的研究，初步構建了史書闕載的應世家。

關鍵詞：應國具銘銅器，年代學研究，十一世應侯，應世家

緒　論

應國是西周初年分封的姬姓侯國，封地在今河南省平頂山市附近。《國語》《逸周書》《左傳》《漢書》《水經注》《括地志》《太平寰宇記》等文獻對應國有零星記載。[1] 應國研

---

[*] 本文是"古文字與中華文明傳承發展工程"資助項目"商代禮制研究"（項目編號：G3615）、"小屯南地甲骨文資料的重新整理"（項目編號：G1004）的階段性研究成果。

[1]《國語·鄭語》："桓公爲司徒，甚得周衆與東土之人。問於史伯曰：'王室多故，余懼及焉，其何所可以逃死？'史伯對曰：'王室將卑，戎狄必昌，不可偪也。當成周者，南有荆蠻、申、吕、應、鄧、陳、蔡、隨、唐。……是非王之支子母弟甥舅也，則皆蠻夷戎狄之人也。非親則頑，不可入也，其濟、洛、河、潁之間乎。'" 韋昭注："應，武王子所封。"《逸周書·王會解》："成周之會，……内臺西面者正北方應侯、曹叔、伯舅、仲舅。" 孔晁注："應侯，成王弟。"《左傳·僖公二十四年》："鄭之入滑也，滑人聽命。師還，又即衛。鄭公子士、泄堵俞彌師師伐滑。王使伯服、游孫伯如鄭請滑，鄭伯怨惠王之入而不與厲公爵也，又怨襄王之與衛滑也，故不聽王命，而執二子。王怒，將以狄伐鄭，富辰諫曰：'不可！臣聞之：太上以德撫民，其次親親，以相及也。昔周公弔二叔之不咸，故封建親戚以蕃屏周。……邘、晉、應、韓，武之穆也。'" 杜預注："四國皆武王子，應國在襄陽城父縣西。"《漢書·地理志》潁川郡："父城，應鄉，故國，周武王弟所封。"《水經·滍水注》："牛蘭水……南注入滍。滍水東徑應城南，故應鄉也，應侯之國。"《史記·楚世家》："（平王）六年，使太子建居父城，守邊。" 唐張守節《正義》引《括地志》魯山縣："父城，故應城，因山得名，在汝州魯山縣東三十里。"《太平寰宇記》卷八汝州："葉縣，古應侯之國，後爲楚地，秦爲父城縣。"《太平寰宇記》卷八汝州："魯山縣，應國在襄城父城縣西南。縣東三十里。"《太平寰宇記》卷八汝州："葉縣，古應侯之國，後爲楚地，秦爲父城縣。"《太平寰宇記》卷八汝州："魯山縣，應國在襄城父城縣西南。"

究的基本史料除傳世文獻外，最重要的就是出土及傳世的應國具銘銅器。

應國具銘銅器最早爲宋呂大臨《考古圖》所著錄。其後，宋人王黼等編著的《博古圖錄》、王俅所作的《嘯堂集古錄》、薛尚功修纂的《歷代鐘鼎彝器款識法帖》，清敕撰的《西清古鑒》、吳榮光所著的《筠清館金石文字》、吳式芬所輯的《攈古錄金文》、劉心源所成的《古文審》與《奇觚室吉金文述》、方濬益撰就的《綴遺齋彝器款識考釋》，以及民國時期羅振玉編次的《三代吉金文述》、劉體智匯集的《小校經閣金石文字》等都有著錄。20世紀80年代，河南省平頂山市郊發現應國墓地，發掘出土了一批新的具銘銅器，爲應國歷史的研究補充了更具科學性的新材料。另外，近年也陸續刊佈了一些國內外公私收藏的應國具銘銅器。這些資料無疑是應國歷史研究的直接史料。

（一）具銘材料的匯集與整理

金石學興起之後，爲利用青銅器銘文來正經補史，學者十分重視對具銘銅器的收集、著錄和整理。宋、清、民國時期是應國具銘銅器材料不斷積累的階段。20世紀50年代之後，學者針對應國具銘銅器進行了專門的搜集、整理。

1. 材料匯集

從清代開始便有了專門匯集商周具銘銅器的著作，這些著作以器類爲綱，每類按照字數多少排序。據王國維《宋代金文著錄表》統計，時見應國具銘銅器共計2件，有：應侯簋A和十月敔簋；其《國朝金文著錄表》所載清代著錄應國具銘銅器共9件，包括：應公鼎A、十六字應公鼎（2件）、應公方鼎、應叔鼎、應公簋B、應公尊A、應公觶、應公卣B。[1]

此後孫稚雛的《金文著錄簡目》乃集大成之作，所收錄傳世應國銅器14件：應公方鼎、應公鼎A、應公鼎B、十六字應公鼎2件、應公簋A、應公簋B、應公卣B、應公尊、應公觶、應侯簋、應叔鼎、應𩰫鼎、應侯視工鐘1件。[2]

劉雨等編著的《商周金文總著錄表》共錄應國銅器17件，即在孫稚雛的基礎上又輯錄了應公方鼎、應公卣A、應侯視工鐘各1件。[3]

目前所見的清代和民國時期著錄應國具銘銅器20件：應公鼎2件、十六字應公鼎3件、應公方鼎1件、應叔鼎1件、應𩰫鼎1件、應公簋2件、十月敔簋1件、應侯簋1件、應侯視工鐘[4]1件、應公尊2件、應公卣[5]2件、應公觶1件、應公劍1件、應父戈[6]1件。

---

[1] 王國維：《宋代金文著錄表》，雪堂叢刻，1915年。
[2] 孫稚雛：《金文著錄簡目》，中華書局1981年版。
[3] 劉雨、沈丁、廬岩、王文亮：《商周金文總著錄表》，中華書局2008年版。
[4] "視工"乃應侯私名，學者或釋爲"見工"。實則"見"與"視"有別，此處當爲"視工"，詳見裘錫圭《應侯視工簋銘文補釋》，《文物》2002年第7期。
[5] 《三代》12.7.4—5著錄的應公卣，學者或稱作壺，本文從彭裕商之說，稱爲卣，詳見《綜合研究》第293頁。
[6] 學者或稱戣（詳見《通釋》卷1下第503頁。），本文從朱鳳瀚之說，稱爲戈，詳見《古代》第785頁。

2. 針對性搜集

應國具銘銅器的針對性的整理、研究始於 20 世紀 50 年代。在新材料發現之前，學者的搜集整理工作主要是針對傳世應公器。陳夢家在其《西周銅器斷代》中對已著錄的傳世應公器進行了匯集，共得應公銅器 12 件，包括應公鼎 2 件、十六字應公鼎 2 件、應公方鼎 1 件、應公簋 2 件、應公尊 2 件、應公觶 1 件、應公卣 2 件。[1]資料全面，没有重復、遺漏、僞器。

唐蘭也對應公諸器進行了搜集整理，共得應公器 13 件，[2]較陳夢家所得多出《小校》2.70.3 之十六字應公鼎，然該器似爲僞器，[3]《銅器斷代》《集成》均未收。除去僞器，唐蘭所集實得 12 件，正合陳夢家所集之數。

彭裕商在陳夢家的基礎上對應公器進行了重新整理，共搜集應公諸器 14 件，[4]較陳夢家所收多出《小校》2.70.3 十六字應公鼎、《故圖》上 138 應公卣 1 件。然而《小校》2.70.3 十六字應公鼎乃僞器；《故圖》所著錄之卣與《三代》12.7.4—5 壺實爲一器，故彭氏所搜集之器亦不出陳夢家之列。

20 世紀 80 年代以後，學者對應國具銘銅器的搜集整理更爲全面。傳世銅器的搜集已不局限於應公器，其他傳世銅器亦被注意搜集，而且還對 20 世紀 50 年代之後新出土的應國銅器進行了整理。周永珍對傳世銅器的匯集較爲全面，除陳夢家搜集的 12 件應公器之外，尚得應叔鼎、應𠨘鼎各 1 件，應侯簋 2 件，應侯視工鐘、應公劍、應父戈各 1 件，共 19 件；此外周永珍對 20 世紀 50 年代及 70 年代新發現的 1 件應侯視工鐘、1 件應監甗也進行了搜集，並附有 1 件應公方鼎、2 件應公簋、1 件應侯簋、1 件應侯視工鐘、1 件應公觶、2 件應公卣、1 件應父戈等 9 件傳世銅器的銘文和圖像。[5]此外馬世之[6]、姜濤[7]、徐錫臺等[8]在陳夢家、周永珍的基礎上補收了當時可見之新材料。

隨着應國墓地的發現和科學發掘，學者對該墓地出土的具銘銅器進行了專門介紹。如王龍正等介紹了應國墓地 1986—1996 年之間出土的一部分具銘銅器的拓片和照片，[9]其中包括柞伯簋、應事簋、匍盉、應侯再盨、鄧公簋、公作敔簋等，並首次公佈了公作敔簋銘文的其中一張拓片。湯淑君對河南博物院所藏的應國墓地出土的部分應國具銘銅器也有介

---

[1]《銅器斷代》，第 78 頁。
[2]《史徵》，第 89—90、126 頁。
[3] 辨僞見本文第三部分第一小節。
[4]《綜合研究》，第 291—293 頁。
[5] 周永珍：《兩周時期的應國、鄧國銅器及地理位置》，《考古》1982 年第 1 期。
[6] 馬世之：《應國銅器及相關問題》，《中原文物》1986 年第 1 期。
[7] 姜濤、賀全法、廖佳行：《商周時期的應國考辨及相關問題》，河南省文物考古學會編《河南文物考古論集》，河南人民出版社 1996 年版。
[8] 徐錫臺：《應、申、鄧、柞等國銅器銘文考釋》，《容庚百年誕辰紀念文集》，廣東人民出版社 1998 年版。
[9] 王龍正、王聰敏：《應國墓地具銘銅器》，《收藏家》2000 年第 8 期。

紹。[1]

王蘊智等對應國具銘銅器進行了較爲全面的整理，[2]其搜集的應國具銘銅器達78件之多，並公佈了公作敔簋的另一張銘文拓片和應伯簋銘文拓片。但王氏等的工作有個別重收、漏收之器，在其搜集的14件應公器中十六字應公鼎共3件，即包括《小校》2.70.3著錄的1件僞器；且《貞松》7.26與《三代》12.7.4—5實乃一器，此二器重收；並漏收《綴遺》4.22之應公鼎；其收錄的應公器亦爲12件，實則王蘊智等所收集的應國具銘銅器共76件。

朱鳳瀚對應國墓地M104、M105、M229、M95、M84、M8，以及傳世應國銅器、近年保利藝術博物館、上海博物館購藏應國具銘銅器進行了整理。[3]

材料是研究的基礎，以上學者對應國具銘銅器的搜集整理工作，爲系統、深入研究應國歷史的相關問題奠定了堅實的基礎。到目前爲止，已發表的應國具銘銅器共88件，[4]其中可作爲直接史料利用的具銘銅器有84件，包括考古出土器物51件（應國墓地發表具銘銅器49件，江西和陝西各出土1件）、傳世器物20件（含應公器共13件，即除陳夢家所搜集之外，故宫博物院尚藏有1件應公方鼎，該鼎只見於《集成》的著錄）、國內外公私收藏機構收藏的流散品共13件；另有個別僞器。銅器介紹和辨僞詳見本文第二、第三部分。

（二）具銘銅器研究綜述

歷代學者通過具銘銅器及其銘文對應國歷史及其相關問題的探討，主要包括文獻記載的補正、年代研究、制度研究、銘文考釋等四個方面。

1. 文獻記載之補正

彝銘對文獻記載的補正包括應國始封君、地望記載分歧的厘清，以及對文獻失載的應國與鄧國、柞國、申國等國關係等史實的補充。

（1）應國始封君、地望之證實

傳世文獻關於應國的始封君以及地望的記載有很大分歧。始封君，《國語》《逸周書》《左傳》認爲乃武王子，而《漢書·地理志》認爲即武王弟；地望，杜預認爲在襄陽城父縣西，[5]《漢書·地理志》《水經·滍水注》《括地志》《太平寰宇記》諸書所記雖略有不同，但所指均在今平頂山市附近。[6]應國墓地的發現和應國具銘銅器的大量出土，使這一

[1] 湯淑君：《平頂山應國墓地出土青銅器鑒賞》，《中原文物》2001年第3期。
[2] 王蘊智、陳淑娟：《應國具銘銅器的初步考察》，《中原文物》2008年第4期。
[3] 朱鳳瀚：《中國青銅器綜論》，上海古籍出版社2009年版，第1352—1354頁。
[4] 材料收集截止到2010年4月。
[5] 《資治通鑒·周紀》："（赧王七年）秦、魏會於應"，胡三省注："杜預注云：'應國在襄陽城父縣西。'余按：襄陽無城父縣"。沈欽韓：《春秋左氏傳地名補注》卷三："（襄陽城父縣）當作襄城城父縣，傳寫誤也。"若然，則諸書關於應國地望的記載均指今河南平頂山市附近並無不同。
[6] 諸書記載方位不同，可能因爲不同時代同一地域行政區劃有異之故。見姜濤、賀全法、廖佳行《商周時期的應國考辨及相關問題》，河南省文物考古學會編《河南文物考古論集》，河南人民出版社1996年版。

問題得到了解決。

新材料發現之前，對於應國始封君學者或主武王子；[1]或主武王弟。[2]最近發表的平頂山應國墓地 M8 出土的應公鼎銘文曰："應公作尊彝禪鼎，武帝日丁子子孫孫永寶。"學者對"武帝"的解釋有所不同：或認爲"武帝"是武王之父文王，[3]或認爲"武帝"是指周武王。[4]對於"武帝"的解釋直接關係到應國始封君身份的問題。一些學者認爲此銘中"武"字作"珷"，而"珷"在西周金文中乃武王專用字，因此"武帝日丁"所指乃武王無疑，[5]從而證明了應國始君爲武王之子。

應國墓地發現之前，關於應國地望有兩種不同觀點：一種同意《左傳》杜預注的觀點，但認爲在寶豐縣西南，[6]即今平頂山市附近；反對的觀點認同《水經·滍水注》等的記載，即認爲在今平頂山市附近。[7]1979 年之後平頂山市郊區滍陽嶺上陸續有應國銅器出土，這些新材料爲《水經·滍水注》等關於應國在平頂山市附近的記載提供了支持。[8]1986 年考古學家確認平頂山市郊區滍陽嶺爲應國墓地，從而進一步證實了《水經·滍水注》等關於應國地望的記載。[9]

（2）應與鄧、柞、申關係之補充

通過對應國墓地出土鄧公簋、應申姜鼎的研究，解決了應國是否曾與鄧國、申國聯姻

---

[1] 《博古》卷十七；《西清》卷十三；《綴遺》卷二十四；《銅器斷代》，第 78—79 頁；郭沫若：《釋應監甗》，《考古學報》1960 年第 1 期；齊文心：《關於商代稱王的封國君長的探討》，《歷史研究》1985 年第 2 期；《史徵》，第 89 頁；耿鐵華：《應監甗考釋》，《東北大學學報》1987 年第 1 期；何浩：《應國興亡史略》，《楚滅國研究》，武漢出版社 1989 年版；（清）顧棟高：《春秋大事表》，中華書局 1993 年版，第 583 頁；任偉：《西周封國考疑》，社會科學文獻出版社 2004 年版。

[2] 陳槃：《春秋大事表列國爵姓及存滅表譔異》（三訂本），"中央研究院"歷史語言研究所 1997 年版，第 676 頁。

[3] 河南省文物考古研究所、平頂山市文物管理局：《河南平頂山應國墓地八號墓發掘簡報》，《華夏考古》2007 年第 1 期；王蘊智、陳淑娟：《應國有銘青銅器的初步考察》，《中原文物》2008 年第 4 期。以上學者認爲"武帝"乃文王，張懋鎔先生已辨其誤，詳見張懋鎔《再論"周人不用日名説"》，《文博》2009 年第 3 期。

[4] 陳絜：《應公鼎銘與西周宗法》，《南開學報》（哲學社會科學版）2008 年第 6 期；李凱：《應公鼎"珷帝日丁"試解》，《殷都學刊》2008 年第 3 期。

[5] 陳絜：《應公鼎銘與西周宗法》，《南開學報》（哲學社會科學版）2008 年第 6 期；馮時：《新中國六十年的古文字學研究》，劉慶柱主編《中國考古發現與研究（1949—2009）》，人民出版社 2010 年版。

[6] 郭沫若：《釋應監甗》，《考古學報》1960 年第 1 期。

[7] 《博古》卷十七；《西清》卷十三；《綴遺》卷二十四；《銅器斷代》，第 78—79 頁；郭沫若：《釋應監甗》，《考古學報》1960 年第 1 期；《通釋》卷 1 下第 497 頁；《史徵》，第 89 頁；顧棟高：《春秋大事表》，中華書局 1993 年版，第 583 頁；陳槃：《春秋大事表列國爵姓及存滅表譔異》，"中央研究院"歷史語言研究所 1997 年版，第 676 頁。

[8] 平頂山市文管會：《河南平頂山發現西周銅簋》，《考古》1981 年第 4 期；周永珍：《西周時期的應國、鄧國銅器及地理位置》，《考古》1982 年第 1 期；齊文心：《關於商代稱王的封國君長的探討》，《歷史研究》1985 年第 2 期；馬世之：《應國銅器及相關問題》，《中原文物》1986 年第 1 期。

[9] 姜濤、賀全法、廖佳行：《商周時期的應國考辨及相關問題》，河南省文物考古學會編《河南文物考古論集》，河南人民出版社 1996 年版；馬世之：《中原古國歷史與文化》，大象出版社 1998 年版，第 268 頁；任偉：《西周封國考疑》，社會科學文獻出版社 2004 年版，第 271 頁。

的問題；[1]又通過對柞伯簋的研究，揭示了應國與柞國存在較密切的關係。

2. 年代研究

應國具銘銅器最早的著録者宋代學者吕大臨並不知其所著録的應侯簋乃應國器物。[2]宋代學者王黼首次認識到被吕大臨稱作"雁侯敦"的銅器實乃西周時期應國之物，[3]其觀點爲學術界所公認。[4]應國具銘銅器年代更精細的研究始於20世紀50年代，這一時期對傳世及其後新出的應國具銘銅器年代研究都有很大進展，主要包括兩個方面，一是對單個銅器進行個案研究，一是對所見銅器進行分期研究。

（1）個案研究

應公器　關於應公器的研究，有兩種結論。

第一，認爲諸器爲同人所作，時代相當，但對具體屬於哪個時期又有不同觀點：一種觀點通過形制、銘文的考證，認爲應屬成康之世；[5]一種觀點認爲十六字應公鼎中之"奄"爲第一代應公之子，因而應屬成王中後期；[6]也有学者通過器形和銘文特點的分析，認爲應公鼎A[7]屬康王時期，應公卣B屬成康時期，應公簋A、應公簋B屬昭王時期，故應公諸器均屬康王前後。[8]

第二，認爲諸器非同人所作，而對其年代同樣有兩種不同的觀點。一種觀點認爲應公卣B、應公觶屬成王至康王初年，應公鼎A屬康王至昭王時期，十六字應公鼎A和十六字應公鼎B屬西周早期偏晚，應公卣A屬昭王至穆王時期；[9]另一種觀點則認爲應公方鼎、應公簋A、應公簋B、應公卣B屬穆王時期，應公觶稍早。[10]

應叔方鼎　認爲屬西周早期。[11]

應㠱鼎　認爲屬西周初期。[12]

應父戈　一種觀點認爲屬西周晚期；[13]另一種觀點認爲其器形特徵雖較早，而銘文字

---

[1]　徐錫臺：《應、申、鄧、柞等國銅器銘文考釋》，《容庚百年誕辰紀念文集》，廣東人民出版社1998年版；王龍正：《平頂山應國墓地九十五號墓年代、墓主及相關問題》，《華夏考古》1995年第4期。

[2]　《考古圖》卷三。

[3]　《博古》卷十七。

[4]　《法帖》一二二；《西清》卷十三；《綴遺》卷二十四；《銅器斷代》，第78—79頁。

[5]　《銅器斷代》，第78—79頁。

[6]　《史徵》，第91頁。

[7]　應公鼎、應公卣、應公簋等均不止1件，爲了避免混亂，本文統一對其進行了編號，具體情況詳見後文。

[8]　《綜合研究》，第291—293頁。

[9]　《古代》，第786頁。

[10]　《紀年》，第231頁。

[11]　《古代》，第786頁；王藴智、陳淑娟：《應國有銘銅器的初步考察》，《中原文物》2008年第4期。

[12]　王藴智、陳淑娟：《應國有銘銅器的初步考察》，《中原文物》2008年第4期。

[13]　周永珍：《兩周時期的應國、鄧國銅器及地理位置》，《考古》1982年第1期；王藴智、陳淑娟：《應國有銘銅器的初步考察》，《中原文物》2008年第4期。

體和文例又屬春秋時期，故應屬春秋時期。[1]

應侯簋 A 和應侯簋 B　認爲屬於西周中晚期。[2]

應監甗　存在三種觀點，即屬西周初期[3]、成康時期[4]和屬昭穆時期[5]。

M242　M242 發表了一件柞伯簋。一些學者據其形制及銘文字體特點推斷屬康王時期；[6]也有學者根據文獻記載周公之子祭公係昭王時期重臣，而柞伯亦係周公子，其生存時代亦可至昭王時期，認爲該簋屬昭王時期。[7]

M229　M229 應事諸器，有的認爲屬康昭時期；[8]有的認爲屬昭王時期；[9]有的認爲屬穆王時期；[10]還有的認爲在西周中期中葉當恭懿時期。[11]

M51　學者認爲屬昭王時期。[12]

M50　該墓僅發表一件匍盉，学者認爲屬穆王時期。[13]

M84　發掘簡報將 M84 諸器根據銘文内容分爲三組：應侯組、𩰬組、無名組，並認爲三組器中𩰬組最早，屬穆王時期；無名組次之，屬恭王時期；應侯組最晚，屬恭王後期。[14]

M104 與 M105　關於其出土的鄧公簋，有的認爲屬西周晚期，[15]有的認爲屬厲王之世。[16]

M95　發掘簡報根據銅器銘文將 M95 諸器分爲三組：公組、侯氏組、應伯組，認爲公組與侯氏組年代稍早，在西周中晚期之際，應伯組屬西周晚期偏早階段；[17]一些學者認爲諸

---

[1]《古代》，第 786 頁。
[2] 王藴智、陳淑娟：《應國有銘銅器的初步考察》，《中原文物》2008 年第 4 期。
[3] 郭沫若：《釋應監甗》，《考古學報》1960 年第 1 期。
[4]《古代》，第 786 頁；《綜合研究》，第 291 頁。
[5] 王藴智、陳淑娟：《應國有銘銅器的初步考察》，《中原文物》2008 年第 4 期。
[6] 王龍正、姜濤、袁俊杰：《新發現的柞伯簋及其銘文考釋》，《文物》1998 年第 9 期。
[7] 李學勤：《柞伯簋銘考釋》，《文物》1998 年第 11 期。
[8] 王藴智、陳淑娟：《應國有銘銅器的初步考察》，《中原文物》2008 年第 4 期。
[9]《紀年》，第 188 頁。
[10] 李豐：《黄河流域西周墓葬出土青銅禮器的分期與年代》，《考古學報》1988 年第 4 期；《綜合研究》，第 169 頁。
[11]《古代》，第 785 頁。
[12]《古代》，第 785 頁。
[13] 王龍正、姜濤、婁金山：《匍鴨銅盉與覜聘禮》，《文物》1998 年第 4 期；李學勤：《論應國墓地出土的匍盉》，《平頂山師專學報》1999 年第 14 卷第 1 期。
[14] 河南省文物考古研究所、平頂山文物管理委員會：《平頂山應國墓地八十四號墓發掘簡報》，《文物》1998 年第 9 期。
[15]《綜合研究》，第 170 頁。
[16]《古代》，第 785 頁。
[17] 河南省文物考古研究所、平頂山市文物管理委員會：《平頂山應國墓地九十五號墓的發掘》，《華夏考古》1992 年第 3 期；《古代》，第 785—786 頁。

器皆屬厲王時期，三組器中應伯器年代最早，乃墓主人未即應侯位時所作；[1]一些學者認爲公組屬穆王時期，侯氏組屬恭懿時期，應伯組屬宣王時期；[2]也有學者認爲諸器均屬孝夷時期。[3]

  M13 學者或認爲屬西周晚期偏早，[4]或認爲屬宣幽時期。[5]

  M8 M8有一件應公鼎具銘，發掘簡報認爲應公鼎屬西周晚期宣王末年，且該鼎乃上代應公遺物。[6]

  M45與M7 M45與M7各發表一件應申姜鼎，一種觀點認爲屬春秋早期，[7]另一種觀點認爲屬宣王時期。[8]

  應侯視工器 應侯視工器包括陝西出土的1件應侯視工鐘、日本東京書道博物館收藏的1件應侯視工鐘、保利藝術博物館購藏的2件應侯視工鐘、2件應侯視工簋、上海博物館購藏的1件應侯視工鼎。

  應侯視工器的年代爭議較大，有恭懿時期、[9]孝夷時期、[10]厲王時期[11]等幾種觀點。

  再簋 認爲屬穆王時期。[12]

  應侯壺 認爲屬西周晚期。[13]

  應侯盨A 認爲屬西周晚期。[14]

  應侯盨B 屬西周中期。[15]

---

[1] 王龍正：《平頂山應國墓地九十五號墓年代、墓主及相關問題》，《華夏考古》1995年第4期。

[2] 姜濤、賀全法、廖佳行：《商周時期的應國考辨及相關問題》，河南省文物考古學會編《河南文物考古論集》，河南人民出版社1996年版。

[3] 王蘊智、陳淑娟：《應國有銘銅器的初步考察》，《中原文物》2008年第4期。

[4] 婁金山：《河南平頂山市出土的應國青銅器》，《考古》2003年第3期。

[5] 王蘊智、陳淑娟：《應國有銘銅器的初步考察》，《中原文物》2008年第4期。

[6] 河南省文物考古研究所、平頂山市文物管理局：《河南平頂山應國墓地八號墓發掘簡報》，《華夏考古》2007年第1期。

[7] 河南省文物考古研究所：《河南文物考古工作五十年》，《新中國考古五十年》，文物出版社1999年版。

[8] 徐錫臺：《應、申、鄧、柞等國銅器銘文考釋》，《容庚百年誕辰紀念文集》，廣東人民出版社1998年版；王蘊智、陳淑娟：《應國有銘青銅器的初步考察》，《中原文物》2008年第4期。

[9] 韌松、樊維岳：《記陝西藍田縣新出土的應侯鐘》，《文物》1975年第10期；馬承源：《商周青銅器銘文選》（三），文物出版社1988年版，第166頁；朱鳳瀚：《應侯見工鐘》（兩件），《藏金》（續）。

[10] 王世民：《應侯視工鐘的組合與年代》，《藏金》（續）；王龍正、劉曉紅、曹國朋：《新見應侯見工簋銘文考釋》，《中原文物》2009年第5期；平頂山市文物管理局：《平頂山市西高皇村魚塘撈出的一批應國銅器》，《中原文物》2010年第2期。

[11] 《綜合研究》，第415頁；李學勤：《論應侯視工諸器的時代》，《青銅文化研究》2005年第4輯；另見李學勤《文物中的古文明》，商務印書館2008年版。

[12] 李家浩：《應國再簋》，《藏金》；另見《文物》1999年第9期。

[13] 朱鳳瀚：《應侯壺》（一對），《藏金》（續）。

[14] 陳佩芬：《夏商周青銅器研究·西周篇下》，上海古籍出版社2005年版，第506—507頁。

[15] 王龍正：《應侯盨》，《青銅器卷》；平頂山市文物管理局：《平頂山市西高皇村魚塘撈出的一批應國銅器》，《中原文物》2010年第2期。

丁兒鼎蓋　屬春秋晚期。[1]

（二）分期研究

學者對應國國君銅器進行了分期研究，主要觀點如下：

第一期（成康時期）　應公鼎A、應公甗、應公卣A、應公卣B

第二期（康昭時期）　應公方鼎、應公簋A、應公簋B

第三期（穆恭時期）　應國墓地M84及禹簋

第四期（懿孝夷時期）應侯視工器

第五期（厲宣時期）M13、應侯盨A、應侯壺、應侯盤[2]

以上學者的研究中應監甗、應事諸器、鄧公簋、應侯視工諸器、M95諸器的年代爭論較大（見表1-1）。

表1-1

	武王	成王	康王	昭王	穆王	恭王	懿王	孝王	夷王	厲王	宣王	幽王
應監甗		&&&&&	******	————								
M229				～～～～	------ ******	*********						
應侯視工鐘					～～～～ ------			%%%%%		###		
應侯視工簋						********						
應侯視工鼎										¥¥¥¥¥¥		
應侯視工諸器									@			
M95						……	————		————		……	

———發掘簡報　　　&&&郭沫若　　　@@@李學勤　　　%%%%王世民

～～～劉啓益　　　*****朱鳳瀚　　　###彭裕商　　　====王蘊智

……姜　濤　　　　****李　豐　　　¥¥陳佩芬　　　------ 韌鬆等

諸說紛出的主要原因可以歸納爲以下幾個方面：

第一，對人物的認識不同。如應公器之應公，應侯視工鐘等器中的榮伯，學者或以爲應公、榮伯乃某一具體之人，或以爲可涵蓋幾代人，並據以斷代，致使歧說紛出。學者已經指出銘文中同樣的人名，有時並非指同一人，即使是同一人，也可能生存於一個以上王世。[3]

---

[1] 尹俊敏、劉富亭：《南陽市博物館藏兩周銘文銅器介紹》，《中原文物》1992年第2期；徐英俊：《南陽博物館徵集一件應國銅器》，《文物》1993年第3期；李學勤：《東周與秦代文明》，上海人民出版社2007年版，第322頁。

[2] 朱鳳瀚：《中國青銅器綜論》，上海古籍出版社2009年版，第1355—1356頁。

[3] 李學勤：《西周中期青銅器的重要標尺——周原莊白、強家兩處青銅器窖藏的綜合研究》，《中國歷史博物館館刊》1979年第1期。

故而僅以人物來作爲斷代依據顯然不够全面。

第二，根據新見材料和一些最新的研究成果，有必要對一些器物形制演變規律進行更爲細緻、深入的探求。

第三，先前的斷代研究過分重視形制，雖間有考慮紋飾、銘文，但並未作爲主要的斷代標準。

根據最新的研究成果，特別是西周晚期宣王時期紀年銅器研究，[1]有必要對一些標準器進行重新認識。在此基礎上，對器物的形制、紋飾、銘文進行綜合考慮，或能進行更爲準確的年代研究。

（三）制度研究

制度研究主要集中於西周時期的"監"和"日名"兩個問題。

1. 監的研究

江西餘干黃金埠出土應監甗一件，上具銘文6字："應監作寶尊彝"，從而提出了"應監"問題，目前有兩種觀點。

以應監甗的出土地位於江西餘干，認爲在江西餘干地區存在另一應地，即周公定東夷之後在其地置監；[2]或者認爲應監乃應國公室子弟派往江西餘干地區的監國者。[3]

學者或認爲其可能早年出土於別處，後來被携至江西，因此江西餘干與應國無涉。[4]而對於"應監"的解釋，有三種不同的看法：一種觀點認爲是周王室派往應國的監國者，[5]一種觀點認爲是周王朝在應地設立的監國者，後發展成爲應國，[6]一種觀點認爲是人名或官名。[7]

---

[1] 馮時：《晋侯穌鐘與西周曆法》，《考古學報》1997年第4期；《西周金文月相與宣王紀年》，《考古學研究》（六），科學出版社2007年版。

[2] 李學勤：《應監甗新解》，《江西歷史文物》1987年第1期。

[3] 劉正：《江西所出應國銅器銘文研究》，《南方文物》2006年第2期。

[4] 朱心持：《江西餘干黃金阜出土甗》，《考古》1960年第2期。

[5] 郭沫若：《釋應監甗》，《考古學報》1960年第1期；耿鐵華：《關於西周監國制度的幾件銅器》，《考古與文物》1985年第4期；趙伯雄：《周代國家形態研究》，湖南教育出版社1990年版，第151—154頁；楊寬：《西周史》，上海人民出版社2003年版，第130頁；王玉哲：《中華遠古史》，上海人民出版社2003年版，第592—594頁；任偉：《西周封國考疑》，社會科學文獻出版社2004年版，第272—281頁。

[6] 徐中舒：《西周史論》上，《四川大學學報》（哲學社會科學版）1979年第3期；伍仕謙：《論西周初年的監國制度》，《人文雜誌（叢刊）》第二輯，1984年，第120—129頁；徐錫臺：《應、申、鄧、柞等國銅器銘文考釋》，《容庚百年誕辰紀念文集》，廣東人民出版社1998年版；王藴智、陳淑娟：《應國有銘青銅器的初步考察》，《中原文物》2008年第4期；胡長春：《新出殷周青銅器銘文整理與研究（上篇）》，綫裝書局2008年版，第126頁。

[7] 郭沫若：《釋應監甗》，《考古學報》1960年第1期，郭老最先提出"監"乃人名或官名的可能，然郭老傾向於"監"乃監國者之説；周永珍：《西周時期的應國、鄧國銅器及地理位置》，《考古》1982年第1期；姜濤、賀全法、廖佳行：《商周時期的應國考辯及其相關問題》，《河南文物考古論集》，河南人民出版社1996年版。

2. 日名的研究

"日名"問題學術界早有研究，比較流行的觀點是"周人不用日名"說，[1]但應國墓地 M8 出土的一件應公鼎，其上具銘文"珷帝日丁"，從而對該説的可信性提出了挑戰。關於銘文中的"珷帝"所指，雖尚有爭論，但多同意"武帝日丁"爲周王廟號的觀點。[2]學者或認爲屬偶然現象，不能作爲周人不用日名説的反證；[3]或認爲 M8 應公鼎銘文證實西周時期周人也在使用日名，並認爲周人在西周時期也使用日名[4]，此説甚是。

（四）銘文考釋

大部分應國具銘銅器銘文内容較爲簡單，學術界對其内容的認識比較一致，而爭論較多的是十六字應公鼎、匍盉、柞伯簋銘文的考釋。

1. 十六字應公鼎銘文研究

銘文全文爲："應公作寶尊彝，曰：'奄以乃弟用夙夕將享。'"[5]關於這篇銘文，有以下幾種觀點：

或將第八字 釋爲"申巳"二字，且認爲當讀爲神祀，將第十一字 釋爲"吊"，讀爲淑，鼎銘乃關乎祭祀之事。[6]

或認爲不宜將第 8 字釋爲"申巳"二字，將 釋爲"弟"字。[7]

或認爲 乃寅字。[8]

或認爲 從申從大，乃古文"奄"字，覆蓋之意， 乃次第字，以第 10 字乃考字，考者，成也，"奄以考弟"，乃《儀禮·少牢饋食禮》乃"鼎除鼏，鼎序入"之意。[9]

唐蘭認爲"奄"乃應公子之私名，"奄以乃弟"，意即奄與其弟，文從字順[10]。

2. 匍盉銘文研究

銘文爲："唯四月既生霸戊申，匍即于氐，青公使司史允贈匍于馆：麀幣、韋兩、赤金

---

[1] 王獻唐：《黄縣䰽器》，山東人民出版社 1960 年版，第 84 頁；張懋鎔：《周人不用日名説》，《歷史研究》1993 年第 5 期，又載《古文字與青銅器論集》，科學出版社 2002 年版。
[2] 河南省文物考古研究所、平頂山市文物管理局：《河南平頂山應國墓地八號墓發掘簡報》，《華夏考古》2007 年第 1 期；王藴智、陳淑娟：《應國有銘青銅器的初步考察》，《中原文物》2008 年第 4 期；李學勤先生説，同注 26。
[3] 陳絜：《應公鼎銘與西周宗法》，《南開學報》（哲學社會科學版）2008 年第 6 期；張懋鎔：《再論"周人不用日名説"》，《文博》2009 年第 3 期。
[4] 馮時：《新中國六十年的古文字學研究》，劉慶柱主編《中國考古發現與研究（1949—2009）》，人民出版社 2010 年版。
[5] 銘文拓本見本文第二部分第一小節。
[6] 《筠清》卷四。
[7] 《綴遺》卷四。
[8] 《攈古》卷二。
[9] 《敬吾》上前二十六。
[10] 《史徵》，第 89 頁。

一鈞，匍敢對揚公休，用作寶尊彝，其永用。"[1]

對該篇銘文有以下兩種認識：

第一種銘文中的"氐"在今河北省境内；"青公"即"邢公"，就邢國國君。全篇銘文所記，是關於應、邢兩國之間頻聘之事。[2]但對個別字的訓釋略有差別：

關於"即於氐"中的"即"字：有的訓爲往、就、靠近，"即於氐"就是前往氐的意思；有的則釋爲就，"即于氐"是"就在氐"意思。

關於"氐"字，有的認爲應爲臣諫簋之"軝"，在今河北省元氏縣的泜河流域；有的以爲應爲古北泜水。

關於"柬"字，有的認爲係"束"之訛，爲量詞；有的認爲是地名，在今鄭州；還有的認爲當讀做館，即諸侯招待來賓的館舍。

第二種銘文中的"即"讀爲次，駐軍之意；"氐"指古泜水，即流經應國墓地附近的滍水；"青公"爲周朝大臣；"柬"是地名，在洛陽附近。全文所載大致是匍駐軍有功，故來賞賜之意。[3]

關於這篇銘文，筆者認爲銘文所記關乎西周婚禮茲不贅論。[4]

3. 柞伯簋銘文研究

全文爲："唯八月辰在庚申，王大射在周。王命南宮率王多士，師酉父率小臣。王遲赤金十鈑。王曰：'小子、小臣，敬又叉，獲則取。'柞伯十稱弓，無廢矢。王則畀柞伯赤金十鈑，誕賜柷見。柞伯用作周公寶彝。"[5]

所述内容爲周王在周舉行大射禮的情形。[6]對這篇銘文目前存在爭議的只有第四十一字叉字。歸納起來有三種意見：

第一種"夬"本義指射箭時用以勾弦的扳指，文獻多作"決"。[7]

---

[1] 釋文參考王龍正、姜濤、婁金山《匍鴨銅盉與頻聘禮》，《文物》1998年第4期；李學勤《論應國墓地出土的匍盉》，《平頂山師專學報》1999年第14卷第1期。

[2] 王龍正、姜濤、婁金山：《匍鴨銅盉與頻聘禮》，《文物》1998年第4期；陳昌遠、王琳：《"匍鴨銅盉"應爲"匍雁銅盉"新釋》，《河南大學學報》1999年第4期；劉桓：《關於匍盉"柬"字的考釋》，《考古》2001年第6期；王龍正：《匍盉銘文補釋並再論頻聘禮》，《考古學報》2007年第4期。以下1説之觀點均引自上述文章，恕不一一注出。

[3] 李學勤：《論應國墓地出土的匍盉》，《平頂山師專學報》1999年第14卷第1期；王冠英亦認爲氐在平頂山附近，詳王冠英《任鼎銘文考釋》，《中國歷史文物》2004年第2期。

[4] 拙作：《匍盉銘文研究》，《考古》2013年第2期。

[5] 釋文參考王龍正、姜濤、袁俊杰《新發現的柞伯簋及其銘文考釋》，《文物》1998年第9期；李學勤：《柞伯簋銘考釋》，《文物》1998年第11期；馮時：《柞伯簋銘文賸義》，《古文字研究》第二十四輯，中華書局2002年版，另見馮時《古文字與古史新論》，臺灣書房出版有限公司2007年版。

[6] 王龍正、姜濤、袁俊杰：《新發現的柞伯簋及其銘文考釋》，《文物》1998年第9期；王龍正、袁俊杰、廖佳行：《柞伯簋與大射禮及西周教育制度》，《文物》1998年第9期。

[7] 趙平安：《夬的形義和它在楚簡中的用法——兼釋其他古文字資料中的夬字》，《第三屆國際中國古文字學研討會論文集》，香港中文大學中國文化研究所、中國語言及文學系，1997年。

第二種與楚簡"賢"字形相同，當讀爲"賢"，[1]即多的意思。

第三種觀點認爲楚簡文字與西周銅器銘文時代相去甚遠，又有較強的地域特點，不宜用來考釋西周銅器銘文，況且商周"夬"字作、，"賢"作，也均與字形不合。指出該字應釋爲"叉"字，相當於後世之"挾"字，表示與射前關的事情況，即引弓挾矢，以食、將二指叉矢以望準。[2]

第三種觀點從文字發展歷史的角度來考證，甚碻。

4. 應公鼎銘文研究

全文爲："應公作尊彝禫鼎，武帝日丁子子孫孫永寶。"[3]

對這篇銘文有兩處尚存爭論，一是斷句，一是關於"禫"字的考釋。

關於斷句，發掘簡報認爲當在"鼎"、"丁"之後分別斷句。[4]而一些研究者認爲，當在"彝"、"丁"之後分別斷句。[5]二者的區別在於第一處斷句的地方不同，由此產生對與之相關的"禫"的不同解釋。

關於"禫"的考釋，發掘簡報認爲，"禫"即除服之祭，禫鼎就是除喪服之後所作祭祀用鼎。[6]而一些研究據不同的斷句方法，認爲"禫"與"鼎"當合爲一字——"䵽"，爲祭祀動詞，與下文"珷帝日丁"連讀，表祭祀武王之意。[7]

觀點二可商。從行款來看，當作兩字。"禫"當如一說乃除服之祭，此鼎作於應公即位之初，而且發掘簡報認爲此鼎在諸器中年代最早，年代與銘文內容正合，故當以一說爲是。

5. 小結

應國始封君、地望等問題的厘清是應國歷史研究的前提條件；應國與鄧國、柞國、申國關係彝銘的發見，爲應國歷史研究補充了重要的一手史料。監和日名的研究有助於深入瞭解西周時期的監國制度、謚法等。匍盉銘文、柞伯簋銘文、M8應公鼎銘文對研究西周時期葬禮、射禮等禮制的研究有重要意義。應國具銘銅器年代研究是應國歷史研究的基礎和首要工作，這也是本文需着力討論的問題。

---

[1] 陳劍：《柞伯簋銘補釋》，《傳統文化與現代化》1999年第1期；葛英會：《説甲骨、金文中的智字》，《紀念王懿榮發現甲骨文一百週年論文集》，齊魯書社2000年版。

[2] 馮時：《柞伯簋銘文賸義》，《古文字研究》第二十四輯，中華書局2002年版；另見馮時《古文字與古史新論》，臺灣書房出版有限公司2007年版。

[3] 河南省文物考古研究所、平頂山市文物管理局：《河南平頂山應國墓地八號墓發掘簡報》，《中原文物》2007年第1期。

[4] 河南省文物考古研究所、平頂山市文物管理局：《河南平頂山應國墓地八號墓發掘簡報》，《中原文物》2007年第1期。

[5] 陳絜：《應公鼎銘與周代宗法》，《南開學報》（哲學社會科學版）2008年第6期。

[6] 河南省文物考古研究所、平頂山市文物管理局：《河南平頂山應國墓地八號墓發掘簡報》，《中原文物》2007年第1期。

[7] 陳絜：《應公鼎銘與周代宗法》，《南開學報》（哲學社會科學版）2008年第6期。

一　應國具銘銅器整理

應國具銘銅器中可作爲應國歷史研究直接史料的材料共 84 件，包括傳世品 20 件、考古出土品 51 件和近年公私收藏機構收藏的流散品 13 件。

（一）傳世具銘銅器

傳世具銘銅器主要指宋、清、民國以來國内外所著録的應國具銘銅器，共 20 件。本節在介紹這批材料時，銘文僅標注其最早和《集成》著録情况，銘文采用寬式隸定。按照食器、樂器、酒器、兵器分别介紹如下：

1. 食器

共 13 件。其中鼎 8 件、簋 5 件。

應公鼎 A　圖像、銘文均見著録：圖像爲《夏商周青銅器研究》[1]著録，銘文爲《筠清》4.15、《夏商周青銅器研究》著録，現藏上海博物館。立耳，卷沿，口呈三角形，分襠，三柱足。口沿飾兩周弦紋。高 18、口徑 15.5 厘米。重 1.75 千克（圖 1-1-1）。腹壁有銘文（圖 1-1-2）2 行 5 字："應公作旅彝。"

圖 1-1-1　應公鼎 A　　　　圖 1-1-2　應公鼎 A 銘文

---

〔1〕 陳佩芬：《夏商周青銅器研究·西周篇上》，上海古籍出版社 2005 年版，第 13 頁。

應國具銘銅器研究

應公鼎 B　該鼎圖像未見著錄，銘文摹本爲《綴遺》4.22 著錄，拓本爲《三代》2.48.8 著錄（圖 1-1-3）。銘文 2 行 5 字："應公作旅彝。"

十六字應公鼎　共 2 件。圖像于《平頂山應國墓地 I》（圖 1-1-4）見著錄，銘文分别爲《古文審》2.10（《集成》2553）、《筠清》4.14（《集成》2554）著錄。二器同銘，文行款稍異，前者（圖 1-1-5 右）3 行 16 字，後者（圖 1-1-5 左）4 行 16 字："應公作寶尊彝，曰：'奄以乃弟用夙夕將享。'"

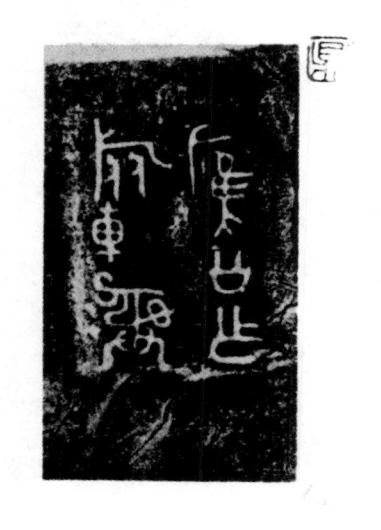

圖 1-1-3　應公鼎 B 銘文

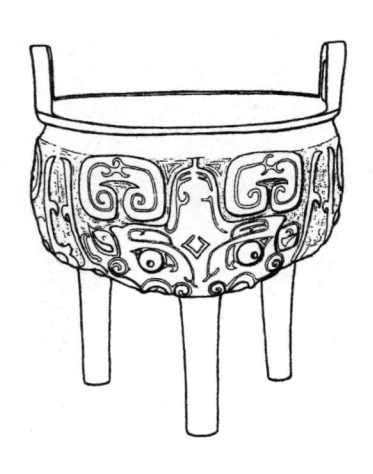

圖 1-1-4　十六字應公鼎

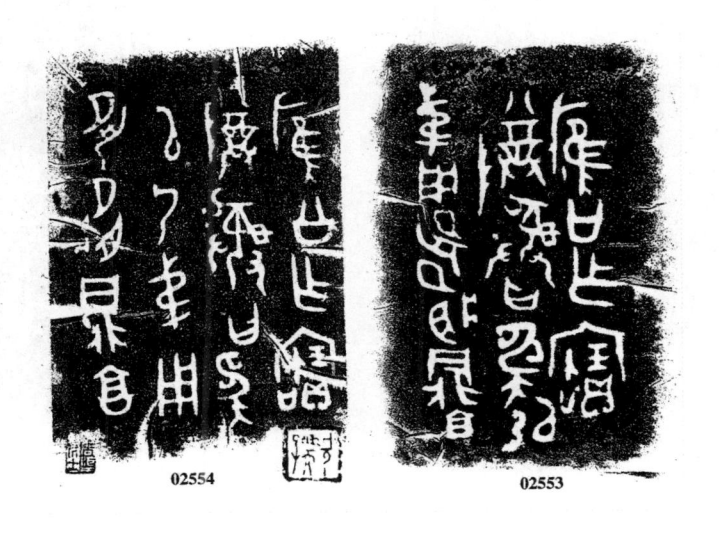

圖 1-1-5　十六字應公鼎銘文

— 131 —

應公方鼎　共2件。前者（圖1-1-6）圖像、銘文均見著錄：圖像爲《西周銅器斷代》[1]、銘文爲《綴遺》4.22、《集成》2150著錄；後者（圖1-1-8）銘文爲《集成》2151著錄，現藏故宮博物院。立耳，卷沿，腹呈橢方體、稍外鼓，四柱足。口沿飾一周變體鳥紋，中間有短扉，下飾一周弦紋。方鼎大小不詳。腹壁有銘文（圖1-1-7、圖1-1-9）2行6字："應公作寶尊彝。"

圖1-1-6　應公方鼎

圖1-1-7　應公方鼎銘文

圖1-1-8　應公方鼎

圖1-1-9　應公方鼎銘文

[1]《銅器斷代》，第635頁。

應叔鼎　圖像未見著録，銘文爲《攈古》1.3.40、《集成》2172 著録。銘文（圖 1-1-10）3 行 6 字："應叔作寶尊齋。"[1]

應𠃨鼎　圖像未見著録，銘文爲《奇觚》1.6、《集成》1975 著録。銘文（圖 1-1-11）2 行 4 字："應𠃨作旅。"

圖 1-1-10　應叔鼎銘文

圖 1-1-11　應𠃨鼎銘文

應公簋 A　圖像、銘文均見著録：圖像爲《西清》13.19 著録，銘文爲《西清》13.19、《集成》3478 著録，現藏北京故宮博物院。無蓋，侈口，獸首耳，耳下有小珥，鼓腹，圈足。口沿飾弦紋。《西清》曰："高三寸九分，深三寸一分，口徑五寸六分，腹圍一尺六寸六分，重六十二兩。"合今制高 13.8、深 11、口徑 19.8、腹部周長 58.9 厘米，重 2.2877 千克[2]（圖 1-1-12）。銘文（圖 1-1-13）2 行 5 字："應公作旅彝。"

圖 1-1-12　應公簋 A

圖 1-1-13　應公簋 A 銘文

---

[1] 羅福頤以此器爲僞器（詳見羅福頤《小校經閣金文僞器録目（初稿）》，《古文字研究》第十一輯，中華書局 1985 年版），據銘文考察此器不僞。

[2] 詳見丘光明《中國古代度量衡》，商務印書館 2006 年版，下同。

應公簋 B[1] 圖像、銘文均見著録：圖像爲《西清》13.18 著録，銘文爲《西清》13.18、《集成》3477 著録。形制與應公簋 A 相同，口沿飾一周長尾鳥紋（摹寫稍有失真），中央有獸首。《西清》曰："高四寸、深三寸、口徑五寸六分、腹圍一尺六寸七分，重五十七兩。"合今制高 14.2、深 10.7、口徑 19.9、腹部周長 20.2 厘米，重 2.1033 千克（圖 1-1-14）。銘文（圖 1-1-15）2 行 5 字："應公作旅彝。"

十月敊簋　圖像、銘文均見著録：圖像爲《博古》16.39 著録，銘文爲《嘯堂》55、《集成》4323 著録。失蓋。斂口，獸首耳，耳下有方形小珥，垂腹、圈足、獸足。口沿飾一周竊曲紋，腹飾瓦紋，圈足飾一周橫鱗紋。《博古》載："高五寸八分，深四寸，口徑六寸三分，腹徑七寸九分，容六昇，重八斤一兩"。合今制高 18.1、深 12.5、口徑 19.7、腹徑 24.6 厘米，容 4020 毫升，重 5.104 千克（圖 1-1-16）。銘文（圖 1-1-17）13 行 140 字[2]："唯王十月，王在成周。南淮夷遷及内伐溳、昂、𩁹、泉、裕，敏陰陽洛。王命敊追襲[3]於上洛、怂谷，至於伊，班。長榜載首百、執訊四十，奪孚人四百，鄙於榮伯之所。與怂衣隸，復付厥君。唯王十又一月，王格於成周大廟。武公入右敊，告禽馘百、訊四十。王蔑敊歷，使尹氏授贅敊圭瓚、訊貝五十朋。賜田于敊五十田，于早五十田。敊敢對揚天子休，用作尊簋，敊其萬年子子孫孫永寶用。"

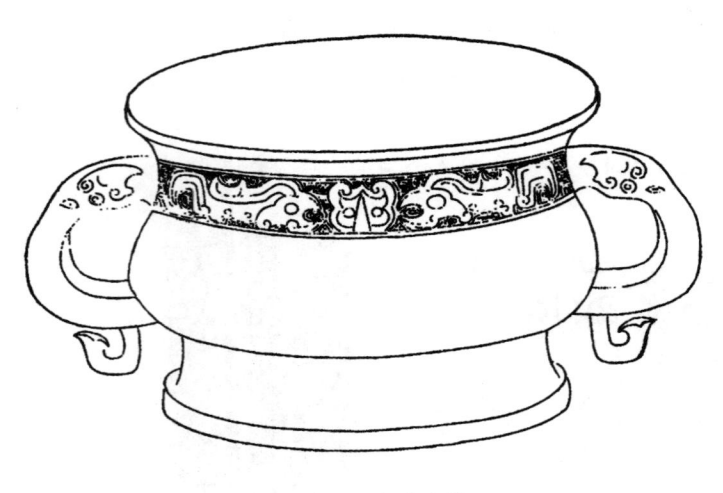

圖 1-1-14　應公簋 B

圖 1-1-15　應公簋 B 銘文

---

[1] 該簋《希古》5.2.1 著録，誤稱爲雁侯尊，孫稚雛：《金文著録簡目》4335（中華書局 1981 年版）著録《希古》5.2.1 著録之尊，然孫書第 1905 器亦著録該簋，且與《希古》著録之尊别爲二器，二書並誤。

[2] 釋文參考《大係》，第 110 頁；《史徵》，第 480 頁；《銅器斷代》，第 229 頁；《綜合研究》，第 393 頁。

[3] 裘錫圭先生説，轉引自王輝《商周金文》，文物出版社 2006 年版，第 111 頁。

圖 1-1-16　十月敔簋　　　　　　　　　　　　圖 1-1-17　十月敔簋銘文

　　應侯簋 A　圖像、銘文均見著錄：圖像爲《考古圖》3.15 著錄，銘文爲《嘯堂》60[1]、《集成》3860 著錄。有蓋，蓋頂有捉手，獸首耳，耳下有方形珥，圈足下當有三足（已斷），僅存上端獸首。蓋和口沿均飾雙行橫鱗紋，腹飾瓦紋，圈足飾一周橫鱗紋。《博古》曰："通蓋高六寸一分、深四寸一分、口徑六寸、腹徑七寸七分、容六升，共重七斤。"合今制通高 19、深 12.8、口徑 18.7、腹徑 24 厘米，容量 4020 毫升，重 4.431 千克（圖 1-1-18）。蓋（圖 1-1-19）、器（圖 1-1-20）同銘 3 行 14 字："應侯作姬原母尊簋，其萬年永寶用。"

圖 1-1-18　應侯簋 A　　圖 1-1-19　應侯簋 A 銘文　　圖 1-1-20　應侯簋 A 銘文

　　應侯簋 B　圖像未見著錄。銘文爲《小校》8.23.3、《集成》4045 著錄。銘文（圖 1-1-21）4 行 23 字（重文 2 字）："唯正月初吉丁□，應侯作甥杙姜尊簋，其萬年子子孫孫

---

[1]《考古圖》亦著錄有銘文摹本，但摹寫失真；《嘯堂》摹本最真切，《集成》採用的便是《嘯堂》摹本。

永寶用。"[1]

圖1-1-21 應侯簋B銘文

圖1-1-22 應侯視工鐘A

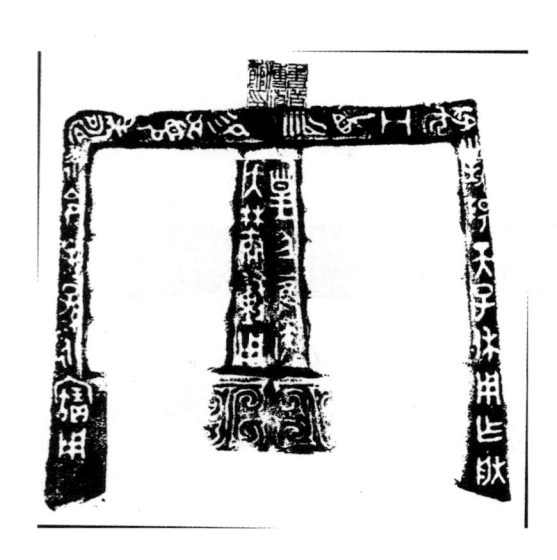

圖1-1-23 應侯視工鐘A銘文

---

[1] 羅福頤以此器爲僞器（詳見羅福頤《小校經閣金文僞器録目（初稿）》，《古文字研究》第十一輯，中華書局1985年版），據銘文考察此器不僞。

2. 樂器

1件，爲青銅鐘。

應侯視工鐘B[1]或稱書道鐘，圖像、銘文均見著錄：圖像爲《三代秦漢遺物所見文字》著錄，銘文爲《三代秦漢遺物所見文字》、《集成》108著錄，現藏東京書道博物館。該鐘形制與藍田出土的應侯視工鐘A相同。大小不詳（圖1-1-22）。銘文（圖1-1-23）33字，可與藍田鐘連讀："四匹，視工敢對揚天子休，用作朕皇祖應侯大林鐘，用賜眉壽永命，子子孫孫永寶用。"

3. 酒器

共5件，其中尊2、卣2、觶1件。

應公尊A　圖像由《平頂山應國墓地I》著錄，[2]銘文爲《從古》13.22、《集成》5841著錄，現藏山東師范大學歷史系文物陳列室。侈口，口呈橢圓形，鼓腹，圈足。腹飾獸面紋。通高16.4、口徑12×10厘米（圖1-1-24）。器底有銘文（圖1-1-25）2行6字："應公作寶尊彝。"

應公尊B　圖像未見著錄，銘文爲《綴遺》18.27.2著錄。銘文（圖1-1-26）5字："應公作寶彝。"

應公卣A　圖像、銘文均見著錄：圖像爲《故圖》上138著錄，銘文爲《貞松》7.26、《集成》5220著錄，現藏臺北故宮博物院。斷面呈圓形，蓋頂有圓形捉手，頸上有兩個獸

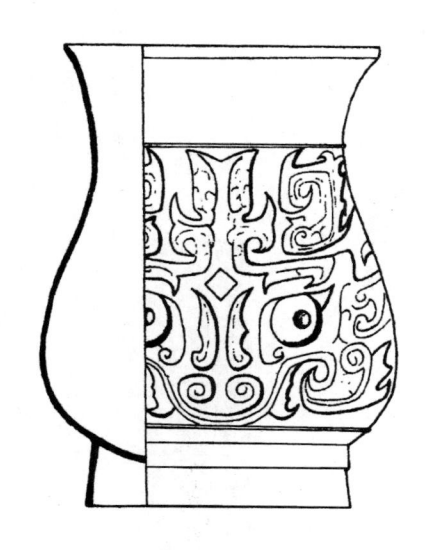

圖1-1-24　應公尊A　　　圖1-1-25　應公尊A銘文　　　圖26　應公尊B銘文

---

[1] 韌松：《〈記陝西藍田新出土的應侯鐘〉一文補正》，《文物》1977年第8期；張光裕：《藍田新出土的應侯鐘與書道藏器的復合》，《東方文化》1977年第15卷第2期。
[2] 《平頂山應国墓地I》，第319頁。

首，鼓腹，圈足。蓋、頸均飾兩周弦紋（圖 1 – 1 – 27）。蓋（圖 1 – 1 – 28）、器（圖 1 – 1 – 29）同銘 2 行 6 字："應公作寶尊彝。"

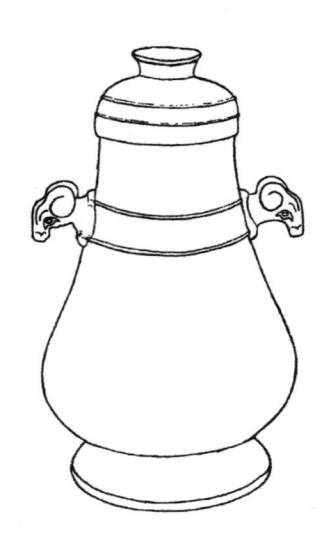

圖 1 – 1 – 27　應公卣 A　　　圖 1 – 1 – 28　應公卣 A 蓋銘　　　圖 1 – 1 – 29　應公卣 A 器銘

應公卣 B　圖像、銘文均見著錄：圖像爲《西清》16.1 著錄，銘文爲《西清》16.1、《集成》5177 著錄。有蓋、蓋頂有圓形捉手，提梁兩端有獸首，垂腹，圈足。蓋和口沿紋飾無法辨識，中央有一個獸首，提梁飾雲雷紋。《西清》曰："通蓋高六寸五分，深四寸三分，口徑三寸六分，腹圍一尺七寸四分，重七十二兩。"合今制通高 23.1、深 15.3、口徑 12.8、腹圍 61.7 厘米。重 2.6568 千克（圖 1 – 1 – 30）。蓋（圖 1 – 1 – 31）、器（圖 1 – 1 – 32）同銘 5 字："應公作寶彝。"

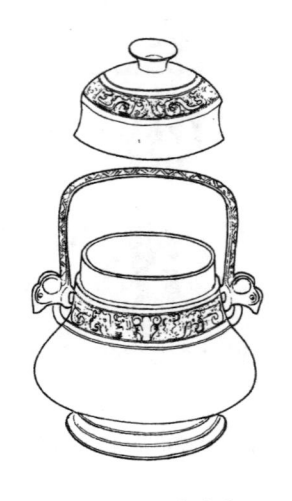

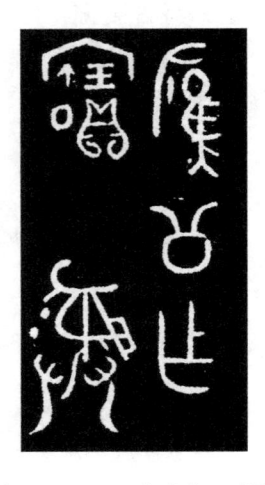

圖 1 – 1 – 30　應公卣 B　　　圖 1 – 1 – 31　應公卣 B 蓋銘　　　圖 1 – 1 – 32　應公卣 B 器銘

應公觶　圖像、銘文均見著録：圖像爲《銅器斷代》著録，[1]銘文爲《攈古》1.1.25、《集成》6174著録。橢圓口，有柄，柄在較寬一邊，鼓腹，圈足。頸飾一周雲雷紋。高12.5、口徑6.5×8厘米（圖1-1-33）。銘文（圖1-1-34）1行2字："應公。"

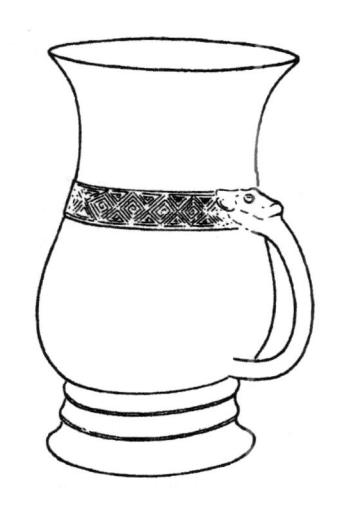

図1-1-33　應公觶　　　図1-1-34　應公觶銘文

4. 兵器

1件，即應父戈。

應父戈　爲《金文通釋》所著録（圖1-1-35）。[2]銘文2行12字："王賜應父兵，以征以衛，用毋妄。"

（二）考古出土具銘銅器

這一類銅器主要爲應國墓地出土，計49件；其他地區出土2件，一共51件（其中包括個別雖未經正式考古發掘，但有明確出土時間和出土地點的銅器）。

1. 應國墓地出土具銘銅器

1979年河南省平頂山市新華區滍陽鎮（原薛莊鄉）北滍村西的滍陽嶺發現2件鄧公簋，此後於1980、1982、1984和1985年陸續有西周青銅器出土。經過實地調查和鑽探，1986年確認滍陽嶺爲兩周時期應國貴族墓地——應國墓地。墓地西臨應河，與應山隔河相望。

図1-1-35　應父戈

---

[1]《銅器斷代》，第634頁。
[2]《通釋》卷1下，第503頁。

應國墓地是一處兩周、兩漢連續使用的大型古墓群。兩周時期多爲應國貴族墓葬,兩漢時期多爲平民墓葬。整個墓地以西周至春秋早期墓葬爲主。從 1986 年開始至 2004 年,河南省文物考古研究所與平頂山市文物部門聯合進行了長達十餘年的考古發掘,發掘墓葬數百座,已基本認清西周至春秋早期應國貴族墓葬的分佈規律,即滍陽嶺南端的墓葬年代早,愈往北年代愈晚,國君墓葬位於嶺脊上,國君夫人墓葬大都附葬於國君墓葬東側,同時期的小型墓葬多分佈在國君墓葬的東面或東南面。[1]

以墓葬爲單位依墓葬發現時間,對已發表銅器逐一介紹如下:

(1) M104 與 M105 [2]

1979 年 12 月、1980 年 5 月 18 日、1984 年 4 月 20 日北滍村村民在滍陽嶺取土時均發現有青銅器。後經實地勘察,這些青銅器出自兩座並穴合葬的墓葬中,墓葬編號爲 M104、M105。具銘銅器共 5 件,其中鼎 1 件,簋 4 件,現分藏於平頂山市博物院和河南博物院。

藝虎鼎　1984 年發現。立耳,方唇,下腹微鼓,三柱足;口沿飾一周竊曲紋。通高 17.2、耳高 3、口徑 18、腹深 8.8、足高 6.5 厘米,重 2 千克(圖 1-2-1)。腹內有銘文(圖 1-2-2)3 行 11 字:"藝[3]虎作飤鼎,其萬年永寶用。"[4]

圖 1-2-1　藝虎鼎　　　　　　圖 1-2-2　藝虎鼎銘文

---

[1] 王龍正:《應國史研究的里程碑——平頂山應國墓地》,李文儒編著《中國十年百大考古新發現》,文物出版社 2002 年版。

[2] 平頂山市文管會:《河南平頂山市發現西周銅簋》,《考古》1981 年第 4 期;張肇武:《河南平頂山市又出土一件鄧公簋》,《考古與文物》1983 年第 1 期;張肇武:《平頂山市出土周代青銅器》,《考古》1985 年第 3 期。該墓原無編號,後統一編號爲 M104、M195(詳見王龍正、劉曉紅、周國朋《新見應侯見工簋銘文考釋》,《中原文物》2009 年第 5 期)。若無特殊説明,所引用該墓葬的銅器材料均出自原發掘簡報(簡訊),下同。

[3] 學者多認爲該字與封父國有關:釋爲"封",即封父國(張肇武:《平頂山市出土周代青銅器》,《考古》1985 年第 3 期);或釋爲奉,假借爲"封",氏名,虎乃私名,故虎乃古封父國的遺族(王子超:《釋丯——兼論夆、邦、豐諸字之孳乳關係》,《河南大學學報》1986 年第 1 期)。學者或者認爲該字爲藝字,藝虎當爲人名(業師馮時教授説)。

[4] 本章所介紹的銅器,其銘文均以今文録之。

應國具銘銅器研究

鄧公簋　共4件。1979年12月、1980年5月18日各發現1件。二者形制、紋飾、大小相同。斂口，獸首銜環耳，鼓腹，圈足，下有三小柱足。口沿飾一周竊曲紋，腹飾瓦紋，圈足飾一周雲紋，小足飾獸面紋（圖1-2-3）。通高15.5、口徑19、腹徑24.5、圈足徑20、高3厘米；其中一個重3.175千克。腹內有銘文（圖1-2-4、圖1-2-5）3行12字："鄧公作應嫚毗媵簋，其永寶用。"

圖1-2-3　鄧公簋 　　　圖1-2-4　鄧公簋銘文 　　　圖1-2-5　鄧公簋銘文

1984年4月20日發現2件皆有蓋。二者形制、紋飾、大小相同，重量稍異。蓋頂有喇叭形捉手，蓋緣飾一周竊曲紋，餘飾瓦紋，器身形制與缺蓋之鄧公簋相同。通高20、口徑20、腹徑24.5、深10.5、圈足高3、小足高2厘米；分別重4.1、4.8千克（圖1-2-6、圖1-2-7）。二簋（蓋圖1-2-8、器圖1-2-9，蓋圖1-2-10、器圖1-2-11）同銘3行12字："鄧公作應嫚毗媵簋，其永寶用。"

圖1-2-6　鄧公簋 　　　圖1-2-7　鄧公簋

— 141 —

圖 1-2-8　鄧公簋蓋銘　　　　　　　圖 1-2-9　鄧公簋器銘

圖 1-2-10　鄧公簋蓋銘　　　　　　圖 1-2-11　鄧公簋器銘

（2）M229[1]

1982年11月北滍村農民在滍陽嶺上取土時發現一批西周青銅器。這些青銅器全部出土於土坑豎穴墓M229，其中具銘銅器4件，分別爲鼎1件、簋1件、爵1件和觶1件。現分藏河南博物院和平頂山市文物管理局。

應事鼎　立耳，侈口，腹稍垂馳，三柱足。口沿裝飾似爲一周雲雷紋爲地的顧首龍紋。高21.2、口徑19.3、腹徑21、深12、足高8厘米，重2.95千克（圖1-2-12[2]）。腹內有銘文（圖1-2-13）1行5字："應事作旅鼎。"

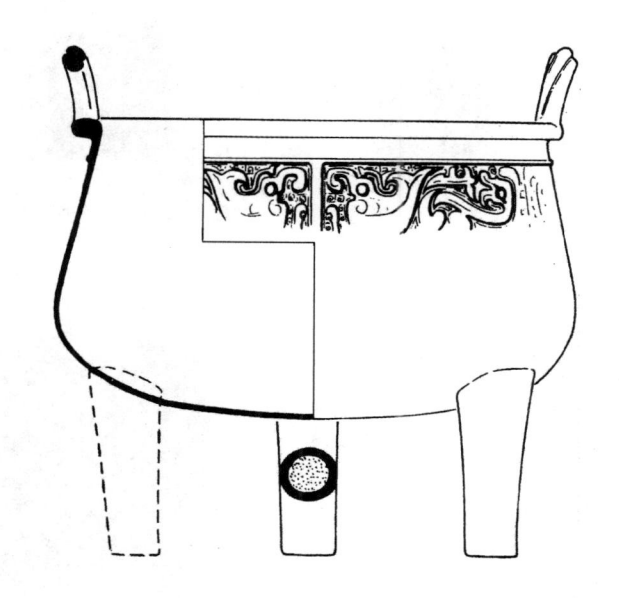

圖1-2-12　應事鼎

圖1-2-13　應事鼎銘文

應事簋　有蓋，蓋頂有圓形捉手，獸首啣環耳，鼓腹，圈足。蓋和口沿均飾一周夔紋，圈足飾兩周細雲雷紋，中間飾一周弦紋。通高17.1、口徑14、腹徑20、深11.3、圈足徑15、高2.5厘米，重2.2千克（圖1-2-14）。蓋（圖1-2-15）、器（圖1-2-16）同銘1行5字："應事作旅簋。"

應事爵　有流，有尾，傘狀柱，筒形腹，三棱狀尖足，無鋬。腹飾一周弦紋。通高19.3、雙柱高5、流至尾長17.2、口徑8.2、腹圍22、深7.5、足高8.5厘米，重0.8千克（圖1-2-17）。腹內有銘文（圖1-2-18）1行6字（首字漫漶）："[應]事作父乙寶。"

應事觶　形體細長，口徑大於腹徑，器腹下垂，下有圈足。頸飾兩周弦紋。高15.1、

---

[1]　平頂山市文管會：《河南平頂山市出土的西周應國青銅器》，《文物》1984年第12期，該墓葬原無編號，後統一編號爲M229（詳見《青銅器卷》，第417頁）。
[2]　已發表的圖像紋飾模糊難以辨認，故而暫不繪製紋飾。

口徑7.9、腹圍20.3、圈足直徑5.9厘米（圖1-2-19）。器底有銘文（圖1-2-20）2行6字："應事作父乙寶。"

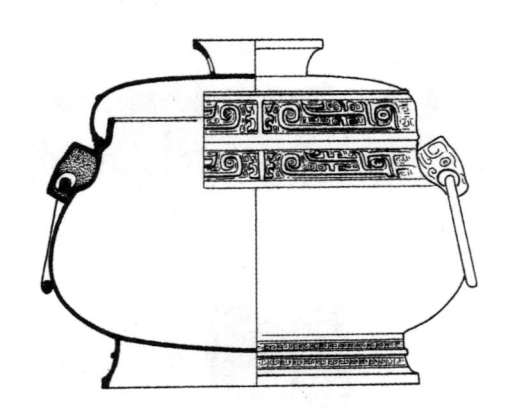

圖1-2-14　應事簋　　圖1-2-15　應事簋蓋銘　　圖1-2-16　應事簋器銘

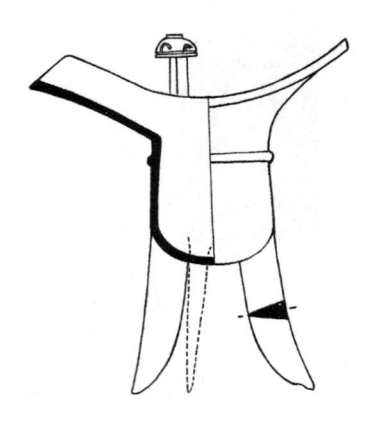

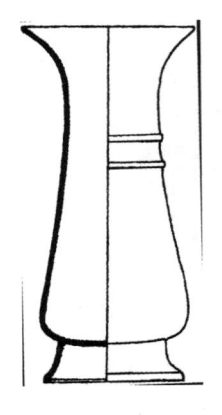

圖1-2-17　應事爵　　圖1-2-18　應事爵銘文　　圖-2-19　應事觶　　圖1-2-20　應事觶銘文

（3）M51[1]

1985年4月平頂山市北滍村村民在修魚塘時發現了4件青銅器，平頂山市文物管理委員會派人進行了調查和清理，認爲這些青銅器均出自土坑豎穴墓M51。4件青銅器中有3件具銘，分別爲伯鼎、伯簋、少姜卣。現藏平頂山博物館。

伯鼎　立耳，分襠，柱足。器身飾三組大獸面紋，分別與三足相應，獸面兩側有分解肢體。高21、口徑17.5厘米（圖1-2-21）。內壁有銘文（圖1-2-22）2行4字："伯作寶彝。"

---

[1] 平頂山市文管會：《平頂山市新出土西周青銅器》，《中原文物》1988年第1期。後編號爲M51，見《青銅器卷》，第365頁。

應國具銘銅器研究

圖 1-2-21　伯鼎

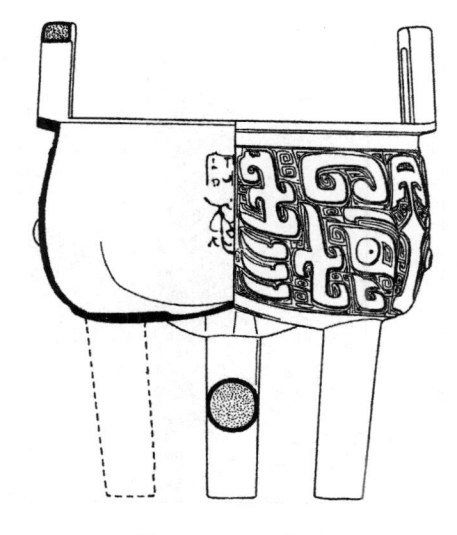

圖 1-2-22　伯鼎銘文

伯簋　無蓋，侈口，鼓腹，圈足，獸首耳，耳下有方形小珥。口沿飾三周弦紋，中間有一獸首，圈足飾兩周弦紋。高 12.8、口徑 19.5、圈足徑 16.4、高 2.8 厘米（圖 1-2-23）。底有銘文，中間有數字被補丁覆蓋，僅可辨首尾 2 字："伯□□□□用。"

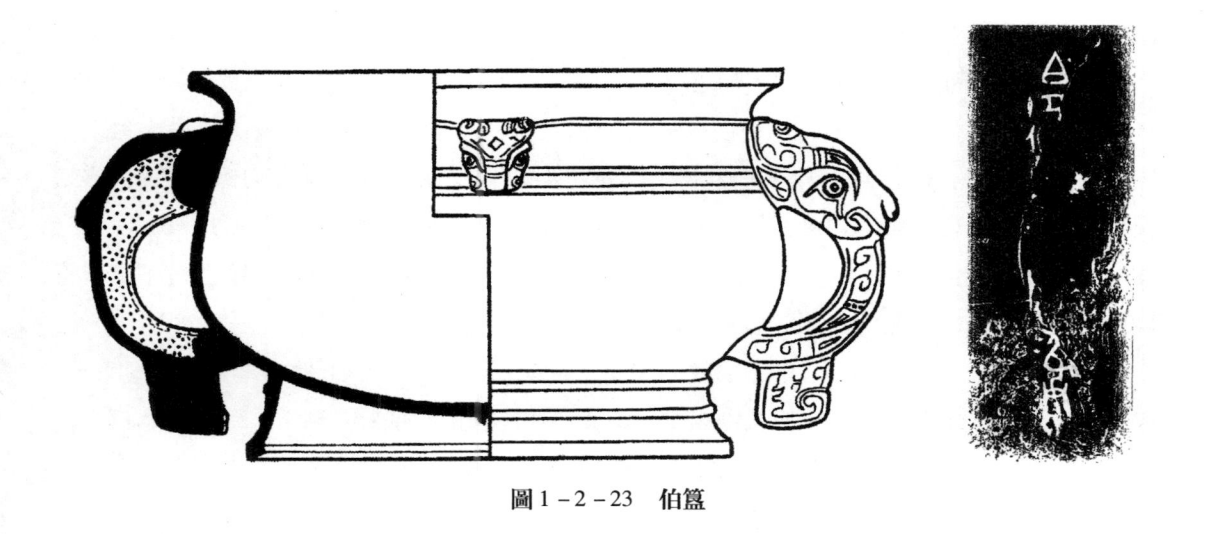

圖 1-2-23　伯簋

少姜壺　有蓋，蓋頂有圓形捉手，有提梁，提梁兩端有獸首，鼓腹，圈足。頸飾一周鳥紋，蓋、腹均飾曲折雷紋，圈足飾兩周弦紋。通樑高 24.5、通蓋高 22.4、口徑 7.2、腹徑 13.6、圈足徑 9.8、高 2.2 厘米（圖 1-2-24）。蓋內有銘文（圖 1-2-25）1 行 4 字："少姜作用壺。"

— 145 —

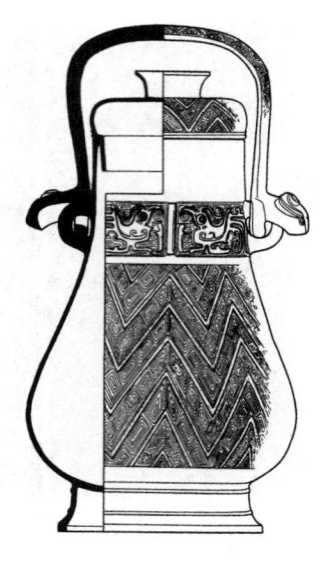

圖 1-2-24　少姜壺　　　　　　　　圖 1-2-25　少姜壺銘文

（4）M13[1]

1987 年 8 月平頂山市新華區薛莊鄉磚廠工人在取土時發現一座"甲"字形墓。該墓發現後被盜掘，部分文物後被追繳回來，有 9 件具銘銅器，現藏平頂山市文物管理局。9 件具銘銅器分爲應姚和應侯 2 組。

應姚組　6 件，其中簋 3、鬲 2、盤 1 件。

應姚簋　共 3 件，大小、形制、紋飾均相同，目前發表了 2 件。有蓋、折沿，蓋頂有圓形捉手，鼓腹，獸首耳、耳下有方珥，圈足下有三個獸足。蓋、口沿均飾一周竊曲紋，圈足飾雲紋，蓋面、腹部均飾瓦紋。通高 22.8、口徑 19.2 厘米（圖 1-2-26、圖 1-2-28）。蓋、器同銘（圖 1-2-27、圖 1-2-29）4 行 31 字（重文 2 字）："唯七月丁亥，應姚作叔誥父尊簋，叔誥父其用賜眉壽永命，子子孫孫永寶用享。"

應姚鬲　共 2 件，大小、形制、紋飾相同，目前僅發表了其中 1 件。寬平沿，短束頸，肩有扉，平襠。扉棱飾斜綫，腹飾波帶紋。高 11、口徑 16.1 厘米（圖 1-2-30）。口沿上有銘文（圖 1-2-31）13 字："應姚作叔誥父尊鬲，其永寶用享。"

應姚盤　平折沿，附耳，淺腹，高圈足。器身和圈足各飾一周竊曲紋。高 10、口徑 37 厘米（圖 1-2-32）。盤底有銘文（圖 1-2-33）共 3 行 19 字："應姚作叔誥父寶盤，其萬年子子孫孫永寶用享。"

---

[1] 婁金山：《河南平頂山市出土的應國青銅器》，《考古》2003 年第 3 期，簡訊中將該墓葬編爲 PY 臨 M1，後統一編號爲 M13，參見《青銅器卷》，第 400 頁。

應國具銘銅器研究

圖 1-2-26　應姚簋

圖 1-2-27　應姚簋銘文

圖 1-2-28　應姚簋

圖 1-2-29　應姚簋銘文

圖 1-2-30　應姚鬲

圖 1-2-31　應姚鬲銘文

— 147 —

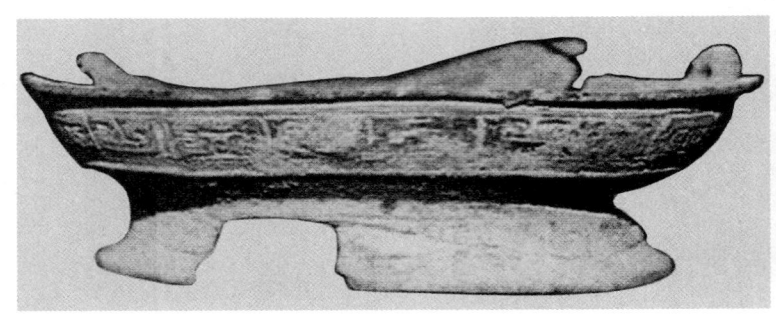

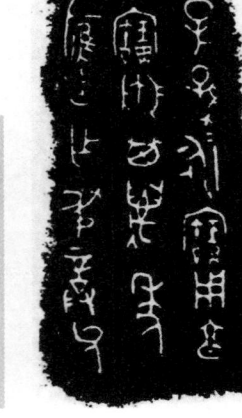

图 1-2-32 應姚盤　　　　　　　　　　図 -2-33 應姚盤銘文

應侯組　3 件,其中鼎 1、匜 1、壺 1 件。

應侯鼎　立耳,半球形腹,三蹄足,口沿飾一周橫鱗紋,下有一周弦紋。通高 23.5、口徑 24 厘米(圖 1-2-34)。銘文(圖 1-2-35)2 行 10 字:"唯□月丁亥,應侯作尊鼎。"

圖 1-2-34 應侯鼎　　　　　　　　　　圖 1-2-35 應侯鼎銘文

應侯匜[1]　口緣較直,流槽窄長,深腹圜底,後有鋬,下具四扁獸足。口沿飾一周橫鱗紋,腹飾瓦紋。長 30.5、寬 14.5、高 13.1 厘米(圖 1-2-36)。銘文(圖 1-2-37)2 行 12 字(重文 2 字):"應侯作匜,子子孫孫其永寶用。"

---

[1]　M13 出土應侯匜僅 1 件,《考古》2003 年第 3 期、《青銅器卷》均有著錄,編號相同。然而兩者所著錄的圖像略有差異,大小亦不等,《青銅器卷》著錄圖像清晰,故此處采用其所著錄之圖像,凡此當以正式考古報告爲準。

應候壺[1]　斷面呈方形，有蓋，蓋頂有捉手，頸部有兩個對稱貫耳，腹下垂，方圈足。蓋沿、頸、圈足各飾弦紋兩周，腹部四面均飾十字紋。通高50、口16.8×12.8、圈足長24、寬17.6厘米（圖1-2-38）。壺蓋銘文5字："應侯作壺。"

圖1-2-36　應侯匜

圖1-2-37　應侯匜銘文

圖1-2-38　應侯壺

(5) M50[2]

1988年11月由河南省文物考古研究所與平頂山市文管會發掘，爲豎穴土坑墓。目前僅發表了1件銅盉的資料，現藏河南博物院。

匍盉　有蓋，蓋頂有圓形捉手，高領束頸，腹腔爲圓角長方體，流作鴨首形，獸首狀鋬，鋬和蓋之間由一個立人連接，四柱足。蓋、頸均飾一周以卷雲紋爲地的鳥紋。通高26、長31.8、體寬17.2、口徑14.2厘米（圖1-2-39）。蓋內有銘文（圖1-2-40）4行43字：

圖1-2-39　匍盉

圖1-2-40　匍盉銘文

---

[1]《青銅器卷》，第420頁。考古簡訊未言及有具銘青銅壺，而《青銅器卷》著錄。
[2] 王龍正、姜濤、婁金山：《匍鴨銅盉與頫聘禮》，《文物》1998年第4期。

"唯四月既生霸戊申，匍即于氐，青公使司事允贈匍于朿：麀币、韋兩、赤金一鈞。匍敢對揚公休，用作寶尊彝，其永用。"

(6) M8[1]

1989年4—5月由河南省文物考古研究所、平頂山市文物管理委員會聯合發掘，帶有臺階式墓道。有具銘銅鼎1件。

應公鼎 立耳，淺垂腹，三蹄足。口沿飾一周波帶紋，被六條短扉分開。腹飾三排垂鱗紋，三蹄足上飾有獸首。高26.6、口徑26.3厘米（圖1-2-41）。腹壁有銘文（圖1-2-42）4行17字（重文2字）："應公作尊彝䉵鼎，武帝日丁子子孫孫永寶。"

圖1-2-41 應公鼎

圖1-2-42 應公鼎銘文

(7) M95[2]

1991年8—9月由河南省文物考古研究所與平頂山市文物管理委員會發掘，爲帶墓道的土坑豎穴墓，共出具銘銅器16件，其中鼎3、簋4、鬲4、盨2、壺2、盤1件。現藏河南博物院。這16件具銘銅器分爲公、侯氏和應伯3組：

公組 共7件，其中鼎3、簋4件。

公作敔鼎 共3件，形制、紋飾大致相同，大小不等。立耳，平折沿，垂腹，圓底，三蹄足。口沿飾一周竊曲紋，爲三個扉稜隔開，下飾一周弦紋；三足上部各飾一組獸面紋，獸面中部有扉稜。其中兩件尺寸爲：高26、口徑26厘米（圖1-2-43）；高32、口徑29

---

[1] 河南省文物考古研究所、平頂山市文物管理局：《平頂山應國墓地八號墓發掘簡報》，《華夏考古》2007年第1期。

[2] 河南省文物考古研究所、平頂山市文物管理委員會：《平頂山應國墓地九十五號墓的發掘》，《華夏考古》1992年第3期。

厘米（圖1-2-45）；另一件大小不詳（圖1-2-44）。腹內有銘文4行27字（重文2字）："唯八月初吉丁丑，公作敔尊鼎。敔用賜眉壽永命，子子孫孫永寶用享。"

公作敔簋　共有4件，大小、形制、紋飾相同。目前僅發表其中1件。有蓋，蓋頂有圓形捉手，獸首耳，耳下有珥，直口，鼓腹，圈足，下有三獸足。蓋及腹部各飾一周波帶紋。通高26、口徑22厘米（圖1-2-46）。蓋（圖1-2-47）、器（圖1-2-48）同銘5行27字："唯八月初吉丁丑，公作敔尊簋敔，敔用賜眉壽永命，子子孫孫永寶用享。"

圖1-2-43　**公作敔鼎**　　　圖1-2-44　**公作敔鼎**　　　圖1-2-45　**公作敔鼎**

圖1-2-46　**公作敔簋**　　圖1-2-47　**公作敔簋蓋銘**　圖1-2-48　**公作敔簋器銘**

侯氏組　共4件，皆为鬲。

侯氏鬲　共有4件。大小、形制、紋飾相同，目前僅發表了其中1件。寬平折沿，短束頸，腹部斷面呈三角形，平襠，三柱足，有三個扉稜與三足相應。腹飾一周波帶紋。高10.8、口徑4.4厘米（圖1-2-49）。口沿面上有銘文12字："侯氏作姚氏尊鬲，其萬年永寶。"

應伯組　共5件，其中甗2、方壺2、盤1件。

應伯甗　共2件，大小、形制、紋飾相同，目前僅發表了其中1件。有蓋，蓋頂有四個曲尺形足，附耳由橫樑與器身相連，腹壁近直，方圈足。通體飾瓦紋。通高14.5、口長18、寬12.5厘米（圖1-2-50）。蓋（圖1-2-51）[1]、器同銘1行5字："應伯作旅甗。"

圖1-2-49　侯氏鬲

圖1-2-50　應伯甗

圖1-2-51　應伯甗蓋銘

應伯壺　共2件，大小、形制、紋飾相同，目前僅發表了其中1件。斷面呈方形，有蓋，蓋頂有捉手，頸部有兩個對稱貫耳，腹下垂，方圈足。腹部四面均飾"十"字紋，蓋和口沿下均飾一周波帶紋。通高47、口長16、寬11.8、圈足長24、寬18厘米（圖1-2-52）。蓋內有銘文3行5字："應伯作尊壺。"

應伯盤　平折沿，附耳，淺腹，高圈足。腹部與圈足各飾一周變形蟬紋。高11.8、口徑37厘米（圖1-2-53）。盤底有銘文2行10字："應伯作寶盤，其萬年永寶。"

圖1-2-52　應伯壺

圖1-2-53　應伯盤

[1]　王蘊智、陳淑娟：《應國有銘銅器的初步考察》，《中原文物》2008年第4期。

應國具銘銅器研究

(8) M84[1]

1992年由河南省文物考古研究所發掘，爲土坑豎穴墓，共出土具銘銅器7件，鼎、盨、甗、尊、卣、盤、盉各1件，據銘文内容分爲𫓧、應侯和無名3組。

𫓧組　共2件，其中尊、卣各1件。

𫓧尊　侈口，器體筒形，垂腹，矮圈足。頸飾一周鳥紋，用獸首隔開。高16.7、口徑18厘米（圖1-2-54）。腹内有銘文（圖1-2-55）3行12字："𫓧肇諆作寶尊彝，用夙夕享孝。"

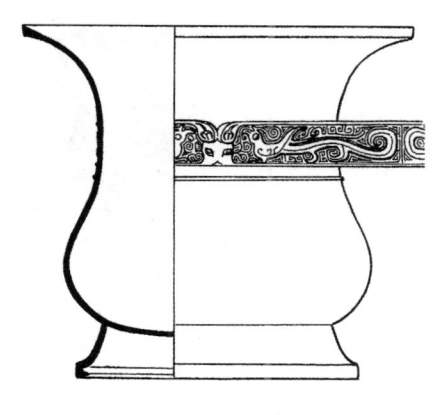

圖1-2-54　𫓧尊 　　　　　圖1-2-55　𫓧尊銘文

𫓧卣　有蓋，蓋頂有圓形捉手，蓋兩端有豎立犄角，提梁有獸首，器口呈圓角長方形，腹下垂，圈足。蓋和口沿均飾一周長尾鳥紋，蓋上鳥紋由短扉隔開，口沿下鳥紋由獸首隔開。通梁高20.6、通蓋高17.8、口徑12.3×8.7厘米（圖1-2-56）。器、蓋（圖1-2-57）

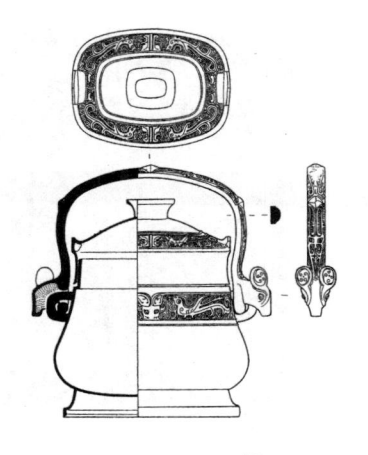

圖1-2-56　𫓧卣 　　　　　圖1-2-57　𫓧卣銘文

---

[1] 河南省文物考古研究所、平頂山市文物管理委員會：《平頂山應國墓地八十四號墓發掘簡報》，《文物》1998年第9期。

同銘均 3 行 12 字："龏肇諆作寶尊彝,用夙夕享。"

應侯組 共 3 件,其中鼎、盨和甗各 1 件。

應侯鼎 立耳,方唇,口微斂,淺腹,腹部下垂,三柱足內部爲平面,口沿飾兩周弦紋。高 21.6、口徑 18、腹徑 19.8 厘米(圖 1-2-58)。銘文(圖 1-2-59)1 行 4 字:"應侯作旅。"

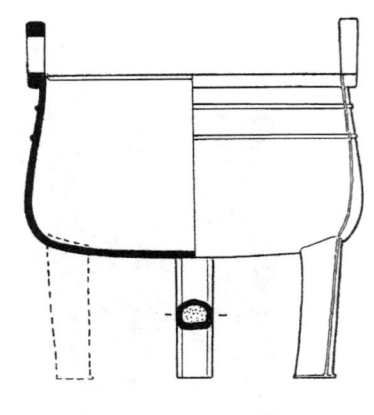

圖 1-2-58 應侯鼎　　　　圖 1-2-59 應侯鼎銘文

應侯再盨 有蓋,蓋頂有四個底部相連的曲尺形足;器口爲圓角長方形,直口,方唇,腹壁較直,獸首耳,耳下有珥,鏤孔圈足。曲尺形足飾長尾鳥紋,蓋和口沿各飾一周細雲雷紋爲地的長尾鳳鳥紋。圈足鏤空,間飾波帶紋。通高 22.4、通寬 39.3、口徑 28.8×19.8 厘米(圖 1-2-60)。蓋、器同銘(圖 1-2-61)均 4 行 28 字:"應侯再肇作厥丕顯文考釐公尊彝,用妥朋友,用寧多福,再其萬年永寶。"

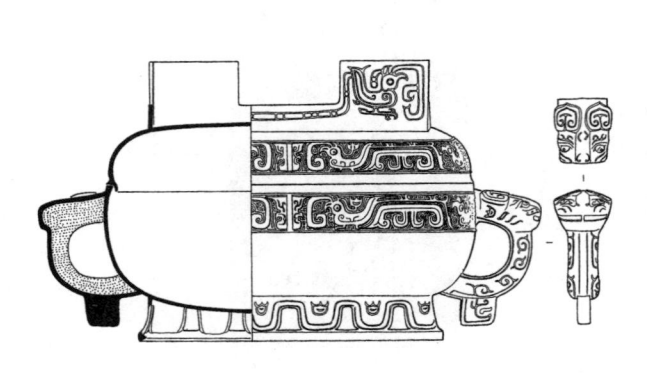

圖 1-2-60 應侯再盨　　　　圖 1-2-61 應侯再盨銘文

應侯甗 甑、鬲合鑄。甑立耳,折沿,深腹,腹壁較直;鬲分襠,柱足。甑腹飾兩周弦紋,鬲足上端各飾一組獸面紋。高 44、口徑 31.2、腹深 16 厘米(圖 1-2-62)。內壁有銘文（圖1-2-63）2行5字："應侯作旅彝。"

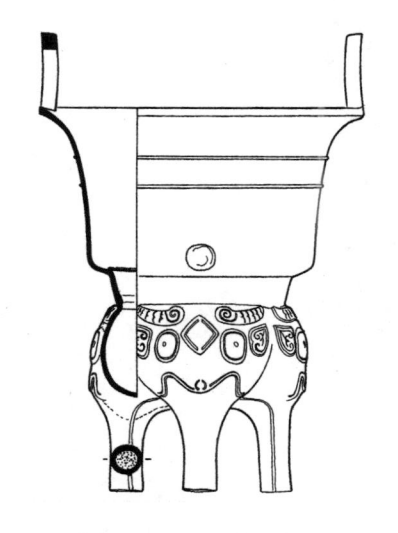

圖1-2-62　應侯甗　　　　　　　圖1-2-63　應侯甗銘文

無名組　共2件，分別爲盤、盉各1件。

獸宮盤　敞口，方脣，淺腹，兩附耳，圈足。口沿飾顧首龍紋。高10.8、口徑40.5厘米（圖1-2-64）。底有銘文（圖1-2-65）2行6字："作獸宮彝永寶。"

獸宮盉　侈口，高領，腹部外鼓作三等分，柱足。蓋飾龍首，頸、蓋緣各飾一周雲紋。通高24.1、口徑14.3、通寬30.1厘米（圖1-2-66）。蓋內有銘文（圖1-2-67）2行6字："作獸宮彝永寶。"

（9）M242[1]

1993年河南省文物考古研究所發掘，爲豎穴土壙墓，共出土鼎、簋、觶各2件，尊、爵、卣各1件。目前發表1件柞伯簋和1件晏鼎，[2]柞伯簋現藏河南博物院。

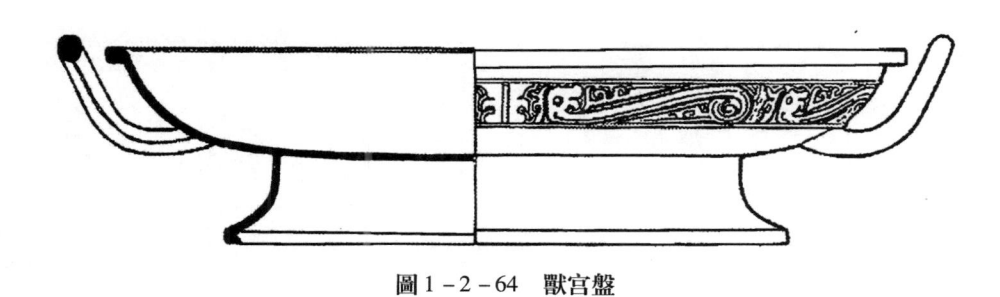

圖1-2-64　獸宮盤

---

[1] 王龍正、姜濤、袁俊杰：《新發現的柞伯簋及其銘文考釋》，《文物》1998年第9期。
[2] 晏鼎著錄于《平頂山應國墓地I》，屬西周早期晚段。晏鼎銘文笔者已有專題研究，兹不贅論。

相觀而善集·第一輯

圖 1-2-65　獸宮盤銘文

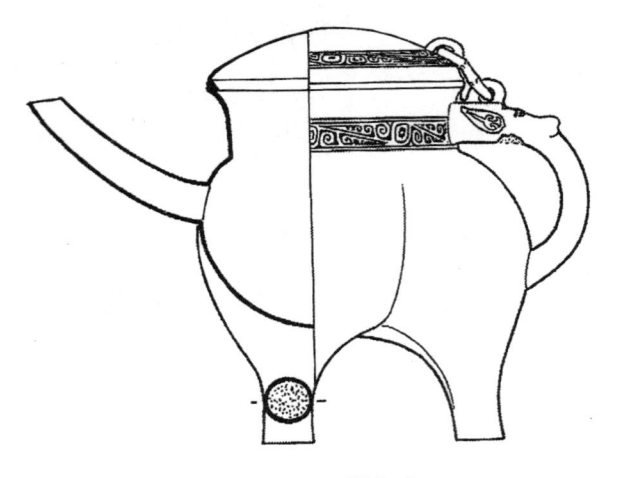

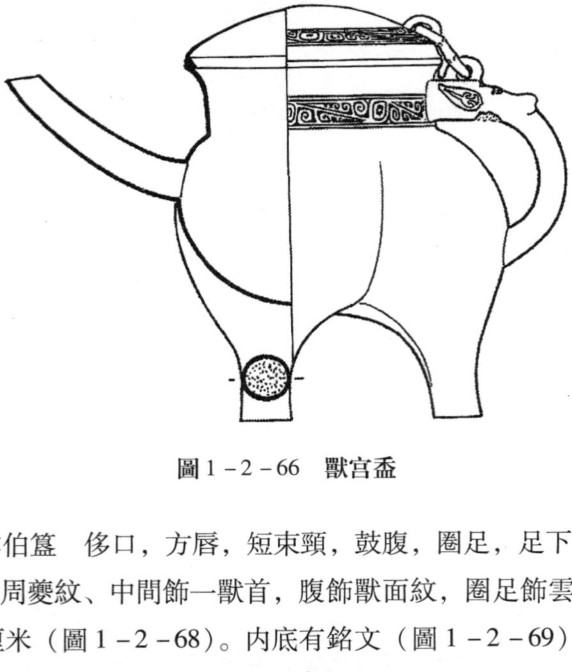

圖 1-2-66　獸宮盉

圖 1-2-67　獸宮盉銘文

　　柞伯簋　侈口，方脣，短束頸，鼓腹，圈足，足下有喇叭形支座，獸首耳，耳下有小珥。頸飾一周夔紋、中間飾一獸首，腹飾獸面紋，圈足飾雲雷紋。通高16.5、口徑17、支座底徑13.4厘米（圖1-2-68）。內底有銘文（圖1-2-69）8行74字："唯八月辰在庚申，王大射在周，王命南宮率王多士，師酉父率小臣。王遲赤金十鈑。王曰：'小子、小臣，敬又叉，獲則取。'柞伯十稱弓，無廢矢。王則畀柞伯赤金十鈑，誕賜柷見。柞伯用作周公寶尊彝。"

　　（10）M7[1]、M45[2]

　　二墓資料未見正式發表，各發表一件應申姜鼎銘文。銘文12字："應申姜作寶鼎，子子孫孫永寶。"

---

〔1〕徐錫臺：《應、申、鄧、柞鄧國銅器銘文考釋》，《容庚百年誕辰紀念文集》，廣東人民出版社1998年版。
〔2〕河南省文物考古研究所：《河南文物考古工作五十年》，《新中國考古五十年》，文物出版社1999年版。

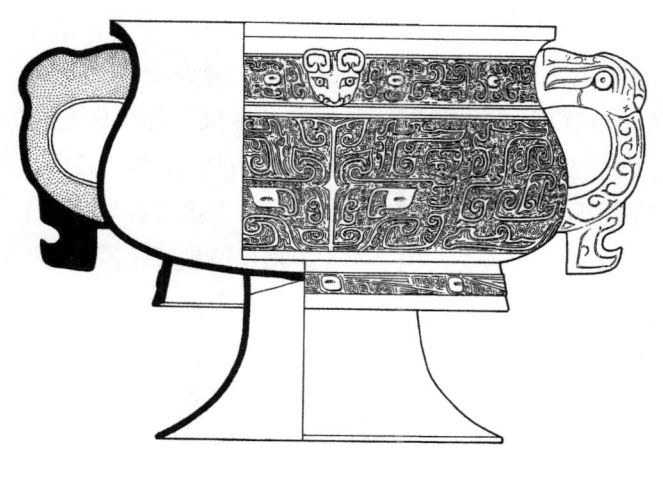

圖 1-2-68　柞伯簋　　　　　　　　　　　圖 1-2-69　柞伯簋銘文

2. 其他地區出土具銘銅器

江西、陝西共發現 2 件應國具銘銅器，爲雖非正式考古發掘品，但有明確的出土時間和地點。

應監甗[1]　1958 年 9 月 28 江西省餘干縣黃金埠中學平球場取土時發現，現藏江西歷史博物館。甑、鬲連鑄，甑爲侈口立耳；鬲分襠，圓柱足。甑口沿有一周圓渦紋和四瓣花紋相間的紋飾，鬲三足飾獸面紋。通高 34.9、耳高 5.5、口徑 22.4、足高 15.8（圖 1-2-70）。銘文（圖 1-2-71）2 行 6 字："應監作寶尊彝。"

圖 1-2-70　應監甗　　　　　　　　　　　圖 1-2-71　應監甗銘文

---

[1]　郭沫若：《釋應監甗》，《考古學報》1960 年第 1 期。

應侯視工鐘[1]　又稱藍田鐘。1974年3月陝西省藍田縣紅星公社社員在整理山坡積土時發現，現藏藍田縣文化館。鐘面鉦部界格由粗綫構成，甬部光素，每面均有18只枚。篆部橫向飾"S"形雲紋，均爲雙鉤綫條構成。正鼓部飾對稱工字形雲紋，右鼓有鳥形標記。通高26、甬長10、銑間寬13.1、舞寬8、舞縱11厘米（圖1－2－72）。兩欒、鉦間及頂部有銘文（圖1－2－73）39字："唯正二月初吉，王歸自成周，應侯視工遺王於周。辛未，王各於康［宮］，榮伯入右應侯視工，賜彤弓一、矢百，馬（下缺，與書道鐘可連讀，詳後）"

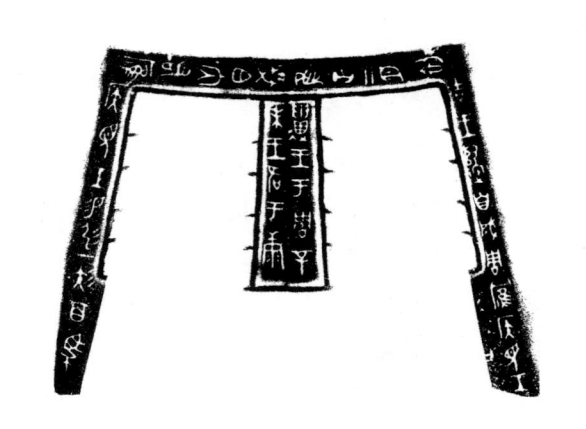

圖1－2－72　應侯視工鐘　　　圖1－2－73　應侯視工鐘銘文

（三）近年新見之流散銅器

北京保利藝術博物館、上海博物館所購藏的私掘品，平頂山市文物局藏郊區村民在魚塘中打撈的私掘品和南陽市博物館在廢舊倉庫徵集的應國具銘銅器，共13件。

1、保利藝術博物館購藏銅器

8件，其中簋3、壺2、盤1、鐘2件。

禹簋[2]　有蓋，蓋頂有圓形捉手，腹稍垂馳，獸首耳，耳下有方形垂珥，圈足，下有三個小足。蓋、口沿下各飾一周鳥紋，圈足飾一周雲紋。通高24.3、口徑20厘米（圖1－3－1）。蓋（圖1－3－2）、器（圖1－3－3）同銘6行57字[3]："唯王十又一月初吉丁亥，王在姑。王弗忘應公室，㓁寧禹身，賜貝卅朋、馬四匹。禹對揚王丕顯休寧，用作文考釐公尊彝，其萬年用夙夜明享，其永寶。"

---

[1] 靭松、樊維岳：《記陝西藍田縣新出土的應侯鐘》，《文物》1975年第10期。
[2] 《藏金》，第73—78頁。
[3] 釋文參考李家浩《應國禹簋》，《文物》1999年第9期。

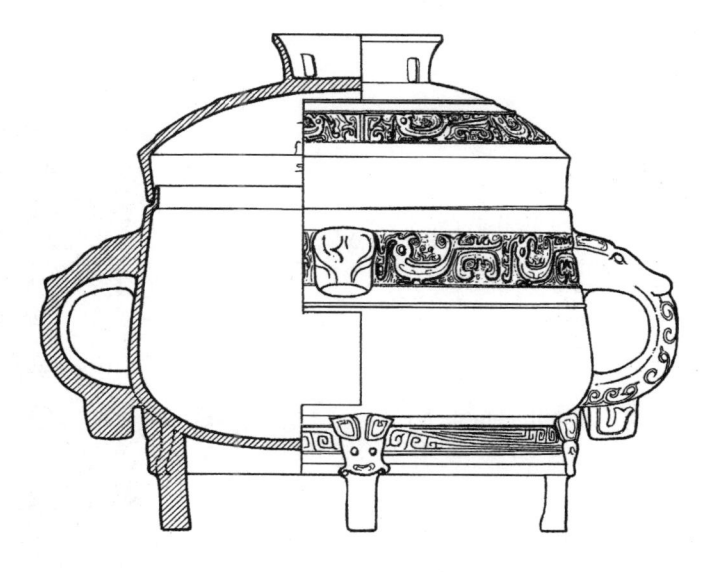

應國具銘銅器研究

圖 1-3-1　再簋

圖 1-3-2　再簋蓋銘　　圖 1-3-3　再簋器銘

應侯視工簋[1]　共 2 件，形制、紋飾、銘文、大小相同。有蓋，蓋頂有圓形捉手，上有雙孔，獸首啣環耳，腹略垂馳，圈足，下有三足。除圈足外，通體飾直稜紋。通高 25.5、口徑 21.5 厘米（圖 1-3-4）。蓋（圖 1-3-5、圖 1-3-7）、器（圖 1-3-6、圖 1-3-8）同銘 6 行 53 字（重文 2 字）[2]："唯正月初吉丁亥，王在𣄰饗醴。應侯視工友，賜玉五穀、

---

[1]《藏金》（續），第 122—127 頁。
[2] 釋文參考朱鳳瀚《應侯見工簋（一對）》，《藏金》續；裘錫圭《應侯視工簋補釋》，《文物》2002 年第 7 期。

— 159 —

馬四匹、矢千。敢對揚天子休釐，用作皇考武侯尊簋，用賜眉壽永命，子子孫孫永寶。"

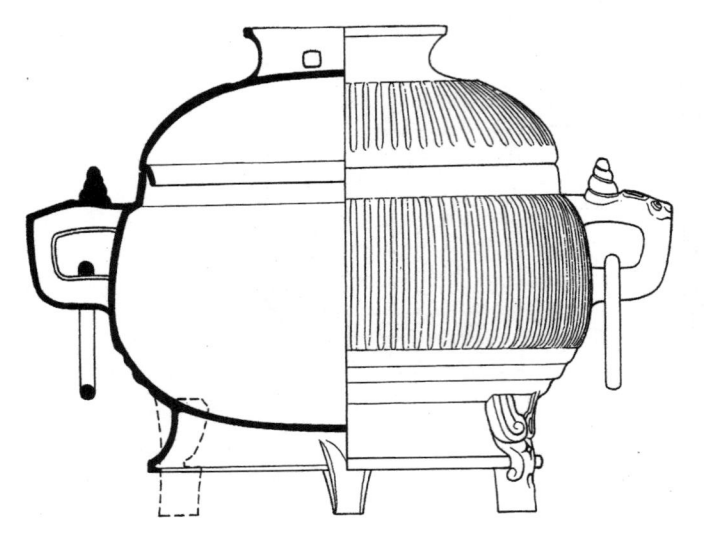

圖1-3-4　應侯視工簋　　　　　　　　圖1-3-5　應侯視工簋蓋銘

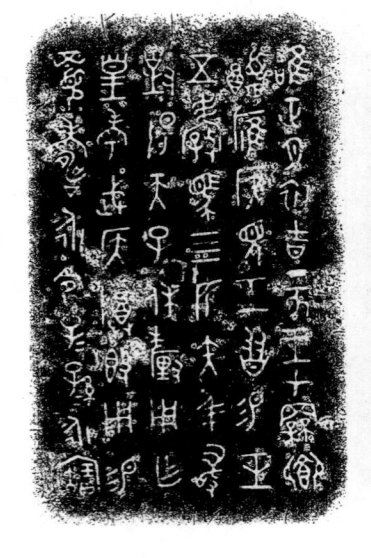

圖1-3-6　應侯視工簋器銘　　圖1-3-7　應侯視工簋蓋銘　　圖1-3-8　應侯視工簋器銘

應侯視工鐘[1]　2件，形制、紋飾均與藍田鐘相同，大小不等。大者通高36、銑間20.3厘米（圖1-3-9）；小者通高26、銑間13.3厘米（圖1-3-11）。銘文略有差異，

---

[1]《藏金》續，第156—159頁。

大者銘文（圖1-3-10）40字[1]："唯正二[月]初吉，王歸自成周，應侯視工遺王于周。辛未，王格于康宮，榮伯入右應侯視工，賜彤弓一、彤矢百，馬（下缺）"；小者銘文（圖1-3-12）40字："唯正二月初吉，王歸自成周，應侯視工遺王于周。辛未，王格于康[宮]，榮伯入右應侯視工，賜彤弓一、彤矢百，馬（下缺）"

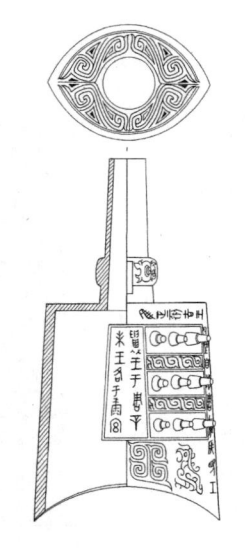

圖1-3-9 應侯視工鐘　　　　圖1-3-10 應侯視工鐘銘文

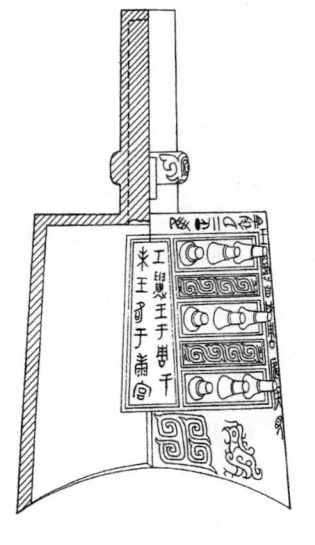

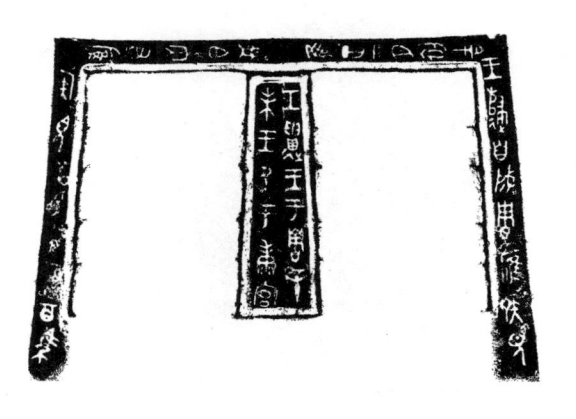

圖1-3-11 應侯視工鐘　　　　圖1-3-12 應侯視工鐘銘文

---

[1] 釋文參考朱鳳瀚《應侯見工鐘（兩件）,《藏金》（續）。

應侯壺[1]　共 2 件，形制、紋飾、銘文相同。斷面呈圓形，有蓋，蓋頂有圓形捉手，獸首啣環耳，腹稍垂馳，下有圈足。蓋、頸部和圈足各飾一周竊曲紋，腹飾兩周波帶紋。其中 1 件腹稍殘損，口徑 18、通高 54.3 厘米；另 1 件保存完整，口徑 18.5、高 55 厘米（圖 1 – 3 – 13、圖 1 – 3 – 16）。二者銘文內容相同，前者蓋、器同銘，行款稍異，蓋銘（圖 1 – 3 – 14）3 行 11 字，器銘（圖 1 – 3 – 15）2 行 11 字，後者器銘（圖 1 – 3 – 17）2 行 11 字："應侯作旅壺，其萬年永寶用。"

圖 1 – 3 – 13　應侯壺

圖 1 – 3 – 14　應侯壺蓋銘

圖 1 – 3 – 15　應侯壺器銘

圖 1 – 3 – 16　應侯壺

圖 1 – 3 – 17　應侯壺器銘

[1]《藏金》（續），第 148—155 頁。

應國具銘銅器研究

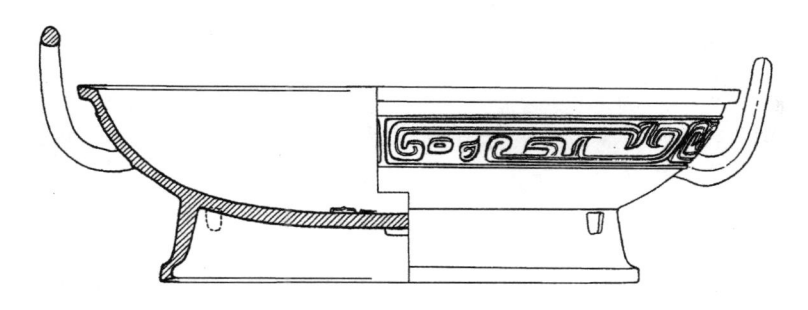

圖 1-3-18　應侯盤

應侯盤[1]　折沿，淺腹，兩附耳，耳斷面呈圓形，圈足有孔。口沿下飾一周竊曲紋。口徑 34、高 13.3 厘米（圖 1-3-18）。內底有銘文（圖 1-3-19）2 行 6 字："應侯作寶盤盉。"

2. 上海博物館購藏銅器

盨 1 件。

應侯盨 A[2]　呈橢方體，有蓋，蓋頂有四個曲尺形足，附耳，圈足，下有四足，通體飾瓦紋。通高 23.8、口 15.8×22.6、足間距 14.7×21.1 厘米，重 6.25 千克（圖 1-3-20）。蓋（圖 1-3-21）、器（圖 1-3-22）同銘，銘文 2 行 6 字："應侯作寶⦿盨。"

圖 1-3-19　應侯盤銘文

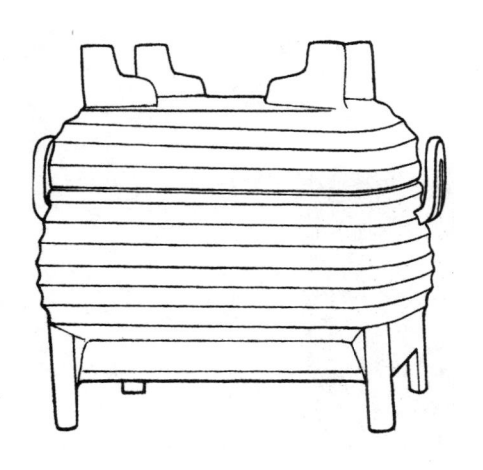

圖 1-3-20　應侯盨 A　　圖 1-3-21　應侯盨 A 蓋銘　　圖 1-3-22　應侯盨 A 器銘

---

[1]《藏金》，第 113—116 頁。
[2] 陳佩芬：《夏商周青銅器研究》西周篇下，上海古籍出版社 2005 年版，第 506 頁。

3. 平頂山市文物管理局收藏銅器

目前發表1件鼎、2件盨。[1]

應□鼎　殘破，基本可以復原。鼎立耳，折沿，半球形腹，蹄足。腹飾兩周弦紋。腹內壁有銘文（圖1-3-23）殘存4行13字："□……吉丁卯，應□……烈祖釐公□……眉壽□……其永寶用。"

應侯盨B　共2件，形制、紋飾、大小皆同。腹部殘缺，銘文保存完整。器身呈圓角長方體，無蓋，腹部略外鼓，兩附耳，四柱足。器身與足上部均飾瓦紋。高17.6、口長23.7、口寬16.5厘米（圖1-3-24）。器底有銘文（圖1-3-25、圖1-3-26）2行10字："應侯作旅盨，其萬年永寶。"

圖1-3-23　應□鼎銘文　　　　　　圖1-3-24　應侯盨B

圖1-3-25　應侯盨B銘文　　　　　圖1-3-26　應侯盨B銘文

[1] 平頂山市文物管理局：《平頂山市西高皇村魚塘大佬的一批應國銅器》，《中原文物》2010年第2期。

4. 南陽市博物館收藏銅器

20世紀80年代初，南陽市博物館徵集了1件應國銅鼎蓋。

丁兒鼎蓋[1]（圖1-3-27）有捉手，口沿、蓋面均飾蟠虺紋，間以兩周弦紋，捉手飾獸面紋。直徑22.5厘米。蓋內銘文（圖1-3-28）4行32字："唯正十月壬午，應侯之孫丁兒，擇其吉金，玄镠鑪鋁，自作飤鐈，眉壽無期，永保用之。"

圖1-3-27　丁兒鼎蓋　　　　　圖1-3-28　丁兒鼎蓋銘文

二　應國具銘銅器辨偽

著錄和近年購藏之應國具銘銅器中，存在偽器4件，即《三代》著錄之應公劍、《小校》著錄的十六字應公鼎、首陽齋和上海博物館所藏之應侯簋和應侯視工鼎。

（一）著錄偽器辨偽

1. 應公劍辨偽

原斷爲2片，分別爲《三代》20.45.3和《三代》20.43.3、《集成》11651所著錄（圖2-1-1），共3行11字："應公囨自作元劍，延寶用之。"據此銘文，可推斷該劍爲偽器。

兵劍之銘多作"元×"、"元用"、"自作用"、"自作元用"等，如：

---

[1] 徐英俊：《南陽博物館徵集一件應國銅器》，《文物》1993年第3期。

周王叚戈："周王叚之元戈。"
徐王之子戈："徐王之子叚之元用戈。"
伯剌劍："王□人王之孫、嚻仲之子伯剌用其良金，自作其元戈。"
吳王光戈："吳王光逗自作用戈。"
越王勾踐劍："越王勾踐自作用劍。"
姑發劍："攻敔太子姑發叛反，自作元用……。"
"元用"這兩個字在兵器銘文裏面多見。"元用"意思是頂好的武器[1]。

然而兵劍之銘無"永寶""延寶"之辭。"永寶用之"作爲嘏辭習見於兩周青銅禮器、樂器之上。"永寶用之"之語爲什麼常見於兩周禮樂器而不見於兵器呢？這可能與時人的精神訴求及其對於禮樂兵器的認知差別有關。

圖 2-1-1 應公劍銘文

周人視兵器爲不祥之器，非不得已，不得用之。如《左傳》隱公四年所載："夫兵，火也；弗戢，將自焚也。"楊伯峻《注》："戢，藏兵也，斂也，止也。"[2] 又如《左傳》宣公十二年載："楚子（莊王）曰：'夫文，止戈爲武。武王克商，作《頌》曰："載戢干戈，載櫜弓矢，我求懿德，肆於時夏，允王保之。"……夫武，禁暴、戢兵、安民、和衆、豐財者也，故使子孫無忘其章。'"《老子》云："夫兵者，不祥之器也。物或惡之，故有裕者弗居。君子居則貴左，用兵則貴右，故兵者非君子之器也，兵者不祥之器也，不得已而用之，恬淡爲上……殺人衆，以悲哀莅之，戰勝以喪禮處之。"[3] 正是兵器主殺伐的這種不祥屬性，君子、有德者避之尤恐不及，又何以會"延寶用之"呢？因此，在不祥之器兵器上鑄刻"延寶用之"這類吉祥語，是不合符當時思想觀念的。鑒於周人對於兵器的這種態度，应不會於兵器之上鑴刻"永寶""延寶"字樣。

"永寶""延寶"用於禮樂器則完全合乎周代的禮樂思想。《左傳》云："國之大事，在祀與戎"。祭祀是周代最重要的兩件大事之一，也可以説是周代最高的"禮"。周代每一種禮，都規定有與之相配的器，即禮器、樂器，那麼在關乎祭祀的禮樂器上鑄刻以"永寶用之"等吉祥語，以求福祚綿延，自然合乎常理。

商周時期規格較高的墓葬中除隨葬禮器、樂器之外，一般還隨葬兵器，這種同時隨葬禮樂器和兵器現象，與《左傳》"國之大事，在祀與戎"正相對應，應該是"祀與戎"的思想在葬儀中的具體體現。然而兵器與禮樂器畢竟地位不同，所以在西周時期流行葬俗中，

---

[1] 郭沫若：《奴隸制時代》，科學出版社1956年版，第130—131頁。
[2] 楊伯峻：《春秋左傳注》，中華書局1990年版，第36頁。
[3] 高明：《帛書老子校注》，中華書局1996年版，第389頁。

也出現有毀兵葬的現象。[1]它反映了周人對於禮和兵的不同態度。

如上所述，在劍上出現"延寶"是不符周禮思想的，因此有理由斷定此劍應係僞品。如果這一推斷成立，那麼一些與之相關的銘文考釋就有必要重新審視。比如銘文中從肉、從鳥之䧹字，它是否還可釋爲"應"呢？更進一步，《三代》19.26.3所著録戈，關於其銘文中"應"字的考釋可能也需要重新考慮。而如果對"應"字的考釋是錯的，那麼該戈就必須被排除出應國銅器之列。

2. 十六字應公鼎辨僞

《小校》2.70.2所著録的十六字應公鼎銘文3行16字："應公作寶尊彝，曰：'奄以乃弟用夙夕將享。'"（圖2-1-2）。

該銘與《集成》2553（《小校》2.70.1，圖2-1-3）所著録之十六字應公鼎銘內容、字體、行款均極爲相似。

然而仔細比對兩銘，不難發現《小校》2.70.2之鼎銘筆法呆滯、筆畫深淺不一、而且時有斷筆，如"作""夙"等字，與西周時期銅器銘文不同，當爲僞品。造成這種現象的原因是民國時期的作僞者在使用腐蝕法制作假銘文時，由於腐蝕劑塗抹不均勻而造成字口深淺不一，甚至有斷筆。[2]

圖2-1-2 十六字應公鼎僞銘　　　　圖2-1-3 十六字應公鼎真銘

[1] 張東明：《略論商周墓葬的毀兵葬俗》，《中國歷史文物》2005年第4期；井中偉：《西周墓葬"毀兵葬俗"的考古學觀察》，《考古與文物》2006年第4期。關於"毀兵"的原因，學者有很多解釋，詳見上引二文，筆者之説聊備一格。

[2] 朱鳳瀚：《中國青銅器綜論》，上海古籍出版社2009年版，第825頁。

（二）近年購藏偽器辨偽

《首陽吉金——胡盈瑩、范季融藏中國古代青銅器》（以下簡稱《首陽吉金》）著録首陽齋收藏的應侯簋1件。該簋有蓋，蓋折沿，蓋頂有圓形捉手，鼓腹，獸首耳，耳下有方形珥，圈足，三獸足。蓋面、口沿均飾一周雙行橫鱗紋，圈足飾一周單行橫鱗紋，蓋折沿部分飾兩周弦紋，蓋面其他部位、腹均飾瓦紋。通高23.1、口徑19.2、腹深11.9、腹徑24.5厘米、重4.5894千克（圖2-2-1）。

圖2-2-1 應侯簋

蓋、器異銘，蓋銘（圖2-2-2）9行82字（重文2字）："唯正月初吉丁亥，王若曰：應侯視工，伐淮南夷毛。敢專厥衆▨，敢加興作戎，廣伐南國。王命應侯征伐淮南夷毛，休。克撲伐南夷▨，孚戈，余弗敢且，余用作朕王姑單姬尊簋，姑氏用賜眉壽永命，子子孫孫永寶用享。"器銘（圖2-2-3）3行14字："應侯作姬原母尊簋，其萬年永寶用。"[1]

該簋蓋、器異銘。蓋器異銘的情形有兩種：一種是蓋、器屬同一器，另一種是蓋器屬不同器。前者大體分爲蓋器聯銘、蓋器銘有省變和蓋有銘而器無銘三種情況，[2]蓋、器銘文内容上相互關聯。後者如傳世的不嬰簋另配它蓋，而原器之蓋却出自山東滕州的一座墓葬中。該件應侯簋蓋銘所述爲應侯視工勤勞周室有功，以所得賞賜爲其王姑作簋之事；器

---

[1] 首陽齋、上海博物館、香港中文大學文物館：《首陽吉金——胡盈瑩、范季融藏中國古代青銅器》三十九，上海古籍出版社2008年版。
[2] （臺）陳美琪：《西周金文字體常用詞語及文例研究》，博士學位論文，中國文化大學，2000年。

銘所記乃應侯爲其女作器之事，兩者似無關聯。故當如學者所言屬蓋、器不屬一器之情形。[1]故，蓋、器當分別討論。

圖 2-2-2　應侯簋蓋銘

圖 2-2-3　應侯簋器銘

（1）器

該簋形制、紋飾、大小、重量、器銘均與本章第二節介紹的《嘯堂》第 60 器著錄的應侯簋大致相同，由於《嘯堂》著錄之器三足殘斷，故較《首陽吉金》著錄之應侯簋通高、重量均稍遜。

《嘯堂》著錄的應侯簋原器已佚，而《首陽吉金》著錄的應侯簋乃生坑，宋代著錄之器似又重見。爲了更直觀地比較《首陽吉金》著錄應侯簋器銘和《嘯堂》所著錄應侯簋器銘、蓋銘字體，筆者將三篇銘文單字逐個摘出，製成字體對照表（見表 2-1），其中 a 列、b 列分別爲《嘯堂》著錄應侯簋器銘和蓋銘，c 列爲《首陽吉金》著錄應侯簋器銘。

對比 a、b、c 三列文字：第一字"應"字，c、b 兩字從結構和筆勢來看，更加接近，尤其是中間的竪筆，c、b 較長，而 a 較短；第二字"侯"字，c、b 上方"厂"字筆勢相似；第三字"作"字，c、b 底部橫筆均上挑，而 a 平直；第五字"邁"字，c、b 中間部分

---

[1] 王龍正、劉曉紅、周國朋：《新見應侯見工簋銘文考釋》，《中原文物》2009 年第 5 期；李學勤：《〈首陽吉金〉應侯簋考釋》，《人文中國學報》第 15 期，上海古籍出版社 2009 年版。

作 ⟨字⟩，與 a 略有不同；第六字"母"字，c、b 最左邊豎筆均較長，a 較短；第七字"尊"字，c、b 字形結構相似，均較 a 多出 ⟨字⟩；第十字"萬"字，c、b 相似，與 a 略有不同；第十一字"年"字，c、b 兩字最左邊的豎筆均較長，且"年"所從"人"字的筆勢相似，均與 a 不同；第十二字"永"字 c 與 b 相似。其餘各字 a、b、c 三字寫法均略有不同。

從以上分析可知：a、b 兩列雖同屬一器，然字體却略有差异；c 列與 a 列差异較大，和 b 列更接近，c 列係器銘却與 b 列蓋銘字體相近，而與 a 列器銘不同。故，《首陽吉金》之應侯簋當非宋代原器，且將蓋銘鑄於器上。

再者，細審器銘拓本，其字體筆劃不甚流暢，鑄造粗糙，尤其以倒數第二字"寶"字所從之"宀"，粗細不一，尤爲拙劣。"年"、"永"、"用"三字，筆劃方折明顯，且"永"、"用"二字豎筆末端收筆鋒利，頗似後代流行之"懸針"體，與西周時期銅器銘文書寫風格不同。

其器銘當以《嘯堂》應侯簋摹本爲底本，僞作而成。唯宋人摹本已稍有失真，今人據失真之摹本再行翻鑄，其去周代真品意趣更遠矣。

表 2-1　　　　　　　　　　兩件應侯簋字體對照表

		a《嘯堂》應侯簋器銘	b《嘯堂》應侯簋蓋銘	c《首陽吉金》應侯簋器銘
1	應			
2	侯			
3	作			
4	姬			
5	遵			

續表

		a《嘯堂》應侯簋器銘	b《嘯堂》應侯簋蓋銘	c《首陽吉金》應侯簋器銘
6	母			
7	尊			
8	簋			
9	其			
10	萬			
11	年			
12	永			
13	寶			
14	用			

（2）蓋

簋蓋的紋飾、銘文內容亦有可討論之處。

蓋屬《斷代》歸納的西周時期簋類Ⅳ型2式。2式簋除圈足裝飾之外，蓋、口沿、腹部裝飾較有規律：或蓋面飾一周鱗紋、竊曲紋、鳥紋，紋飾帶與捉手之間飾瓦紋，口沿飾一周與蓋面相同的紋飾帶，腹飾瓦紋；或蓋面、口沿、腹部均飾瓦紋。

此式簋根據簋蓋形制又可細分爲非折沿簋和折沿簋兩種，非折沿簋與折沿簋簋蓋裝飾略有不同，非折沿簋蓋所飾竊曲紋或者鱗紋緊靠蓋緣。西周時期折沿簋紋飾較爲復雜：

第一類，如禹簋，蓋面和口沿下均飾一周長尾鳥紋，蓋面其他位置、腹部光素，折沿陡直且光素無紋，此種類型目前僅此一件。

第二類，如《斷代》集錄的鄭虢仲簋等傳世器物、伯梁父簋[1]等考古出土器物除圈足外，蓋面、口沿、腹部均飾瓦紋，而蓋折沿陡直且光素無紋。

第三類，如《斷代》Ⅳ型2式所集錄的大簋蓋、元年師兌簋、三年師兌簋、《考古圖》著錄的應侯簋、《商周彝器通考》著錄的芮公簋、鱗紋簋[2]、《美帝國主義劫掠的我國殷周青銅器集錄》著錄的白家父簋[3]、保利藝術博物館購藏的索氏簋[4]等傳世器物，以及此簋[5]等考古出土器物，鱗紋均位於蓋面上，折沿陡直且光素無紋。

第四類，如《斷代》Ⅳ型2式所集錄的師𩵦簋蓋甲、師𩵦簋蓋乙、十二年大簋蓋、《考古圖》著錄的害簋[6]、《美帝國主義劫掠的我國殷周青銅器集錄》著錄的害叔簋[7]、保利藝術博物館購藏的王作薑氏簋[8]、虎叔簋[9]等傳世器物，應姚簋[10]、伯喜簋[11]、扶風齊家窖藏出土的2件竊曲紋簋[12]、扶風縣莊李村窖藏出土的1件竊曲紋簋[13]、矢王簋蓋、王簋[14]等考古出土器物，竊曲紋位於蓋面上，折沿陡直且光素無紋。

第五類，如陝西出土的5件敔叔敔姬簋（其中2件僅存蓋）[15]，蓋面、口沿下均飾竊曲紋，折沿陡直且飾變體蟬紋。

以上五種類之中，以第二、三、四類最爲常見，第一、五類少見。第一、二、三、四類折沿簋折沿部分均光素無紋，第五類爲特例，目前僅見於敔叔敔姬簋上。從上文分析知，第二類蓋面與腹均飾瓦紋者、第三類蓋面與口沿飾鱗紋者，其折沿陡直、光素無紋似爲定制；第五類可以看做第四類的特殊情況，即蓋面與口沿飾竊曲紋者，折沿部分偶見飾蟬紋者。以上五類折沿簋雖然紋飾組合不盡相同，但亦有共同之處，即簋蓋折沿陡直，且基本

---

[1] 中國科學院考古研究所：《長安張家坡西周銅器群》，文物出版社1965年版，第18頁。

[2] 《通考》，第576、579頁。

[3] 中國科學院考古研究所編：《美帝國主義劫掠的我國殷周青銅器集錄》，科學出版社1962年版，第538頁。

[4] 《藏金》，第87—90頁。

[5] 岐山縣文化館、陝西省文管會：《陝西省岐山縣董家村西周青銅器窖穴發掘簡報》，《文物》1976年第5期。

[6] 《考古圖》卷三。

[7] 中國科學院考古研究所編：《美帝國主義劫掠的我國殷周青銅器集錄》，科學出版社1962年版，第537頁。

[8] 《藏金》，第79—82頁。

[9] 《藏金》，第83—86頁。

[10] 婁金山：《河南平頂山市出土的應國青銅器》，《考古》2003年第3期。

[11] 《藏金》，第19頁。

[12] 陝西省博物館、陝西省文物管理委員會編：《扶風齊家村青銅器群》，文物出版社1963年版，第30、31頁。

[13] 曹瑋主編：《周原出土青銅器》第5冊，巴蜀書社2005年版，第1056頁。

[14] 陝西省考古研究所編：《陝西出土商周青銅器》四，文物出版社1984年版，第89、151頁。

[15] 陝西省考古研究所編：《陝西出土商周青銅器》四，文物出版社1984年版，第114—119頁。

上光素無紋。

春秋時期的非折沿簋簋蓋紋飾組合與西周時期相同。春秋時期折沿簋簋蓋形制、紋飾組合如下：

第一類，沿襲西周時期的形制，如《兩周金文辭大係圖錄考釋》著錄的 2 件春秋時期吳尨父簋[1]屬西周時期第二類折沿簋，折沿陡直且光素無紋。

第二類，折沿外撇，蓋面所飾竊曲紋或鱗紋下移至折沿處，與非折沿簋簋蓋裝飾相同，如上村嶺虢國墓地 M1706 出土簋（M1706：99）[2]、上海博物館購藏的秦公簋[3]。折沿簋形制和紋飾組合的變化析，可以區分西周晚期與春秋早期折沿簋。

《首陽吉金》所著錄的應侯簋蓋屬西周時期折沿簋第三類，與大簋蓋、元年師兌簋、三年師兌簋蓋形制、紋飾完全相同，折沿陡直且均光素無紋，而應侯簋簋蓋折沿較平緩且飾兩周弦紋，似與西周時期折沿簋的形制、紋飾不合。

通過上面的考證可知此件應侯簋器、蓋均偽。

三　應國具銘銅器斷代

（一）西周早期

1. 應監甗

應監甗的形制在商代晚期和西周早期都較流行，與安陽大司空 M303 所出甗（M303：57）[4]、鹿邑太清宮長子口墓 M1 所出甗（M1：92）[5]、寶雞紙坊頭強國墓地 M1 所出甗（BZFM1：5）[6]相同，而且鬲足所飾牛角獸面紋亦同。應監甗口沿所飾的四瓣花紋與圓渦紋組合紋飾亦是商代晚期和西周早期較流行的紋飾，與小屯 82M1 所出鼎（82M1：11）、鹿邑太清宮 M1 所出鼎（M1：194）[7]、康侯簋相同。就字體而論，應監甗的字體較古樸，如"應"字所從"隹"字較象形，頭部尚有目。

安陽大司空 M303 和小屯 82M1 均屬殷墟四期，而鹿邑太清宮長子口墓年代在西周初期，下限在成王時期，[8]寶雞紙坊頭強國墓地 M1 的年代在成王前期，[9]康侯簋的屬成王早

---

[1] 郭沫若：《兩周金文辭大係圖錄考釋》，《郭沫若全集·考古編》第七卷，2002 年，第 103 頁。
[2] 中國科學院考古研究所：《上村嶺虢國墓地》，科學出版社 1959 年版。
[3] 李朝遠：《上海博物館新獲秦公簋研究》，《上海博物館集刊》1996 年第 7 期。
[4] 中國社會科學院考古研究所安陽工作隊：《殷墟大司空 M303 發掘報告》，《考古學報》2008 年第 3 期。
[5] 河南省文物考古研究所、周口市文化局：《鹿邑太清宮長子口墓》，中州古籍出版社 2000 年版，第 84 頁。
[6] 盧連成、胡智生：《寶雞強國墓地》上册，文物出版社 1988 年版，第 23 頁。
[7] 河南省文物考古研究所、周口市文化局：《鹿邑太清宮長子口墓》，中州古籍出版社 2000 年版，第 60 頁。
[8] 河南省文物考古研究所、周口市文化局：《鹿邑太清宮長子口墓》，中州古籍出版社 2000 年版，第 199—209 頁。
[9] 盧連成、胡智生：《寶雞強國墓地》上册，文物出版社 1988 年版，第 41—42 頁。

期,[1]故應監甗的年代亦當不晚於成王時期。

准此,應監甗的年代當如郭老所言屬西周初年,武王在位年數較短,克殷兩年後駕崩,[2]故而應監甗或屬成王時期。

2、應公尊A

應公尊A的年代有成王中後期、成康時期、康王前後三種看法。

該器雖名尊,然其形却近於觶。形制與小臣單觶、長安張家坡墓地出土觶（M28:3）[3]相同。應公尊A腹所飾獸面紋,雙角內卷,與伯矩壺腹部獸面紋相似。就字體而論,該尊字體與應監甗十分相近（見表3-1）:如,"應"字所從之人,開口尖銳而且豎筆較直;"作"字底部橫筆均上挑;"寶"字所從聲符"缶","午"下之字不封口;"尊"字左邊所從之"阜"相同,而且右邊"尊"所從之"廾"均作兩手相連之狀;"彝"字寫法亦相近。

長安張家坡M28年代在西周早期,小臣單觶與伯矩壺的年代均在成王時期,應監甗在成王時期,故應公尊A當亦屬成王時期。

表3-1　　　　　　　　應監甗、應公尊A字體比較表

	應	公	作	寶	尊	彝
應監甗						
應公尊A						

3. 柞伯簋

晉國始封君乃成王弟唐叔虞,北趙晉侯墓地M114出土的叔夨（虞）方鼎,乃唐叔虞所作,[4]叔虞非嫡長子,故稱叔虞。周公嫡長子伯禽侯於魯,柞國第一代國君非周公嫡長子,恐不能稱柞伯。[5]根據《史記·十二諸侯年表》周公之孫魯考公、齊太公之孫乙公均

---

[1] 傳世器物中年代已達成共識者徑自引用不再注釋,年代有爭議者注釋,下同。
[2] 陳夢家：《西周年代考·六國紀年》,中華書局2005年版,第37—38頁。
[3] 中國社會科學院考古研究所灃西發掘隊：《1967年長安張家坡西周墓葬的發掘》,《考古學報》1980年第4期。
[4] 李伯謙：《叔夨方鼎銘文考釋》,《文物》2001年第8期；馮時：《叔夨考》,《晉侯墓地出土青銅器國際學術研討會論文集》,上海書畫出版社2002年版,另見馮時《古文字與古史新論》,臺灣書房出版有限公司2007年版。
[5] 王龍正、姜濤、袁俊杰：《新發現柞伯簋及其銘文考釋》,《文物》1998年第9期。

在昭王之世；依據《逸周書·祭公》周公之孫祭公謀父供職於昭王、穆王之世。故柞伯當亦係周公之孫，乃柞國第二代國君，其年代當在西周早期晚段[1]。

就形制而言，西周早期後段至西周中期前段當昭穆時期，西周早期流行的獸首耳、圈足簋（《斷代》歸納的西周時期簋類Ⅰ型2、3式）的形制，發生了一些變化：在圈足下加三個或四個小足以抬高器身（《斷代》歸納的西周時期簋類Ⅲ型及Ⅳ型1式）。而柞伯簋亦為抬高器身，而在圈足下置一喇叭形支座，形式雖異，而用意當同，亦可以作為時代判定的旁證。

4. 應公簋A、應公簋B

學者均認為應公簋A、應公簋B兩者年代相同，但有成王中後期、成康、昭王、穆王三種觀點。

應公簋A形制與小臣宅簋、山東劉臺子M6出土的簋相同。紋飾與小臣宅簋相同。就字體而論，"公"字寫法有西周早期偏晚的特徵（詳下文應公方鼎年代的討論）。小臣宅簋[2]、山東劉臺子M6出土簋均屬昭王時期。[3]故而應公簋A當屬昭王時期。

應公簋B的形制與應公簋A相同，唯口沿下紋飾稍異；銘文內容、字體風格、文字寫法均相同（如表3－2）。當與應公簋A同時所作，故應公簋B亦屬昭王時期。

5. 應公卣A

應公卣A的年代存在成王中後期、成康時期和昭穆時期三種觀點。

該卣屬《斷代》歸納的西周時期卣類Ⅰ型1式；就字體而論，"尊"字所從之"酉"上已經多出兩豎筆，與令簋"尊"字寫法相同；"應"字所從之人寫法與應公簋A、應公簋B相同（見表3－2）。Ⅰ型1式是西周早期流行的式樣，令簋是昭王時期的標準器[4]，上已論定應公簋A、應公簋B屬昭王時期，因此應公卣A當屬昭王時期。

6. 應公卣B

應公卣B的年代有成王中後期、成康時期、穆王時期三種觀點。

該卣屬《斷代》歸納的西周時期卣類Ⅱ型2式，與遣卣形制相同。就字體而論，該卣蓋銘和器銘之"應"字與應公簋A、應公簋B文字風格、寫法均相同；器銘"公"字上部兩畫與"口"相接，且兩畫上端外撇，特徵鮮明，與雪鼎、憲簋、魯侯簋、小臣宅簋等寫法相同。雪鼎、憲簋[5]、魯侯簋、小臣宅簋、遣卣[6]、應公簋A、應公簋B亦均屬昭

───────

[1] 王龍正、姜濤、袁俊杰：《新發現柞伯簋及其銘文考釋》，《文物》1998年第9期。
[2] 《綜合研究》，第271頁。
[3] 山東省文物考古研究所：《山東濟陽劉臺子西周六號墓清理報告》，《文物》1996年第12期。
[4] 唐蘭：《西周銅器斷代中的"康宫"問題》，《考古學報》1962年第1期，另見唐蘭《唐蘭先生金文論集》，紫禁城出版社1995年版；《新出》，第188頁；《中國》，第79頁；《綜合研究》，第257頁。
[5] 《史徵》，第234頁。
[6] 《史徵》，第291頁；《新出》，第87頁；《綜合研究》，第266頁。

時期。故，應公卣 B 亦當屬昭王時期。

然該卣圖像、銘文均係摹本，若日後得見實物（或照片）、銘文拓本，再另行討論，下同。

7. 應公鼎 A

應公鼎 A 的年代有成王中後期、成康時期、康王時期、康昭時期四種觀點。

該鼎之形制在殷墟四期至西周早期比較流行，屬《斷代》歸納的西周時期鼎類Ⅲ型。《斷代》將Ⅲ型分作 1、2 兩式，1 式滿花，2 式素面，Ⅲ型 1 式流行於成康時期，而 2 式則晚至穆王時期。上海博物館購藏的亢鼎屬康王時期乃素面，[1] 故而《斷代》之說有補充之餘地。

在《斷代》研究的基礎上，通過對西周時期大量材料的比較研究，西周時期的Ⅲ型鼎有如下的演變趨勢：西周早期均爲立耳、卷沿、口沿下束頸、頸下爲袋狀腹，腹下有三柱足。Ⅲ型 1 式屬成康時期，其柱足高度或大於袋狀腹的高度，或與之大體相等，但高度基本不小於袋狀腹。康王時期的鬲鼎紋飾有簡化的趨勢，如亢鼎。昭王時期不僅紋飾簡化，而且形制也有了新的變化，即柱足高度開始小於袋狀腹的高度，如應公鼎 A。至穆王時期，即《斷代》歸納的Ⅲ型 2 式，不僅素面，且柱足矮小，高度遠小於袋狀腹的高度。

就字體而論（見表 3-2），該鼎"應"字所從之"隹"與應公卣 A 蓋銘、器銘寫法相同：形體瘦長，鳥喙尖銳，中間三橫筆，下部兩短畫；"公"字寫法亦與應公卣 A 相類；"作"字寫法猶與應公卣 A 相近：最左邊豎筆下端外鼓。

西周時期口沿飾兩周弦紋的裝飾風格，流行於昭王時期，如小臣逨簋、小臣宅簋、應公簋 A、應公卣 A 等，其字體又與應公卣 A 相近。

故應公鼎 A 當屬昭王時期。

表 3-2　　　　　　　　　　　　字體比較表

	應	公	作	旅	彝
應公簋 A					
應公簋 B					

---

[1] 馬承源：《亢鼎銘文——西周早期用貝幣交易玉器的記錄》，《上海博物館集刊》第 8 期，上海書畫出版社 2002 年版。

續表

	應	公	作	旅	彝
應公卣 A 蓋					
應公卣 A 器					
應公鼎 A					
應公鼎 B					

8. 應公鼎 B

應公鼎 B 有成王中後期、成康時期兩種看法。

該鼎銘文內容、字體風格、字形結構均與應公鼎 A 十分相近，當同時所作，故其年代當與應公鼎 A 相同，亦屬昭王時期。

9. 十六字應公鼎

該鼎屬學者劃分的Ⅲ型Ⅰ式分襠柱足鼎，年代屬成康時期[1]。

10. 應叔方鼎

西周早期之方鼎多自銘爲"鼎"[2]，而該鼎文字如"應"、"作"等字古樸、粗獷，朱鳳瀚先生認爲屬西周早期，可從。

(二) 西周中期

1. 應公方鼎

應公方鼎的年代有成王中晚期、成康時期、康王前後、穆王時期四種觀點。

從形制來看，其屬《斷代》歸納的西周時期鼎類Ⅰ型 4 式，與伯𢓊方鼎甲、伯𢓊方

---

[1] 王世民、陳公柔、張長壽：《西周青銅器分期斷代研究》，文物出版社 1999 年版，第 21—23 頁。
[2] 《銅器斷代》，第 136 頁。

鼎、寶鷄茹家莊 M2 出土的井姬方鼎相同。所飾紋飾乃夔紋向竊曲紋變化的中間環節，即口部係龍紋或夔紋，尾部乃長尾鳥紋。這種變化段簋已經出現，唯段簋頭部乃顧首龍紋。

銅器銘文中"公"字較有特徵，學者已有討論[1]，現根據有關材料，補論於此。較早的"公"見於成王時期的應公尊 A 中，"公"字作🔾，下面"口"較大，上面兩畫甚短，且與下面"口"相連。稍晚些的"公"字出現了一些變化，下面"口"字所占空間較成王時期逐漸變小，上面兩畫則逐漸變大，如昭王時期的柞伯簋和應公鼎 A 分別作🔾（柞伯簋）和🔾（應公鼎 A），並以第二種寫法多見。昭王時期"公"字的兩種寫法中，"口"上兩畫或與"口"相連，或脫離口字，但其下端寬度及其所占空間均較"口"字爲小。西周中、晚期的"公"字則有新的變化，即上面兩畫不但脫離了下面的"口"，且兩畫上端較直下端外撇較甚呈喇叭狀，外撇部分橫向距離及兩畫所占空間較"口"字大，如🔾（匍盉）、🔾（鄧公簋）、🔾（公作敔簋）、🔾（M8 應公鼎）。

應公簋 A 中"公"字作🔾，"口"上兩畫寬度已經與"口"相當，只是尚未脫離下面"口"字，且所占空間較口小，但已經呈現出由西周早期向西周中晚期過渡的趨勢。前已論定應公簋 A 屬昭王時期，則應公簋 A 中的"公"字當是西周早期向西周中晚期字體發展的中間環節。應公方鼎 A 和應公方鼎 B 的"公"字分別作🔾和🔾，"口"上兩畫不但脫離了"口"字，而且下端已經外撇，應公方鼎 A "公"字上邊兩畫所占空間大致與"口"字相當，乃西周中期的風格。學者以賢簋之"公叔"是第一代衛侯之弟，故認爲屬成王時期；[2]除賢簋之外，"公叔"還見於恒簋、遹盤，前者乃西周中期後段人，後者爲成王人。[3]故"公叔"之稱謂不足以判定賢簋的年代。《斷代》依形制認爲其屬西周中期偏早。[4]就字體而言，《集成》04106 著録之賢簋"公"作🔾，"口"上兩畫下端外撇，且所占空間較大，已具備西周中期的特點，故《斷代》之說可從。

伯🔾方鼎甲、伯🔾方鼎、茹家莊 M2 井姬方鼎[5]、段簋[6]均屬穆王時期，故應公方鼎當屬穆王時期，這與其字形所反映的時代特徵吻合。

2. 應公觶

應公觶的年代有成王中後期、成康時期、康王時期三種觀點。

---

[1] 張懋鎔：《金文字形書體與二十世紀的西周銅器斷代研究》，《古文字研究》第二十六輯，中華書局 2006 年版。

[2] 《史徵》，第 119 頁。

[3] 吳鎮烽：《金文人名匯編》（修訂本），中華書局 2006 年版，第 57 頁。

[4] 《斷代》，第 67 頁。

[5] 盧連成、胡智生：《寶鷄強國墓地》上册，文物出版社 1988 年版，第 407—412 頁。

[6] 《史徵》，第 389 頁。

該觶有柄形制較爲特殊，學者已經指出此乃商代晚期之遺風。[1]器身形制與靈台白草坡西周墓地 M2 出土觶（M2∶6）[2]、寶雞竹園溝強國墓地 M7 出土觶（BZM7∶333）[3]相同。就字體而論，該觶"公"字，上面兩撇已經脱離"口"字，與 2 件應公方鼎之"公"字相同，年代亦當相近。靈台白草坡 M2、寶雞竹園溝強國墓地 M7 均在西周早期，而其字體則有西周中期的特徵。故而應公觶當屬穆王時期。

3. 應公尊 C

該尊銘文不見波磔，書寫較草率，風格與禹簋相同。"寶"字所從之"宀"與禹簋寫法相似。其年代當與禹簋相近，禹簋屬穆王時期，故應公尊 C 亦屬西周中期。

4. M229

該墓所出具銘銅器的年代有康昭、昭王、穆王、恭懿時期四種觀點。

（1）伯鼎

伯鼎屬《斷代》歸納的西周時期鼎類Ⅲ型 1 式，與獻侯鼎、旅鼎最爲相近。紋飾屬《斷代》歸納的獸面紋類Ⅰ型 4 式。獻侯鼎、旅鼎屬成康時期，Ⅰ型 4 式獸面紋流行年代是商代後期至西周早期，故伯鼎當屬成康時期。

（2）少姜卣

姜卣屬《斷代》歸納的西周時期卣類Ⅰ型 1 式，頸部所飾鳥紋屬《斷代》歸納的西周時期鳥紋類Ⅰ型 7 式。Ⅰ型 1 式卣和Ⅰ型 7 式鳥紋的流行年代均在西周早期。故而此卣屬西周早期。

（3）伯簋

伯簋屬《斷代》歸納的西周時期簋類Ⅰ型 3 式，與段簋、御正衛簋最爲相近。段簋、御正衛簋[4]均爲穆王時期，故伯簋亦當屬穆王時期。

該墓出土的三件具銘銅器鑄造時代不一，伯鼎和姜卣時代較早，且二者均爲實用器，出土時已有明顯的修補痕迹，亦可見此二器使用時間較久。故而 M51 的年代當與伯簋相近，M51 的墓主人當爲伯簋的器主人，其主體年代當西周中期穆王前後。

故，M229 的年代當屬穆王時期。

5. M51

其年代學者認爲屬昭王時期。

（1）應事鼎

應事鼎屬《斷代》歸納的西周時期鼎類Ⅳ型 3 式，與五祀衛鼎、九年衛鼎、十五年趞

---

[1]《銅器斷代》，第 79 頁。
[2] 甘肅省博物館文物隊：《甘肅靈台白草坡西周墓》，《考古學報》1977 年第 2 期。
[3] 盧連成、胡智生：《寶雞強國墓地》上册，文物出版社 1988 年版，第 112 頁。
[4]《紀年》，第 220 頁；《綜合研究》，第 326 頁。

曹鼎形制相同，所异者三者柱足内部有一個平面，而應事鼎爲圓柱足。口沿下所飾顧首龍紋與伯𢦏方鼎甲、伯𢦏方鼎乙相同[1]。其字體有波磔，字形規整與庚嬴卣、御正衛簋、五字競卣字體相近。五祀衛鼎、九年衛鼎、十五年趞曹鼎年代在恭懿時期，而應事鼎三足係圓柱，較三者稍早。伯𢦏方鼎、庚嬴卣[2]、御正衛簋[3]、五字競卣均屬穆王時期。故而應事鼎亦屬穆王時期。

（2）應事觶

應事觶屬學者歸納的商周時期圓觶類C型II式，與長安灃東斗門鎮花園村墓地M15出土觶（M15∶22）、上海博物館藏"作父庚"觶形制相同。[4]長安灃東斗門鎮花園村墓地出土觶（M15∶22）、上海博物館藏"作父庚"觶均屬西周中期偏早。應事鼎與應事觶一人所作，上已論定而應事鼎的年代在穆王時期，故應事觶亦當屬穆王時期。

（3）應事簋、應事爵

應事簋銘文内容與應事鼎大致相同，而且字體相同，當同時所作。故應事簋亦當屬穆王時期。應事爵與應事觶銘文内容、字體全同，亦當同時所作，應事爵亦屬穆王時期。

6. M84諸器

簡報根據作器者不同將其分作三組：應侯組、雋組、無名組，并且指出三組器中雋組器年代最早屬穆王時期，且作器之時其父尚在，所論甚爲允當。

應侯器包括應侯甗、應侯鼎。應侯甗形制、紋飾均與遹甗相同。遹甗屬穆王時期[5]，故而應侯甗亦當屬穆王時期，在諸器中年代較早。

發掘簡報已經指出應侯鼎的形制與五祀衛鼎、九年衛鼎、十五年趞曹鼎形制相同。口沿飾兩周弦紋與七年趞曹鼎相同。七年趞曹鼎在恭王時期，而五祀衛鼎、十五年趞曹鼎均屬懿孝時期，故而應侯鼎亦當屬懿孝時期。

則M84的入葬年代可至懿孝時期。故而，應侯再的主體年代當在穆王晚年至懿孝時期。

7. 再簋

再簋屬《斷代》歸納的西周時期簋類IV型2式，該簋形制較早，器身部分與廿七年衛簋最爲接近。所飾鳥紋鳥首與過伯簋口沿下所飾鳥紋相同，下端尾羽與伯𢦏簋所飾鳥紋相同。文字雖有早期特徵，如"公"字上面兩畫與"口"脱離，但兩畫較短，所占空間亦小，與大盂鼎"公"字寫法相近，但有些文字寫法已經呈現出中期的特點，如"尊"字所從之"酉"上面多出兩竪筆，與遹尊、雋卣相同。

---

[1] 目前所見應事鼎圖像的紋飾都不甚清晰，細審之下似爲顧首龍紋，凡此均當以正式考古報告爲準。

[2] 《史徵》，第387頁；《紀年》，第229頁；《綜合研究》，第333頁。

[3] 《史徵》，第247頁；張懋鎔：《試論西周青銅器演變的非均衡性問題》，《考古學報》2008年第3期。

[4] 《古代》，第122頁。

[5] 《大系》，第46頁；《史徵》，第393頁；《中國》，第89頁；《紀年》，第214頁；《綜合研究》，第303頁。

過伯簋屬昭王時期、衛簋是穆王二十七年的標準器[1]、伯㦰簋、𩵦尊、𩵦卣均屬穆王時期，故冄簋當如學者所言屬穆王時期，[2]是應侯冄器中年代較早的。

8. 鄧公簋與䕩虎鼎

從形制看，鄧公簋屬於西周中期偏晚。就字體而論，鄧公簋 D 蓋銘字體秀美、書寫較工整是比較典型的玉箸體，與穆王時期的無䏍簋、休盤、恭王時期的吳方彝蓋、懿孝時期的臣諫簋十分相近；"其"字的寫法亦是西周中期較流行的寫法，多見於上舉諸器。凡此均可以作爲鄧公簋屬西周中期的旁证。

與鄧公簋同出的䕩虎鼎屬《斷代》歸納的鼎類 IV 型 3 式，與五祀衛鼎、九年衛鼎、十五年趞曹鼎形制最爲相近。故䕩虎鼎當屬西周中期偏晚。

9. 應侯盤

應侯盤屬《斷代》歸納的西周時期盤類 II 型 1 式，與休盤形制最爲接近。口沿下所飾竊曲紋屬學者歸納的竊曲紋類 A 型 Aa 亞型 II 式，[3]但略有變形，亦見於王臣簋和諫簋上。休盤屬穆王時期，王臣簋和諫簋屬懿孝時期。故，應侯盤當屬西周中期偏晚。

10. 應⿰鼎

其文字乃玉箸體，"應"字、"作"字寫法與應侯甗相同；"旅"不從"車"亦與應侯甗相同。故而，其年代可能與應侯甗相近，屬西周中期。

（三）西周晚期——春秋

1. 應侯視工諸器

（1）應侯視工鐘

應侯視工鐘屬厲王時期。[4]

（2）應侯視工簋

從形制看，應侯視工簋形制屬於厲王前後。就字體而論，應侯視工諸器中"貝"頗有特徵。"貝"未單獨出現，作爲偏旁在"寶"、"遺"字中出現。應侯視工諸器所見的"寶"字中，如▨（應侯視工鐘）、▨（應侯視工簋 A 蓋銘）、▨（應侯視工簋 A 器銘）、▨（應侯視工 B 蓋銘）、▨（應侯視工簋 B 器銘），"寶"字中的"貝"作▨。

此種寫法在西周早期最流行，如西周中期的衛簋、衛盉，西周晚期的翏生盨、三年師兌簋、鄭季盨，也存在這種寫法。這是應侯視工諸器爲西周晚期器的一個助証。

---

[1]《史徵》，第 411 頁；李學勤：《夏商週年代學札記》，遼寧大學出版社 1999 年版，第 259 頁；《紀年》，第 226 頁；《斷代》，第 64 頁。

[2] 李家浩：《應國冄簋》，《文物》1999 年第 9 期。

[3]《綜合研究》，第 561 頁。

[4]《綜合研究》，第 415 頁；李學勤：《論應侯視工諸器的時代》，《青銅文化研究》2005 年第 4 輯。

2. 應侯壺

學者認爲其年代屬西周晚期。

其形制與三年𤼈壺、番匊生壺最爲相近。其蓋沿、頸部、圈足所飾竊曲紋屬學者歸納的竊取紋類 B 型 Ba 亞型 III 式。[1] 字體具有應國具銘銅器有西周中期流行字體寬扁的遺風，與匍盉、應侯再盨、藝虎鼎等相類。

番匊生壺屬厲王二十六年，[2] 三年𤼈壺屬厲王初年，[3] 是𤼈器中較晚的；B 型 Ba 亞型 III 式流行年代在夷厲時期；字體有西周中晚之際的特徵，故而應侯壺當屬西周晚期偏早厲王前後。

3. M95 的年代

M95 包括三組器：公作敔器、侯氏作姚氏器、應伯器三組。

關於其年代有以下幾種觀點：第一，公組與侯氏組在西周中晚期之際，應伯組屬西周晚期偏早階段；第二種認爲屬厲王時期，其中應伯器年代最早，乃墓主人未即應侯位時所作；第三種認爲公組屬穆王時期，侯氏組屬恭懿時期，應伯組屬宣王時期；第四種認爲諸器均屬孝夷時期。

（1）公組

從形制看，公作敔簋屬西周晚期厲王時期；蓋與器身均通體飾波帶紋。波帶紋多飾於壺上，如三年𤼈壺、番匊生、應侯壺 A、應侯壺 B 等。簋通體飾波帶紋者有牧簋、陳侯簋等，牧簋器身和方座上均飾有波帶紋。

從字體分析，公作敔簋字體與應侯視工簋字體風格相同，書寫工整，且均爲玉箸體。文字寫法亦十分相近，如，"唯" 字均從 "口" 從 "隹"；"作" 字兩橫筆均上挑；"賜" 字均有圓點；"尊" 字寫法亦相同。

三年𤼈壺、番匊生、應侯壺 A、應侯壺 B、應侯視工簋、牧簋[4] 均屬厲王時期，故波帶紋流行的時間亦當在西周晚期。

綜上可知，公作敔簋屬厲王時期。

公作敔鼎屬《斷代》歸納的西周時期 IV 型 4 式。4 式鼎中，如小克鼎、史頌鼎、無惠鼎、四十二年與四十三年逨鼎均爲宣王時期標準器、[5] 師湯父鼎屬厲王時期，[6] 故該式鼎流行於厲宣時期。公作敔鼎腹部形制、紋飾與康鼎相同——口沿飾一周竊曲紋，下飾一周

---

[1]《綜合研究》，第 566 頁。
[2]《大系》，第 391 頁；《斷代》，第 132 頁；《綜合研究》，第 411 頁。
[3]《綜合研究》，第 403 頁。
[4]《綜合研究》，第 407 頁。
[5] 馮時：《西周金文月相與宣王紀年》，《考古學研究》（六），科學出版社 2007 年版。
[6]《綜合研究》，第 478 頁。

弦紋，且腹部圓鼓；康鼎屬厲王時期，[1]公作敔鼎具有厲王時期的特徵，故當屬厲王時期。散伯車父鼎腹部較平與小克鼎、史頌鼎、無惠鼎、四十二年與四十三年兩逑鼎等宣王時期標準器相同，學者認爲散伯車父鼎屬宣王時期，可從。[2]

公作敔鼎與公作敔簋銘文內容相同，當係同時所作，故而公作敔鼎屬厲王時期。

（2）侯氏組

侯氏鬲形制屬於《斷代》歸納的西周時期鬲類Ⅲ型2式，形制、紋飾與伯邦父鬲相同。侯氏鬲當屬厲王時期。

（3）應伯組

應伯壺屬學者歸納的西周時期壺類B型Ⅲ式，[3]與張家坡墓地出土壺[4]相同。所飾十字紋與梁其壺、虢季壺相同。張家坡出土壺屬厲末宣初，[5]梁其壺[6]、虢季壺[7]均屬宣王時期。因此應伯壺亦當屬宣王前後。

應伯盨與伯寬父盨形制相同。通體裝飾瓦紋與伯寬父盨、彌叔盨、翏生盨相同。伯寬父盨屬厲王三十二年乃厲王晚年器，[8]彌叔盨、翏生盨亦屬厲王時期，故應伯盨當屬厲王晚年。

4. 應侯簋A

學者認爲屬西周晚期。

該簋三足殘斷，耳爲象首耳，從形制看當屬宣王時期。其形制、紋飾均與元年師兌簋、三年師兌簋相同，後二者屬宣王初年，故應侯簋A亦當屬宣王初年。

5. M13

其年代有兩種觀點：西周晚期偏早、宣幽時期。

M13出土具銘銅器根據銘文內容可分爲兩組：

（1）應姚組

從形制看，應姚簋當屬宣王時期。

應姚鬲屬《斷代》歸納的西周時期鬲類Ⅲ型1式，形制與杜伯鬲相同，杜伯鬲屬宣王時期，故而應姚鬲亦當屬宣王時期。

應姚盤屬《斷代》歸納的西周時期盤類Ⅱ型2式，與函皇父盤形制最爲相近；其腹部

---

[1]《綜合研究》，第434頁。
[2]《綜合研究》，第447頁。
[3]《綜合研究》，第204頁。
[4] 中國科學院考古研究所灃西考古隊：《陝西長安張家坡西周墓清理簡報》，《考古》1965年第9期。
[5]《綜合研究》，第204頁。
[6] 張懋鎔：《試論西周青銅器演變的非均衡性問題》，《考古學報》2008年第3期。
[7] 河南省文物考古研究所、三門峽市文物工作隊：《三門峽虢國墓（第一卷）》，文物出版社1999年版；任偉：《西周封國考疑》，社會科學文獻出版社2004年版，第245頁。
[8] 發掘簡報；劉啓益：《伯㝬父盨銘與厲王在位年數》，《文物》1979年第11期。

所飾竊曲紋屬學者歸納的竊曲紋類 A 型 Ab 亞型 V 式。[1]函皇父盤屬宣王時期，[2]A 型 Ab 亞型 V 式流行年代在西周晚期宣王時期至春秋早期。綜合應姚盤的器形和紋飾，可以推定應姚盤亦當屬宣王時期。

（2）應侯組

應侯鼎屬《斷代》歸納的西周時期鼎類 V 型 2 式，形制與洛陽東郊 C5M96 西周墓出土鼎、樑其鼎和函皇父鼎乙相近，而 C5M96 鼎[3]、梁其鼎[4]、函皇父鼎乙[5]均屬宣王時期，故而應侯鼎亦當屬宣王時期。

應侯匜與晉侯墓地 M64 匜[6]、洛陽東郊 C5M96 匜[7]形制、紋飾均相同，後兩者屬宣王時期。故而，應侯匜亦當屬宣王時期。故，M13 的年代當屬宣王時期。

6. M8

發掘簡報認爲應公鼎屬宣王末年，其他無銘諸器屬西周末期幽王時期至春秋早年，所論允當。唯簡報認爲應公鼎乃前代應侯之物，此説可商。鼎銘云："應公作尊彝禫鼎，武帝日丁子子孫孫永寶用。"《説文》："禫，除服祭也。"則此鼎乃 M8 應公爲禫祭而作，作器年代在應公即位之初，故而較同出器物年代早。

7. 應侯盨 B

學者認爲其年代屬西周中期。該盨與洛陽 C5M96 召伯虎盨形制相同。該盨的紋飾與召伯虎盨稍異，該盨通體飾瓦紋，召伯虎盨器身口沿下飾一周橫鱗紋，通體飾瓦紋的盨有翏生盨、伯寬父盨、彌叔盨，均屬厲王時期，召伯虎盨屬宣王時期。[8]故，該盨當屬宣王時期。

8. 應侯盨 A

學者認爲其年代屬西周晚期。該盨形制與應侯盨 B 相似，所不同者，腹下有圈足。亦通體飾瓦紋，該盨的年代當與應侯盨 A 相同，均屬西周晚期宣王時期。

9. 應申姜鼎

筆者曾於 2009 年 7 月在平頂山市文物管理局觀摩此鼎，其形制與陝西韓城梁帶村遺址

---

[1]《綜合研究》，第 563 頁。
[2]《史徵》，第 517 頁；《綜合研究》，第 475 頁。
[3] 洛陽文物工作隊：《洛陽東郊 C5M96 號西周墓》，《考古》1995 年第 9 期。
[4] 李學勤：《從眉縣楊家村窖藏談青銅器研究的五個方面》，《文物天地》2005 年第 1 期；張懋鎔：《試論西周青銅器演變的非均衡性問題》，《考古學報》2008 年第 3 期。
[5]《史徵》，第 517 頁；《綜合研究》，第 475 頁。
[6] 山西省考古研究所、北京大學考古學系：《天馬－曲村遺址北趙晉侯墓地第四次發掘》，《文物》1994 年第 8 期。
[7] 洛陽文物工作隊：《洛陽東郊 C5M96 號西周墓》，《考古》1995 年第 9 期。
[8] 洛陽文物工作隊：《洛陽東郊 C5M96 號西周墓》，《考古》1995 年第 9 期。

M26 出土附耳垂鱗紋鼎（M26∶134）[1]、M27 出土附耳竊曲紋鼎[2]形制相同，二者均屬春秋早期，故該鼎當如學者所言屬春秋早期。該墓資料尚未正式發表，故存而不論。

（四）西周中晚期三足簋斷代

本節所指的三足簋即《斷代》歸納Ⅳ型 2 式、3 式簋。應國銅器中應姚簋、公作敔簋、十月敔簋、應侯簋 A、禹簋、應侯視工簋屬 2 式簋；鄧公簋屬 3 式簋。本節將對西周銅器中的 2 式、3 式簋的年代進行討論，構成應國銅器中三足簋斷代研究的基礎。

1. Ⅳ型 2 式簋

Ⅳ型 2 式簋除圈足裝飾之外，蓋、口沿、腹部裝飾較有規律：或蓋面飾一周鱗紋、竊曲紋、鳥紋，紋飾帶與捉手之間飾瓦紋，口沿飾一周與蓋面相同的紋飾帶，腹飾瓦紋；或蓋面、口沿、腹部均飾瓦紋。筆者曾對 2 式簋紋飾有詳盡討論，不再贅述。2 式簋耳和足有變化。

耳可以分爲象首耳、龍首耳、螺角獸首耳、直立獸首耳。象首之形象在《斷代》簋 60 乙公簋、燕簋之足部已經出現，二者均屬西周早期。班簋、《斷代》簋 58 伯簋象首耳延伸出四足，其足尖分叉，乃象鼻之真實寫照。《斷代》簋 50 衛簋、佣生簋之象首耳最爲形象，其鼻下端分叉，亦是象鼻的形象表現，二者均屬西周中期。象耳多奔拉下垂，故首多平貼於獸首上。象首耳形象雖有簡化，但象耳平貼獸首上的特徵却被保留下來，如諫簋、此簋、元年師兌簋、三年師兌簋、師㝨簋等。

龍首耳與象首耳不同，其耳部有竪立龍鱗。龍首耳最早見於厲王時期的鈇簋和牧簋[3]，2 式簋中頌簋、史頌簋、伊簋等均爲龍首耳；螺角獸首耳其耳作螺旋狀，2 式簋中彌叔簋、樑其簋、師西簋、曾仲大父螽簋等；直立獸首耳乃獸首作直立狀，如十月敔簋。

足可以分爲柱足、獸足、卷足。2 式簋中的禹簋、諫簋爲柱足；2 式簋中師西簋、彌伯簋、彌叔簋、樑其簋、師西簋、曾仲大父螽簋、師㝨簋等爲獸足；卷足，顧名思義乃足部外卷，卷足最早見於西周中期偏晚的揚簋[4]，2 式簋中頌簋、史頌簋、元年師旋簋、不嬰簋、鄭虢仲簋等爲卷足。

2 式簋耳、足組合的變化，具有時代特徵。

（1）西周中期

目前所見西周中期的三足簋有禹簋、諫簋、絳縣橫水 M2 出土三足簋（M2∶68）、師毛

[1]　陝西省考古研究所、渭南市文物保護考古研究所、韓城市文化旅遊局：《陝西韓城樑帶村遺址 M26 發掘簡報》，《文物》2008 年第 1 期。
[2]　陝西省考古研究院、渭南市文物保護考古研究所、韓城市文化旅遊局：《陝西韓城樑帶村遺址 M27 發掘簡報》，《考古與文物》2007 年第 6 期。
[3]　《綜合研究》，第 407 頁。
[4]　陳夢家、唐蘭、白川静、劉啓益認爲屬於懿王時期（詳見《銅器斷代》第 192 頁、《史徵》第 472 頁、《通釋》卷 3 第 81 頁、《紀年》第 299 頁）；李學勤認爲屬於孝王時期（詳見《新出》第 92 頁）；彭裕商認爲屬於夷王時期（詳見《綜合研究》第 357 頁。）

父簋。弭簋屬穆王時期、諫簋屬西周中期偏晚[1]、絳縣橫水 M2 出土三足簋（M2：68）等屬於穆王時期[2]，師毛父簋屬恭王時期[3]。四者均爲象首耳、柱足。從其形制可知，西周中期的簋顯著的特點是象首耳、柱足。屍伯屍簋所飾鳥紋與弭簋相同，且爲象首耳、柱足，故屬西周中期偏早；何簋、䍙簋、兩簋等形制與諫簋相同，柱足着地處稍彎曲，有向獸足過渡的趨勢，故當屬西周中期偏晚，或可至西周晚期厲王初年。

（2）西周晚期

宣王時期

西周晚期銅器中，學者通過對宣王曆法、紀年等相關問題的研究，指出宣王時期紀年明確的標準器有：此簋、元年師兌簋、三年師兌簋、師㝨簋、頌簋、史頌簋、伊簋、元年師旂簋等。[4]此外，還有師裘簋[5]、不䴦簋[6]等亦屬宣王時期。

這些標準器耳、足組合如下表（表3-3）：

表3-3　　　　　　　　　　宣王時期三足簋耳足組合

	耳	足
元年師兌簋	象首耳	獸足
三年師兌簋	象首耳	獸足
元年師旂簋	象首耳	卷足
此簋	象首耳	獸足
師㝨簋	象首耳	獸足
頌簋	龍首耳	卷足
史頌簋	龍首耳	卷足
伊簋	龍首耳	足殘
師裘簋	龍首耳	獸足
不䴦簋	龍首耳	卷足

由此可知，宣王時期的 2 式簋，耳和足的配置有四種形式：象首耳、卷足；象首耳、獸足；龍首耳、卷足；龍首耳、獸足。這四種形式在宣王時期最爲流行。

---

[1]　陳夢家、唐蘭、白川靜、劉啓益認爲屬懿王時期（詳見《銅器斷代》189 頁、《史徵》471 頁、《通釋》卷三第 55 頁、《紀年》第 299 頁）；李學勤、馬承源、王世民等認爲屬於孝王時期（詳見《新出》第 92 頁、《中國》第 159 頁、《斷代》第 83 頁）實則，西周中期懿王、孝王、夷王在位年數均較短，斷代不易，故諸家所言均在西周中期偏晚。

[2]　山西省考古研究所、運城市文物工作站、絳縣文化局：《山西絳縣橫水西周墓地》，《考古》2006 年第 7 期；《山西絳縣橫水西周墓發掘簡報》，《文物》2006 年第 8 期。

[3]　《大系》第 87 頁；《銅器斷代》第 152 頁；《史徵》421 頁；《紀年》第 272 頁。

[4]　馮時：《西周金文月相與宣王紀年》，《考古學研究》（六），科學出版社 2007 年版。

[5]　《大系》第 333 頁；《中國》第 102 頁；《綜合研究》第 438 頁。

[6]　《銅器斷代》第 318 頁；《新出》第 274 頁；《通釋》卷三第 814 頁；《綜合研究》第 435 頁。

𢉩簋、害簋、仲枏父簋、鄭虢仲簋乃龍首耳、卷足；妊小簋、叔向父禹簋、伯喜簋、伯梁父簋、鄦簋、仲友父簋、友父簋、旅仲簋、召陳窖藏出土的鱗紋簋[1]、岐山鳳雛村窖藏出土竊曲紋簋、扶風莊李村窖藏出土竊曲紋簋、散伯車父簋乙乃象首耳、獸足；中柟父簋、《斷代》簋78、79竊曲紋簋、散伯車父簋甲、散季簋、伯梡簋乃龍首耳、獸足，以上均當屬宣王時期。應姚簋爲象首耳、獸足，故而亦當屬宣王時期。

晉侯墓地 M62：38 簋爲龍首耳、獸足，M62 墓主爲晉侯邦父之夫人姜氏，晉侯邦父即位在宣王之末，[2]故 M62 的時代當在宣王之後，故 M62：38 簋的時代可到宣王之後；長清縣仙人臺 M6：B37 爲龍首耳、獸足，屬春秋早期偏晚至中期之初。[3]虢國墓地出土龍首耳卷足簋（SG：031）、應國墓地出土象首耳獸足簋（M6：84）均屬春秋時期。[4]故這些組合形式延續到了春秋時期，西周晚期和春秋時期 2 式簋的區別在於簋蓋部分的細微變化，相關問題已有說明不再贅述。

由上文分析可知，象首耳、龍首耳和獸足、卷足的出現均早於宣王時期。象首耳最早見於西周早期，西周中期十分流行，如班簋、《斷代》簋 58 伯簋、《斷代》簋 50 衛簋、倗生簋等。獸足、卷足的出現亦在宣王之前。然而，只有耳、足形成有規律的組合才具有斷代的意義。

厲王時期

2 式簋中十月敔簋、彌叔簋、師耤簋屬於厲王時期。十月敔簋乃直立狀獸首耳、獸足；彌叔簋、師耤簋乃螺角獸首耳、獸足。

其標準器耳、足組合如下表（表 3–4）：

表 3–4　　　　　　　　　厲王時期三足簋耳足組合

	耳	足
十月敔簋	直立獸首耳	獸足
彌叔簋	螺角獸首耳	獸足
師耤簋	螺角獸首耳	獸足

可知厲王時期均爲獸足，耳有螺角獸首耳和直立獸首耳兩種。

據此可認爲樑其簋、師察簋、叔向父簋、芮公簋、鄂侯簋、曾仲大父螽簋、扶風齊家村窖藏出土的竊曲紋簋[5]等亦屬於厲王時期。公作敔簋與十月敔簋相同乃直立獸首耳、獸足組合，故亦當屬厲王時期。

---

[1] 曹瑋主編：《周原出土青銅器》，巴蜀書社 2005 年版，第 188 頁。
[2] 馮時：《略論晉侯邦父及其名字問題》，《文物》1998 年第 5 期。
[3] 朱鳳瀚：《中國青銅器綜論》，上海古籍出版社 2009 年版，第 1679 頁。
[4] 《青銅器卷》，第 625、627 頁。
[5] 曹瑋主編：《周原出土青銅器》，巴蜀書社 2005 年版，第 71—79 頁。

函皇父簋、師酉簋、㝬山父簋、雕我父簋等所飾鱗紋屬學者歸納的鱗紋 A 型 II 式，其流行年代在宣王以後，[1]故當屬宣王時期。故而，螺角獸首耳、獸足組合的形式其下限可至宣王時期。西周中期象首耳柱足組合與宣王時期象首耳卷足、象首耳獸足、龍首耳卷足、龍首耳獸足組合，也暗示了螺角獸首耳獸足和直立獸首耳獸足組合當屬於厲王時期。

2. 3 式簋

3 式簋與 2 式簋不同之處在於，3 式簋乃獸首啣環耳 2 式簋乃獸首耳。3 式簋的耳和足亦有變化。

耳可分爲象首啣環耳、螺角獸首啣環耳、柱狀角獸首啣環耳。其中遹簋爲象首啣環耳；[2]散伯簋、井南伯簋爲螺角獸首啣環耳；五年師旋簋爲柱狀角獸首啣環耳。

足可以分爲柱足、獸足、卷足。其中遹簋爲柱足；散伯簋、井南伯簋爲獸足；五年師旋簋爲卷足。

遹簋出現穆王的諡號，故爲恭王初年的標準器，[3]遹簋爲象首啣環耳、三柱足。故而，象首啣環耳、柱足乃西周中期三足簋的一個共顯著特徵。應國墓地 M104、M105 鄧公簋、王臣簋、公臣簋均爲螺角獸首啣環耳、三柱足，螺角獸首啣環耳見於西周中期的乖伯簋、師虎簋，可知鄧公簋、王臣簋、公臣簋當屬西周中期。

螺角獸首啣環耳與獸足組合的特徵當屬於厲王時期，這與 2 式簋反映的特徵暗合。故而散伯簋、井南伯簋當屬厲王時期。應侯視工簋爲螺角獸首啣環耳、三短足，其足有向獸足變化的趨勢，故而其當屬西周中期之末或可至西周晚期厲王初年。

五年師旋簋爲宣王時期的標準器，[4]乃柱狀角獸首啣環耳、卷足。故可知柱狀角啣環耳、卷足的組合乃宣王時期的特徵。

3. 相關問題討論

標準器斷代法自二十世紀三十年代由郭老創立，歷時近八十載仍是西周銅器斷代的重要方法。在斷代研究中如何利用標準器進行斷代，或者說在多大程度上與標準器相似便可認爲與標準器同時，這是一個值得深思的問題。通過對同一時期標準器的綜合研究抽繹出其中能反映時代特徵的因素來考求銅器的年代，顯然要比簡單地與單個標準器類比所得的結論更爲可靠。如本文所討論的《斷代》IV 型 2 式簋，該式簋從西周中期穆王時期至西周晚期宣王時期一直很流行，尤其是西周中期偏晚至西周晚期，除耳、足有細小變化之外，其他部分並無明顯不同，若不把握各個部件及部件組合的細微變化，很難做出準確的年代判斷。

---

[1]《綜合研究》第 544—545 頁。

[2]《斷代》第 97 頁和《銅器斷代》第 694 頁著錄之圖像均不甚清晰，細審之下當爲象首啣環耳。

[3]《綜合研究》第 52 頁、338 頁。

[4] 馮時：《西周金文月相與宣王紀年》，《考古學研究》（六），科學出版社 2007 年版。

（五）年代整合與應世家世系

據《史記·晉世家》晉國始封君唐叔虞封於成王之世，北趙晉侯墓地 M114 所出叔夨方鼎即晉國始封君唐叔虞所作，屬成王時期[1]，與《史記·晉世家》所記相合。《左傳》僖公二十四年："邘、晉、應、韓，武之穆也。"杜預注："四國皆武王子。"應亦係武王子所封，位列晉後，其封建雖不早於晉國，但亦當在成王之世。學者或以为應叔盨为武王子應叔所作之器，可能是應國始封之君[2]，其说或然，然未見器影未敢遽定。應公尊 A 屬成王時期可爲其證，器主應公（以下稱應公Ⅰ）當即應國始封君成王之弟。應監甗屬成王時期，應監的主體年代相當於應公Ⅰ時期。

據十六字應公鼎銘、應公Ⅱ或名奄，其時代屬成康時期。可稱爲應公Ⅱ。應公Ⅱ與應公Ⅰ是否爲同一人，尚難確定。

應公簋 A、應公簋 B、應公卣 A、應公卣 B、應公鼎 A、應公鼎 B、十六字應公鼎均屬昭王時期。而且諸器大都僅在口沿下飾一周紋飾，裝飾風格相近，銘文字體風格亦較接近，故製作年代接近，應係一人所作。其器主人應公（以下稱應公Ⅲ）乃應國國君，其與應公Ⅰ之間的關係尚難判斷。柞伯簋屬昭王時期，柞伯的主體年代相當於應公Ⅲ時期。

應公方鼎、應公觶屬穆王時期，器主可能爲同一位應公（以下稱應公Ⅳ）。應公Ⅳ與應公Ⅱ或爲同人，或係父子，尚難以論定。M51 伯簋、M50 匍盉、應事諸器均屬穆王時期，其主體年代相當應公Ⅳ時期。

學者已經指出應國墓地 M84 墓主人應侯再與再簋器主係同人。[3]再作雩尊、雩卣之時值穆王世，其父尚在，再未即侯位。據再簋知其父謚號"釐公"，故其作再簋之時其父已歿，時值穆王晚年；應侯甗屬穆王時期，故而亦當係應侯再在位早期所作之器。應侯再的主體年代在穆王晚年至懿孝時期。應公Ⅳ與再的主體年代有重疊，則應公Ⅳ當爲應侯再之父，謚號釐公。應侯再諸器大部分出自 M84，該墓保存完整未見盜掘，則保利藝術博物館購藏的再簋顯然不是出自 M84 應侯再之墓，可能是早年流散。

M104、M105 位於滍陽嶺嶺脊之上，從所處位置看當爲國君墓葬，[4]因此藝虎可能爲一代應侯，且爲鄧嫚丈夫。而藝虎未稱應侯，與 M84 雩尊、雩卣同例，是時其父尚在，藝虎未襲應侯之位。鄧公簋、藝虎鼎屬西周中期偏晚，故藝虎的主體年代當在西周中期偏晚。藝虎與應侯再之關係尚難判斷。

---

[1] 李伯謙：《叔夨方鼎銘文考釋》，《文物》2001 年第 8 期；馮時：《叔夨考》，《晉侯墓地出土青銅器國際學術研討會論文集》，另見馮時《古文字與古史新論》，臺灣書房出版有限公司 2007 年版。

[2] 河南省文物考古研究所、平頂山市文物管理局：《平頂山應國墓地Ⅰ》，大象出版社 2012 年版，第 325 頁。

[3] 王世民先生說，見李家浩《應國再簋》，《藏金》，第 75—78 頁；另見《文物》1999 年第 9 期。

[4] 王龍正、劉曉紅、周國朋：《新見應侯見工簋銘文考釋》，《中原文物》2009 年第 5 期。

應侯視工諸器出土地點不明，可能早年已經流散，後流散海外，陝西藍田縣出土有 1 件應侯視工鐘、日本東京書道館亦藏有 1 件應侯視工鐘、保利藝術博物館亦有收藏。應侯視工鐘屬厲王時期，應侯視工簋屬厲王初年；應侯壺亦屬厲王時期，故而當如學者所言亦爲應侯視工所作器。[1] 應侯視工的主體年代爲厲王早期，其上限可至夷王時期。應侯視工與藝虎的關係亦尚難判斷。學者或認爲應侯視工乃應侯再之子，[2] 此說尚無法證實。

　　M95 可論者較多，包括三組器時代先後、"公"的身份等。公組、侯氏組、應伯組之中，公組年代最早，侯氏組次之，應伯組最晚。學者或以爲應伯乃應侯未即位時之稱，故應伯組時代最早，此說可商。[3] 侯氏作姚氏器，侯氏當即應侯，姚氏乃應侯之夫人，侯氏乃應侯對其夫人相稱。應伯組，應伯亦即應侯，應伯乃對宗族而言。M95 應侯乃敔，且與十月敔簋之敔係一人；[4] 學者或認爲公作敔器之"公"當即十月敔簋之"武公"，[5] 此說可商。作器目的皆屬家族之祭祀、饗宴、婚冠等族內活動。並未見無血緣關係之上司爲下屬所作之器。況且厲王時期金文中的"武公"，當以"武"爲氏，係生稱，其相當於文獻中的何人尚難推考。但可以肯定的是武公乃武氏之人，與應國沒有明顯關係，故而將公作敔器中的"公"解釋爲"武公"並不足取。"公"當爲敔之父。

　　應侯視工器年代與公作敔器有重疊，則公作敔器中的"公"最有可能爲應侯視工，諸器乃應侯視工爲其子敔所作。這種一墓同出數代國君之器的現象亦見於北趙晉侯墓地，學者有過整理：[6]

　　　　M91 靖侯墓　　　晉侯燮馬　　　晉侯喜父
　　　　M8 獻侯墓　　　晉侯匹（對）　晉侯穌
　　　　M64 穆侯墓　　　晉侯邦父　　　晉叔家父
　　　　以及 M113　　　　叔夨　　　　　燮父[7]

　　其中 M113、M91、M8、M64 二者均爲父子。應國墓地 M95 應侯視工、應侯敔父子之器同出一墓與之相同。

---

[1] 李學勤：《論應侯視工諸器的時代》，《青銅文化研究》2005 年；另見李學勤：《文物中的古文明》，商務印書館 2008 年版。

[2] 李家浩：《應國再簋》，《藏金》；朱鳳瀚：《應侯見工鐘（兩個）》，《藏金》（續）。

[3] 王龍正：《平頂山應國墓地九十五號墓年代、墓主及相關問題》，《華夏考古》1995 年第 4 期。

[4] 王龍正：《平頂山應國墓地九十五號墓年代、墓主及相關問題》，《華夏考古》1995 年第 4 期；李朝遠：《應侯見工鼎》，《青銅器學步集》，文物出版社 2007 年版。

[5] 王龍正：《平頂山應國墓地九十五號墓年代、墓主及相關問題》，《華夏考古》1995 年第 4 期；李朝遠：《應侯見工鼎》，《青銅器學步集》，文物出版社 2007 年版。

[6] 馮時：《略論晉侯對與晉侯匹》，《中國文物報》1997 年 8 月 24 日；另見馮時《古文字與古史新論》，臺灣書房出版有限公司 2007 年版。

[7] 北京大學考古文博學院、山西省考古研究所：《天馬：曲村遺址北趙晉侯墓地第六次發掘》，《文物》2001 年第 8 期；李伯謙：《叔夨方鼎銘文考釋》，《文物》2001 年第 8 期；馮時：《叔夨考》，《晉侯墓地出土青銅器國際學術研討會論文集》，上海書畫出版社 2002 年版。

敲的主體年代在厲王後期至宣王初年。應侯簋A屬宣王初年，當應侯敲之所作器。

M13出土器物包括應姚爲叔誩父所作之器和應侯自作器。M13與M95時代連續，M95應伯組與M13應姚組時代大致相同，應姚當即M95侯氏作姚氏鬲中的姚氏。[1]叔誩父乃係應侯敲與應姚之子，亦即該墓墓主人，顯係一代應侯，[2]其名叔誩父當非嫡長子。應侯叔誩父的主體年代在宣王時期。應侯盨A、應侯盨B亦屬宣王時期，與應侯叔誩父主體年代相同，故而應侯盨A、應侯盨B亦爲叔誩父所作之器。而該墓於20世紀80年代曾遭盜掘，部分器物被追回，但仍有部分器物流散，上述應侯盨A、應侯盨B可能均出自該墓。

M8墓主人亦爲應國國君（應公Ⅴ），主體年代在宣王末年至春秋初期。其主體年代與應侯叔誩父年代相接，故應公Ⅴ當係應侯叔誩父之子。

根據以上的斷代研究，可建立西周初年至春秋早期十一世應侯的世系（表3-5）。

表3-5　　　　　　　　　　　　應世家世系表

周世系	應世系	墓葬（銅器）
武王	應叔始封君？	應叔盉（方鼎？）
成王	應公Ⅰ	應公尊A
康王	應公Ⅱ（名奄）	十六字應公鼎
昭王	應公Ⅲ	應公簋A、應公簋B、應公卣A、應公卣B、應公鼎A、應公鼎B
穆王	應公Ⅳ（鼄公）	應公方鼎、應公觶
恭王	應侯再	M84、再簋
懿王		
孝王	藝虎	M104、M105
夷王		
厲王	應侯視工	應侯視工鐘、應侯視工簋、應侯壺
宣王	應侯敲	M95、十月敲簋、應侯簋A
宣王	應侯叔誩父	M13、應侯盨A、應侯盨B
幽王	應公Ⅴ	M8
平王		

---

[1] 朱鳳瀚：《中國青銅器綜論》，上海古籍出版社2009年版，第1354頁。
[2] 王龍正：《應姚簋》，《青銅器卷》，第400頁。

（六）應國具銘銅器之演變

1. 形制

西周早期大部分應國具銘銅器形制與陝西王畿地區器物相同，如伯鼎、叀卣、應公卣B、應公簋A、應公簋B。昭王時期應國銅器出現一些較鮮明的特徵，如，柞伯簋在圈足之下加一個喇叭形支座；王畿地區之卣耳部呈環狀，獸首在提梁上，而應公卣A獸首在耳部。

從西周中期開始，應國銅器較王畿地區率先出現一些新器類、器形：應侯再盨屬恭王時期，是目前所見年代最早的盨；[1]再簋屬穆王時期，在《斷代》歸納的Ⅳ型2式簋中，乃目前所見年代最早的；應事簋屬穆王時期，在《斷代》歸納的Ⅰ型4式簋中，亦是目前所見年代最早的；應公觶帶鋬，而應事爵無鋬；匍盉新穎的造型比較罕見。

西周晚期應國銅器特徵也較顯著。厲王時期王畿地區的盨圈足上大部分都有"冂"形缺口，而應伯盨却無；應侯盨B圈足下有四足。

2. 紋飾

西周早期的應國銅器，紋飾與王畿地區器物紋飾保持着較高的一致性。西周中期應國銅器紋飾的地域性特徵較明顯，如應事簋所飾竊曲紋、應公方鼎所飾夔紋鳥紋的複合紋飾、藝虎鼎所飾竊曲紋。西周晚期紋飾仍較明顯，如應姚簋所飾竊曲紋；紋飾所飾位置也較爲特殊：公作敔簋蓋與口沿均飾波帶紋、侯氏盉腹飾波帶紋，M8應公鼎口沿飾一周波帶紋、腹部飾三排垂鱗紋，應侯壺A和應侯壺B腹飾兩周波帶紋、口沿飾一周竊曲紋。

3. 銘文

西周早期應國銅器銘文特徵與王畿地區基本一致。西周中期在寫法、風格上出現了一些新的特點。寫法上，應公觶上的"應公"二字："應"所從之"隹"突出隹目，軀幹部分亦較特別，"公"所從"口"上端不封閉；再簋的"貝"作🔲，寫法特別，且在西周中期鄧公簋等器上較流行，西周晚期應侯視工鐘"遺"所從"貝"亦與之相仿。風格方面，從西周中期出現一種寬扁字體（如匍盉），應侯再盨與之一脈相承，西周晚期應侯壺A、應侯壺B仍有遺風。

綜上可知，西周早期昭王時期至西周晚期是應國銅器形成獨特地域特徵的時期，而西周中期尤其是穆王時期，無疑是應國銅器創新時期，從器類、形制、紋飾、銘文各方面都有一定的地域特徵，且一直影響到西周晚期。因此，可以認爲西周早期昭王時期至西周晚期，是應國形成獨特青銅文化的時期。

---

[1] 張懋鎔：《兩周青銅盨研究》，《考古學報》2003年第1期。

結　語

　　本文在全面把握目前所能收集到的應國具銘銅器材料及相關研究基礎上，首先對應國具銘銅器進行了重新整理和辨僞，識別出僞器，從而剔除掉應國具銘銅器研究中的干擾因素，使研究可能在正確的軌跡上進行。接着本文對應國具銘銅器進行了斷代研究，究明應國具銘銅器的年代框架，並進一步探明應世家世系。

　　通過對應國具銘銅器斷代研究，建立應世家之世系爲：周武王—應叔—應公Ⅰ（成王時期）—應公Ⅱ（名奄，或康時期）—應公Ⅲ（昭王時期）—應公Ⅳ（穆王時期）—應侯禹（穆王晚年至懿王時期）…藝虎（西周中期偏晚）…應侯視工（厲王早年）—應侯敔（厲王晚年至宣王初年）—應侯叔誩父（宣王時期）—應公Ⅴ（宣王晚年至平王早期）。

　　應國具銘銅器資料豐富，涉及面廣，是西周史研究的重大課題，由於資料、時間、篇幅等所限，本文僅從斷代角度進行了一些基本研究，一些重要的学术問題，本文雖有所涉及，但未能深入討論；也有一些結論的得出，由於資料所限，可能在證據方面並不十分充分，這是比較遺憾的。

　　此外，應國具銘銅器除應國器之外，實際還有應氏器，它們涉及許多重要應氏人物，如大鼎之走馬應、師湯父鼎之宰應、鄂君啟車節、舟節之大攻尹應等，對應國歷史研究均具有重要意義，這些問題目前還沒有引起學術界的重視，本文因研究目標的關係，也未能對其進行展開研究，只能留待今後專門探討了。

　　　　附記：這篇論文在是筆者的碩士学位論文的基础上删改而成，所收集的材料截止2010 年。蒙業師馮時教授和中央民族大學肖小勇教授的悉心指導完成。這篇論文學校的要求將全文放到中國知網上，偶見學者引用，但是由於應國墓地的考古報告並未全部發表，囿於材料，没法做進一步的深入討論，多年來一直束之高閣，只有應公簋辨僞一節稍作修改，以《應侯簋流傳及相關問題》爲題在《華夏考古》2012 年第 4 期發表，其他部分没有正式修訂發表。最近，馮時師欲將門下弟子的碩士学位論文結爲《相觀而善集》陸續出版，只能不揣謭陋，向各位高賢請正。本次發表總體的框架不做變動，根據新材料及《平顶山應国墓地Ⅰ》的认识对西周早期應侯世系作了調整，其餘除了淮南夷的相關討論、上海博物館藏應侯鼎的討論由於新材料的發現暫時删去，以便进一步討論以外，其他皆一仍其舊。待應國墓地的報告全部發表，再做進一步研究。

徵引書目簡稱

《博古》——（宋）王黼：《博古圖錄》，清乾隆十八年天都黃晟亦正堂修補明萬曆二十八年吳萬化寶古堂刻本

《西清》——（清）乾隆敕修、梁詩正等編：《西清古鑒》，清乾隆二十年內府刻本

《筠清》——（清）吳榮光：《筠清館金石文字》，清道光二十二年南海吳氏筠清館刊本

《古文審》——（清）劉心源：《古文審》，清光緒十七年龍江樓齋刻本

《攈古》——（清）吳式芬：《攈古錄金文》，杭州西泠印社1914年版

《綴遺》——（清）方濬益：《綴遺齋彝器考釋》，上海商務印書館石印本1934年版

《小校》——劉體智：《小校經閣金石文字》，廬江劉氏石印本1935年版

《希古》——劉承幹：《希古樓金石萃編》，吳興劉氏希古樓，民國年間

《故圖》——臺北國立故宮中央博物館聯合管理處編輯：《故宮銅器圖錄》，臺北中華叢書委員會1958年版

《通釋》——（日）白川靜：《金文通釋》，白鶴美術館1963—1980年版

《敬吾》——（清）朱善旂：《敬吾心室彝器款識》，藝文印書館1975年版

《三代》——羅振玉：《三代吉金文存》，中華書局1983年版

《法帖》——（宋）薛尚功：《歷代鐘鼎彝器款識法帖》，中華書局1986年版

《史徵》——唐蘭：《西周青銅器銘文分代史徵》，中華書局1986年版

《考古圖》——（宋）呂大臨：《考古圖（附釋文）》，中華書局1987年版

《新出》——李學勤：《新出青銅器研究》，文物出版社1990年版

《奇觚》——（清）劉心源：《奇觚室吉金文述》，江蘇廣陵古籍刻印社1991年版

《古代》——朱鳳瀚：《古代中國青銅器》，南開大學出版社1996年版

《藏金》——《保利藏金》編輯委員會：《保利藏金》，嶺南美術出版社1999年版

《斷代》——王世民、陳公柔、張長壽：《西周青銅器分期斷代研究》，文物出版社1999年版

《藏金》（續）——《保利藏金》編輯委員會：《保利藏金》（續），嶺南美術出版社2001年版

《紀年》——劉啟益：《西周紀年》，廣東教育出版社2002年版

《大系》——郭沫若：《兩周金文辭大系圖錄考釋》，《郭沫若全集·考古編》第八卷，科學出版社2002年版

《中國》——馬承源：《中國青銅器研究》，上海古籍出版社 2002 年版

《嘯堂》——（宋）王俅：《嘯堂集古錄》，北京圖書館出版社 2003 年版

《綜合研究》——彭裕商：《西周青銅器年代綜合研究》，巴蜀書社 2003 年版

《銅器斷代》——陳夢家：《西周銅器斷代》，中華書局 2004 年版

《集成》——中國社會科學院考古研究所：《殷周金文集成》（修訂增補本），中華書局 2007 年版

《通考》——容庚：《商周彝器通考》，上海人民出版社 2008 年版

《青銅器卷》——鄧本章總主編，許順湛主編，秦文生、張鍇生冊主編：《中原文化大典·文物典·青銅器》，中州古籍出版社 2008 年版

仿作僞作青銅器簡史*

王沛姬
中國社會科學出版社

摘要：青銅器，尤其具銘銅器，作爲上古時代的物質文化遺存，具有無可比擬的歷史價值、文化價值及藝術價值，歷來受到收藏家們的青睞，爲據爲己有而不惜重金，甚至動用政治、武力等手段。但真正出土的器物畢竟稀少，不能滿足龐大的市場需求，於是在巨大的經濟利益誘惑下，僞器應運而生並充斥市場，作僞技術不斷發展提高，讓人真僞難辨。本文將系統梳理青銅器仿作、作僞技術的産生、發展及各時期的特點。

關鍵詞：商周，青銅器，作僞，辨僞

青銅器的仿古與作僞擁有悠久的歷史，根據目前的材料至少可以追述到東周時期，但真正開始大規模、大批量作僞並形成產業是在清乾嘉時期，而到晚清民國時期達到一個高峰。經過新中國成立初期的一段停滯，隨着近些年的收藏熱，又達到另一個高峰。本文將青銅器仿古作僞技術的發展分爲技術萌芽期（乾隆以前）、經驗積累期（乾隆至道光）、技術成熟期（晚清民國）、高新技術應用期（改革開放以來）四個時期並分別加以研討。

一　技術萌芽期（乾隆以前）

（一）宋以前

青銅器作僞可以追溯到兩千多年前的東周時期，在《韓非子·説林》中就記載了這樣一個故事：

　　齊伐魯，索讒鼎，魯以其贋往。齊人曰："贋也。"魯人曰："真也。"齊曰："使

---

*　本文爲中國博士後科學基金第 69 批面上資助項目 "西周太史寮官制研究"（項目編號：2021M693483）阶段性研究成果。

樂正子春來，吾將聽子。"魯君請樂正子春，樂正子春曰："胡不以其真往也？"君曰："我愛之。"答曰："臣亦愛臣之信。"

雖然戰國諸子的著作多寓言故事，但這個故事又見於《呂氏春秋》及劉向的《新序》，應有所本。這位魯君在敵兵壓境、國家存亡之際還弄此玄虛，也可以看出青銅器在當時人們心目中的重要地位。

唐代的《闕史》中曾記載了這樣一個故事：

（裴休）有親表宰曲阜，耕人墾田得古鐵盎，隱隱有古篆九字，帶盎之腰，曲阜令不能辨。兗州有書生姓魯，善八分書，召至於邑，出盎示之，曰："此大篆也，非今之所行者，惟某頗嘗學之，是九字曰：'齊桓公會於葵邱歲鑄。'"令大奇其說，及以篆驗，則字勢存焉，乃輦至於休。休以為麟經時物，得以為古矣，京輦亦聲為至寶。休得士之後，生徒有以盎寶為請者。一日設食會門生，器出於庭，則雜立環觀，造詞以贊，獨蚋以為非當時之物，乃近世矯作也。休不悅，曰："果有說乎？"蚋曰："某幼專邱明之書，齊侯小白謚曰桓公，九合諸侯，取威定霸，葵邱之會是第八盟。又按禮經，諸侯五月而葬，同盟至，既葬而後反虞，既虞然後卒哭，卒哭然後定謚。則葵邱之會，實在生前，不得以謚稱之，此乃近世矯作也。"休恍然始悟，立命擊碎，然後舉爵盡歡而罷。

這個故事因為只見這一處記載，真實性已無從考證，但也可看出當時的社會上作偽之風氣以及辨偽的思路和方法。

《洞天清祿集》云：

句容器非古物，蓋自唐天寶間至南唐後主時，於昇州句容縣置官場以鑄之，故其上多有監官花押。甚輕薄，漆黑，款細雖可愛，要非古器，歲久亦有微青色者。世所見天寶時大鳳環瓶，此極品也。

這是現在能找到的最早的關於仿古器的著錄，可惜其器罕傳於今，當時的仿鑄技術如何亦無從考證。

在宋代以前，還沒有青銅器的大規模著錄及研究，關於作偽和辨偽的資料也很少，就僅有的資料可以追溯銅器作偽肇始於戰國時期，由於當時可做參考的出土器物較少，大多出於臆造。

（二）宋代的仿古及作偽

在談仿古與作偽之前，首先要對其概念做一個界定。所謂仿古，是指出於對古器物的喜愛而進行的仿製，其目的只是崇古而非欺世，一般仿製者都會鑄上當時的年號或做器者的姓名，像宋還有明清內府就鑄了很多這樣的仿古銅器。當然，後人以此冒充三代古物而牟利那就另當別論了。而所謂作偽，則是出於經濟利益或其他原因，刻意仿製古物，以假

— 197 —

當真，從中牟利，或達到其不可告人的目的。這種僞器從古至今一直大量存在。仿古與作僞二者目的天差地別，我們必須要區別對待，但是就鑄造工藝而言，却有很多相通之處，甚至在有些時候很有可能是同一批工匠所爲。所以我們在研究作僞技術的時候可以把它們放在一起來進行研究。

有宋以來，崇古好古之風氣日盛，上至天子，下至文人士大夫，皆雅好古玩，再加上皇佑以後多有商周銅器出土，於是出現了大量青銅器的專門著録，這一方面促進了金石學的發展，另一方面也促進了作僞技術的發展。

宋代銅器主要以宫廷仿古爲主，徽宗好古，每得一古器，必令良工仿製，故當時所仿，無論花紋銹色，都是上上之選。政和年間，徽宗數獲古器，命翟汝文撰文鑄方澤禮器二十八器，傳於今世僅得二十銘，[1]如政和盉[2]（圖1-1）、甲午盉（圖1-2，《積古》7.14）、嘉禮壺尊[3]（圖1-3）、嘉禮犧尊（圖1-4，《西清》9.27）、宣和尊[4]（圖1-5）等。後高宗及秦檜、賈似道、廖瑩中諸人皆有祭器傳世，如高宗所作紹興洗[5]（圖1-6）等。這些都是當時的仿古之作，並非僞作，鑄造目的及用途有根本不同。但由此也可看出當時青銅器的鑄造技術及銘文的書寫風格。

這一時期仿鑄的特點如下：

1. 多爲仿古器，鑄當時年號；
2. 器物種類較多，仿三代真器，器形、紋飾仿得逼真，但神韻不足；[6]

圖1-1　政和盉銘 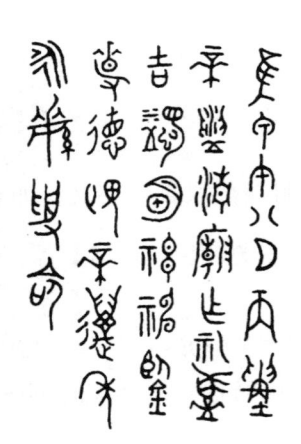　　　圖1-2　甲午盉銘 　　　圖1-3　嘉禮壺尊銘

---

[1] 張光裕：《僞作先秦彝器銘文疏要》，香港書局1974年版，第24頁。
[2] 容庚：《商周彝器通考》上册，中華書局2012年版，圖284，第187頁。
[3] 羅福頤：《商周秦漢青銅器銘文辨僞録》，《古文字研究》第十一集，第167頁，插圖一。
[4] 羅福頤：《商周秦漢青銅器銘文辨僞録》，《古文字研究》第十一集，第168頁，插圖二。
[5] 容庚：《商周彝器通考》上册，中華書局2012年版，圖285，第189頁。
[6] 程長新、王文昶、程瑞秀：《銅器辨僞淺説》上，《文物》1989年第8期。

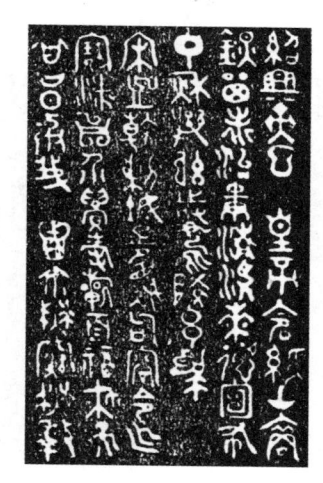

圖 1-4　嘉禮犧尊銘　　　　圖 1-5　宣和尊銘　　　　圖 1-6　紹興洗銘

3. 一般仿出范綫、墊片；[1]
4. 器形厚重，銅質粗糙發暗，無亮地子；[2]
5. 紋飾的底紋較模糊；[3]
6. 開始用技術手段做銹、做舊僞造熟坑器；[4]
7. 銘文字口較淺，一般爲翻砂或臆造銘文鑄造，真器後刻字還未出現。[5]

　　這一時期的僞器雖已不存，但在宋人的著録中還可以找到一些踪迹。收録僞器最早的要算宋皇佑三館古器圖，之後的《考古圖》（以下簡稱《考古》）、《宣和博古圖》（以下簡稱《博古》）、《嘯堂集古録》（以下簡稱《嘯堂》）、《歷代鐘鼎彝器款識法帖》（以下簡稱《薛氏》）都有收録。從現存的宋人著録中所收的僞器，大致可看出當時僞銘的風貌。

　　從銘文内容看，僞銘或有所本而删減截取真器銘文，如齊侯盤（圖 1-7，《嘯堂》99.3）爲仿真齊侯盤而删減截取真銘而成（圖 1-8，《博古》21.12.2，《嘯堂》73.3，《薛氏》165.1-2）。又如齊侯匜（圖 1-9，《嘯堂》99.4）爲仿真齊侯匜删減截取所得（圖 1-10，《薛氏》116.1），不只删減了文字，連順序也抄錯了，完全讀不通。

　　又或憑空臆造銘文，但由於這一時期人們對於古文字的認知水平有限，所以多文理不通，或不符合歷史文化常識，如庚甗（圖 1-11，《考古》2.27，《薛氏》45.3）、比干墓銅盤（圖 1-12，《嘯堂》69.1，《薛氏》163）。

---

[1] 程長新、王文昶、程瑞秀：《銅器辨僞淺説》上，《文物》1989 年第 8 期。
[2] 程長新、王文昶、程瑞秀：《銅器辨僞淺説》上，《文物》1989 年第 8 期。
[3] 程長新、王文昶、程瑞秀：《銅器辨僞淺説》上，《文物》1989 年第 8 期。
[4] 程長新、王文昶、程瑞秀：《銅器辨僞淺説》上，《文物》1989 年第 8 期。
[5] 商承祚：《古代彝器僞字研究》，《金陵學報》第 3 卷第 2 期。

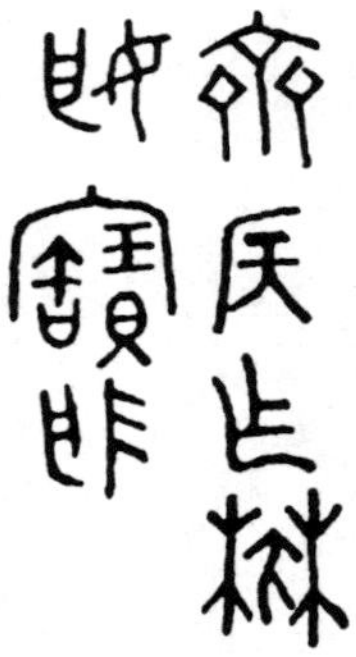

圖 1-7　齊侯盤僞銘 　　　　　　　圖 1-8　齊侯盤真銘

圖 1-9　齊侯匜僞銘 　　　　　　　圖 1-10　齊侯匜真銘

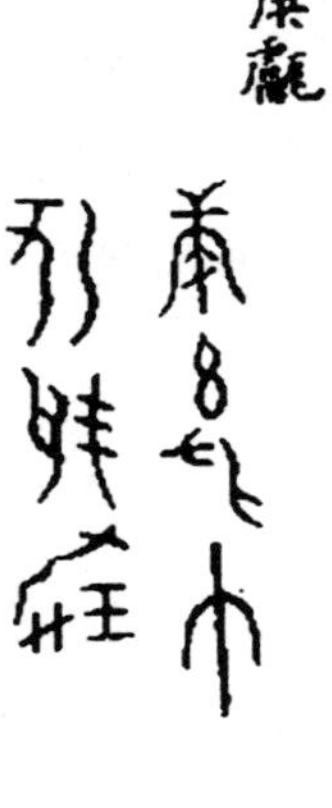

圖 1-11　庚甗 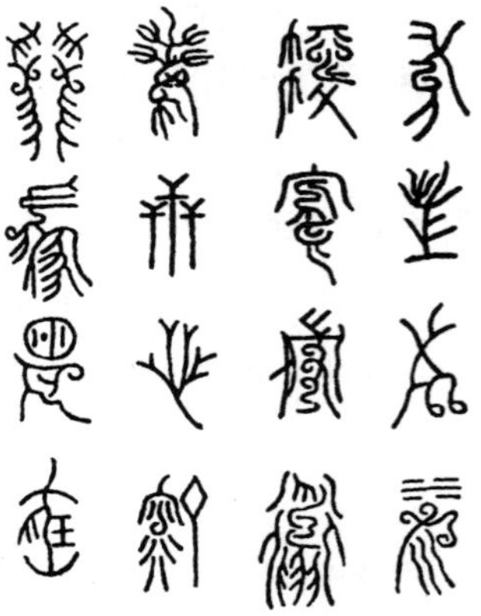　　　　　　　　　圖 1-12　比干墓銅盤

雖然當時的偽器都已不存，但當時作的仿古器圖像還是有很多保留了下來，如前文列舉的政和甗、宣和尊、嘉禮尊、紹興洗等，可以從中看出當時銘文書寫的一些特徵。首先，整體的書寫風格缺乏古樸感，更傾向於小篆，甚至隸書、楷書的風格，有時更將各時期不同風格的字體雜糅在一起，像紹興洗（圖1-6）就很有小篆和繆篆的風格。其次，由於對文字的認知水平不高，有些字會書寫錯誤，像"帝"字，一般寫做（圖1-13，1）（四祀𨔵其卣，《集成》5413）、（圖1-13，2）（榮乍周公簋，《集成》4241）、（圖1-13，3）（墻盤，《集成》10175），中間一橫是直的[1]，而政和甗寫作（圖1-14，1），嘉禮壺尊寫作（圖1-14，2），嘉禮犧尊寫作（圖1-14，3），甲午甗寫作（圖1-14，4），都寫成了折形，其錯字的風格與結構極其相似，或許都出於翟汝文之手；又如"隹"字，一般寫做（圖1-15，1）（利簋，《集成》4131）、（圖1-15，2）（大盂鼎，《集成》2837）、（圖1-15，3）（𧽙簋，《集成》4317），像鳥形。《說文》："隹，鳥之短尾總名也。"而政和甗寫作（圖1-16，1），甲午甗寫作（圖1-16，2），非像鳥形的象形字，明顯不對。再次，在語法上也會出現不合金文語法的現象，像紹興洗文首的紀時語句爲"紹興癸酉"，不僅直書年號，而且完全不符合金文的紀時形式。

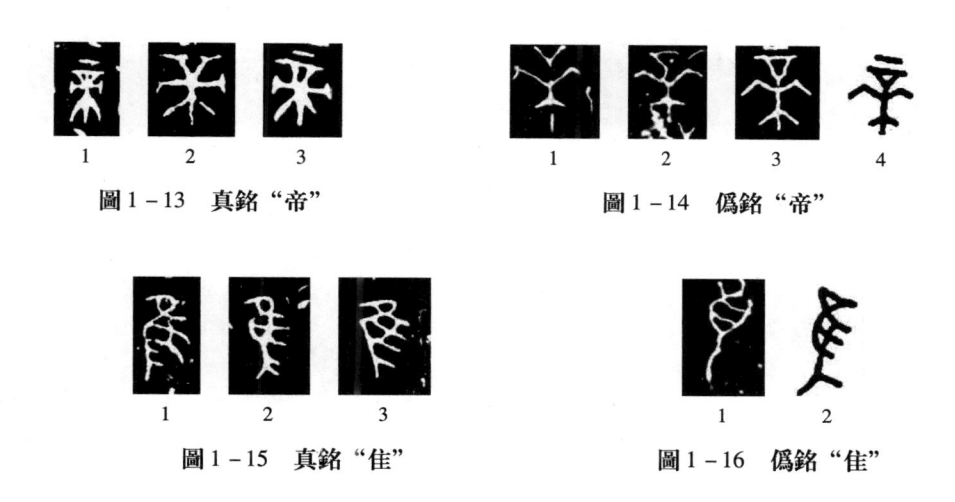

圖1-13　真銘"帝"

圖1-14　偽銘"帝"

圖1-15　真銘"隹"

圖1-16　偽銘"隹"

　　這一時期由於皇帝的喜好，推動了社會上的好古之風，從而使仿古銅器、偽作銅器大量出現，其中雖不乏製作精良之器，但在銘文的撰作方面還顯幼稚，與商周古器差別較大。

（三）元代的仿古及作偽

　　元代統治時間短暫，且戰爭頻繁，社會生活動盪不安，對古器物的追求和熱愛自然

---

[1]　寡子卣寫作折形，但這種寫法極少見。

不及宋代，這一時期主要以宮廷仿鑄宗廟祭器爲主。成宗時，曾設出蠟局爲諸路府州邑縣廟宇鑄春秋祭器。現在北京和臺北故宫博物院都藏有大量元仿商周祭器，如永澤書院祭器（圖1-17），但大都模鑄草率，去古甚遠。

這一時期代表人物有杭州姜娘子、平江路王吉，他們以仿南唐後主句容器著稱於時，姜鑄古器花紋較粗，但仍勝於王。《格古要論》："元杭州姜娘子、平江路王吉鑄銅器皆得名，花紋卻粗。姜鑄勝於王吉，俱不甚值錢。"[1]《遵生八箋》："元時杭城姜娘子、平江王吉二家鑄法名擅當時。其撥蠟亦精，其煉銅亦净，細巧錦地花紋亦可入目，或作鎅金或就本色。傳之迄今，色如蠟茶，亦爲黑色。人多喜之。因其製務法古式樣，可觀。但花紋細小，方勝龜紋居多。平江王家鑄法亦可，煉銅瑩净，撥蠟精細，但製度不佳，遠不如姜。"[2]

圖1-17　永澤書院祭器銘

這一時期仿鑄特點如下：[3]

1. 多爲仿古器，鑄當時年號；
2. 成組仿三代器，做爲祭器置於廟内；
3. 器形笨重，做工粗糙，銅質發黄，地子發烏，無光澤；
4. 紋飾模糊不清；
5. 銘文用繆篆，字體不工整，軟弱無力。

（四）明代的仿古

進入明代，仿古青銅器無論從數量還是質量上都遠勝之前。尤其是宣德年間，皇帝好古，内府大規模仿鑄古銅器，高手頻出，吴邦佐[4]、李澄德都是當時的佼佼者。好古之風也促進了民間私鑄的興起及發展，見於記載的就有琴書吕[5]、胡文明[6]、甘文堂[7]、周文甫[8]、

---

[1]（明）曹昭：《格古要論》卷六，中華書局2021年版。
[2]（明）高濂：《遵生八箋》卷十九，黄山書社2010年版。
[3] 程長新、王文昶、程瑞秀：《銅器辨僞淺説》上，《文物》1989年第8期。
[4] 明宣德年間工部尚書。
[5] 吴邦佐别名，私鑄之器皆署名琴書吕。
[6] 松江人。《雲間雜誌》云："郡西有胡文明者，按古式製彝鼎尊卣之類極精，價亦甚高，誓不傳他姓。時禮貼稱胡鑪，後亦珍之。"
[7] 金陵人。
[8] 吴中人。《高士奇集·归田集卷十一》："明萬曆年間，吴門周文甫製文犀，爲仙人乘槎，滿貯花果，名載花船，容酒五六合，雕作精巧。"

張鳴岐[1]、高氏、且閑主人、學道、施家、蔡家、徐守素[2]、王鳳江[3]、周文富、湯子祥[4]等，都是名噪一時的高手，可見當時仿古風習之盛。但是除宣德年間的內府仿器之外，民間仿器及其他時間的內府仿器質量都比較粗糙，較易辨識，如潞王鼎（圖1-18，1-19）。

圖1-18　潞王鼎　　　　　　　　　圖1-19　潞王鼎銘

這一時期仿鑄特點如下：[5]

1. 數量種類增多，大小器皆有；
2. 仿器無鑄痕和墊片；
3. 宮廷仿質量尚佳、民間仿粗糙；
4. 紋飾繁縟，常添枝加葉；
5. 分量過重，有壓手感。

這一時期仿古的精品主要出自宣爐，但宣爐只仿器形，銘文一般都鑄"大明宣德年"的年號及工匠的名字，字體一般也都用小篆或繆篆，並不按金文的章法書寫。民間的工匠在利益的驅使下逐漸轉向作偽，仿古器比較粗糙。

---

[1] 嘉興人，善鑄銅爐。
[2] 蘇州人。《遵生八箋》："近日吳中偽造細腰小觚、敞口大觚、方圓大尊、花素短觶、雪金點戟耳彝爐、細嵌金銀碧瑱鼎爐、香奩犧尊、團螭鎮紙、細嵌天鹿辟邪象罇水銀青綠古鏡、二寸高小漢壺方瓶、鎏金觀音彌勒種種，色樣規式可觀，自多雅致，若出自徐守素者，精緻無讓。價與古值相半，其質料之精，摩弄之密，功夫所到繼以歲月亦非常品。"
[3] 嘉興人。
[4] 《雪橋詩話》："明末國初間有周文富、湯子祥二家。湯善用補法，周則鑪身耳底三什裝就，宣廟時本然二家亦稱好手。"
[5] 程長新、王文昶、程瑞秀：《銅器辨偽淺說》上，《文物》1989年第8期。

（五）明末清初的作僞

宣德年間，内府大量仿古，使鑄銅工藝有了很大提高，這無形中也培養了一批仿作高手。隨着商品經濟的發展，在巨大的經濟利益誘惑下，這些人大多轉向了作僞，於是在明代中後期形成了歷史上作僞的高峰。出現了山東、陝西、河南、金陵等作僞中心。[1] 這一時期不止僞古器，還僞宣器。[2] 有以施家、學道爲代表的北鑄與以蔡家、甘文堂爲代表的南鑄兩大派别，[3] 還有北京打磨廠造，金魚池義德成造等，[4] 另外還有周文富、湯子祥[5]、劉貞父[6]等人見於記載。

這一時期作僞特點如下：

    1. 多仿《考古》《博古》二書之圖而作；[7]

    2. 采用分鑄法，有焊接痕迹，無范綫墊片，有補痕。[8]

這一時期的僞器主要收在乾隆年間編的西清四鑒及阮元的《積古齋鐘鼎彝器款識》（以下簡稱《積古》）中。整理所收僞器，總結這一時期僞銘特點如下：

首先，從文字的書寫角度看，受宋人著作的影響，銘文字體多寫作尖頭篆書，容庚稱之爲仿宋僞（圖1-20，1-21，1-22[9]）

圖1-20　僞銘 　　　　圖1-21　僞銘 　　　　圖1-22　僞銘

---

[1] 高濂《遵生八箋》："近日山東、陝西、河南、金陵等僞造鼎、彝、壺、觶、尊、瓶之類，式皆法古，分寸不遺，而花紋款識悉從古器上翻砂，亦不甚差。"

[2] 項元汴天啓年間《宣爐博論》："宣朝官鑄鼎彝及今所存，真者十一，贗者十九。"

[3] 《宣爐匯釋》："施家，萬曆天啓間人，與學道（嘉靖時人）皆稱北鑄……蔡家，蘇州人，稱蘇鑄，與甘文堂（金陵人，萬曆末年以鼓鑄名）同時，稱南鑄。"

[4] 霍海俊、王五勝、李化元：《京派古銅器修復技術百年發展脈絡概述》，《中國文物科學研究》2006年第4期。

[5] 《秦東田宣爐説》："明末國初間，有周文富、湯子祥二家……亦稱好手。"

[6] 《古董瑣記》："明人碭山劉貞父，善鑄銅，清初尚存。"

[7] 容庚：《商周彝器通考》上册，中華書局2012年版，第197頁。

[8] 程長新、王文昶、程瑞秀：《銅器辨僞淺説》上，《文物》1989年第8期。

[9] 羅福頤：《商周秦漢青銅器銘文辨僞録》，《古文字研究》第十一集，插圖四。

仿作僞作青銅器簡史

其次，從銘文内容看，主要表現爲：

第一，照鈔宋人的著錄。如文王鼎，相同銘文在西清四鑒裏就收了十幾件（圖1－23《西清》2.1，1－24《寧壽》1.12，1－25《西甲》1.5，1－26《西乙》1.5等），都是照鈔宋人著錄的周公乍文王方鼎（圖1－27《集成》2268、《博古》2.3、《薛氏》81、《嘯堂》7.2）；又如友史鼎，四鑒中也著錄多件（圖1－28《西清》3.20，1－29《西甲》1.13，1－30《西乙》1.10），都是照鈔宋人著錄的父乙鼎（圖1－31《集成》2710、《博古》1.7、《薛氏》13.1、《嘯堂》1）；再如仲偁父鼎（圖1－32《西乙》1.17）是照鈔宋人著錄的仲偁父鼎（圖1－33《集成》2734、《博古》3.16、《薛氏》87.1、《復齋》15、《嘯堂》15）；另有晉姜鼎、伯姬鼎、仲駒父簋等。由於當時工匠的文字水平不高，很多字都鈔寫錯誤，只要仔細觀察，很容易分辨。

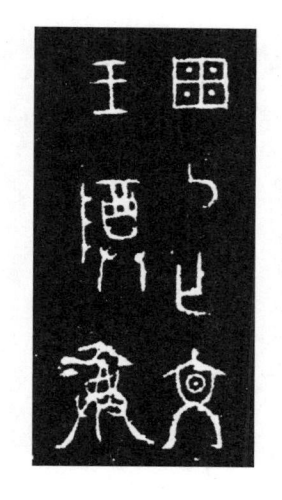

圖1－23 僞銘 　　　圖1－24 僞銘 　　　圖1－25 僞銘

圖1－26 僞銘 　　　圖1－27 真銘

— 205 —

圖 1-28　偽銘　　　　　　　圖 1-29　偽銘

圖 1-30　偽銘　　　　　　　圖 1-31　真銘

圖 1-32　偽銘　　　　　　　圖 1-33　真銘

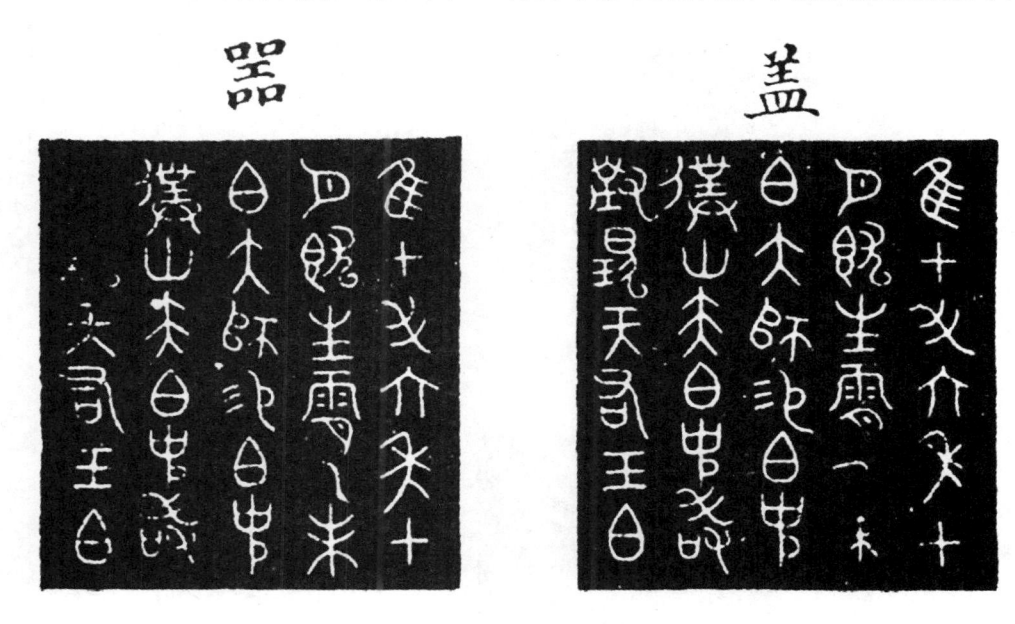

第二，删减截取宋人的著録。如伯克尊（圖1－34《西甲》5.8）爲删減伯克壺（圖1－35《集成》9725、《考古》4.4、《博古》6.32、《薛氏》103、《嘯堂》25.3）所成；叔孫簋（圖1－36《西甲》12.33）爲删減叔孫父簋（圖1－37《集成》4108、《博古》17.18、《薛氏》128、《嘯堂》55）所成；嬰簋（圖1－38《西甲》12.31）爲删減嬰簋（圖1－39《集成》4153、《考古》3.7、《博古》17.14、《嘯堂》51、《薛氏》127）所成等。這類銘文由於直接删減截取銘文的某一部分，大多文理不通，與金文的表述方式不合。

圖1－34　伯克尊僞銘

圖1－35　伯克壺真銘

圖 1-36　叔孫簋僞銘　　　　　　　　圖 1-37　叔孫父簋真銘

圖 1-38　奡簋僞銘　　　　　　　　圖 1-39　奡簋真銘

　　第三，增加銘文。如乙公鼎（圖 1-40《寧壽》1.14）爲對宋人著録乙公鼎（圖 1-41《集成》2376、《博古》3.22、《薛氏》83、《嘯堂》16.2）增加所成。這一類大多文理不通，容易辨識。

圖 1-40　乙公鼎偽銘　　　　　　　　　圖 1-41　乙公鼎真銘

第四，把此類器物的銘文移至彼類器物。如仲駒父簋（圖 1-42《集成》3937、《博古》16.30、《薛氏》124.1-2、《嘯堂》54.1-2），直接把銘文移到尊（圖 1-43《西清》9.12）、壺（圖 1-44《寧壽》8.6）、匜（圖 1-45《寧壽》12.53）上等。

又或者如伯和父簋（圖 1-46《集成》4311、《博古》16.27、《薛氏》138、《嘯堂》53），經過刪減後移於鼎（圖 1-47《西乙》1.19）、尊（圖 1-48《寧壽》3.25）、卣（圖 1-49《西清》15.15）上等。

圖 1-42　仲駒父簋真銘　　　　　　　　圖 1-43　仲駒父尊偽銘

圖 1-44　仲駒父壺僞銘　　　　　　　圖 1-45　仲駒父匜僞銘

圖 1-46　伯和父簋真銘　　　　　　　圖 1-47　伯和父鼎僞銘

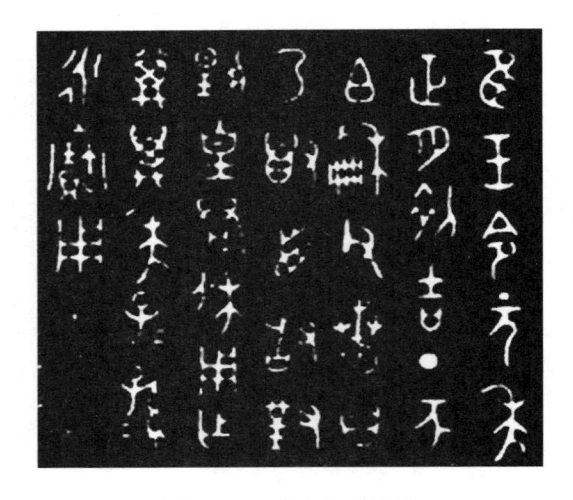

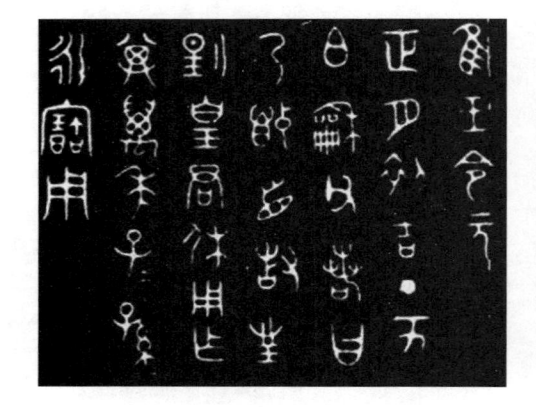

圖 1-48　伯和父尊僞銘　　　　　　　圖 1-49　伯和父卣僞銘

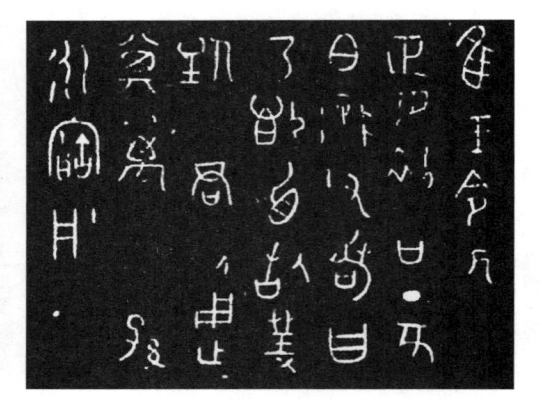

這類器物一般會出現自銘與器形不相符的現象,像仲駒父尊、壺、匜等都自銘爲簋,這些明顯的錯誤比較容易辨識。

明末清初這一時期,由宮廷仿古開始轉向民間作僞,僞器大量充斥市場,數量和質量都有所提高,作僞的技術有所發展,但就銘文的撰寫水平來看還是比較幼稚,與真器相去甚遠。

總之,第一階段屬於技術萌芽期,基本以宮廷仿古爲主,民間作僞技術比較落後,無論器形、紋飾、銘文都與真器有很大差別。明中葉以後,民間作僞開始興起,器形紋飾方面也出現了一些精品,但受當時古文字認知水平所限,銘文的字體書寫惡劣,錯字很多,文理不通,不合金文語法,與商周真器相去甚遠,極易辨識。

二 經驗積累期(乾隆至道光)

(一)乾嘉時期

乾隆皇帝甚好古物,於是也就推動了社會上的崇古之風,加之乾嘉學派的興起,考古考據之風大盛,一時間上至皇帝,下至文人士大夫,對古物都競相追捧,四處搜羅,客觀上推動了作僞技術的發展,使得這一時期在銘文撰寫方面比之前有了很大的提高。

乾隆中後期出現了一件晉侯平戎盤(圖2-1),銘文多達五百五十個字,是最長的一篇僞銘。銘文的書寫風格模仿散盤(圖2-2),比之前的兩頭尖的仿宋僞已經進步很多,文字的書寫也規範了很多,沒有了之前那種低級的錯誤,但刀法還不成熟,字體比較呆板,與商周真銘有明顯差距。銘文的遣詞造句模仿《尚書》,全篇五百多字除個別地方不合金文的語法和歷史常識外,基本還是詞能達意文意比較通順,比之前那些不知所謂的臆造銘文要好很多,即便是在技術水平高度發展的今天,要寫出一篇這樣的文章來也不是一件容易的事,可見做僞者一定有很深厚的古文功底。曾有人推測此盤出自陳詮之手,[1]是否屬實,現在已無從考證。

嘉慶年間,銘文的書寫水平又有所提高,如圖2-3[2]。

---

[1] 秦更年《金文辨僞》中説:"有陳詮者曾爲巴予籍監造都承盤,書法模仿散盤,頗有古意,意其人必有仿造之品"。

[2] 羅福頤:《商周秦漢青銅器銘文辨僞錄》,《古文字研究》第十一集,插圖四。

圖 2-1　晉侯平戎盤銘

圖 2-2　散盤銘

圖 2-3　偽銘

（二）道光年間

　　陝西是周秦故地，經常有銅器出土，尤其是寶雞、周原附近，至今仍經常有大批銅器出土，但大部分都沒有銘文，有銘文的只占很小一部分，當然也就越發珍貴。道光年間，劉喜海官陝，遍求古銅，以文字論價，字多者價高，而無銘文者却一件不收。這讓當時的古玩商看到了巨大的商機，爲投其所好，於是就在沒有銘文的青銅器上僞刻銘文，在銘文少的青銅器上加刻銘文，以期獲取高額利潤。這樣，在真器上僞刻銘文之風便在西安興盛起來，也催生了晚清民國時期一個重要的作僞流派——陝刻——的産生及發展，并且出現了第一批專門僞刻銘文的高手——蘇億年（蘇六）、蘇兆年（蘇七）、張三銘（鳳眼張）。

這一時期的僞器，葉志詵收藏最多，後來多被朱爲弼編入《敬吾心室彝器款識》（以下簡稱《敬吾心》）中。分析整理這些僞器，可以從中看出陝刻的一些特色。

第一，在銘文少的青銅器上加刻銘文。如遂肇諆鼎（圖2-4，《敬吾心》上32）。這是作僞史上非常出名的一件東西，據説是二蘇與鳳眼張合作的作品，全篇一百三十餘字，其中僅九個字（第六行前五個字和第七行前四個字）爲真銘，其餘都是加刻的。雜抄了多篇銘文拼凑而成，其中摘抄虢季子白盤比較多，像"壯武於戎工"、"經維四方"、"薄伐玁狁"、"於洛之陽"、"是以先行"等，雖然拼凑水平較之前有所提高，但依然文理不通；字體書寫也主要是仿虢盤，但虢盤爲西周宣王時器，銘文書寫風格爲西周晚期風格，該器九字真銘爲西周中期偏早的風格，此器將早晚期的字糅雜在一起，時代風格不統一，有個別字（像隹、即等）書寫也不正確。

圖2-4　遂肇諆鼎銘

又如冉彝（圖2-5，《敬吾心》下33），其中只有"冉"字爲真銘，其餘皆爲後刻。尹父丁尊（圖2-6，《敬吾心》上45），其中只有"尹父丁"三個字爲真銘，其餘都是後刻。文理不通，字體惡劣。

圖2-5　冉彝銘　　　　　　　　圖2-6　尹父丁尊銘

第二，在没有銘文的青銅器上僞刻銘文。如：潘仲吴生鼎（圖2-7，《敬吾心》上40），這個算得上僞銘中刻得比較好的；[1] 獸面紋盂（圖2-8 現藏故宫）；乳簋（圖2-9，《敬吾心》上59）爲仿禽簋（圖2-10，《集成》4041）而作，但是把禽字拆成了兩個字；又有册父乙鼎（圖2-11，《兩罍》1.1）、叔向尊（圖2-12）等。這些筆法都很相似，如出一人之手，應該都是鳳眼張的手筆。

圖2-7　潘仲吴生鼎銘　　　　　　圖2-8　獸面紋盂銘

―――――
〔1〕　容庚：《商周彝器通考》上册，中華書局2012年版，第210頁。

圖 2-9　孔簋銘　　　　　　　　　圖 2-10　禽簋銘

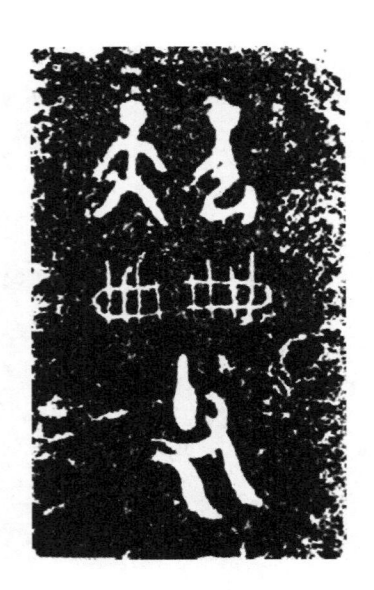

圖 2-11　册父乙鼎銘　　　　　　圖 2-12　叔向尊銘

這一時期作僞的特點如下：

1. 在無字之器上僞刻銘文，或字少之器上加刻銘文；
2. 作僞者金文水平比之前有所提高，多仿散盤、虢季子白盤的文辭和字體，刻字水平有所提高，不像之前那麼生硬，但拼凑的字句多不合語法，字體時代風格不統一，有些字書寫不準確，與真銘對比比較容易辨識。

三　技術成熟期（晚清民國）

晚清民國時期是青銅器作僞的一個高峰，究其原因，一是因爲大量外國人來華，大肆收購中國古董，推高了古物的價格，使得古玩行業迅速興盛起來，出土之物不能滿足巨大的市場需求，於是作僞之風日盛，作僞作坊遍佈全國；二是這一時期學者們注重對器物的整理和著錄，再加上西方照相技術的引進，使得古器物的材料空前積累，爲作僞者提供了豐富的參考資料。加之社會動盪，盜墓猖獗，很多軍閥，像黨玉昆之流專事盜墓，使得大批古物流入市場，也爲作僞者提供了很多實物標本。

這一時期由於西方科技手段的引入，化學試劑的運用，使得作僞技術有了很大的提升；在利益的驅使下，更多人投入到作僞中來，一時間"良工"頻現，"人才"輩出，形成了陝西、濰縣、蘇州、北京等幾大著名的作僞中心。

（一）陝西

陝西是作僞比較早的地區，主要以在真器上僞刻銘文爲主，這與其處在周秦故地，多有素器出土的地理條件有關。其代表人物主要有蘇億年、蘇兆年、鳳眼張，他們的作品前面已經介紹，這裡不再贅述。

（二）濰縣

山東濰縣已經有四百多年青銅器仿古作僞的歷史，乾嘉時期就已頗具規模，到晚清民國成爲重要的作僞中心，產品數量龐大，但整體看來水平不高。其作僞特點主要如下：

　　1. 早期多仿西清四鑒。但由於西清四鑒本身就收錄很多僞器，而且銘文都是摹寫，並非原拓，有些失真，所以根據西清四鑒做出來的東西，從器形、紋飾到銘文與真器相去甚遠。

　　2. 後期多仿簠齋藏品。陳介祺是晚清最重要的金石學家之一，其藏品之豐富，眼光之銳利受到後來很多研究者的推崇。他豐富的藏品爲濰縣工匠提供了可以借鑒模仿的對象，他對金石學的研究也無形中推動了家鄉濰縣作僞技術的提高。

　　3. 爲了便於成型，器物一般采用分鑄法，器物各部分分別鑄成後采用鉛錫將其焊接成型，留有焊接痕迹。

　　4. 以翻砂鑄造爲主，失蠟法爲輔，所僞造器物一般器壁厚重，器物表面砂眼較多，略粗糙。

《潍坊市志》記載，到清代道光年間，李海顏、胡庭禎、劉學濤等藝人的手藝在前人的基礎上經過不斷實踐、鑽研，僞造銅器的工藝水準逐漸提高，僞造的鐘鼎彝器品質日臻。僞造青銅器的名聲開始在坊間傳播，潍縣仿古銅的從業者開始逐漸增多。[1]《潍縣誌稿》卷二十四《特種手工業》中記載："仿古銅器。仿古銅始于東關李姓，所仿三代秦漢彝器，佳者可以亂真。"又陳國帆《潍縣手工業調查·仿古銅器業（特產）》中寫道："緣光緒四年，縣東關有李汝顏君，具模仿之才，經數年之苦心，製作三代前之銅器與古逼真，於是聲傳中外。"[2] 據學者考證，李海顏、李汝顏、東關李當爲一人。[3] 據商承祚《古代彝器僞字研究》統計，清末民初，潍縣的作僞高手主要有范壽軒、展書堂、趙允中、王藎臣、王海、李玉彬、李玉堂、胡延貞、潘承霖、李懋修等。[4] 商承祚筆下的胡延貞與《潍坊市志（上卷）》中的胡庭禎應爲同一人。孫敬明先生在 1989 年 7 月 13 日約訪潍縣老人李惠林先生時，李先生回憶："潍縣仿古銅，最早發明的是潍縣姓胡的，後來發展到十餘家……再即'邃古齋'在小十字路口，主人潘承霖是胡某的徒弟。潘能在古器上刻字，幾乎能亂真。"潘承霖爲胡延貞（胡庭禎）的徒弟，新中國成立後調入山東省博物館工作。曾參與修復司母戊大方鼎。商承祚筆下的李懋修是東關李的女婿兼徒弟，是東關李的第二代傳人。第三代傳人玄祖基是李懋修夫婦的徒弟，據其自述，由於師傅年紀較大，主要跟從師母學藝。新中國成立後調入潍坊市工藝美術研究所工作，仿製了馬踏飛燕、長信宮燈等重要文物，並培養了下一代接班人。

在潍縣眾多藝人中，據傳，王藎臣、王海的水準較高。

王藎臣喜歡刻細筆道的字，據說王子申簠（圖 3-1）就是他的作品，應該是仿春秋王子申盞（圖 3-2，《集成》4643）而作，筆畫刻得還可以，但刪減不當，文理不通。王海是王藎臣的兒子，作僞水平超過其父。故宮現藏有半片方鼎，内有銘文 51 字（圖 3-3）據說就是王海仿西周克鼎（圖 3-4，《集成》2796）刪減而刻。雖然字刻得還可以，但與真器對比，可以看出字體呆板，筆畫粗而臃腫，并且因爲刪減不當而文理不通。

另外還有潍縣工匠做的仲駒父簠[5]（圖 3-5）；樂鼎[6]（圖 3-6）與真樂鼎（圖 3-7《集成》2419）相比，筆法軟弱，字體呆板；史頌簋（圖 3-8《小校》8.52）與真器（圖 3-9《集成》4232-1）相比，還是很容易辨別的。

---

[1] 潍坊市地方誌編纂委員會：《潍坊市志·上》，中央文獻出版社 1995 年版，第 407 頁。
[2] 陳國帆：《潍縣手工業調查》，《實業統計》，1935 年第 5 期。
[3] 馬瑞文：《"潍縣造"及潍坊仿古銅工藝的研究與保護》，山東大學 2016 年碩士學位論文。
[4] 商承祚：《古代彝器僞字研究》，《金陵學報》第 3 卷第 2 期。
[5] 孫敬明：《潍縣仿古銅器見聞錄》，《中國文物報》2003 年 3 月 26 日第 7 版。
[6] 孫敬明：《潍縣仿古銅器見聞錄》，《中國文物報》2003 年 3 月 26 日第 7 版。

仿作偽作青銅器簡史

圖 3-1　王子申簠偽銘　　　　　　　圖 3-2　王子申盞真銘

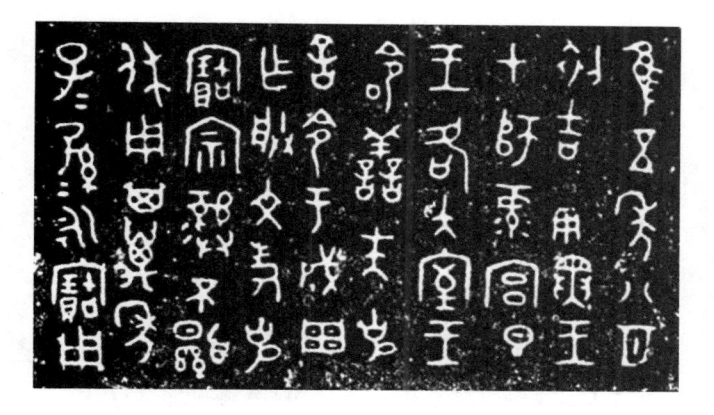

圖 3-3　王海仿克鼎偽銘　　　　　　圖 3-4　克鼎真銘

圖 3-5　濰縣仿仲駒父簋（器銘俱偽）

相觀而善集・第一輯

圖 3-6　濰縣仿樂鼎（器銘俱偽）

圖 3-7　樂鼎真銘 　　圖 3-8　濰縣仿史頌簋 　　圖 3-9　史頌簋真銘

另外，山東還有濟南的胡麻子、胡世昌、胡世寬父子三人，刻的不算壞，但不識古文字，只能摹刻，而以做假銹出名。[1]

---

〔1〕　商承祚：《古代彝器偽字研究補篇》，《考古學社刊》第 5 期。

（三）蘇州

蘇州是一個人文氣氛非常濃厚的地方，歷來都不缺乏良工，是近代銅器仿古作偽的重要基地之一。主要做高仿的青銅器，以器形和紋飾取勝，很多都銷往了國外，現在很多國外的博物館都收有當年"蘇州造"的銅器。"蘇州造"銅器不同於"濰縣造"，多使用失蠟法，製造精細，其主要特點如下：[1]

1. 多仿河南安陽殷墟出土的銅器，製作精緻、逼真；
2. 合金成分特殊，冶煉時一般加入銀元，生成地子亮，閃白；
3. 銅質好，紋飾流暢、利落；
4. 銘文鏨刻較深，規整，字的邊緣稜角硬；
5. 仿熟坑器最好（周梅谷）。

主要代表人物，早期有顧湘舟，民國時期有周梅谷、劉俊卿[2]、蔣聖寶、駱奇月、金雲鬆、蘇氏、沈永康、宋銅匠等，其中佼佼者應屬周梅谷。

周梅谷（1882—1951年），原名周容，別號百甸室主人。16歲學刻碑，25歲師從吳昌碩學習書畫刻印，後能書善畫，博覽金石。民國十年（1921年，一說自1920年至1931年間），周梅谷開辦作坊，禮聘能工巧匠，聚集了擅澆鑄的陶善甫，擅掌火候的朱金海，翻砂鑄模的陳善甫、朱金海，精刻銅的李漢亭，工剝蠟的唐發玉、劉有富，善接色的金潤生、金滿生、蔣聖寶，專木范的黃桂倫、配紅木座的吳麐昆，雕刻花板的王寶桂等高手二十餘人專做仿古青銅器。[3]他們從仿鑄宣德爐入手，每道工序各人專司其職，進而仿製鼎、彝、卣、盤、觥五大古器。周梅谷雖不諳冶鑄仿古銅器，但精於雕刻，長於圖像，深通金石。他與黃桂倫、陶英甫、李漢亭、蔣實善等通力合作，各獻所長，所鑄銅器從成分含量、形制、銘文、紋飾都歷歷有據，甚至對皮色銹斑朽蝕處都講究自然逼真，無絲毫雕鑿之痕。又能精製包金、鎏金、嵌金銀等工藝，所仿製春秋時的鎏金銀銅器和戰國時的鎏金銅獸，精美絕倫，名噪一時，連精於鑒賞的專家也難辨真假。吳啟周、盧芹齋經營的"吳盧公司"爭相羅致所作，遠銷歐美。一件周梅谷作坊製作的"車馬獵紋方口壺"（圖3-10）被美國芝加哥藝術博物館收藏，曾收入容庚、張維持著的《殷周青銅器通論》的圖錄，被發現後又特意插頁說明，這足見周氏仿製青銅器水平之高。[4]另外，據"蘇州派"第三代傳人，南京博物院王金潮先生說，收於《中國青銅器全集·商3》的第一三五"獸面紋方卣"（圖

---

[1] 程長新、王文昶、程瑞秀：《銅器辨偽淺說》上，《文物》1989年第8期。
[2] 北京派古銅張的徒弟。
[3] 吳琴、陶啟勻：《蘇州文物》，蘇州大學出版社2000年版，第248—249頁。
[4] 潛偉、何偉俊、樑宏剛：《"蘇州派"青銅文物保護修復傳統技術的調查研究》，《中國文物科學研究》2008年第2期。

3-11），現藏於日本白鶴美術館，也是出自周氏作坊。

圖 3-10　車馬獵紋方口壺　　　圖 3-11　獸面紋方卣

　　金雲鬆，爲周梅谷的遠親。一方面精於修補及澆鑄銅器，另一方面其修復仿製的商代青銅器精緻、逼真，特別是銘文鏨刻和銹層修飾的技法，皆有獨到之處。他的兩個兒子金潤生、金滿生在繼承其手藝的同時，進入周梅谷作坊專事仿古青銅器的修整、接色、裝潢等精加工過程，更是青出於藍而勝於藍，成爲"蘇州派"的代表人物。他們不僅對切、割、鉚、焊、銼、鑽、鏨、刮等修復手藝十分精道，而且歷代青銅器的成分、造型、紋飾、風格都熟爛於心。[1] 金氏是現在國內公認的"蘇州派"創始人。

　　其他同時代的青銅器作僞名家，如蔣聖寶、駱奇月等長於鑄造，與周梅谷齊名的劉俊卿，爲北京派"古銅張"張泰恩的得意弟子，被上海古玩商請到蘇州開了家古銅作坊，按殷墟新出土的青銅器仿造，然後賣到國外。另外，還有蘇氏，善於僞刻，曾在一素鐘上摹刻《復齋》中收錄的楚公夜雨鐘銘文並爲羅振玉買走，能騙過羅振玉的法眼，也足可見其摹刻水平之精。

　　金潤生在進入周梅谷作坊後不久，即爲周梅谷相中，成爲其大女婿。抗戰勝利後，金潤生在蘇州怡園旁的周梅谷家祖宅，即現臨蘇州人民路（原護龍街）的鋪面開了家專營古銅器的鏞寶齋，同時兼修復古銅器，1948 年因戰事紛亂而關閉。

　　當時蘇州護龍街爲經營古玩的中心。護龍街上與鏞寶齋經營業務相似的，還有其對面由孫家三兄弟（孫伯淵、孫仲淵、孫季淵）經營的"集寶齋"（現陸家飯店所在地）。鏞寶

----

[1] 潘偉、何偉俊、櫟宏剛：《"蘇州派"青銅文物保護修復傳統技術的調查研究》，《中國文物科學研究》2008 年第 2 期。

齋南面有夏品山開的夏家古玩店，該店被當時的蘇州古玩界戲稱爲"新假破店"。附近還有陳佩如開的著名古銅器店"柯夔"，陳佩如曾一次托金滿生購入古銅器三十件，可見其經營規模。後陳佩如所收藏的器物大部分歸入現蘇州市博物館。這些古銅器店基本都不從事古銅器的修復，有需求時大都委托金氏二兄弟。

金滿生因古銅器修復的手藝高超，1938年被上海大收藏家單福寶請去修復古代青銅器。在滬期間，金滿生與葉淑從、張四君等大收藏家也有相關業務往來。單福寶要求他修復後作舊必須看不出，水銀沁等也必須仿得惟妙惟肖。他把那些殘破相當嚴重的青銅器修補復原完好，使修補復原之部位與原件原部位渾然一體，天衣無縫，極難分辨出補配復原的地方，一時在上海收藏界聲名鵲起。金滿生雖收入頗豐，但有吸食大烟的嗜好，經濟狀況也頗爲拮據。後來，金滿生痛下決心回蘇州戒大烟，新中國成立後與其兄一起進入蘇州博物館，從事青銅器的保護與修復工作。

（四）北京

北京是近代銅器仿古作僞的重要基地，因爲是京師重地，達官顯貴雲集，買家的喜好與蘇州的偏文人氣不同，更崇尚奢華和大氣，爲迎合市場需求，所以多仿鎏金器及商周重器。如果說"蘇州造"的特點是精緻的話，那麼"北京造"的特點就是華麗。北京造銅器的主要特點爲：

1. 多仿三代重器及鎏金器。
2. 製作華麗精巧。
3. 善於做銹，生坑、熟坑都仿得很好。

北京造的主要代表人物與別的地方不同，他們都是同一派系，彼此之間都有師承關係，人物關係見下表：

"京派"第一代代表人物是光緒年間一于姓工匠外號叫"歪嘴于"，一種說法是清宮造辦處的工匠，另一種說法是清宮的太監（經查閱清宮內務府造辦處的人事檔案，在光緒年間內務府造辦處有關銅作中並無一位于姓工匠或太監）。他住在北京前門內前府胡衕（現人大會堂東門附近）廟內，開了個"萬龍合"古銅作坊，以修理古銅器爲業。傳說他經常給宮裏修理銅器，晚年（大約在1894—1911年）前後收了7個徒弟，其中有兩個徒弟做活最好，一個叫郭樹根，俗稱"破郭"，在慈雲寺廟修古銅，後人稱"古銅郭"。另一個叫張泰恩（圖3-12[1]），它是于師傅最小的徒弟。[2]

---

[1] 曹子玉主編：《賈氏文物修復之家》，人民日報出版社1998年版，第160頁。
[2] 霍海俊、王五勝、李化元：《京派古銅器修復技術百年發展脈絡概述》，《中國文物科學研究》2006年第4期。

相觀而善集·第一輯

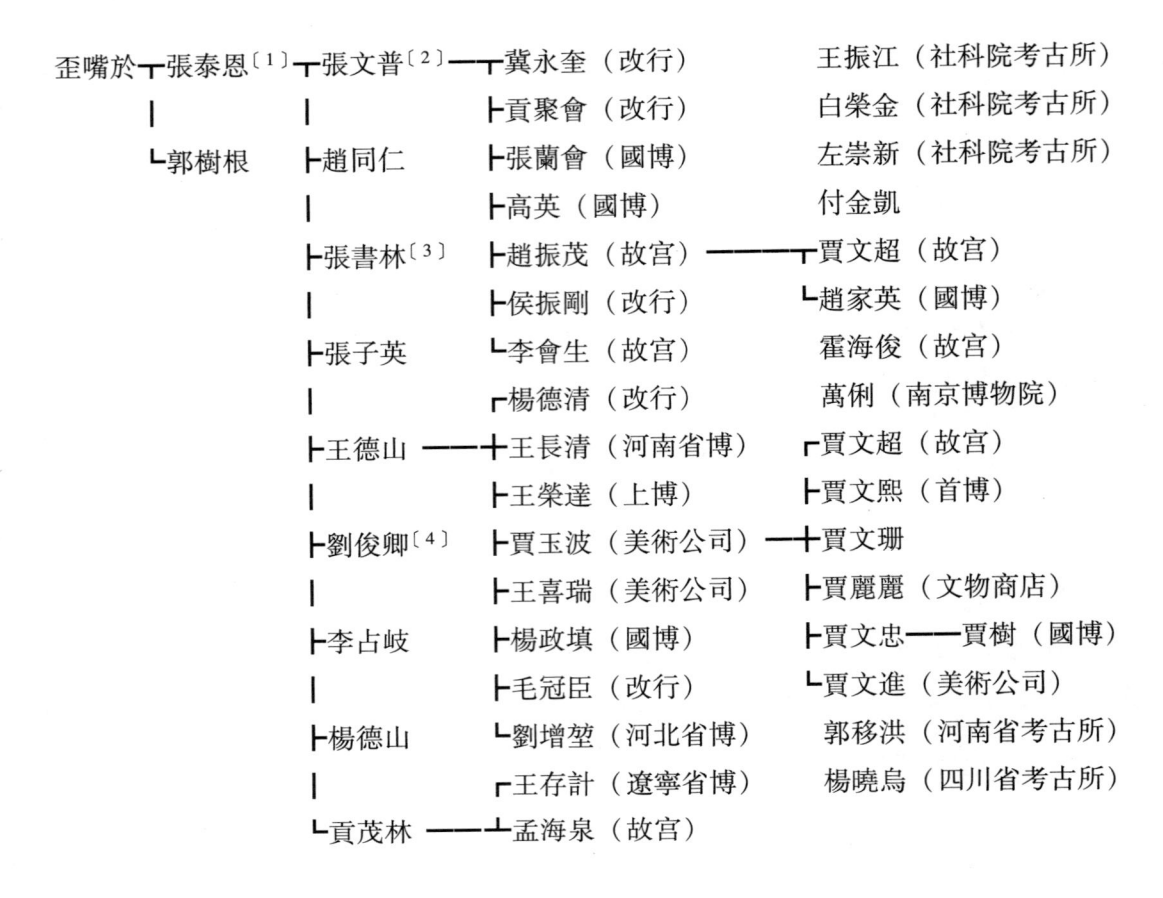

```
歪嘴於┬張泰恩[1]┬張文普[2]──┬冀永奎（改行）         王振江（社科院考古所）
    │      │        ├貢聚會（改行）         白榮金（社科院考古所）
    └郭樹根  ├趙同仁         ├張蘭會（國博）         左崇新（社科院考古所）
           │            └高英（國博）          付金凱
           ├張書林[3]  ┬趙振茂（故宮）────┬賈文超（故宮）
           │        ├侯振剛（改行）       └趙家英（國博）
           ├張子英   └李會生（故宮）         霍海俊（故宮）
           │        ┬楊德清（改行）         萬俐（南京博物院）
           ├王德山──┬王長清（河南省博）    ┬賈文超（故宮）
           │        ├王榮達（上博）        ├賈文熙（首博）
           ├劉俊卿[4]┬賈玉波（美術公司）──┬賈文珊
           │        ├王喜瑞（美術公司）    ├賈麗麗（文物商店）
           ├李占岐   ├楊政填（國博）        ├賈文忠──賈樹（國博）
           │        ├毛冠臣（改行）        └賈文進（美術公司）
           ├楊德山   └劉增堃（河北省博）     郭移洪（河南省考古所）
           │        ┬王存計（遼寧省博）     楊曉烏（四川省考古所）
           └貢茂林──┴孟海泉（故宮）
```

  第二代主要代表人物爲張泰恩。其1880年農曆十月初七生於河北冀縣良心莊，13歲到京拜"歪嘴于"爲師。張泰恩在家排行老七，在于師傅門下也排行第七，因此人稱"張七"。大約在辛亥革命前後，"歪嘴于"過世，張泰恩繼承他的衣鉢成爲第二代的代表，並將"萬龍合"更名爲"萬隆合"，人稱"古銅張"。大約在五四運動前後，"萬隆合"從前府胡衕遷址崇文門外東曉市大街路北第四家店鋪營業，其家也搬到崇文門外法華寺南營房四條十三號。在這期間，他主要爲琉璃廠古玩商修復青銅器。他既能刻字，又能作銹和翻砂，技術全面且精湛。從五四運動到抗日戰爭20多年間，"萬隆合"共收了十一位徒弟，其中四位學業不成另謀職業，其餘七位在京派古銅修復業中成爲第三代中堅。他們分別是張文普、貢茂林、王德山（圖3－13[5]）、張子英、張書林、趙同仁、劉俊卿。其中張文普、貢茂林、王德山於三十年代先後出師自立。由於張泰恩發了財不再干活，其徒弟們先

---

[1] 人稱"古銅張"。
[2] 也作張濟卿，人稱"小古銅張"。
[3] 也作張樹麟。
[4] 也作劉俊聲，後來去南方發展。
[5] 曹子玉主編：《賈氏文物修復之家》，人民日報出版社1998年版，第164頁。

後離去。萬隆合被迫於 1936 年停業。後張以變賣家產度日。新中国成立後他曾擺地攤、看門，於 1960 年病逝。

圖 3－12　張泰恩　　　　　　　　圖 3－13　王德山

　　第三代主要代表人物爲張文普（人稱"小古銅張"）和王德山。

　　張文普是古銅張的侄子，號濟卿，1902 年生於河北冀縣，13 歲到京拜張泰恩爲師，學習修古銅，二十年代末張泰恩已發了財，不做活，萬隆合實際上由張文普掌管。對於那些破爛銅器，補配和焊接得天衣無縫的技術都已得到解決，最關鍵的環節就是"做銹"。張文普成天一個人在小樓上做活，主要是做顏色，即做假銹，對人保密。1930 年張文普離開萬隆合，在前門外草場二條自立門户。由於其善於鑽研，心靈手巧，爲琉璃廠古玩鋪修過很多古代青銅器，與大古玩商岳彬、倪玉書交往甚密，很多古玩商都找他做活。炭兒胡衕東頭路北大泉山房古玩鋪掌櫃高少木 1930 年從洛陽買來一件銅鑲銅古銅瓶（實際是尊），鼓腹、侈口、高圈足，高約 40 厘米，腰部鑲嵌紋飾脱落成了凹形花紋，請張濟卿重新鑲嵌做舊。張知道高要他做商代嵌活是要蒙洋鬼子，就反復強調活難，並要 5000 元修理費，經多次討價還價，高給了 4000 元現大洋。後此尊賣給了美國人 30000 元。張文普不僅自己鑽研，還廣聚人才。趙振茂先生曾講過："我們鋪子行當最全，什麽活都能接，我學徒時有好幾位做新銅活的師傅（有的是佛作師傅），能鑄造、會打胎（鍛打銅活），雕鏨鎏金。做新銅活的專鏨活，有個山西人專門撥蠟搬砂（鑄造）。"由於生意紅火，張文普陸續收了七個徒弟，他們是：張蘭會、高英、趙振茂、李會生、冀永奎、貢聚會和侯振剛。可惜的是張文普三十年代後期迷信一貫道，不務正業，拖欠工錢。趙振茂回家向他預支兩塊錢他都不給。因日軍侵華，時局緊張，古玩業大受影響，而張文普又常年不干活，古玩商自是不放心把價值連城的古玩交給幾個小孩子干（當時幾個徒弟都20歲左右），因此生意逐漸停頓。1937年前後衆徒弟陸續離開各奔前程。張文普後因從事反動會道門活動，於1965年死在東北獄中。[1]

　　王德山，1911年生於河北衡水縣小鉅鹿。因其從小跛足，人稱"王瘸子"。13歲到京拜張泰恩爲師，三十年代初出號自立，在崇文門外草場八條30號家中開業。其手藝非一般人可比，技術全面，能修會塑、鑄造、鏨花樣樣精通。在琉璃廠古玩行中頗負盛名。在三十年代，外國人對銅器的要求是：特殊的器形、精緻的花紋、漂亮的地子、美觀的鏽色。能够具備這四種條件的銅器爲上品。在這種形勢下，王德山研究發明了作假地子和假鏽色的新方法："漆地磨光"和"點土噴鏽"兩種技術，使殘破銅器的假地子和假鏽色更爲逼真。現在這種技術仍一直是做地子和做鏽的基本方法。王德山雖然没什麽文化，但他聰敏好學，不滿足於現狀，不僅用漆調色做鏽，還大膽實踐用化學方法作色。王喜瑞説："我學徒時（三十年代末），我們櫃上用阿莫尼亞（氨水）咬黑。"由於其手藝精湛，很多古銅商都找其修活。故宫藏有一件子蝠觶（圖3-14），據説就是王德山仿安陽出土的商觶僞作的，是僞器中的精品。[2] 王德山從1937年始先後培養了劉增堃、毛冠臣、楊政填、王喜瑞、賈玉波、王榮達、王長清、楊德清等徒弟。他的鋪子中分工明確，有塑型的、鏨活的和專門作鏽的，頗具現代管理模式。王長清就是經人介紹從東曉市恒興得銅佛作坊到王家專門刻花的。四十年代幾位徒弟也先後出師自立。新中國成立前夕，古玩行業蕭條，他迫於生計在廣安門外以鑄水龍頭爲生，新中國成立後重操舊業。鄭振鐸先生鼓勵他和幾個徒

圖3-14　子蝠觶

---

[1]　霍海俊、王五勝、李化元：《京派古銅器修復技術百年發展脈絡概述》，《中國文物科學研究》2006年第4期。
[2]　程長新、王文昶、程瑞秀：《銅器辨僞淺説》中，《文物》1989年第11期。

弟:"你們要擴大生産,爲新中國换取外匯。"1954 年,在東琉璃廠震寰閣成立北京特藝公司文物加工部,後歸併北京市文物商店。1959 年北京市文化局又將其並入北京市美術公司,爲國家换取了大量外匯,爲博物館修復、復製了衆多的文物及仿製品。他古稀之年仍不懈努力培養新人。1990 年去世,終年 80 歲。

另外,張書林、貢茂林等都是一時高手,據説王伯姜鬲(圖 3-15)就是他們中的某位做的。[1]

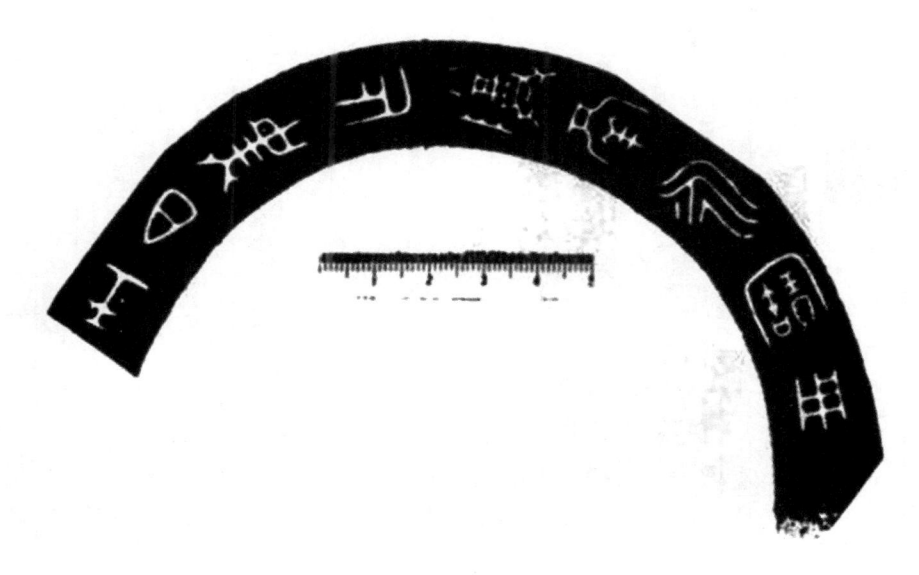

圖 3-15 僞銘

這一時期的僞器除了收在《善齋》《小校》《夢坡》等著録裏之外,在國外的博物館、私人藏家處也收有不少。

這一時期的僞銘的特點:[2]

1. 書法方面,大多數是方筆;
2. 常用字的結構有其獨特的風格(見圖 3-16);
3. 取材的藍本,多偏重於有數的幾篇銘文,如虢季子白盤等。

---

[1] 商承祚:《古代彝器僞字研究補篇》,《考古學社刊》第 5 期。
[2] 張光裕:《僞作先秦彝器銘文疏要》,第 436—438 頁。

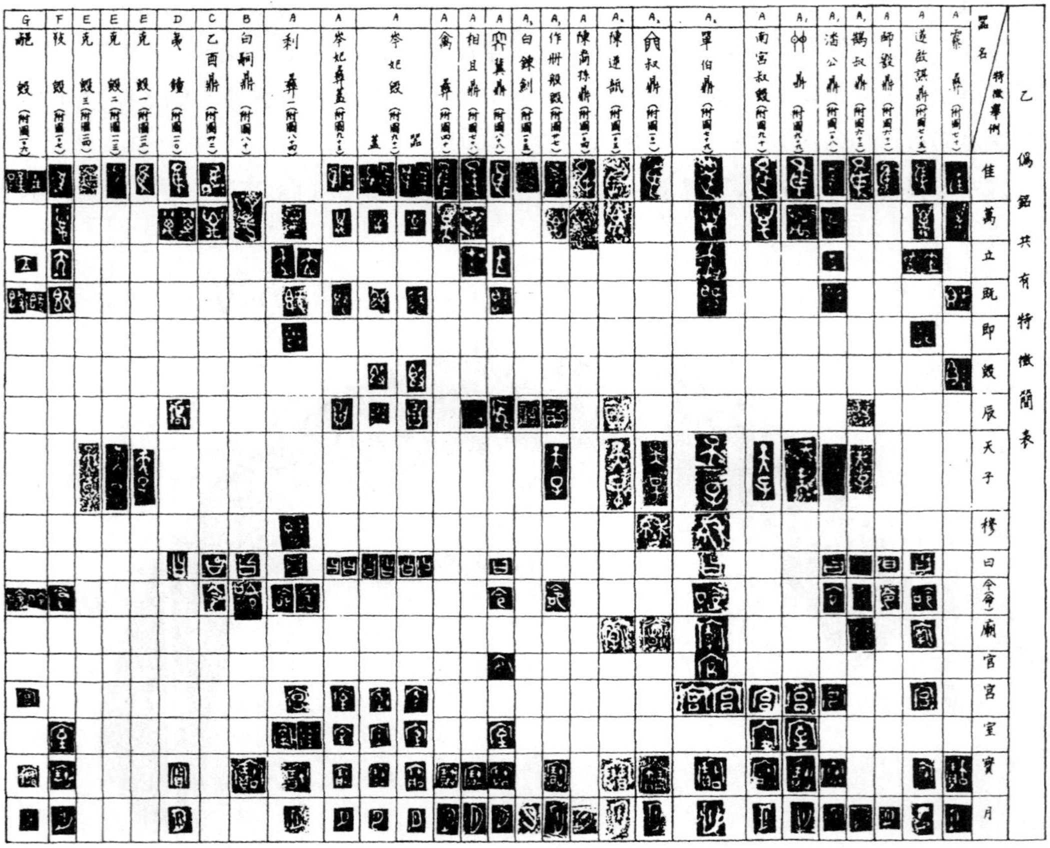

圖 3-16　偽銘特點圖

四　高新技術應用期（改革開放以來）

　　新中國成立初期，由於社會政治經濟原因，青銅器做偽產生了一個短暫的停滯時期。改革開放以後，經濟飛速發展，作偽又重新復蘇。近十幾年來，收藏品市場大熱，藝術品價格連番上漲，更吸引了大量境內外資本的涌入，進入了一個全民收藏的時代，作偽也進入一個高度發展繁盛的時代。

　　民國時期各大作偽中心進入新中國後大多都已衰落。濰縣現在依然還有人在做仿古銅器，但水平不高，想當年最鼎盛的時期水平也不太高，現在就更不用說了。陝刻已經沒有傳人，現在做高仿的是另一撥人，與當年的陝刻無關。

　　北方的古銅張一派還有傳承，在前文第三部分"京派"傳承表中可以看到主要有張文普（小古銅張）、王德山和貢茂林幾個支派。他們的傳人基本上都在博物館（故宮、國博、首博）做文物復製和修復工作。第四代代表人物主要有高英、趙振茂、賈玉波等。

高英，1916年3月生於北京朝陽門外。其父在同益恒古玩鋪張彬卿家當厨子。1930年張彬卿、蕭延卿介紹他到前門外草場二條張文普古銅鋪學徒。因其念過八年私塾，有點文化且又聰明能幹，深得張文普賞識。剛干三年就替張文普管賬，接活。後因張文普迷信一貫道，生意不景氣，於1938年出師自立。新中國成立前在同益恒古玩鋪，上海禹貢古玩鋪修理銅器。1951年3月經王世襄、王振鐸介紹到中國科學院考古研究所工作，修理銅器。1961年3月調到中國歷史博物館。1976年至1982年，他先後在北京鋼鐵學院（現北京科技大學）、河南省博物院、湖北省博物館舉辦文物修復培訓班，講授古代青銅器的修復技術。1986年受聘於文化部國家文物鑒定委員會。1992年被評爲文化部優秀專家並享受政府特殊津貼。半個多世紀以來，他修復了數千件珍貴文物，主持或參加了河南輝縣、安陽、洛陽、河北唐山、湖南長沙等多處重大考古發掘項目，有商周、春秋、戰國及兩漢不同時代的遺址。同時他將多年來的豐富經驗、高超技藝進行總結，發表了多篇論文或專著。早在1956年冬，他在考古研究所舉辦的見習員訓練班上講授青銅器修復技術，隨後整理成文，於1958年出版的《考古學基礎》上發表《銅器修整》一章。這是第一篇較系統論述古銅器傳統修復工藝技法的文章。他不僅長於傳統修復，更善於學習鑽研，接受新事物。首創了在青銅器上刻花的專用鏨子，恢復鎏銀的傳統工藝，采用化學方法去銹。這些寶貴的經驗、論述和專著至今仍在指導我們進行古銅器傳統的修復工作。[1]

趙振茂，1916年1月出生於河北深縣趙家莊。1931年經本鄉木工陳四介紹到前門外草場二條張文普古銅鋪學徒。1938年，張蘭會、高英先後出號自立門户，古銅鋪的一些業務就落在趙振茂等徒弟身上。然而其師傅張文普迷信一貫道，叫徒弟們整天伺候來人，燒香拜佛，生意越來越不行了。趙便與師弟李會生也出號在前門北孝順胡衕8號租房給古玩商修古物。後來同鄉趙同仁也加入，成立了字號叫"三合公"的古銅鋪，轉年春天搬到崇文門外河伯廠三條19號，1940年又搬到崇文門外閻王廟後街1號。其間他曾收過兩個徒弟。新中國成立前夕生意不好，回原籍老家。後因户口在京，當地不分田，於1950年返京，先在崇文門外後章大院31號重操舊業，後搬到崇文門外東曉市大街50號。1952年11月經李會生介紹到故宮保管部修整組修復銅器。後成立故宮修復廠並在銅器組任組長。他不僅修復青銅器技藝高超，更努力鑽研技術，從事陶瓷器、甲骨、玉器、鐵器、壁畫等多種門類的文物修復，以適應故宮的文物保護事業，造詣頗深。幾十年來經他親手修復、保護的文物數以千計。他在實踐中積累了豐富經驗，不僅全面精通本專業技術，而且具有深厚的青銅器辨僞功底，深受文博界的贊譽。晚年撰寫了《青銅器修復技術》一書，成爲第一部全面系統總結青銅器傳統修復的專著。他的專著和論文爲後人留下了寶貴的技術資料。由於

---

[1] 霍海俊、王五勝、李化元：《京派古銅器修復技術百年發展脈絡概述》，《中國文物科學研究》2006年第4期。

他工作業績卓著，先後被聘爲故宫博物院研究員、國家文物鑒定委員會委員，享受國務院頒發的優秀專家政府特殊津貼。[1]

賈玉波（圖4-1[2]），河北束鹿人，1938年到北平在王德山門下學徒。四十年代出師後一直在琉璃廠的古玩鋪修理青銅器。1947年參加革命，在琉璃廠以修復古銅器爲掩護，爲北平南城地下黨作情報工作，新中國成立後被派到糧食局任干部。五十年代末又重操舊業，作文物修復工作。先後參加了中國歷史博物館通史陳列的青銅器修復工作，河北滿城漢墓的部分文物修復工作，河南安陽殷墟婦好墓的文物修復工作，還爲大葆臺漢墓博物館、中國農業博物館、陝西省博物館、安徽省博物館等修復和復製了大量文物和陳列品。此外還爲山西、陝西、湖北、江蘇、安徽、山東等省市培訓了近20名文物修復專業人員。[3]

賈玉波先生的重大成就還在於他培養了5個兒子（圖4-2[4]），使他們成爲現在青銅器修復行業的中堅力量，也是古銅張第五代傳人的主要代表。

長子賈文超任職故宫博物院，專事青銅器修復。"文革"時，他義務在父親單位打下手，學習石膏翻模及銅器錫焊、粘接等技術。多年來，他修復的重要文物一二級品上百件，如銅方爐、司母辛方鼎、鷹形金冠飾等，三級以下文物達四五百件。1980年，他到山東淄博修復並復製了全國罕見的特大長方形夔龍紋多鈕西漢銅鏡，復製的銅鏡在日本展出時得到了極高評價。列爲1989年全國"十大考古新發現"的江西新干大洋洲商墓，出土了大批大型精美的商代青銅器，賈文超與多位專家一起采用現代技術與傳統修復方法，使青銅卧虎柱足大方鼎等十多件商代大型珍貴文物重放光彩。

圖4-1　賈玉波在修復婦好墓出土銅甗　　　　圖4-2　賈氏文物修復之家

[1] 霍海俊、王五勝、李化元：《京派古銅器修復技術百年發展脈絡概述》，《中國文物科學研究》2006年第4期。
[2] 曹子玉主編：《賈氏文物修復之家》，人民日報出版社1998年版，第11頁。
[3] 曹子玉主編：《賈氏文物修復之家》，人民日報出版社1998年版，第12頁。
[4] 李震、賈文忠主編：《青銅器修復與鑒定》，文物出版社2012年版，第222頁。

次子賈文熙，在西安市文物保護考古所從事考古發掘和文物修復。近年參與列爲1990年、1991年、1996年"十大考古新發現"的河南三門峽西周虢國墓地、平頂山應國墓地出土文物的修復工作，修復了著名的有70個銘文的柞伯簋和有40多個銘文的應侯壺、鼎、盤等。他給河南靈寶黃帝陵設計了"天地人"三個青銅大鼎，鼎高2.5米，重1000公斤，堪稱"鼎王"。他爲上海博物館陳列的一套原大秦始皇銅車馬做舊，爲西安中國書法藝術博物館復製了有中國第一文物之稱的"石鼓"和青銅何尊、秦磚漢瓦等。

三子賈文珊雖未任職文博單位，仍醉心於文物修復和復製。他繼承了父親的技法，特別精於焊接和鈑金技術，有些文物缺樑、缺扳就是由他補配的。北京大葆臺西漢墓博物館陳列的相當於原物五分之一大小的秦一、二號銅車馬的模型就出自他之手。

四子賈文忠先後在北京市文物局、首都博物館、中國農業博物館從事文物修復、徵集、鑒定等工作。他酷愛金石，在書畫篆刻方面有較深的造詣。他敢於打破陳規，勇於探索新材料、新方法，開闢了青銅器修復的新天地。如將袋裝高分子材料應用到文物修復上，既加強了文物的強度，又避免了傳統修復方法帶入危害文物本體的物質。1990年，賈文忠參加江西新干出土文物的修復。這批罕見的瑰寶精美細膩，結構復雜，有的破損嚴重，要把這樣極難修復的器物完美地展現在世人面前，需要高超的技術。有件青銅鼎已碎成多塊，但頭髮般細的花紋却清晰可見，把這些無規則的碎塊拼對、整形、焊接成器物原來的形態與外觀，不能有絲毫的差錯。經賈文忠之手，這堆雜亂無章的碎銅片神奇般地變成了珍寶。賈文忠還曾擔任國家重大考古新發現——河南三門峽西周虢國墓地出土文物修復主持人之一，修復品中被定爲一級品的青銅器達數十件。

五子賈文進在北京市美術公司工作，主要從事青銅文物修復和復製工作，精於青銅器做舊、金銀鑲嵌，其復製的大批文物已走向國際市場，贏得廣泛的好評。

除了賈氏兄弟之外，古銅張第五代主要傳承人還有王振江（社科院考古所）、白榮金（社科院考古所）（圖4-3[1]）、付金凱、趙家英（國博）、霍海俊（故宮）、萬俐（南京博物院）、郭移洪（河南省考古所）、楊曉烏（四川省考古所）等[2]，是目前青銅器修復鑒定行業的中堅力量。第六代、第七代也都已活躍在青銅器修復鑒定的行業中。

南方的周梅谷一派也有傳承。其傳人主要在南方的博物館（安徽省博、南京博物院）作文物修復工作。

新中國成立後金潤生、金滿生兄弟一起進入蘇州博物館，從事青銅器的保護修復工作。1955年，安徽壽縣西門內發現了蔡昭侯墓，出土了大量青銅器。金滿生、金潤生應安徽省博物館邀請，對該批青銅器進行保護修復。1958—1959年，在安徽淮南蔡家崗趙家孤堆又

---

[1] 曹子玉主編：《賈氏文物修復之家》，人民日報出版社1998年版，第17頁。
[2] 李震、賈文忠主編：《青銅器修復與鑒定》，文物出版社2012年版，第222頁。

圖 4-3　1965 年 7 月攝於考古所
前排右起：賈玉波、王德山、祝茂群、高英、劉增堃、鐘少林
後排右起：王振江、白榮金、馮秉剛、左崇新、馬憲印

發現了蔡聲侯和元侯墓，出土了數量眾多的青銅器。此後，金潤生被安徽省博物館留用，並修復了被毛澤東主席見後讚嘆說"能煮一頭牛"的著名國寶重器楚國大鼎。金滿生則應江蘇省的強烈要求返回了蘇州，後隨編制改編進入南京博物院。

金潤生之子金學剛子承父業，任職於安徽省博物館，於 2003 年退休後返聘，從事青銅器修復六十餘年，被稱爲"復活國寶的能手"；次子金春剛是安徽省博物院拓片工藝技師。金學剛不僅在安徽省博物館有徒弟兩名：靳鵬、曹心陽，并且受國家文物局委托，於 1985—1987 年在安徽省博物館連續舉辦三期"青銅器修復技術培訓班"，每期 5 個月，共爲全國 27 個省市博物館、紀念館培養 40 多名青銅器修復技術人員，目前已是各博物館修復技術骨幹。金學剛之子金鑫也進入安徽省博物館，從事青銅器保護修復工作（圖 4-4[1]）。

金滿生之妻秦文英曾替夫打下手，火烙鐵和着色手藝甚好。金滿生之子金伯聲没有子承父業，成了著名的蘇州評話家。金滿生曾收江陰人李永和爲徒，但後來李永和因故離開了南京博物院，開了一家五金加工店，已經脱離了青銅器的保護修復行業。金滿生還有一個徒弟王金潮（圖 4-5[2]），現任職於南京博物院，爲國内知名青銅文物修復專家，在青

---

[1] 潜偉、何偉俊、樑宏剛：《"蘇州派"青銅文物保護修復傳統技術的調查研究》，《中國文物科學研究》2008 年第 2 期。
[2] 潜偉、何偉俊、樑宏剛：《"蘇州派"青銅文物保護修復傳統技術的調查研究》，《中國文物科學研究》2008 年第 2 期。

銅器粘接技術方面有所建樹。王金潮在南京博物院曾有七位年輕同志跟隨其學習，分別是：于偉、李軍、黃河、田建花（女）等。

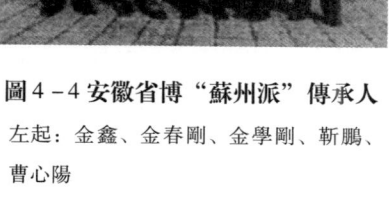

圖4-4 安徽省博"蘇州派"傳承人
左起：金鑫、金春剛、金學剛、靳鵬、曹心陽

圖4-5 南京博物院"蘇州派"傳承人王金潮

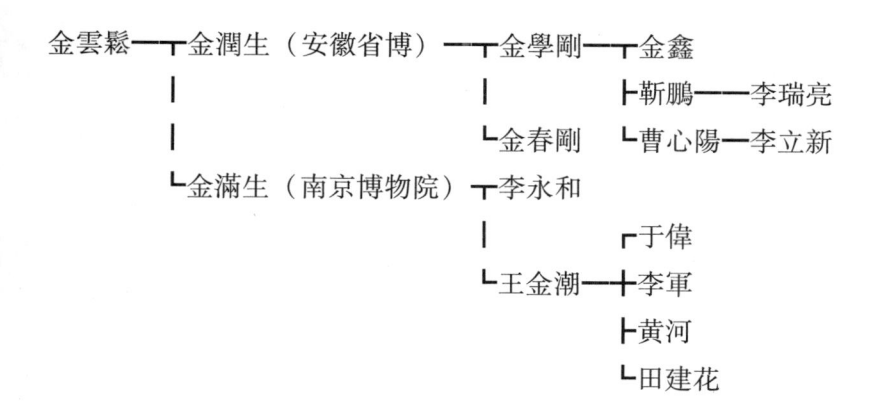

"蘇州派"主要發展譜系見下表：

```
金雲鬆─┬─金潤生（安徽省博）─┬─金學剛─┬─金鑫
       │                    │        ├─靳鵬──李瑞亮
       │                    ├─金春剛  └─曹心陽─李立新
       └─金滿生（南京博物院）─┬─李永和
                             │        ┌─于偉
                             └─王金潮─┼─李軍
                                      ├─黃河
                                      └─田建花
```

傳統銅器仿古作偽流派的傳人在新中國成立後都進入國家文博機構從事銅器修復鑒定工作。現在作偽的情況比較復雜，基本上全國各地都有，水平參差不齊。像洛陽伊川，整個村子都在做仿古銅器，但水平不高。據說平頂山和鄭州有做得好的高手，但這些人都比較低調，筆者無緣結識，至於他們的水平究竟如何也不好下判斷。就筆者所知，做得好的，湖北鄂州有一批人善作戰國兵器，筆者見過他們做的越王勾踐劍，與湖北省博的那柄不相

上下。另外，寶鷄有一批人，之前在安徽，這兩年新遷到寶鷄的，善做漢代銅鏡及商周器，幾可亂真。

現在僞器的特點表現爲兩極分化，大部分在市場上見到的僞器製作水平都相當低下，尤其是銘文的撰寫錯字連篇，文理不通，這類僞器數量龐大，只要是稍具備古文字功底，就可以比較容易辨別出來，所以這類器物對於學術研究不會産生太大影響，大多都是流入民間收藏市場。另外有一部分高仿品，製作精良，幾可亂真。這類高仿品的出現有賴於現代科技的進步，作僞技術的提高。比如，之前做銹都是用膠粘的，可以比較容易摳下來，但現在都用電鍍，跟真銹一樣結實；再比如之前銘文都是摹寫的，如果古文字水平不高，很容易寫錯字，也比較容易看出摹寫的痕迹，但現在應用3D打印技術，和真銘一模一樣，就不太容易辨別了。這類器物危害比較大，如果拿它們進行學術研究，就會讓研究走上歧途，所以對這類器物的真僞辨別將是學術研究的基礎和重點。

晉侯穌鐘銘文稱謂研究

于靖涵

中國社會科學院大學

摘要：晉侯穌鐘是西周晚期重要青銅器，原爲山西天馬—曲村北趙晉侯墓地 M8 隨葬品，因該墓慘遭盜掘而流散。1992 年上海博物館自香港古玩肆收回 14 件鐘，其後在北趙晉侯墓地 M8 又出土 2 件鐘，16 件一套的編鐘才重歸完配。晉侯穌鐘一套 16 件，具有長篇銘文，學術價值很高。銘文主要記載了西周晚期周王命晉侯穌率兵對夙夷的一次征伐戰爭，對研究西周時期的月相曆法、地理、對外戰爭、軍禮賞賜等具有重要價值，學者已有諸多分析論述，雖在銘文通釋上基本無礙，但仍存在一些分歧。特別是銘文關係到的稱謂，更是西周稱謂制度所涉及的普遍問題，仍需全面梳理和整理研究。因此本文著眼於晉侯穌鐘稱謂分析，兼涉相關銅器銘文中的稱謂問題，以重新厘清晉侯穌鐘銘文稱謂的指代。

關鍵詞：晉侯穌鐘，稱謂，官職

一　緒論

（一）晉侯穌鐘基本概況

1. 晉侯穌鐘的出土及簡介

天馬—曲村北趙遺址位於山西曲沃、翼城兩縣交界處，自 1987 年以來遺址遭到嚴重盜掘，經國家文物局批准，北京大學考古文博學院聯合山西省考古研究所[1]，於 1992 年至 2000 年先後 6 次對遺址進行相關發掘工作。共發現 9 組 19 座墓葬，其中 8 座被不同程度盜

---

[1] 山西省考古研究所已於 2020 年 4 月 10 日與山西省民俗博物館整合爲山西省考古研究院，下同。

擾，11座保存完好。[1]考古發掘工作明確北趙遺址爲西周晉侯及其夫人合葬墓地。

北趙晉侯墓地在第二次考古發掘工作中共發現5座大墓[2]，其中M6、M7、M8均遭到不同程度盜掘。在M8中發現兩件鐘，一件上有銘文"年無疆子子孫孫"，另一件銘文"永寶茲鐘"，可與馬承源先生於香港古玩肆中發現的14件鐘銘文，相連釋讀，且大小相序，此即我們今日所見之晉侯穌鐘。

西周時期絕大部分青銅器銘文爲鑄造而成，而晉侯穌鐘銘文爲刻寫，故馬先生決定將於香港古玩肆中發現的14件鐘收入上海博物館時，曾引起一些爭議，然北趙晉侯墓地M8中出土的兩件鐘，證實馬先生判斷之準確。馬先生獨具慧眼，以果斷的氣魄將14件鐘收回，避免了晉侯穌鐘流失海外悲劇的發生，使我國的珍貴文化遺產得到保護。

晉侯穌鐘一套16枚，共有銘文355字，其中重文9字，合文7字。[3]

銘文刻寫清晰，釋讀基本無礙。現將其基本信息以表格（表1-1）形式錄入如下。[4]

表1-1　　　　　　　　晉侯穌鐘基本信息表

器號	尺寸（cm）					字數		流傳	現藏
	高	舞縱	舞橫	鼓間	銑間	鉦	右銑		
NA0870	50.1	20	24	24.2	30.2	27	12	晉侯墓地M8盜出，1992年上海博物館自香港古玩肆收回	上海博物館
NA0871	49.8	20.2	24.1	23	31.1	27	12	同上	同上
NA0872	49.8	18.8	25	21.6	30.3	24	12	同上	同上
NA0873	45.1	17.3	22.7	19.4	27.5	25	—	同上	同上
NA0874	34.7	12.7	16.6	14.4	20	12	—	同上	同上
NA0875	30.2	12.1	14.4	12.7	14.7	12	—	同上	同上
NA0876	26.2	9.6	12.3	10.8	14.6	5	—	同上	同上
NA0877	22.4	8.3	10.6	8.9	12.8	3	—	同上	同上
NA0878	51.9	20.1	25.5	23.5	32.3	29	14	同上	同上

---

[1] 北京大學考古系、山西省考古研究所：《1992年春天馬—曲村遺址墓葬發掘報告》，《文物》1993年第3期；北京大學考古系、山西省考古研究所：《天馬—曲村遺址北趙晉侯墓地第二次發掘》，《文物》1994年第1期；山西省考古研究所、北京大學考古學系：《天馬—曲村遺址北趙晉侯墓地第三次發掘》，《文物》1994年第8期；山西省考古研究所、北京大學考古學系：《天馬—曲村遺址北趙晉侯墓地第四次發掘》，《文物》1994年第8期；北京大學考古學系、山西省考古研究所：《天馬—曲村遺址北趙晉侯墓地第五次發掘》，《文物》1995年第7期；北京大學考古文博學院、山西省考古研究所：《天馬—曲村遺址北趙晉侯墓地第六次發掘》，《文物》2001年第8期。

[2] 北京大學考古系、山西省考古研究所：《天馬—曲村遺址北趙晉侯墓地第二次發掘》，《文物》1994年第1期。

[3] 馬承源：《晉侯穌編鐘》，《上海博物館集刊》第七期，上海書畫出版社1996年版，第1—17頁。

[4] 相關信息來源於殷周金文暨青銅器資料庫：http://bronze.asdc.sinica.edu.tw/qry_bronze.php。論文中除有特殊說明的銘文圖片外，其餘銘文圖片亦來源於此網站。

續表

器號	尺寸（cm）					字數		流傳	現藏
	高	舞縱	舞橫	鼓間	銑間	鉦	右銑		
NA0879	50	20	24.2	23.5	30.9	27	14	同上	同上
NA0880	50.4	18.8	25.5	21.7	30.5	27	14	同上	同上
NA0881	47.2	17.4	23.8	20.5	27.8	26	—	同上	同上
NA0882	34.7	13	16.8	14.5	20.2	13	—	同上	同上
NA0883	30.6	12.2	14.9	12.8	18.3	9	—	同上	同上
NA0884	25.9	9.7	12.2	11	14.9	7	—	1992年出土於北趙晉侯墓地 M8	山西省考古所
NA0885	22.3	8.7	10.7	9.1	12.9	4	—	同上	同上

2. 晉侯穌鐘銘文釋文

晉侯穌鐘銘文主要記載了周王命晉侯穌率兵征伐夙夷，其間經歷數次激烈戰爭，最後取得勝利，晉侯穌因此受賞的全過程。茲將銘文釋寫於下[1]：

隹（唯）王卅又三年，王親（親）遹省東或（國）、南或（國）。正月既生霸戊午，王步自宗周。二月既望癸卯，王入各（格）成周。二月既死霸壬寅，王償（迭）往東。三月方（旁）死霸，王至于葊，分行。王親（親）令（命）晉侯穌達（率）乃𠂤（師）左洀䧹北洀□伐夙夷，晉侯穌折首百又廿，執嘼（訊）廿又三夫。王至于匐城。王親（親）遠省𠂤（師），王至晉侯穌𠂤（師），王降自車，立（位）南卿（向），親（親）令（命）晉侯穌自西北遇（隅）𩛥（敦）伐匐城。晉侯達（率）厥（厥）亞旅、小子、或人先敁（陷）入，折首百，執嘼（訊）十又一夫。王至，淖淖列列（烈烈）夷出奔。王令（命）晉侯穌達（率）大室、小臣、車僕從遘逐之，晉侯折首百又一十，執嘼（訊）廿夫，大室、小臣、車僕折首百又五十，執嘼（訊）六十夫。王佳（唯）反（返），歸在成周。公族整𠂤（師）宮。六月初吉戊寅，旦，王各（格）大室，即立（位）。王乎（呼）善（膳）夫曰：召晉侯穌入門，立中廷。王親（親）易（錫）駒四匹。穌拜稽首，受駒以出，反（返）入，拜稽首。丁亥，旦，王鄸于邑伐宮。庚寅，旦，王各（格）大室。嗣（司）工（空）揚父入右（佑）晉侯穌，王親（親）儕（齎）晉侯穌𩛥鬯一卣，弓矢百，馬四匹。穌敢揚天子不（丕）顯魯休，用乍（作）元和楊（錫）鐘，用卲（昭）各（格）前文人。前文人其嚴在上，廙在下，數數熊熊，降余多福。穌其邁（萬）年無疆，子子孫孫永寶茲鐘。

---

[1] 銘文釋讀引自業師馮時先生《晉侯穌鐘與西周曆法》，《古文字與古史新論》，臺灣書房出版有限公司2007年版，第335—336頁。

（二）晉侯穌鐘研究現狀

晉侯穌鐘銘文內容包含廣泛，涉及西周曆法、地理、戰爭、賞賜等，爲我們研究西周歷史的相關問題提供了豐富的資料。自其發現以來，學者已進行諸多研究，主要包括：

1. 西周紀年、月相及曆法問題

晉侯穌鐘銘文同時出現王年、月、干支以及月相的記錄，"四要素"具備，爲我們研究西周王年、月相、曆法等問題提供了新的材料。

首先，需要解決的是"王三十三年"是哪一位王的問題，這一問題爭論頗多，詳見下表。

表 1-2　　　　　　　　　　　　　晉侯穌鐘王年爭論表

王年	公元紀年	代表學者
穆王三十三年	公元前 974 年	張聞玉[1]
夷王三十三年		何幼琦[2]
厲王三十三年	公元前 846 年	李學勤[3]、馬承源[4]、李仲操[5]、葉正渤[6]、李朝遠[7]、韓炳華[8]等
	公元前 845 年	夏商周斷代工程專家組[9]、朱鳳瀚[10]、王世民[11]、王子初[12]、仇士華、蔡蓮珍[13]等
		周書燦[14]、孫慶偉[15]、賈志斌[16]、吉本道雅[17]、成家徹郎[18]等

---

[1]　王世民、李學勤、陳久金、張聞玉、張培瑜等：《晉侯穌鐘筆談》，《文物》1997 年第 3 期。
[2]　何幼琦：《西周諸王年代研究中的幾個問題》，《江漢論壇》1999 年第 8 期。
[3]　王世民、李學勤、陳久金、張聞玉、張培瑜等：《晉侯穌鐘筆談》，《文物》1997 年第 3 期。
[4]　馬承源：《晉侯穌編鐘》，《上海博物館集刊》第七期，上海書畫出版社 1996 年版，第 1—17 頁。
[5]　李仲操：《談晉侯穌鐘所記地望及其年代》，《考古與文物》2000 年第 3 期。
[6]　葉正渤：《亦談晉侯穌編鐘銘文中的曆法關係及其所屬時代》，《中原文物》2010 年第 5 期。
[7]　李朝遠：《西周金文中的"王"與"王器"》，見氏著《青銅器學步集》，文物出版社 2007 年版，第 352—358 頁。
[8]　韓炳華：《從晉侯穌鐘的斷代看西周金文月相詞語》，《山西大學學報》（哲學社會科學版）第 31 卷，2008 年第 1 期。
[9]　夏商周斷代工程專家組：《夏商周斷代工程 1996—2000 年階段成果報告》，世界圖書出版公司 2000 年版，第 34 頁。
[10]　朱鳳瀚：《中國青銅器綜論》，上海古籍出版社 2009 年版，第 1223 頁。
[11]　王世民：《晉侯墓地編鐘的再探討》，見氏著《考古學史與商周銅器研究》，社會科學文獻出版社 2017 年版，第 475—485 頁。
[12]　王子初：《晉侯穌鐘的音樂學研究》，《文物》1998 年第 5 期。
[13]　仇士華、蔡蓮珍：《夏商周斷代工程中的碳十四年代框架》，《考古》2001 年第 1 期。
[14]　周書燦：《晉侯穌編鐘的作戰地點與行軍路線》，《中國歷史地理論叢》1998 年第 4 期。
[15]　孫慶偉：《晉侯墓地 M63 墓主再探》，《中原文物》2006 年第 3 期。
[16]　賈志斌：《從編鐘銘文看西周時期隨葬樂器的功用》，《文物世界》2014 年第 4 期。
[17]　[日] 吉本道雅：《西周紀年考》，《遼東學院學報》（社會科學版）第 12 卷，2010 年第 2 期。
[18]　[日] 成家徹郎：《晉侯穌鐘銘文的確切年代》，曲英傑譯，《中國文物報》2000 年 1 月 12 日。

續表

王年	公元紀年	代表學者
宣王八年	公元前 820 年	杜勇、沈長雲[1]
宣王十七年	公元前 811 年	黃彰健[2]
宣王十九年	公元前 809 年	王占奎[3]、裘錫圭[4]、李伯謙[5]、謝堯亭[6]、蔡鴻江[7]、方述鑫[8]等
宣王三十三年	公元前 795 年	鄒衡[9]、倪德衛、夏含夷[10]、王恩田[11]、吳毅強[12]等
	公元前 794 年	黃盛璋[13]
		馮時[14]、孫華[15]、彭裕商[16]、劉啓益[17]、王暉[18]、劉緒、羅新[19]等

晉侯穌鐘自其銘文行文格式、字體等方面判斷，可認定爲西周晚期青銅器，西周晚期在位年數達到 33 年的周王只有厲王和宣王[20]，故爭議集中於此。由於各家對西周共和紀年、宣王元年的公元紀年時間以及對《中國先秦史歷表》的運用等問題存在不同理解，導致在確定具體的公元紀年時也存在差別。

---

[1] 杜勇、沈長雲：《金文斷代方法探微》，人民出版社 2002 年版，第 282 頁。
[2] 黃彰健：《釋〈武成〉與金文月相——兼論晉侯穌鐘及武王伐紂年》，《歷史研究》1998 年第 2 期。
[3] 王占奎：《晉侯穌鐘年代初探》，《中國文物報》1996 年 12 月 22 日。
[4] 王世民、李學勤、陳久金、張聞玉、張培瑜等：《晉侯蘇鐘筆談》，《文物》1997 年第 3 期。
[5] 李伯謙：《晉侯穌編鐘的年代問題》，原載《中國文物報》1997 年 3 月 9 日，見氏著《文明探源與三代考古論集》，文物出版社 2011 年版，第 287—290 頁。
[6] 謝堯亭：《北趙晉侯墓地初識》，《文物季刊》1998 年第 3 期。
[7] 蔡鴻江：《晉係青銅器研究》，臺灣高雄師範大學國學係博士學位論文，引自潘美月、杜潔祥主編《古典文獻研究輯刊》十三編，第 16—17 冊，花木蘭文化出版社 2011 年版，第 336—344 頁。
[8] 方述鑫：《談談晉侯穌鐘歷日的有關問題》，四川聯合大學歷史係主編《徐中舒先生百年誕辰紀念文集》，巴蜀書社 1998 年版，第 151—154 頁。
[9] 鄒衡：《論早期晉都》，《文物》1994 年第 1 期。
[10] 倪德衛、夏含夷：《晉侯世系及其對中國古代紀年的意義》，《中國史研究》2001 年第 1 期。
[11] 王恩田：《再說晉侯穌鐘年代——兼論〈中國先秦史歷表〉的校正（上）》，《中國文物報》1999 年 11 月 24 日；王恩田：《再說晉侯穌鐘年代——兼論〈中國先秦史歷表〉的校正（下）》，《中國文物報》1999 年 12 月 1 日。
[12] 吳毅強：《晉銅器銘文研究》，浙江大學出版社 2018 年版，第 393—394 頁。
[13] 黃盛璋：《晉侯穌鐘重大價值與難拔釘子指迷與解難》，《文博》1998 年第 4 期。
[14] 馮時：《晉侯穌鐘與西周曆法》，《考古學報》1997 年第 4 期。
[15] 孫華：《晉侯樵/斯組墓的幾個問題》，《文物》1997 年第 8 期。
[16] 彭裕商：《晉侯穌鐘年代淺議》，上海博物館編《晉侯墓地出土青銅器國際學術研討會論文集》，上海書畫出版社 2002 年版，第 314—320 頁。
[17] 劉啓益：《晉侯穌編鐘是宣王時器》，《中國文物報》1997 年 3 月 9 日。
[18] 王暉：《晉侯穌鐘及西周末晉侯在位年代考》，《考古與文物·古文字論集（三）》，2005 年，第 80—86 頁。
[19] 劉緒、羅新：《天馬—曲村遺址晉侯墓地及相關問題》，山西省考古研究所編《三晉考古》第一輯，山西人民出版社 1994 年版，第 18—27 頁。
[20] 參考業師馮時先生《中國古文字學概論》，中國社會科學出版社 2016 年版，第 452—456 頁。

此外，晉侯穌所指爲哪一位晉侯也存在討論。據《史記》記載晉獻侯在宣王十六年時便已去世[1]，所以有學者定爲厲王世，其時獻侯正在位，與《史記》記載相合。也有學者認爲晉侯穌爲晉穆侯，穆侯於宣王十七年至四十三年在位[2]，"王三十三年"爲宣王世，爲穆侯在位時間。晉侯穌所指晉侯的不同觀點也引起關於《史記》記載是否有誤的一系列爭論，如孫華[3]、馬承源[4]、王恩田[5]等學者均認爲《史記·晉世家》所載內容有誤。

除初吉[6]外，銘文還出現很多月相詞語，如既生霸、既望、既死霸、方死霸等。引起關於西周月相紀時的四分法、二分法、點斷法、定點法等諸多討論。[7]由於筆者能力所限，對此暫不論述，今僅從謚法角度加以分析，論證晉侯穌鐘年代。

我們認爲銘文所載之"王"應爲周宣王。西周初期已有完善的謚法[8]，青銅器銘文中於逝王稱謚，時王稱"王"或"天子"，這在何尊（《集成》06014）、史牆盤（《集成》10175）、大盂鼎（《集成》02837）等銘文中已有清楚體現。晉侯穌鐘銘文僅稱"王"，可知其爲時王，而非如李學勤先生所說的"追稱說"[9]，如果將"王三十三年"理解爲已故的厲王，便會導致銘文中在位之王與已亡之王無法分別。銘文載"晉侯穌"，《史記·晉世家》載晉獻侯名籍，《索隱》："《系本》及譙周皆作蘇"[10]，發掘者已指出"籍可能是穌字

---

[1] （漢）司馬遷撰：《史記》，中華書局1982年版，第521頁。
[2] （漢）司馬遷撰：《史記》，中華書局1982年版，第529頁。
[3] 孫華：《晉侯㮮/斷組墓的幾個問題》，《文物》1997年第8期。
[4] 馬承源：《晉侯穌編鐘》，《上海博物館集刊》第七期，上海書畫出版社1996年版，第1—17頁。
[5] 王恩田：《晉侯穌鐘與周宣王東征伐魯——兼說周、晉紀年》，《中國文物報》1996年9月8日。
[6] 我們認爲初吉並非月相，而是人爲擇選的吉日，可以位於一月中的任何位置。詳參業師馮時先生《晉侯穌鐘與西周曆法》，《考古學報》1997年第4期；《中國古文字學概論》，中國社會科學出版社2016年版，第473—482頁。
[7] 關於晉侯穌鐘月相問題的討論可參見：常金倉《西周青銅器斷代研究的兩個問題》，《考古與文物》2006年第2期；陳久金《對西周諸王王年的最終修訂意見》，《廣西民族大學學報》（自然科學版）第33卷，2017年第1期；[日]成家徹郎《晉侯穌鐘銘文的確切年代》，曲英傑（譯），《中國文物報》2000年1月12日；杜勇、沈長雲《金文斷代方法探微·下篇》，人民出版社2002年版；方述鑫《談談晉侯穌鐘歷日的有關問題》，四川聯合大學歷史學主編《徐中舒先生百年誕辰紀念文集》，巴蜀書社1998年版，第151—154頁；馮時《晉侯穌鐘與西周曆法》，《考古學報》1997年第4期；馮時《西周金文月相與宣王紀年》，北京大學考古文博學院編《考古學研究（六）》，科學出版社2006年版，第384—403頁；黃彰健《釋〈武成〉與金文月相——兼論晉侯穌編鐘及武王伐紂年》，《歷史研究》1998年第2期；李仲操《談晉侯穌鐘所記地望及其年代》，《考古與文物》2000年第3期；劉啓益《晉侯穌編鐘是宣王時器》，《中國文物報》1997年3月9日；馬承源《晉侯穌編鐘》，《上海博物館集刊》第七期，上海書畫出版社1996年版，第1—17頁；倪德衛、夏含夷《晉侯世系及其對中國古代紀年的意義》，《中國史研究》2001年第1期；彭裕商《西周青銅器年代綜合研究》，巴蜀出版社2003年版，第90—100頁；王程遠《〈晉侯穌編鐘〉歷日辨識》，見氏著《西周金文王年考辯》，四川大學出版社2012年版，第115—121頁；葉正渤《金文歷朔研究》，上海古籍出版社2016年版，第153—154頁；張培瑜《西周年代曆法與金文月相紀日》，《中原文物》1997年第1期；張聞玉《晉侯穌鐘之我見》，《貴州大學學報》（社會科學版）1997年第3期；張聞玉《晉侯穌鐘與厲王無涉》，《貴州大學學報》（社會科學版）1997年第4期等。
[8] 參見業師馮時先生《中國古文字學概論》，中國社會科學出版社2016年版，第465—473頁。
[9] 李學勤：《晉侯穌編鐘的時、地、人》，《中國文物報》1996年12月1日。
[10] 《史記》，中華書局1982年版，第1637頁。

之誤"[1]，銘文"晉侯"即爲晉獻侯，其在位爲宣王世。若爲厲王三十三年，此時在位的爲靖侯，是獻侯之祖，厲王不用靖侯，也不用靖侯之子釐侯去征伐夙夷，而用其時尚很年輕的獻侯率兵攻打夙夷是很難説通的，且銘文中所記徑稱"晉侯"，周王對其禮遇也很高，學者[2]已指出"追稱説"的種種不適之處。既已明晉侯穌爲晉獻侯，"王"爲時王，故此"王"應定爲宣王。

根據《史記》所載宣王三十三年已爲穆侯在位，但傳世文獻，流傳千年，經歷代傳鈔輾轉，其中存在一些差錯是難免的，需要不斷用新發現的材料進行補充修正。《史記》中晉世家的記載可能存在一定問題，由於缺少更加完備的資料證實問題出於何處，在此我們闕之不論。

2. 晉侯穌鐘銘文所載戰爭的地理位置

晉侯穌鐘銘文記載了許多西周地理名稱，如萊、𣪘、𠣘城等。這些地名所指的具體位置，何琳儀[3]、周書燦[4]、朱繼平[5]、王暉[6]、李仲操[7]、黃錫全[8]、李裕杓[9]等學者進行了專門考證，得到了不同的觀點。

我們認爲此次戰爭發生在今山東地區，𠣘城即今山東鄆城，夙夷即宿夷，在今山東東平縣境内。[10]其餘地望待考。

3. 晉侯穌鐘形制及來源

晉侯穌鐘一組16枚，形制不同，可分爲不同型、式，學者有不同的分類方式，對其來源也有一定的探討。

王世民、陳公柔、張長壽等先生將鐘分爲甲、乙、丙三組：一組1、2鐘屬於甲組，二組1、2鐘屬於乙組，甲、乙兩組都是細陽線界格鐘，兩者差別主要在於甲旋上有榦而乙旋

---

[1] 北京大學考古係、山西省考古研究所：《天馬—曲村遺址北趙晉侯墓地第二次發掘》，《文物》1994年第1期。
[2] 彭裕商：《晉侯穌鐘年代淺議》，上海博物館編《晉侯墓地出土青銅器國際學術研討會論文集》，上海書畫出版社2002年版，第314—320頁；賈洪波：《再論天馬—曲村晉侯墓地墓主年代序列——兼論晉國早期的都城變遷問題》，《南開學報》（哲學社會科學版）2012年第5期。
[3] 何琳儀：《晉侯穌鐘釋地》，《安徽大學語言文字研究叢書·何琳儀卷》，安徽大學出版社2013年版，第21—28頁。
[4] 周書燦：《晉侯穌編鐘的作戰地點與行軍路線》，《中國歷史地理論叢》1998年第4期。
[5] 朱繼平：《宿國地望及相關問題探析》，《中國歷史地理論叢》2012年第3期；《晉侯穌鐘軍事地理問題研究——從柞伯鼎"昏邑"談起》，"中央研究院"歷史語言研究所主編《"中研院"歷史語言研究所集刊》第八十七本第四分，2016年，第675—686頁。
[6] 王暉：《晉侯穌鐘勻城之戰地理考》，《中國歷史地理論叢》2006年第3期。
[7] 李仲操：《談晉侯穌鐘所記地望及其年代》，《考古與文物》2000年第3期。
[8] 黃錫全：《晉侯穌編鐘幾處地名試探》，《江漢考古》1997年第4期。
[9] [韓]李裕杓：《柞伯鼎銘文涉及的重要軍事問題》，朱鳳瀚主編《青銅器與金文》第一輯，上海古籍出版社2017年版，第119—128頁。
[10] 馬承源：《晉侯穌編鐘》，《上海博物館集刊》第七期，上海書畫出版社1996年版，第1—17頁。

上無斡；其餘 12 件鐘屬於丙組，爲陰線界格鐘。[1]

王子初先生分爲Ⅰ、Ⅱ、Ⅲ式，Ⅰ式與Ⅱ式的差別主要在斡的有無，Ⅲ式的形制變化較大。Ⅰ式鐘在西周初期就已出現，直至恭王時才最終形成一套 16 件的晉侯穌鐘。[2]

高西省先生則分爲 A、B 兩型，其中一、二組的前兩件鐘屬於 A 型，其餘屬於 B 型，A 型鐘受到南方地區影響，進一步提出晉侯穌鐘是由三套或者四套不同的編鐘拼合而成的。[3]

高至喜先生和譚德睿先生[4]持有與高西省先生相似的觀點，即晉侯穌鐘可能是拼合而成。但高至喜先生根據旋蟲（斡）的有無分爲 A 型（9、10 號）和 B 型，B 型又根據紋飾的不同分爲 BⅠ型（1、2 號）和 BⅡ型（3—8 號、12—16 號），並從鐘的合金成分、銘文的鏨刻等方面進行分析，得出晉侯穌鐘來源於南方的結論。[5]

李學勤先生猜想，晉侯穌鐘一部分可能是晉侯隨厲王作戰的勝利品，後對其進行補充配爲全套的編鐘。[6]

李朝遠先生認爲晉侯穌鐘或許是爲了祭禮或葬禮的需要，只能從不同時代不同形制的鐘中進行挑選組合形成八件一套的兩組編鐘，然後再進行刻銘，爲特例。[7] 同時也有學者認爲晉侯穌鐘先後經過兩次補鑄。[8]

4. 有關晉侯穌鐘的其他研究

晉侯穌鐘銘文爲刻寫而成，對於其使用的刻寫工具，馬承源先生認爲是鐵質利器[9]，學者進一步指出利器所用爲隕鐵[10]，或存在其他多種可能[11]。更有學者認爲刻銘所用爲鋼制刀具。[12]但張昌平先生認爲銘文是典型鏨銘，不一定用到鐵質工具。[13]

對晉侯穌鐘的音樂學研究也是不可忽略的一部分，它爲我們研究西周樂器發展及音階

---

[1] 王世民、陳公柔、張長壽：《西周青銅器分期斷代研究》，文物出版社 1999 年版，第 161—181 頁。

[2] 王子初：《晉侯穌鐘的音樂學研究》，《文物》1998 年第 5 期。

[3] 高西省：《晉侯穌編鐘的形制特徵及來源問題》，《文物》2010 年第 8 期。

[4] 譚德睿：《編鐘設計探源——晉侯穌鐘考察淺識》，上海博物館編《晉侯墓地出土青銅器國際學術研討會論文集》，上海書畫出版社 2002 年版，第 321—330 頁。

[5] 高至喜：《關於晉侯穌編鐘的來源問題》，湖南省博物館編《湖南出土殷商西周青銅器》，嶽麓書社 2007 年版，第 607—608 頁。

[6] 李學勤：《晉侯穌編鐘的時、地、人》，《中國文物報》1996 年 12 月 1 日。

[7] 李朝遠：《楚公逆鐘的成編方式及其他》，見氏著《青銅器學步集》，文物出版社 2007 年版，第 169—176 頁。

[8] 王友華：《先秦編鐘研究》，廣西師範大學出版社 2013 年版，第 130—143 頁。

[9] 馬承源：《晉侯穌編鐘》，《上海博物館集刊》第七期，上海書畫出版社 1996 年版，第 1—17 頁。

[10] 李朝遠：《晉侯穌鐘銘文的刻制與西周用鐵問題》，見氏著《青銅器學步集》，文物出版社 2007 年版，第 161—168 頁。

[11] 關曉武、廉海萍、白榮金、劉緒、華覺明：《晉侯穌鐘刻銘成因試探》，上海博物館編《晉侯墓地出土青銅器國際學術研討會論文集》，上海書畫出版社 2002 年版，第 331—345 頁。

[12] 周健、侯毅：《關於晉文化研究的幾個問題》，《文物世界》2002 年第 2 期。

[13] 張昌平：《商周青銅器銘文的若干製作方式——以曾國青銅器材料爲基礎》，《文物》2010 年第 8 期。

變化提供了實物資料，黃敬剛[1]、王子初[2]、王友華[3]等學者已多有分析論述。

5. 晉侯穌鐘的銘文釋讀及集釋

學者從上述不同的角度對晉侯穌鐘進行了深入分析，也有學者對銘文進行通釋，如馬承源[4]、陳雙新[5]、陳秉新和李立芳[6]等。隨著研究的進一步發展，各種集釋研究漸多，如牛清波、王保成、陳世慶《晉侯穌鐘銘文集釋》[7]、李曉峰《天馬—曲村晉侯墓地出土青銅器銘文集釋》[8]、吳毅強《晉銅器銘文研究》[9]、蔡鴻江《晉係青銅器研究》[10]等。

（三）本文研究目的

學者對晉侯穌鐘的研究包括但不限於前文總結的內容。然，銘文記載主要爲周宣王對夙夷的征伐戰爭，對作戰時間、作戰地點等問題學者已各抒己見，但對參戰人員的分析卻少有提及。

古語有言"兵馬未動，糧草先行。"自古以來戰爭的參與人員不僅包括指揮人員和主體作戰人員，還有後勤保障人員、工程建設人員等，他們亦是戰爭能否取勝的重要因素。晉侯穌鐘銘文出現的人物除戰爭最高指揮者周宣王和戰場直接指揮者晉侯穌外，還包括"亞旅""小子""戜人""大室""小臣""車僕""公族""膳夫""司空"等，他們具體指代的人群不同，擔任的職務也不同，不能僅以官職概而論之，對於他們的分析事關西周戰爭參與人員組成這一關鍵問題的解答。

自二十世紀二三十年代起已有學者開始利用金文資料對西周職官稱謂制度進行研究，如牛夕[11]、斯維至[12]、徐宗元[13]等。但當時諸位學者對西周職官的分析仍是局部的，並未全面描述西周的職官制度。張亞初和劉雨兩位先生於1986年共著《西周金文官制研究》[14]，

---

[1] 黃敬剛：《中國先秦音樂文物考古與研究》，人民出版社2018年版。
[2] 王子初：《晉侯穌鐘的音樂學研究》，《文物》1998年第5期。
[3] 王友華：《先秦編鐘研究》，廣西師範大學出版社2013年版。
[4] 馬承源：《晉侯穌編鐘》，《上海博物館集刊》第七期，上海書畫出版社1996年版，第1—17頁。
[5] 陳雙新：《晉侯穌鐘銘文新釋》，教育部人文社會科學重點研究基地華東師範大學中國文字研究與應用中心主編《中國文字研究》第二輯，廣西教育出版社2001年版，第256—271頁。
[6] 陳秉新、李立芳：《出土夷族史料輯考》，安徽大學出版社2005年版，第223—229頁。
[7] 牛清波、王保成、陳世慶：《晉侯穌鐘銘文集釋》，《中國文字報》2014年第1期。
[8] 李曉峰：《天馬—曲村晉侯墓地出土青銅器銘文集釋》，碩士學位論文，吉林大學，2004年。
[9] 吳毅強：《晉銅器銘文研究》，浙江大學出版社2018年版，第177—201頁。
[10] 蔡鴻江：《晉係青銅器研究》，臺灣高雄師範大學國文系博士學位論文，引自潘美月、杜潔祥主編《古典文獻研究輯刊》十三編，第16—17冊，花木蘭文化出版社2011年版，第336—344頁。
[11] 牛夕：《西周官制考略》，《清華周刊》1933年第2期。
[12] 斯維至：《兩周金文所見職官考》，《中國文化研究匯刊》第七卷，1947年，第24頁。
[13] 徐宗元：《金文中所見官名考》，《福建師範學院學報》1957年第2期。
[14] 張亞初、劉雨：《西周金文官制研究》，中華書局1986年版。

成爲第一部對西周金文中出現的職官稱謂進行全面論述的專著，更爲重要的是將西周金文的職官與歷史文獻相結合，爲我們綜合整理出西周的職官體系，時至今日依然是西周金文官制研究的重要著作。自此之後對西周官職的研究一直是學界關注的重點，學者既有關注某一具體官職，全面分析其不同情況下的身份職務；亦有立足於西周的政治體制來討論官員制度。〔1〕

學者對西周金文職官地位及其職掌内容已各抒所見，論述多集中於探討分析不同職官在冊命、賞賜、土地轉移等活動中的作用，但對戰爭中職官的任務卻少有分析。

故本文將研究重點放在晉侯穌鐘銘文稱謂問題上，希望通過研究分析，對銘文中出現的稱謂有所界定，對戰爭的參與人員有更好地理解，厘清稱謂指代，對分析西周參戰人員的組成問題具有重要意義。由於筆者能力所限，文章中難免有疏漏之處，懇請方家指正批評。

二　晉侯穌之亞旅、小子、或人考

（一）亞旅

李學勤先生認爲銘文中的“亞旅”所指是眾大夫，〔2〕陳秉新、李立芳以“亞旅”爲職官，執掌相當於上大夫。〔3〕葉磊認爲“亞旅”相當於上大夫，是地位比較高的武職。〔4〕

李孟存、常金倉兩位先生認爲“亞旅”一詞在金文中常被稱爲“大亞”，“悼公改制後稱軍尉”〔5〕。銘文中將“亞旅”稱爲“大亞”，我們只發現鯱簋（《集成》04215）：

唯王正月，辰才（在）甲午，王曰：鯱，命女（汝）嗣（司）成周里人眔者（諸）侯、大亞，訊訟罰，取徵五寽（鋝），易（賜）女（汝）尸（夷）臣十家，用事。

“大亞”與“諸侯”並列，且位於“諸侯”之下，應與諸侯同類。在此“諸侯”所指爲商覆滅後，周王朝於成周監禁的殷貴族遺老，〔6〕“大亞”所指也應爲某一類人，而非爲官職。

作冊令方彝（《集成》09901）：

隹（唯）十月月吉癸未，明公朝至于成周誕令（命），舍三事令（命），眔（暨）卿旋（事）寮，眔（暨）者（諸）尹，眔（暨）里君，眔（暨）百工，眔（暨）者

〔1〕何景成：《西周王朝政府的行政組織與運行機制》，光明日報出版社2013年版。
〔2〕王世民、李學勤、陳久金、張聞玉、張培瑜等：《晉侯蘇鐘筆談》，《文物》1997年第3期。
〔3〕陳秉新、李立芳：《出土夷族史料輯考》，安徽大學出版社2005年版，第228頁。
〔4〕葉磊：《晉國金文所載職官輯证》，《蘭州文理學院學報》（社會科學版）第35卷，2019年第2期。
〔5〕李孟存、常金倉：《晉國史綱要》，山西人民出版社1988年版，第231頁。
〔6〕上海博物館商周青銅器銘文選編寫組：《商周青銅器銘文選》（三），文物出版社1988年版，第232頁。

（諸）侯侯、田（甸）、男；舍四方令（命）。

此"諸侯"與𧽙簋"諸侯"性質相同，都是殷遺民。

封邦建國殷商已有，西周繼承商代制度，分封制主要内容是長子受封而出，於所封之地行事，次子則留於王畿輔助王室或入朝爲王官。[1]朱鳳瀚先生即指出"大亞……是周人世族中的長子（即文獻中所謂"别子"）受封爲侯後，留居畿内任王朝卿士的諸小宗之族，因自周初以來世代繁衍，此時都已成爲大族，故稱'大亞'"。[2]朱先生所言極是。

圖 2-1 𧽙簋（《集成》04215）銘文拓片　　圖 2-2 作冊令方彝（《集成》09901）銘文拓片

臣諫簋（《集成》04237）[3]亦有"亞旅"：

隹（唯）戎大出［于］軝，井（邢）侯厚（搏）戎，𨒗（誕）令（命）臣諫以□亞旅處于軝，從王□。［臣］諫曰：拜手頴（稽）首，臣諫既亡母弟，引（矧）墉（擁）又（有）長子□，余并（併）皇辟侯，令（命）辥服。

臣諫簋銘文中的"亞旅"，張亞初和劉雨兩位先生認爲是職官名，在西周應位於有司之下，師氏之上。[4]李學勤先生同樣認爲亞旅爲官名，爲衆大夫。[5]我們認爲銘文中"亞旅"含義尚可討論，説詳後考。

通過對歷史文獻的梳理，我們發現"亞旅"各家幾乎都贊同釋爲職官名，所指爲大夫。《尚書·牧誓》："王曰："嗟！我友邦冢君，御事：司徒、司馬、司空、亞旅、師氏……"

---

[1] 馮時：《中國古文字學概論》，中國社會科學出版社 2016 年版，第 516 頁。
[2] 朱鳳瀚：《商周金文中"亞"字形内涵的再探討》，陳光宇、宋鎮豪主編《甲骨文與殷商史》新六輯，上海古籍出版社 2016 年版，第 194—207 頁。
[3] 釋文引自業師馮時先生《致事傳家與燕私禮——叔趯父器銘文所見西周制度》，《華夏考古》2018 年第 1 期。
[4] 張亞初、劉雨：《西周金文官制研究》，中華書局 1986 年版，第 16 頁。
[5] 李學勤、唐雲明：《元氏青銅器與西周的邢國》，《考古》1979 年第 1 期。

圖2-3　臣諫簋（《集成》04237）銘文拓片

僞孔《傳》："亞，次；旅，衆也。衆大夫，其位次卿。"孔穎達《正義》："亞，次，《釋言》：旅，衆……大夫其位次卿而數衆，故以亞次名之。"[1]孫星衍《尚書今古文注疏》："……亞旅爲大夫甚明。"[2]《左傳·文公十五年》："臣承其祀，其敢辱君？請承命於亞旅。"杜《注》："亞旅，上大夫也。"[3]

　　近現代學者也多認爲"亞旅"爲官職。郭沫若先生分亞、旅爲兩職，亞爲王官，不止一人，有大小之分。[4]徐宗元先生[5]、馬承源先生[6]贊同。楊伯峻先生也認爲亞旅爲官名。[7]顧頡剛、劉起釪先生進一步認爲是武官。[8]呂宗力先生將"亞旅"總結爲兩種官職，一是負責率兵征戰的武官，二指上大夫。[9]崔恒昇先生認爲是主持祭祀的官員，與"祝"類似。[10]

---

[1]（漢）孔安國傳，（唐）孔穎達等正義：《十三經注疏·尚書正義》，上海古籍出版社2007年版，第155頁。
[2]（清）孫星衍撰，陳抗、盛冬鈴點校：《尚書今古文注疏》，中華書局1986年版，第284頁。
[3]（晉）杜預注，（唐）孔穎達等正義：《十三經注疏·春秋左傳正義》，上海古籍出版社1990年版，第338頁。
[4]郭沫若：《兩周金文辭大係》上編，第119頁，《郭沫若全集考古編》第08卷，科學出版社2017年版。
[5]徐宗元：《金文中所見官名考》，《福建師範學院學報》1957年第2期。
[6]上海博物館商周青銅器銘文選編寫組：《商周青銅器銘文選》（三），文物出版社1988年版，第232頁。
[7]楊伯峻：《春秋左傳注》（修訂本），中華書局2016年版，第665頁。
[8]顧頡剛、劉起釪：《尚書校釋譯論》，中華書局2005年版，第1096頁。
[9]呂宗力主編：《中國歷代官制大辭典》（修訂版），商務印書館2015年版，第371頁。
[10]崔恒昇：《"亞"、"旅"和"亞旅"》，文物研究編輯部主編《文物研究》第九輯，黃山書社1993年版，第196—200頁。

《說文·亞部》:"亞,醜也。象人局背之形。賈侍中説以爲次第也。"[1]《爾雅·釋言》:"亞,次也。"[2]《説文·队部》:"旅,軍之五百人爲旅。"[3]《釋名·言語》:"旅,眾也。"[4]是以各家都將"亞"訓爲"次",或將"亞旅"釋爲眾大夫,或視"亞旅"爲武職,實則不然。對於訓"亞"爲"次"的文化内涵,各家並無準確揭示,對此業師馮時先生有諸多精彩論述。

馮先生談到:"亞"字來源於特定的宇宙觀,"天圓地方"是中國古人對天地的認知,"天圓"的概念可通過直接觀察得到,"地方"的思想則來自於古人圭表致日的活動,"亞"是人們最早認識到的大地的形象,與天相比,地後成且位次於天,所以亞才有了次的含義,[5]而上述各家沒有考慮訓"亞"爲"次"的深層含義,將"亞旅"釋爲眾大夫,已失其實。由於"亞"有"次"的含義,所以在官制體系中,"亞"爲附屬之稱,在宗族體系中指小宗。[6]

《詩·周頌·載芟》:"侯主侯伯,侯亞侯旅。"毛《傳》:"主,家長也。伯,長子也。亞,仲叔也。旅,子弟也。"[7]已明確指出"亞"爲小宗。但"亞"爲小宗之意,很早便不爲人們所曉,故孔安國時已將"亞旅"釋爲眾大夫。

臣諫簋銘文爲"亞旅"訓爲"小宗"提供了直接證據。銘文中有"母弟"一稱,學者已指出"母弟"即與諫同母之胞弟[8],相對於諫而言爲小宗[9],臣諫僅率亞旅從王征戰,卻亡其胞弟,可知胞弟必爲亞旅之一[10],故銘文中的"亞旅"不爲官職而爲小宗。

晉侯穌鐘銘文提及"亞旅"時所言爲"晉侯率厥亞旅、小子、或人先陷入","厥"爲指示代詞——其,可知亞旅、小子、或人皆爲晉侯所屬。而提及大室、小臣、車僕時,則稱"王命晉侯穌率大室、小臣、車僕",並無"厥",且晉侯穌只有受王命方可率領大室、小臣、車僕參戰,可知"大室、小臣、車僕"並非晉侯穌之軍隊,應爲周王之師。銘文記述戰俘成果時,亞旅、小子、或人與晉侯穌同記折首執訊人數,大室、小臣、車僕所獲折

---

[1] (漢)許慎撰,(清)段玉裁注:《説文解字注》,上海古籍出版社1988年版,第738頁。
[2] (晉)郭璞注,葉自本糾訛、陳趙鵠重校:《爾雅》,中華書局1985年版,第24頁。
[3] (漢)許慎撰,(清)段玉裁注:《説文解字注》,上海古籍出版社1988年版,第312頁。
[4] (漢)劉熙撰:《釋名》,中華書局1985年版,第61頁。
[5] 參考業師馮時先生《中國天文考古學》,中國社會科學出版社2010年版,第八章第二節;《文明以止——上古的天文、思想與制度》,中國社會科學出版社2018年版,第五章第三節。
[6] 參考業師馮時先生《殷代史氏考——前掌大遺址出土青銅器銘文研究》,見氏著《古文字與古史新論》,臺灣書房出版有限公司2007年版,第255—286頁;《中國古文字學概論》,中國社會科學出版社2016年版,第513頁。
[7] (漢)毛亨傳,(漢)鄭玄箋,(唐)孔穎達疏,(唐)陸德明音釋,朱傑人、李慧玲整理:《十三經注疏·毛詩注疏》,上海古籍出版社2013年版,第1999頁。
[8] 李學勤、唐雲明:《元氏青銅器與西周的邢國》,《考古》1979年第1期。
[9] 馮時:《致事傳家與燕私禮——叔趯父器銘文所見西周制度》,《華夏考古》2018年第1期。
[10] 馮時:《中國古文字學概論》,中國社會科學出版社2016年版,第514頁。

首執訊的數量則與晉侯分列而記，亦可見亞旅、小子、或人爲晉侯所屬，其戰俘成果也總歸於晉侯穌一人。

臣諫簋銘文和《詩經》所記都爲我們揭示了"亞旅"之本意，即爲小宗，其與長子關係密切，這對我們分析晉侯穌鐘"亞旅"在戰爭中的地位有重要借鑒意義。由臣諫簋銘文可知"亞旅"可隨其所在的宗族之長參與戰爭，甚至可爲軍隊的唯一組成，在征伐戰爭中的地位相對較高。晉侯穌鐘"亞旅"爲晉侯小宗及其子弟，亦可以參與征伐戰爭，是晉侯穌軍隊的核心組成部分。[1]故銘文將"亞旅"放在晉侯穌所率領參戰人員的首位，以突出其重要地位。

（二）小子

陳秉新、李立芳援引張亞初先生觀點，認爲小子似爲僚屬。[2]嚴志斌先生提出此小子應是晉侯穌的小宗。[3]商豔濤先生以貴族子弟定義小子。[4]李曉峰根據銘文順序，認爲小子地位在亞旅之下。[5]葉磊認爲小子爲官職名，可能爲武官。[6]

"小子"在商代晚期金文中已出現，西周出現次數更多。商代"子"與"小子"含義仍未定，今暫僅關注西周金文小子。學者研究可總結如下：

1. 宗法説

以裘錫圭先生和嚴志斌先生爲代表。

裘錫圭先生引曾星笠《尚書正讀》認爲"小子"爲小宗之長，與"子"爲大宗之長相對而稱。[7]

嚴志斌先生將"小子"在金文中出現的方式總結爲：小子、小子某、宗小子、某小子（某）、余小子。"小子""小子某""宗小子"所指都爲小宗之長；"某小子（某）"，前一"某"可能爲族名、地（國）名或所屬宗子之名，後一"某"指小子私名；"余小子"作爲他稱時表明其爲同族小子，作爲自稱時既可表明自身"小子"這一身份，也可作爲周王自稱。[8]

王貴民先生提出不論是軍事系統還是作爲職官名的"小子"，都是表明宗法關係。[9]

---

[1] 馮時：《中國古文字學概論》，中國社會科學出版社2016年版，第514頁。
[2] 陳秉新、李立芳：《出土夷族史料輯考》，安徽大學出版社2005年版，第228頁。
[3] 嚴志斌：《關於商周"小子"的幾點看法》，《文物春秋》2001年第6期。
[4] 商豔濤：《西周軍事銘文研究》，華南理工大學出版社2013年版，第72頁。
[5] 李曉峰：《天馬—曲村晉侯墓地出土青銅器銘文集釋》，碩士學位論文，吉林大學，2004年。
[6] 葉磊：《晉國金文所載職官輯証》，《蘭州文理學院學報》（社會科學版）第35卷，2019年第2期。
[7] 裘錫圭：《關於商代的宗族組織與貴族和平民兩個階級的初步研究》，見氏著《古代文史研究新探》，江蘇古籍出版社1992年版，第296—342頁。
[8] 嚴志斌：《關於商周"小子"的幾點看法》，《文物春秋》2001年第6期。
[9] 王貴民：《商周貴族子弟群體的研究》，洛陽市第二文物工作隊編寫《夏商文明研究——91年洛陽"夏商文化國際研討會"專集》，中州古籍出版社1995年版，第355—373頁。

2. 官職説

《周禮·夏官·敘官》："小子，下士二人，史一人，徒八人"，鄭玄《注》："小子主祭祀之小事。"[1] 孫詒讓《正義》："即薦羞及祈珥飾牲之事。"[2] 吳式芬釋毛公鼎銘"小子"即負責祭祀之小事。[3] 劉心源釋矢人盤銘"小子"爲官名。[4]

牛夕先生認爲當"小子"作爲官名出現時，職位不低，或許就是職掌兵士。[5] 斯維至先生認爲"小子"即《周禮》之諸子。[6] 左言東先生提出作爲官職而言的西周金文中的"小子"應是文獻中的庶子，負責教化國子。[7]

在官職體系之下，張亞初和劉雨先生將金文中的"小子"分爲屬官之官和諸子之官，當作爲諸子之官時，即爲《周禮》中的諸子、庶子，兩位先生強調"小子"在《周禮》中位於夏官司馬之下，可能有助於分析"小子"的含義。[8]

楊樹達先生認爲"小子"是屬官的泛稱，進一步解釋毛公鼎銘"三有司小子"之"小子"爲三有司的屬官，令鼎銘"師氏小子"之"小子"爲師氏的屬官。[9] 楊寬先生贊同楊樹達先生將師望鼎銘文中"大師小子師望"之"小子"釋爲屬官，楊寬先生指出此時太師權傾朝野，甚至可能淩駕於國王之上。[10]

郭沫若先生將靜簋銘文中的"小子"釋爲官職名。[11]

鄒芙都先生認爲"小子"表示職官所用爲泛稱，具體可以掌管軍事、教育、祭祀等不同的職務。[12]

3. 謙稱説

張亞初和劉雨[13]、朱鳳瀚[14]、鄒芙都[15]等學者都曾提到西周金文中的"小子"在某些情況下有謙稱的用法。牛夕先生認爲"小子"亦可用作周王謙稱。[16] 左言東先生提出

---

[1] （漢）鄭玄注，（唐）賈公彥疏，彭林整理：《十三經注疏·周禮注疏》，上海古籍出版社2010年版，第1078頁。
[2] （清）孫詒讓：《周禮正義》，中華書局2015年版，第2707頁。
[3] （清）吳式芬：《攈古録金文》卷三之三，據1913年西泠印社翻刻光緒二十一年吳氏家刻本影印，引自《金文文獻集成》第11冊，線裝書局2005年版，第415頁。
[4] （清）劉心源：《奇觚室吉金文述》卷八，第27頁，據清光緒十七年自寫刻本影印，引自《金文文獻集成》第13冊，線裝書局2005年版，第281頁。
[5] 牛夕：《西周官制考略》，《清華周刊》1933年第2期。
[6] 斯維至：《兩周金文所見職官考》，《中國文化研究匯刊》第七卷，1947年，第24頁。
[7] 左言東：《先秦職官表》，商務印書館1994年版，第181頁。
[8] 張亞初、劉雨：《西周金文官制研究》，中華書局1986年版，第45—47頁。
[9] 楊樹達：《積微居金文説》，中國科學院出版社1952年版，第84頁。
[10] 楊寬：《西周史》，上海人民出版社2016年版，第382頁。
[11] 郭沫若：《兩周金文辭大係》上編，第56頁，《郭沫若全集考古編》第08卷，科學出版社2017年版。
[12] 鄒芙都："小子"通釋》，《雲南民族大學學報》（哲學社會科學版）第21卷，2004年第2期。
[13] 張亞初、劉雨：《西周金文官制研究》，中華書局1986年版，第45頁。
[14] 朱鳳瀚：《商周家族形態研究》（增訂本），天津古籍出版社2004年版，第312—313頁。
[15] 鄒芙都："小子"通釋》，《雲南民族大學學報》（哲學社會科學版）第21卷，2004年第2期。
[16] 牛夕：《西周官制考略》，《清華周刊》1933年第2期。

"小子"既可作爲王謙稱，也可作爲諸侯謙稱。[1]

4. 指代年輕人

多是長輩對晚輩的稱呼[2]，有學者認爲可用爲對下的通稱[3]。業師馮時先生[4]、朱鳳瀚先生[5]都曾提到"小子"用以指代年輕人的用法。顧頡剛和劉起釪先生指出"小子"既可專指某人，亦可泛指某一類人，都是統治者對年輕後輩的親暱稱呼。[6]

5. 爵稱說

唐蘭先生指出周代"小子"也可能是爵稱，這一傳統自殷商流傳下來。[7]

6. 貴族子弟

楊樹達先生指出靜簋銘之"學宮小子"就是《周禮》之國子與貴族子弟。[8]馬承源先生也認爲是貴族子弟，與作爲官名小子含義不同。[9]

此外，黃國輝先生認爲西周金文"小子"都以"少子"爲本義，"少子"與"大子""中子"相對，表示宗族中子輩的長幼排序情況。[10]

我們認爲西周金文中"小子"的含義要具體情況具體分析，主要包括：

1. 宗法意義

盠尊[11]（《集成》06011）：

> 隹（唯）王十又二月，辰才（在）甲申，王初執駒于㪌，王乎（呼）師豦召（詔）盠，王親旨（詣）盠，駒昜（賜）兩，拜頴（稽）首曰：王弗望（忘）氒（厥）舊宗小子，䘇皇盠身。盠曰：王倗下，不（丕）其則，邁（萬）年保我邁（萬）宗。

韓巍先生認爲盠所在的益氏家族爲姜姓，於西周青銅器銘文中常會發現周王之妻爲姜姓女子的記載，可知益氏所屬的姜姓宗族與周王所在的姬姓王室存在姻親關係，故"舊宗小子"雖非是周王的同宗子弟，然周王亦可稱爲宗小子。[12]我們認爲此"舊宗小子"仍應爲周王同宗子弟。

---

[1] 左言東：《先秦職官表》，商務印書館1994年版，第181頁。
[2] 徐宗元：《金文中所見官名考》，《福建師範學院學報》1957年第2期。
[3] 牛夕：《西周官制考略》，《清華周刊》1933年第2期。
[4] 馮時：《中國古文字學概論》，中國社會科學出版社2016年版，第562頁。
[5] 朱鳳瀚：《商周家族形態研究》（增訂本），天津古籍出版社2004年版，第312—313頁。
[6] 顧頡剛、劉起釪：《尚書校釋譯論》，中華書局2005年版，第1388頁。
[7] 唐蘭：《西周青銅器銘文分代史徵》，中華書局1986年版，第114頁。
[8] 楊樹達：《積微居金文說》，中國科學院出版社1952年版，第190頁。
[9] 上海博物館商周青銅器銘文選編寫組：《商周青銅器銘文選》（三），文物出版社1988年版，第111頁。
[10] 黃國輝：《商周親屬稱謂的演變及其比較研究》，《中國史研究》2014年第2期。
[11] 關於盠尊的年代及盠與"惠仲盠父"是否爲同一人仍存爭議，我們認爲盠即逨盤之惠仲盠父，盠尊年代應與昭王伐楚有關。
[12] 韓巍：《眉縣盠器群的族姓、年代及相關問題》，《考古與文物》2007年第4期。

何尊(《集成》06014):

隹(唯)王初鄩(遷)宅于成周,復稟珷(武)王豐(禮)。祼自天。才(在)四月丙戌,王鼃(誥)宗小子于京室,曰昔才(在)爾考公氏,克逨(弼)玟(文)王,肆(肆)玟(文)王受玆(兹)[大命]。

圖2-4 盠尊(《集成》06011)銘文拓片　　圖2-5 何尊(《集成》06014)銘文拓片

李學勤先生認為"宗小子"指祭祀之官,為謙稱,特指何一人。[1]我們認為"宗小子"即為周王同宗子弟,何只是其中一人。[2]何尊銘文所述主要是成王遷宅於成周後在京室誥教宗小子,宗小子之父考"克弼文王",故文王得以受有大命,這一事業重大而艱巨,並不是一個祭祀之官的父親便可以做到,必是一群人共為周王效命,這些人也是深受周王信任的人,作為周王同宗子弟的"小子"是最符合此種身份的人。王初遷成周在京室誥教宗族子弟,讓他們像其父輩一樣輔弼王室,增強周王與同宗子弟的關係。

逆鐘(《集成》00060—00063):

吊(叔)氏若曰:逆,乃且(祖)考許政于公室,今余易(賜)女(汝)毌五、錫戈彤㫃(緌),用氆(緐)于公室,僕、庸、臣、妾,小子室家,母(毋)有不闌智(知),敬乃夙夜,用雩(屏)朕(朕)身,勿瀘(廢)朕(朕)命,母(毋)彖(弛)乃政。

"王若曰"於西周金文中常見,此外師𫊣簋(《集成》04311)銘見"伯龢父若曰",郭沫若先生早已指出伯龢父即共伯和,[3]西周金文常見"對揚王休",然師𫊣簋銘文中則出現

---

[1] 李學勤:《何尊新釋》,見氏著《新出青銅器研究》(增訂版),人民美術出版社2016年版,第34—39頁。
[2] 馮時:《中國古文字學概論》,中國社會科學出版社2016年版,第562頁。
[3] 郭沫若:《兩周金文辭大係》上編,第114頁,《郭沫若全集考古編》第08卷,科學出版社2017年版。

"敢對揚皇君休",雖未直接稱爲"王",但可見伯龢父地位甚高,已攝天子事。[1]可見銘文中出現的"若曰"僅爲周王或攝政者專用之辭。逆鐘銘"叔氏若曰",可知"叔氏"的地位非同一般,可能是攝政之人或就是西周某位周王。學者已指出逆鐘爲孝王時器[2],孝王爲穆王之子,恭王之弟,恭王在王室家族内部爲長子,在王室家族内部的排序中可稱爲"伯",則孝王在王室家族内部可稱爲"叔",故逆定爲周王同宗子弟,於家族内部逆可稱恭王爲"叔"。

周穆王在位時間長達四十餘年,後歷經穆王之子恭王(在位十五年)、恭王之子懿王,傳至穆王之子、恭王之弟孝王時,孝王已年長,故其在位不能長久。[3]逆鐘銘言逆之祖考爲"公室"辦事,其時孝王並未稱王,但必已爲"公",故稱"公室",即公之室。在此之"小子室家"並非指小孩子,而是有宗法意義。

西周金文中我們也常會發現"大師小子"一稱:

伯公父簠(《集成》04628):

> 白(伯)大師小子白(伯)公父乍(作)蓋(簠),歝(擇)之金,隹(唯)鐈隹(唯)鑢(鋁),其金孔吉,亦玄亦黄……

師望鼎(《集成》02812):

> 大師小子師望曰:不(丕)顯皇考寬(宄)公,穆穆克盟(明)厥(厥)心,㤄(慎)厥(厥)德,用辟于先王……

陳夢家先生提出"小子是大師的下屬"[4]。郭沫若先生以大師、小子、師是三種職官名,望一人身兼三職,故聯而稱之。[5]但朱鳳瀚先生認爲師望鼎銘之"大師"正爲師𩁹鼎銘之"伯大師",爲大宗,故稱師望"小子"意爲小宗。[6]

若想真正理解"大師小子師"中"小子"的含義,我們首先要對"師"進行分析界定。《周禮·地官·師氏》:"師氏掌以媺詔王。以三德教國子:一曰至德,以爲道本;二曰敏德,以爲行本;三曰孝德,以知逆惡。教三行:一曰孝行,以親父母;二曰友行,以尊賢良;三曰順行,以事師長。"[7]是知師氏的職責主要是詔王向善,大師身爲師氏之長,地位尊崇,位列三公,以德輔王,古之德教並非空言,而以禮樂喻之。[8]《周禮·春官·大

---

[1] 馮時:《晉侯穌鐘與西周曆法》,《考古學報》1997年第4期。
[2] 上海博物館商周青銅器銘文選編寫組:《商周青銅器銘文選》(三),文物出版社1988年版,第198頁。
[3] 馮時:《中國古文字學概論》,中國社會科學出版社2016年版,第455頁。
[4] 陳夢家:《西周銅器斷代》,中華書局2004年版,第299頁。
[5] 郭沫若:《兩周金文辭大係》上編,第80頁,《郭沫若全集考古編》第08卷,科學出版社2017年版。
[6] 朱鳳瀚:《商周家族形態研究》(增訂本),天津古籍出版社2004年版,第312—313頁。
[7] (漢)鄭玄注,(唐)賈公彥疏,彭林整理:《十三經注疏·周禮注疏》,上海古籍出版社2010年版,第493頁。
[8] 馮時:《師𩁹鼎銘文與西周德教》,陳尚勝編《山大史學》第一輯,中國社會科學出版社2020年版。

師》："大師，掌六律、六同，以合陰陽之聲。"[1]業師馮時先生已指出"大師所掌是爲德樂，以輔德教"。[2]

師𩛥鼎、師望鼎同出於陝西扶風强家村虢季家族窖藏，師望爲師𩛥之子。[3]師𩛥鼎（《集成》02830）[4]：

𩛥拜頜（稽）首，休伯大師肩（夷）𣪘（任）𩛥臣皇辟，天子亦弗諆（忘）公上父𣪘德，𩛥覿（蔑）歷，伯大師不自乍（作）。小子𩛥夕尃（溥）由（修）先且（祖）剌（烈）德，用臣皇辟；伯亦克䎽（纂）由（修）先且（祖）𦥘（盡），孫子一𣪘（任）皇辟懿德，用保王身。

"伯"是大宗之長，"伯大師"是爲師𩛥之兄，此時師𩛥之兄推薦師𩛥繼任爲"大師"，於家族內部師𩛥自稱爲"小子"[5]，雖表自稱，但是與"伯"相對而言，知其更偏於同宗子弟的意義。

圖 2-6 師望鼎（《集成》02812）銘文拓片　　圖 2-7 師𩛥鼎（《集成》02830）銘文拓片

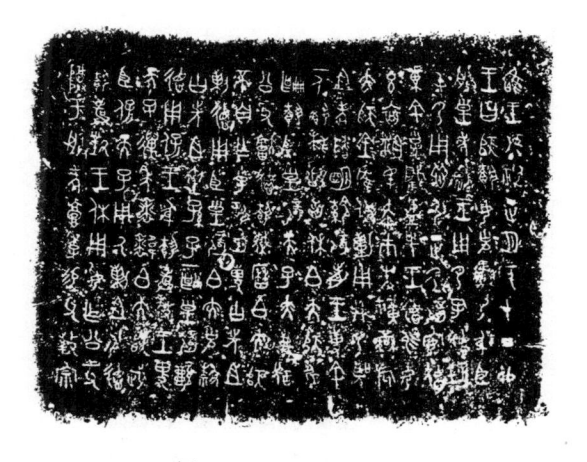

2. 指小孩子、年輕人。

可以是長輩對晚輩的一種親昵稱呼，用爲他稱。

何尊：

---

[1]（漢）鄭玄注，（唐）賈公彥疏，彭林整理：《十三經注疏·周禮注疏》，上海古籍出版社 2010 年版，第 876 頁。
[2] 馮時：《"燕翿"考》，朱鳳瀚主編《青銅器與金文》第二輯，上海古籍出版社 2018 年版，第 69—74 頁。
[3] 馮時：《"燕翿"考》，朱鳳瀚主編《青銅器與金文》第二輯，上海古籍出版社 2018 年版，第 69—74 頁。
[4] 釋文引自業師馮時先生《師𩛥鼎銘文與西周德教》，陳尚勝編《山大史學》第一輯，中國社會科學出版社 2020 年版。
[5] 參考業師馮時先生《師𩛥鼎銘文與西周德教》，陳尚勝編《山大史學》第一輯，中國社會科學出版社 2020 年版。

烏虖（乎）！爾有唯小子亡戠（識），睍（視）于公氏，有爵（勞）于天，徹令（命）苟（敬）高（享）戋（哉）。

此"小子"與何尊銘"宗小子"之意有明顯不同，前者意爲年輕人，是成王對"宗小子"的稱呼，後者則側重於宗法意義。

叔趯父卣（《集成》05428）：

弔（叔）趯父曰："余考（老），不克御事。隹（唯）女（汝）焂𣪘（其）敬辪（乂）乃身，母（毋）尚爲小子，余既（既）爲女（汝）丝（兹）小鬱彝，女（汝）𣪘（其）用鄉（相）乃辟軝侯逆濟（複）出內（入）事（使）人。"

叔趯父自稱年事已高，不能御事，故將家事傳於子焂[1]，叔趯父告誡焂不要再以自己爲小孩子，而應承擔起家族重任，此"小子"是身爲長輩的叔趯父對晚輩焂的稱呼。

與之相同，師𤞷簋（《集成》04311）：

隹（唯）王元年正月初吉丁亥，白（伯）龢父若曰：師𤞷，乃且（祖）考又（有）爵于我家，女（汝）有隹（唯）小子，余令女（汝）死（司）我家，𤔲嗣（司）我西扁（偏）東扁（偏）僕馭、百工、牧、臣妾，東（董）裁（裁）內外，母（毋）敢否（不）善。

陳夢家先生以此"小子"爲官名，[2]我們認爲此"小子"是伯龢父對師𤞷的稱呼，還是長輩對晚輩的稱呼。

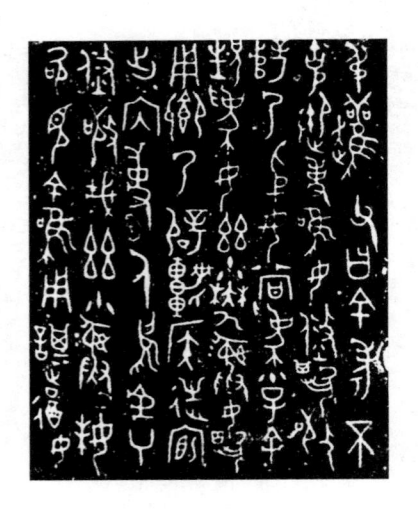

圖 2-8 叔趯父卣（《集成》05428）銘文拓片

圖 2-9 師𤞷簋（《集成》04311）銘文

---

[1] 參考業師馮時先生《致事傳家與燕私禮——叔趯父器銘文所見西周制度》，《華夏考古》2018 年第 1 期。
[2] 陳夢家：《西周銅器斷代》，中華書局 2004 年版，第 238 頁。

文獻中也有類似的例子，如《尚書·康誥》："孟侯，朕其弟小子封。"[1]"小子"便是周公對其弟康叔的稱呼。《尚書·酒誥》："文王誥教小子。"[2]也指文王對晚輩進行教導。

作"年輕人"之意時，也可是自稱。

如猷簋（《集成》04317）：

王曰：有余隹（唯）小子，余亡康晝夜，巠（經）離先王，用配皇天，簧嶲朕（朕）心，墬（施）于三（四）方，肆余㠯（以）餳士獻民，再盩先王宗室，猷乍（作）叢彝寶段（簋），用康惠朕（朕）皇文剌（烈）且（祖）考，其各前文人……

"舊余雖小子"是周厲王回憶初即位的情景，其時先王新喪，厲王年少即位，故稱自己爲"小子"。[3]張政烺先生也指出"舊余隹小子"是周厲王即位時年齡尚小，至此始冠而親征。[4]

又如師訇鼎（《集成》02830）：

唯王八祀正月辰才（在）丁卯，王曰："師訇，女（汝）克盡（盡）乃身，臣朕皇考穆王，用乃孔德，璑（遜）屯（純）乃用心，引正乃辟安德，叀（惠）余小子肇盩（淑）先王德。

"余小子"爲恭王自謂年輕之時。[5]

對於此類"小子"，李學勤先生認爲並不一定是年齡幼小之意，"如係自稱，是表示謙卑；如稱他人，則是長上的口吻"[6]。我們認爲這時的"小子"含有年齡高低之義，有時是長輩對晚輩的稱呼，有時就是指年齡較低。

圖 2-10　猷簋（《集成》04317）銘文拓片

3. 作爲謙稱

猷鐘："……廿又六邦，隹（唯）皇上帝、百神保余小子，朕（朕）猷又（有）成亡競，我隹（唯）司配皇天……"此"小子"是周厲王[7]對自己的謙稱，不再突出年齡的含義。

---

[1]（漢）孔安國傳，（唐）孔穎達等正義：《十三經注疏·尚書正義》，上海古籍出版社2007年版，第198頁。
[2]（漢）孔安國傳，（唐）孔穎達等正義：《十三經注疏·尚書正義》，上海古籍出版社2007年版，第204頁。
[3] 馮時：《晉侯穌鐘與西周曆法》，《考古學報》1997年第4期。
[4] 張政烺：《周厲王胡簋釋文》，中華書局編輯部編《古文字研究》第三輯，中華書局1980年版，第104—119頁。
[5] 馮時：《師訇鼎銘文與西周德教》，陳尚勝編《山大史學》第一輯，中國社會科學出版社2020年版。
[6] 李學勤：《何尊新釋》，見氏著《新出青銅器研究》（增訂版），人民美術出版社2016年版，第34—39頁。
[7]"猷"，唐蘭先生考證讀爲"胡"，是周厲王之名。參見唐蘭先生《周王猷鐘考》，原載《國立北平故宮博物院年刊》1936年，引自《金文文獻集成》第28冊，線裝書局2005年版，第483—487頁。

"小子"也可用於非王謙稱，如單伯昊生鐘（《集成》00082）：

　　單白（伯）昊生曰：不（丕）顯皇且（祖）剌（烈）考，徠匹之（先）王，爵董大令，余小子肈（肇）帥井（型）朕（朕）皇且（祖）考懿德，用保奠。

"余小子"即單伯自稱。

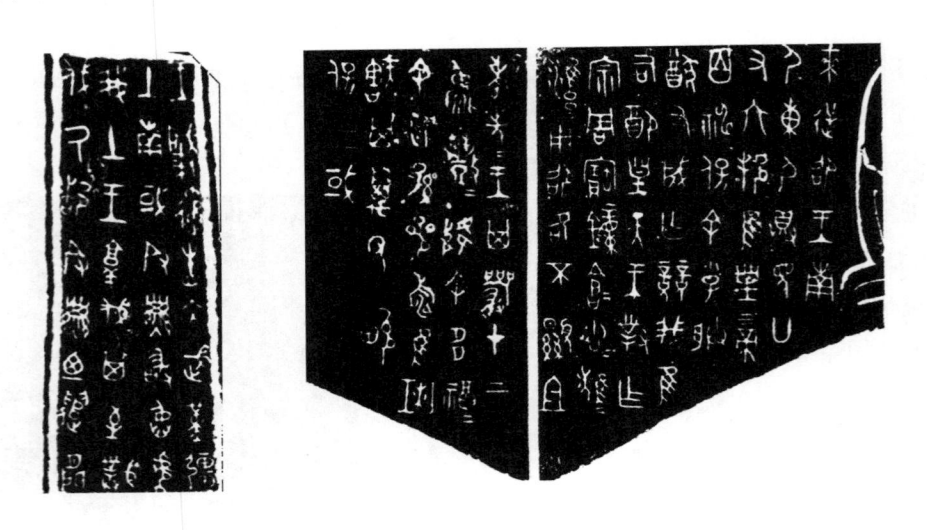

圖 2－11　戲鐘（《集成》00260）銘文拓片

叔向父禹簋（《集成》04242）：

　　弔（叔）向父禹曰：余小子司朕（朕）皇考，肇（肇）帥井（型）先文且（祖），共（恭）明德，秉威義（儀），用䚻（申）圀（紹）奠保我邦我家……

"余小子"即叔向父禹自稱。

圖 2－12　單伯昊生鐘（《集成》00082）銘文拓片　　**圖 2－13　叔向父禹簋（《集成》04242）銘文拓片**

3. 官名

《周禮·夏官·敘官》:"小子,下士二人,史一人,徒八人。"鄭《注》:"小子主祭祀之小事。"[1]《周禮·夏官·小子》:"凡師田,斬牲以左右徇陳。"鄭《注》:"示犯誓必殺之。"[2]是知《周禮》"小子"所掌爲祭祀之事,包括在軍旅、田獵之時如有違反誓命之人,小子斬之。故,此"小子"應爲王之"小子",可參與祭祀及軍旅活動,常在王左右。

小子生尊[3](《集成》06001):

> 隹(唯)王南征,才(在)□,王令生辨事□公宗,小子生易(賜)金、鬱鬯,用乍(作)殷寶障(尊)彝,用對揚王休,其萬年永寶,用卿(饗)出內(入)事人。

陳夢家先生認爲銘文所指王命生辨事於公室,可能就是負責祭祀之事,"但亦有'治事'的可能"[4]。張亞初、劉雨先生逕言銘文所指可能即是王命小子生參加公宗的祭禮。[5]

西周金文中作爲官職而稱的"小子",可分爲周王小子和非王小子。

第一種情況,周王之小子。

朱鳳瀚先生提出在西周金文及文獻中記載的小子可分:對年幼之人的稱呼或年長者對年輕人之稱;表示自我之謙稱;輕賤之稱;直稱爲"某小子","某小子"指貴族成員。[6]對於朱先生第四個觀點,我們認爲還有可討論的餘地。

圖2-14 小子生尊(《集成》06001)銘文

毛公鼎(《集成》02841):

> 王曰:父厝,巳曰及兹(兹)卿事寮、大(太)史寮于父即尹。命女(汝)辥(乂)嗣(司)公族,雩(與)三有嗣(司)、小子、師氏、虎臣,雩(與)朕褻事,㠯(以)乃族干(扞)吾(敔)王身,取征卅爰(鋝)。

其中明確有小子、師氏並稱。張亞初和劉雨先生認爲毛公鼎銘"小子"位於三有司之

---

[1] (漢)鄭玄注,(唐)賈公彥疏,彭林整理:《十三經注疏·周禮注疏》,上海古籍出版社2010年版,第1078頁。

[2] (漢)鄭玄注,(唐)賈公彥疏,彭林整理:《十三經注疏·周禮注疏》,上海古籍出版社2010年版,第1155頁。

[3] 器爲尊,但銘文所載爲"簋"。

[4] 陳夢家:《西周銅器斷代》,中華書局2004年版,第86頁。

[5] 張亞初、劉雨:《西周金文官制研究》,中華書局1986年版,第46頁。

[6] 朱鳳瀚:《商周家族形態研究》(增訂本),天津古籍出版社2004年版,第312—313頁。

下，與師氏地位相當，主掌武事，可能就是《周禮·地官·司徒》之諸子、庶子。[1]我們亦認爲此"小子"應當理解爲官職，毛公鼎銘文中明確已有對貴族成員的稱呼，即"公族"[2]，此"小子"非爲貴族子弟之稱可明，同時銘文中小子與三有司、師氏等職官並列，亦可知爲職官之名，在此即指周王之小子。

第二種情況，是諸子之官。

如五祀衛鼎（《集成》02831）"顔小子""衛小子"，智鼎（《集成》02838）"小子𤔲"，矢人盤（《集成》10176）"散人小子"等，他們都在諸侯大夫身邊，與上述周王小子的地位差別明顯。朱鳳瀚先生認爲"衛小子""散人小子"等屬於貴族成員，是衛、散人氏族中的分族之長。[3]張亞初和劉雨先生則指出這些人可能是顔、衛、散這些諸侯大夫的屬官或庶子。[4]我們認爲此時的"小子"應以官職名進行解釋。

矢人盤（《集成10176》）[5]：注

矢舍散田，嗣（司）土（徒）毛（芼）寅（殯），嗣（司）馬單（禪）皇（貔），邦人，嗣（司）工（空）騄（境）君（均），宰德父、散人小子履田、戎散父、教槩父橐（橐）之，有嗣（司）橐（陶）州就，煲從罵（賛），凡散有嗣（司）十夫。

銘言矢施予散田地[6]，散人所屬之司徒、司馬、司空、邦人、宰、小子等負責踏勘田地，"散人小子"與司徒、司馬、司空、宰等職官並稱，此"小子"也應指散人之官，或掌宗族。[7]此外智鼎（《集成》02838）銘中的"小子𤔲"便是智的家臣，在訴訟中替智出庭。[8]

綜上所述，"小子"於西周金文中的含義可分爲：

(1) 宗法含義，指同宗子弟；

(2) 小孩子、年輕人之意。多指長輩對晚輩的稱呼，也可用於自稱；

(3) 謙稱；

(4) 官職，可分爲王之小子與諸子之官。

晉侯穌鐘銘文中，小子與亞旅、或人並列，前文已分析得知亞旅爲晉侯穌之小宗及其子弟，在此"小子"不爲宗法意義。我們認爲晉侯穌鐘之"小子"是官職名，是晉侯穌的

---

[1] 張亞初、劉雨：《西周金文官制研究》，中華書局1986年版，第46頁。

[2] "公族"所指詳見后文。

[3] 朱鳳瀚：《商周家族形態研究》（增訂本），天津古籍出版社2004年版，第312—313頁。

[4] 張亞初、劉雨：《西周金文官制研究》，中華書局1986年版，第47頁。

[5] 銘文考釋引自業師馮時先生：《重讀矢人盤》，朱岩石主編《考古學集刊》第25集，社會科學文獻出版社2021年。

[6] 孫詒讓：《古籀餘論》，據1929年燕京大學哈佛燕京學社石印容庚校補本，引自《金文文獻集成》第13冊，線裝書局2005年版，第121頁。

[7] 馮時：《重讀矢人盤》，朱岩石主編《考古學集刊》第25集，社會科學文獻出版社2021年。

[8] 馮時：《中國古文字學概論》，中國社會科學出版社2016年版，第596頁。

臣屬，由《周禮》可知"小子"可以參與征戰，故晉侯穌率領其征伐夙夷。

（三）戜人

李學勤先生將"戜人"釋爲"秩人"。[1]陳秉新、李立芳進一步將"秩人"解釋爲負責運輸糧草之人。[2]李曉峰亦贊同李學勤先生的觀點。[3]

陳雙新先生以此字爲國名或地名，"戜人"即戜地之人，"戜"所指即《山海經》中記載的戜國。[4]李朝遠先生認爲"戜"字應與人工用鐵有關，稱其"亦工亦兵，有戰事時結集出征，無則專於匠技"，推測編鐘上的銘文可能就是由這些人所刻。[5]葉磊認爲"戜人"似應爲武職。[6]

西周金文中出現與晉侯穌鐘銘"戜"字相似之字，經我們搜集整理還有以下6例。

表 2-1　　　　　　　　　　"戜"之相關字

	字形	器物	來源	銘文
A		晉侯穌鐘	《上海博物館集刊》七（1996.9）〈晉侯穌編鐘〉八：左	……晉侯率厥亞旅、小子、戜人先陷入……
B		班簋	《集成》04341	……王令毛公以邦冢君土（徒）馭、戜人伐東國痟戎……
C		多友鼎	《集成》02835	……乃轅追至楊冢……
D		叔夷鐘	《集成》00273	……余命汝司辟釐遇戜徒四千……
E		戜伯鼎	《集成》01913	戜伯作彝

---

[1] 李學勤：《晉侯穌編鐘的時、地、人》，《中國文物報》1996年12月1日。
[2] 陳秉新、李立芳：《出土夷族史料輯考》，安徽大學出版社2005年版，第185頁。
[3] 李曉峰：《天馬—曲村晉侯墓地出土青銅器銘文集釋》，碩士學位論文，吉林大學，2004年。
[4] 陳雙新：《晉侯穌鐘銘文新釋》，教育部人文社會科學重點研究基地華東師范大學中國文字研究與應用中心主編《中國文字研究》第二輯，廣西教育出版社2001年版，第256—271頁。
[5] 李朝遠：《晉侯穌鐘銘文的刻制與西周用鐵問題》，見氏著《青銅器學步集》，文物出版社2007年版，第161—168頁。
[6] 葉磊：《晉國金文所載職官輯証》，《蘭州文理學院學報》（社會科學版）第35卷，2019年第2期。

續表

字形	器物	來源	銘文
F	戜者簋	《集成》03675	戜者作宮伯寳尊彝
G	戜者鼎	《集成》02662	戜者作旅鼎……

圖2-15 班簋(《集成》04341)銘文拓片

班簋[1](《集成》04341):

……咸,王令(命)毛公以邦冢君土(徒)馭(馭)、戜人伐東或(國)痟(猾)戎……

其中"戜"字,諸家多有釋義,也有較多爭議。

第一種觀點,釋爲"國"字。

以梁詩正[2]、嚴可均[3]、吳闓生[4]、楊樹達[5]等先生爲代表。任乃宏先生認爲"戜"爲"國"字初文,"國人"所指就是"戰士",他們"是西周春秋軍隊的主要兵源"。[6]

第二種觀點,釋爲國名、族名或地名。

黃盛璋先生認爲此字應爲某一國名,戜人爲"周之異姓,爲周所滅或打敗,從而其人民被大量俘虜來宗周"。[7]

馬承源先生認爲班簋銘之"戜"爲族名,與或伯鼎、戜者簋、叔夷鐘銘所載之戜爲同一

---

[1] 銘文考釋引自業師馮時先生《班簋銘文補釋》,李學勤主編《出土文獻》第三輯,中西書局2012年版,第129—134頁。
[2] (清)清高宗敕編:《西清古鑒》卷十三,第十二頁,據清乾隆二十年內府刻本影印,引自《金文文獻集成》第3冊,線裝書局2005年版,第341—342頁。
[3] (清)嚴可均:《全上古三代秦漢三國六朝文》卷十三,第六頁,據清光緒年間黃岡王毓藻刻本影印,引自《金文文獻集成》第16冊,線裝書局2005年版,第302頁。
[4] 吳闓生:《吉金文録》卷二,中國書店2009年版,第12頁。
[5] 楊樹達:《積微居金文説》,中國科學院出版社1952年版,第122—123頁。
[6] 任乃宏:《〈班簋銘〉之"戜人"與"東或"新考》,《古文字研究》2017年第5期。
[7] 黃盛璋:《班簋的年代、地理與歷史問題》,原載於《考古與文物》1981年第1期,引自《金文文獻集成》第28冊,線裝書局2005年版,第328—330頁。

族。[1]

丁軍偉認爲戎爲或字，是國名，位置在三苗東。[2]

第三種觀點，釋爲具有"不同身份"的人，又可詳分爲"專職說""士兵說""夷人說"等。

有學者釋爲專職之人，如劉心源釋爲"戦"，即干之本字，戦人指執干盾之人，是以所主之事名之。[3]郭沫若先生早期釋爲職人，無說。[4]後認爲叔夷鐘"造載徒四千"之"載"爲鐵字的初文或省文。[5]此後郭老再次申明觀點，認爲"造戎徒"爲冶鐵工人，班簋之"戎人"也爲冶鐵工人。[6]

李義海先生將此字釋爲鉦人，"應是在將帥的指令下通過擊打鉦、鐲、鐸、鐃、鼓向軍隊傳遞行止命令的官吏"[7]。李學勤先生認爲班簋"秩人"是指一種服雜役的人，"可能與《司馬法》樵汲近似，或者是運輸糧草的人"[8]。李先生認爲多友鼎之"𢦏"，讀爲"秩"，爲突擊之意。[9]南衡山認爲班簋之"或人"平時耕作，戰時參戰。[10]

也有學者認爲，這些人可能就是戰士。白川靜先生認爲此字指戰士，但沒有具體隸定。[11]孫機先生指出若如郭老所說"造戎徒"爲冶鐵工人，一次性所賜冶鐵工人達到四千名，則叔夷所掌管的冶鐵工業的規模是無從想像的，故戎人還是指士兵。[12]

還有學者認爲，此字與"夷"有關。唐蘭先生認爲戎人就是《尚書・泰誓》"億兆夷人"，此字所從之"𢦔"應爲一種兵器，可能是梃，他們是比徒御還要低的士卒，在戰場上只能拿梃。[13]連劭名先生將戎視爲鐵的本字，可讀爲"夷"，指少數民族，可能就是武王伐商時的"庸、蜀、羌、髳、微、盧、彭、濮人"。[14]付強先生也贊成讀爲"夷"，指附屬於周國的、未經周王朝冊封的諸夷，與邦冢君相對。[15]

---

[1] 上海博物館商周青銅器銘文選編寫組：《商周青銅器銘文選》（三），文物出版社1988年版，第109頁。
[2] 丁軍偉：《毛國銅器銘文匯釋》，碩士學位論文，江蘇師范大學，2012年。
[3] （清）劉心源：《古文審》卷五，第四頁，據清光緒十七年自寫刻本影印，引自《金文文獻集成》第11冊，線裝書局2005年版，第469頁。
[4] 郭沫若：《兩周金文辭大係》上編，第20頁，《郭沫若全集考古編》第08卷，科學出版社2017年版。
[5] 郭沫若：《希望有更多的古代鐵器出土》，《郭沫若全集歷史編》第03卷，人民出版社1984年版，第195頁。
[6] 郭沫若：《班簋的再發現》，原載於《文物》1972年第9期，引自《金文文獻集成》第28冊，線裝書局2005年版，第325—327頁。
[7] 李義海：《班簋補釋》，《南陽師范學院學報》（社會科學版）2004年1月第1期。
[8] 李學勤：《班簋續考》，中國古文字研究會編《古文字研究》第十三輯，中華書局1986年版，第181—188頁。
[9] 李學勤：《論多友鼎的時代及意義》，《人文雜誌》1981年第6期。
[10] 南衡山：《金文所見西周中期周與東南諸夷的戰爭之研究》，碩士學位論文，華東師范大學，2013年。
[11] ［日］白川靜：《金文通釋》卷二，引自《金文文獻集成》第44冊，線裝書局2005年版，第228頁。
[12] 孫機：《中國古代物質文化》，中華書局2014年版，第222頁。
[13] 唐蘭：《西周青銅器銘文分代史徵》，中華書局1986年版，第351頁。
[14] 連劭名：《西周班簋銘文新考》，北京市文物研究所編《北京文物與考古》第六輯，民族出版社2004年版，第112—115頁。
[15] 付強：《戎字補釋》，引自http://www.bsm.org.cn/show_article.php?id=1856.

陳夢家先生認爲"戜徒"爲庶人。[1]

業師馮時先生認爲班簋之"或"字，從"呈"得聲，似可讀爲"程"。先生引《説文·禾部》："程，品也。"由邢侯簋（《集成》04241）銘文可知"品"爲不同氏族之人，將"或人"釋爲族外之人，與族徒爲族内之人相對應。[2]

㦻有"國"字或國族名等多種解釋。[3] 戜舊有釋"臧"、釋"戎"、釋"國"等諸多説法，[4] 楊樹達先生認爲戜，應爲《説文》之"或"字，且認爲㦻、㦻與戜爲一字，這兩者都應釋爲"或"字，而非"國"字。[5]

我們認爲晉侯穌鐘之戜，可隸定爲"或"字，從"呈"聲。業師馮時先生指出"《史記·武帝本紀》：'便程東作。'《尚書·堯典》作'平秩東作。'《詩·小雅·巧言》：'秩秩大猷。'《説文·大部》引'秩'作'戜'。《説文·走部》：'趯，讀若《詩》威儀秩秩。'是'呈'、'戜'同音之证"。[6] 于省吾先生在《甲骨文字釋林·釋呈》中梳理了由"呈"至"呈"字的發展演變源流，認爲"呈字後世便爲呈，又孳乳爲程"。[7] 業師馮時先生也指出"呈"本作"𢆉"，後演變爲"𢆉"，最終定爲"𢆉"。[8] 此字下部即爲"呈"，即"程"，亦即先生所釋之族外之人。

已明晉侯穌鐘之"或人"爲族外之人，我們可以瞭解到晉侯穌所率領之軍隊組成的復雜性，不僅包括晉侯穌小宗之亞旅、晉侯屬官之小子，還包括族外之人。這可能也是西周時諸侯軍隊組成復雜性的體現。

三　王之大室、小臣、車僕考

（一）大室

馬承源先生以"大室小臣"爲官名，"王在大室，太僕所掌都是王之大命大事，因而可以進出大室，爲王盡職。小臣是大僕之佐……其職司活動的場所相當一部分在大室，爲

---

[1]　陳夢家：《西周銅器斷代》，中華書局2004年版，第26頁。
[2]　馮時：《班簋銘文補釋》，李學勤主編《出土文獻》第三輯，中西書局2012年版，第129—134頁。
[3]　參考李孝定等《金文詁林附録》，香港中文大學出版社1977年版，第3455條。
[4]　參考李孝定等《金文詁林附録》，香港中文大學出版社1977年版，第3455條。
[5]　楊樹達：《積微居金文説》，中國科學院出版社1952年版，第179—180頁。
[6]　馮時：《甲骨文"震"及相關問題》，宋鎮豪主編《甲骨文與殷商史》新三輯，上海古籍出版社2013年版，第35—51頁。
[7]　于省吾：《甲骨文字釋林》，中華書局2009年版，第20頁。
[8]　馮時：《甲骨文"震"及相關問題》，宋鎮豪主編《甲骨文與殷商史》新三輯，上海古籍出版社2013年版，第35—51頁。

和内小臣區別，故稱大室小臣"。[1]李學勤先生認爲"大室"於文獻作"世室"，這裏的"大室"意爲宗廟，指晉侯穌的祖父。[2]牛清波、王保成、陳世慶等從之。[3]陳秉新、李立芳兩位學者以"大室"指代王室。[4]王暉先生指出銘文中的大室、小臣、車僕都爲周王所有。[5]李凱先生也有相同觀點。[6]李曉峰認爲"大室"爲職官名，位於小臣之上。[7]蘇斌提出"大室"指地位較高的貴族。[8]

西周銘文中的"大室"，除晉侯穌鐘外，都可明確爲地點，是宗廟祭祀之地，然晉侯穌鐘銘文"大室"應是對某一類人群的稱呼。

前文我們已分析，大室、小臣、車僕都爲周王所有。"大室"爲宗廟祭祀的場所，出入其中的人員地位較高，與周王關係較爲緊密，在銘文中以地點代指官職名，可知其地位必在小臣、車僕之上，於銘文中亦先於小臣、車僕而記。我們認爲此"大室"即文獻記載之"大僕"，《周禮·夏官·敘官》："大僕，下大夫二人；小臣，上士四人；祭僕，中士六人；御僕，下士十有二人，府二人，史四人，胥二人，徒二十人。"鄭《注》："僕，侍御於尊者之名，大僕其長也。"賈公彥《疏》："凡言僕御者，是武衛之事。"[9]《周禮·夏官·太僕》："凡軍旅田役，贊王鼓。"[10]故大僕之職與軍事有關，所以晉侯穌鐘銘文大僕可隨周王出征，參與征伐。

(二) 小臣

對"大室小臣"的爭論有很多，首先對其句讀便有不同看法。

李學勤先生認爲應讀爲"大室小臣"，將"大室"解釋爲文獻中的"世室"，指晉侯穌的祖父靖侯，小臣爲靖侯的屬臣。[11]牛清波、王保成、陳世慶等贊成。[12]對此我們已有分析，大室、小臣還是周王所屬。

馬承源先生認爲"大室小臣"爲官名。[13]葉磊認爲"大室"是小臣的職司場所，"大

---

[1] 馬承源：《晉侯穌編鐘》，《上海博物館集刊》第七期，上海書畫出版社1996年版，第15頁。
[2] 王世民、李學勤、陳久金、張聞玉、張培瑜等：《晉侯蘇鐘筆談》，《文物》1997年第3期。
[3] 牛清波、王保成、陳世慶：《晉侯穌鐘銘文集釋》，《中國文字報》2014年第1期。
[4] 陳秉新、李立芳：《出土夷族史料輯考》，安徽大學出版社2005年版，第228頁。
[5] 王暉：《晉侯穌鐘匐城之戰地理考》，《中國歷史地理論叢》第21卷，2006年第3輯。
[6] 李凱：《晉侯穌編鐘所見的西周巡狩行爲》，《文物春秋》2009年第5期。
[7] 李曉峰：《天馬—曲村晉侯墓地出土青銅器銘文集釋》，碩士學位論文，吉林大學，2004年。
[8] 蘇斌：《西周金文所見家臣研究》，碩士學位論文，復旦大學，2012年。
[9] （漢）鄭玄注，（唐）賈公彥疏，彭林整理：《十三經注疏·周禮注疏》，上海古籍出版社2010年版，第1085頁。
[10] （漢）鄭玄注，（唐）賈公彥疏，彭林整理：《十三經注疏·周禮注疏》，上海古籍出版社2010年版，第1211頁。
[11] 王世民、李學勤、陳久金、張聞玉、張培瑜等：《晉侯蘇鐘筆談》，《文物》1997年第3期。
[12] 牛清波、王保成、陳世慶：《晉侯穌鐘銘文集釋》，《中國文字報》2014年第1期。
[13] 馬承源：《晉侯穌編鐘》，《上海博物館集刊》第七期，上海書畫出版社1996年版，第15頁。

室小臣"職位並不高。[1]業師馮時先生將之斷爲"大室、小臣"。[2]陳秉新、李立芳認爲"大室小臣"爲王室之小臣,爲地位較高的官名。[3]李曉峰認爲大室、小臣都爲職官名,"小臣爲大室之佐"。[4]石安瑞先生提出兩種解釋:第一,小臣的職位部門化,除大室小臣還有其他的小臣;第二,爲將周王小臣與晉侯穌之小臣相區別。石安瑞先生傾向於第一種解釋,[5]此種觀點也是將"大室"視爲小臣職司的場所。王龍正先生認爲此"小臣"是指奴隸。[6]蘇斌認爲"小臣"與"大室"相對而言,指地位較低的貴族或官員。[7]

學者對甲骨文和金文"小臣"的討論可分爲三類:

1. 地位較高,爲王之近臣

以牛夕[8]、童書業[9]、左言東[10]、呂宗力[11]、陳夢家[12]、何景成[13]等先生爲代表。他們提出殷商至西周小臣地位較高,職司包括:王出行時爲王先行、替王出使、受命隨大臣出行、掌王命之逆復等[14],故王對小臣的賞賜也較爲豐厚[15]。

西周中晚期之後,小臣地位下降,成爲低賤階級,作爲賞賜物存在。[16]左言東先生亦提出在春秋時期,小臣已成爲宮中宦官,地位卑賤。[17]

2. 小臣本質屬性爲奴隸

以唐蘭先生和汪寧生先生爲代表。

唐蘭先生認爲作爲官名的小臣,早在商代就已出現。[18]靜簋銘之小臣"是年輕的高級奴隸,……作爲官名的小臣,則是管理這些小奴隸的"。[19]

汪寧生先生提到小臣一直是奴隸階級,之所以稱爲"小",可能是由於爲幼奴或是主人

---

[1] 葉磊:《晉國金文所載職官輯証》,《蘭州文理學院學報》(社會科學版)第35卷,2019年第2期。
[2] 馮時:《晉侯穌鐘與西周曆法》,《考古學報》1997年第4期。
[3] 陳秉新、李立芳:《出土夷族史料輯考》,安徽大學出版社2005年版,第228頁。
[4] 李曉峰:《天馬—曲村晉侯墓地出土青銅器銘文集釋》,碩士學位論文,吉林大學,2004年。
[5] 石安瑞:《論西周金文中的小臣及其職務演變》,《北大史學》2016年。
[6] 王龍正:《臣、小臣辨析》,河南省文物考古研究所主編《華夏文明的形成與發展》,大象出版社2003年版,第284—286頁。
[7] 蘇斌:《西周金文所見家臣研究》,碩士學位論文,復旦大學,2012年。
[8] 牛夕:《西周官制考略》,《清華周刊》1933年第2期。
[9] 童書業:《春秋左傳研究》,上海人民出版社1980年版,第375頁。
[10] 左言東:《先秦職官表》,商務印書館1994年版,第71頁。
[11] 呂宗力主編:《中國歷代官制大辭典》(修訂版),商務印書館2015年版,第79頁。
[12] 陳夢家:《殷虛卜辭綜述》,中華書局1988年版,第505頁。
[13] 何景成:《西周王朝政府的行政組織與運行機制》,光明日報出版社2013年版,第154—156頁。
[14] 何景成:《西周王朝政府的行政組織與運行機制》,光明日報出版社2013年版,第154—156頁。
[15] 左言東:《先秦職官表》,商務印書館1994年版,第71頁。
[16] 陳夢家:《殷虛卜辭綜述》,中華書局1988年版,第505頁。
[17] 左言東:《先秦職官表》,商務印書館1994年版,第71頁。
[18] 唐蘭:《西周青銅器銘文分代史徵》,中華書局1986年版,第37頁。
[19] 唐蘭:《西周青銅器銘文分代史徵》,中華書局1986年版,第359頁。

的"家生奴隸"。[1]

3. 小臣同時存在身份高低兩類人

高明、于省吾、張永山、張亞初和劉雨等先生都贊成商周時期小臣有身份高低之分，"要全面分析某一種小臣的活動和作用，而後才能確定他的社會身份和地位"。[2]但具體分析不同身份"小臣"之指代時，諸家所論亦有不同。

于省吾先生指出甲骨文中出現的職位較高的"小臣"，地位猶如後世之大臣。[3]高明先生認爲"小臣"是與"大臣"相對應的，是"宮廷內從事王室生活庶務的侍者"，地位本不高，但由於時常在王旁邊，有的小臣受到王寵信，因而得到賞賜，這部分小臣的地位相對比較高，但僅是一小部分，絕大部分小臣的地位是低下的，他們就是後代宮廷中的太監。[4]

張亞初和劉雨先生認爲"小臣"在整個西周社會中一直同時存在身份高低不同的兩類人，小臣的地位自西周早期至西周晚期逐漸下降，而《周禮》中關於"小臣"的記載更多的體現的是東周的情況。[5]何景成先生認爲《周禮》之"小臣"還是西周的情況。[6]

王龍正先生認爲"小"有年齡小的含義，爲年輕的臣，具體所指包括奴隸、小臣之長以及貴族官吏謙稱爲小臣。[7]

還有學者認爲，"小臣"應是對某一特定人群的稱謂。如白川靜先生認爲西周金文中的小臣是商王族後裔的稱號。[8]周言先生從宗法體系出發，提出小臣爲服務於本族的異族人員。[9]石安瑞先生認爲小臣是經過國家專門機構培訓出來的，在王朝日常政務活動中不可缺少，也具有較好的作戰能力，可參與軍事征戰。[10]王進峰先生認爲"商代的小臣是一批後備人員"。[11]

經梳理統計，"小臣"在商末金文中已出現，且在商末到西周早期銘文中出現的次數多達30餘次，西周中期之後出現次數明顯減少。商周銘文中出現的小臣可分爲地位高低不同的兩類。

---

[1] 汪寧生：《"小臣"之稱謂由來及身份》，《華夏考古》2002年第1期。
[2] 張永山：《殷契小臣辯正》，胡厚宣主編《甲骨文與殷商史》第一輯，上海古籍出版社1983年版，第60—78頁。
[3] 于省吾：《釋小臣的職別》，見氏著《甲骨文字釋林》，中華書局2010年版，第308頁。
[4] 高明：《論商周時代的臣和小臣》，吳榮曾主編《盡心集——張政烺先生八十慶壽論文集》，中國社會科學出版社1996年版，第106—119頁。
[5] 張亞初、劉雨：《西周金文官制研究》，中華書局1986年版，第45頁。
[6] 何景成：《西周王朝政府的行政組織與運行機制》，光明日報出版社2013年版，第154—156頁。
[7] 王龍正：《臣、小臣辨析》，河南省文物考古研究所主編《華夏文明的形成與發展》，大象出版社2003年版，第284—286頁。
[8] 轉引自石安瑞《論西周金文中的小臣及其職務演變》，《北大史學》2016年。
[9] 周言：《釋"小臣"》，《華夏考古》2000年第3期。
[10] 石安瑞：《論西周金文中的小臣及其職務演變》，《北大史學》2016年。
[11] 王進峰：《殷商時期的小臣》，《古代文明》第8卷，2014年第3期。

有的小臣地位較高，可接受賞賜，且賞賜物相對都比較豐富。

有賞賜鹽資儲備，如商代晚期小臣缶鼎[1]（《集成》02653）：

　　王易（錫）小臣缶湡積五年，缶用乍（作）亯（享）大（太）子乙家祀障（尊）。〔龏〕。父乙。

有賞賜貝，如西周早期小臣𧪒鼎（《集成》02556）：

　　䁤（召）公建匽（燕），休于小臣𧪒貝五朋，用乍（作）寶障（尊）彝。

有賞賜金，如西周早期小臣鼎（《集成》02678）：

　　唯十月事（使）于曾，䢔（密）白（伯）于成周，休䀏（賜）小臣金，弗敢㿖（廢），易用乍（作）寶旅鼎。

有小臣替王先省離宮，以清宮而受賜貝、馬者，如西周早期小臣夌鼎[2]（《集成》02775）：

　　正月，王才（在）成周，王迩于楚麓（麓）。令小臣夌先省楚垦。王至於迩垦，無遣（譴），小臣夌易（賜）貝，易（賜）馬丙（兩）。夌拜頴首。對揚王休，用乍（作）季嬪（妘）寶尊彝。

還有一部分小臣地位低下，與上述受到豐厚賞賜的小臣有明顯的差別。

如西周中期師晨鼎（《集成》02817）：

　　王乎（呼）乍（作）冊尹冊令（命）師晨（晨）："疋（胥）師俗嗣（司）邑人，佳（唯）小臣、善（膳）夫、守□、官犬，眔奠（甸）人、善（膳）夫、官守友，易（賜）赤舄。"

此時的"小臣"成爲被管理者，受師晨掌管。

西周晚期克鼎（《集成》02836）：

　　易（賜）女（汝）田于康。易（賜）女（汝）田于匽。易（賜）女（汝）田于陣原。易（賜）女（汝）田于寒山。易（賜）女（汝）史、小臣、霝龠（籥）、鼓鐘。易（賜）女（汝）井、㣟、匐人。

"小臣"也是周王賞賜給克的對象。

靜簋（《集成》04273）：

　　佳（唯）六月初吉，王才（在）蒡京，丁卯，王令靜嗣（司）射學宮，小子眔

圖 3-1　師晨鼎（《集成》02817）銘文拓片

---

[1] 關於鹽資之說參考業師馮時先生《古文字所見之商周鹽政》，《南方文物》2009 年第 1 期。
[2] 關於"小臣夌先省楚垦"之解釋可參見黃益飛《金文所見"垦"與西周政治統治》，《考古》2016 年第 9 期。

服、采小臣、采尸（夷）僕學射。雩八月初吉庚寅，王臣（以）吳柬、呂㓣卿嫠（齹）、蓋𠂤（師）、邦周射于大池，靜學無眽（尤），王易（賜）靜鞞剎，靜敢拜諙首，對揚天子不（丕）顯休，用乍（作）文母外姞障（尊）殷（簋），子子孫孫其萬年用。

小臣靜卣（《新收》1960）：

隹（唯）十又三月，王宛蒡京。小臣靜即事，王易（賜）貝五十朋。揚天子休，用乍（作）父□寶障（尊）彝。

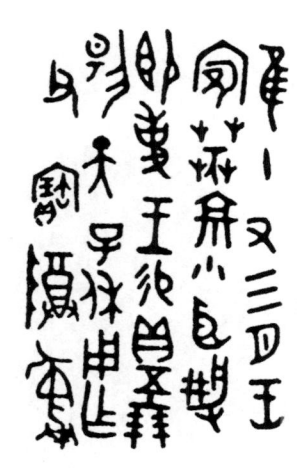

图3-2　靜簋（《集成》04273）
　　　　銘文拓片

图3-3　小臣靜卣（《新收》1960）
　　　　銘文拓片

靜簋與小臣靜卣之靜爲一人[1]，但靜簋"小臣"與"小臣靜卣"之"小臣"明顯不是同一身份。小臣靜卣中，周王於蒡京行饒祭[2]，小臣靜執事，因而受到王之賞賜，可見靜的地位相對是較高的。靜簋之"小臣"則是從靜教學，與小子、夷僕並稱，與小臣靜卣中，靜自稱小臣不同。

在銘文中，我們亦可以發現小臣參與軍旅的事例。如小臣單觶（《集成》06512）：

王後屖（黜）克商，才（在）成𠂤（次），周公易（錫）小臣單貝十朋，用乍（作）寶障（尊）彝。

"王後黜克商"即指平叛武庚之事，因已有武王先克商，故此云"後克"，[3]小臣單便是隨周公東征，參與平叛武庚之人。[4]

---

[1] 陳夢家：《西周銅器斷代》，中華書局2004年版，第90頁。
[2] 蒡京與饒祭相關論述參見業師馮時先生《西周蒡京與殷周饒祭——殷周苑囿與祭竈傳統》，《中原文化研究》2019年第6期。
[3] 馮時：《周初二伯考——兼論周代伯老制度》，《中原文化研究》2018年第2期。
[4] 陳夢家：《西周銅器斷代》，中華書局2004年版，第11頁。

小臣謎簋（《集成》04238）：

叡東尸（夷）大反，白（伯）懋父㠯（以）殷八𠂤（師）征東尸（夷）。唯十又一月遣自𦥑𨸏，述東陕，伐海眉（湄），雪𠬝（厥）復歸才（在）牧，白（伯）懋父丞王令（命）昜（錫）𠂤（師）達征自五齵貝。小臣謎蔑曆，眔昜（錫）貝，用乍（作）寶噂（尊）彝。

伯懋父率師征伐東夷，銘文"五齵貝"即古代土田之制之"五桀"，爲海濱斥鹵之地。[1] 小臣謎從伯懋父征，有功因而受到豐厚的賞賜，可見在對東夷的征伐戰爭中，謎身爲小臣，發揮了十分重要的作用。

圖3-4 小臣單觶（《集成》06512）
銘文拓片

圖3-5 小臣謎簋（《集成》04238）
銘文拓片

《周禮·夏官·敘官》："大僕，下大夫二人；小臣，上士四人。"[2]《周禮·夏官·小臣》："小臣，掌王之小命，詔相王之小法儀。掌三公及孤卿之復逆，正王之燕服位，王之燕出入，則前驅。"鄭《注》："小命，時事所敕問也；小法儀，趨行拱揖之容；……燕出入，若今游於諸觀苑。"賈公彥《疏》："大僕所云大命，及祭祀賓客詔相之者，是大，此小臣，大僕之佐，故掌其小者也。"[3] 前文我們已分析"大室"爲"大僕"，《周禮》中大僕、小臣同出，於晉侯穌鐘銘文中也有所證明。《周禮》"內小臣"相當於後世之太監。賈公彥《疏》："掌王后之命，正其服位。案《周禮·夏官·大僕》職云，出入王之大命，正

---

[1] 馮時：《古文字所見之商周鹽政》，《南方文物》2009年第1期。
[2] （漢）鄭玄注，（唐）賈公彥疏，彭林整理：《十三經注疏·周禮注疏》，上海古籍出版社2010年版，第1085頁。
[3] （漢）鄭玄注，（唐）賈公彥疏，彭林整理：《十三經注疏·周禮注疏》，上海古籍出版社2010年版，第1213—1214頁。

其服位，則此小臣侍后，職與大僕侍王同，亦是佐后之事。故在此用奄者，以其所掌在內故。"[1]與我們在此所討論之小臣不同。

通過以上銘文分析，我們認爲商末至西周早期小臣的地位相對較高，甚至可以接受豐富的賞賜，到西周晚期小臣地位明顯下降，成爲被賞賜物。但不論如何，小臣都屬於奴隸階級，由於小臣爲王的近侍，常伴王的左右，所以有的小臣會得到賞賜，但這也不能否認小臣的奴隸身份。同時在特定的情況下，"小臣"可以作爲管理小臣（奴隸）的長官之稱。在商代甲骨文中便有小臣參與征伐的記錄，在西周銘文中我們亦發現有小臣參與戰爭的記載。

故晉侯穌鐘之小臣也應爲王之小臣，可參與征伐，因而從王征，並受晉侯穌統領參與征伐。

（三）車僕

李學勤先生認爲，車僕是晉侯穌率領其祖父靖侯的車僕。[2]李曉峰認爲車僕是"掌'戎路之萃'，萃爲車隊，戎路爲王在軍中所乘之車。……用於作戰的車隊及兵員，以車隊以爲長"。[3]陳秉新、李立芳兩位學者也認爲車僕是管理戎車的官吏，"有時也奉命率車隊參加戰爭"。[4]

今案，殷周銘文中出現"車僕"僅晉侯穌鐘一例。《周禮·春官·車僕》："車僕掌戎路之萃，廣車之萃，闕車之萃，蘋車之萃，輕車之萃。"鄭《注》："萃，猶副也。此五者皆兵車，所謂五戎也。戎路，王在軍所乘也。廣車，橫陳之車也。闕車，所用補闕之車也。蘋猶屏也，所用對敵自蔽隱之車也。輕車，所用馳敵致師之車也。"[5]對此清代學者孫詒讓已有所訂正，孫詒讓《正義》："萃即謂諸戎車之部隊，亦即縣師、司右所謂車之卒伍也。萃者，通正副尊卑之言，非專指副倅。"[6]故晉侯穌鐘銘的車僕不僅是管理戎車的官員，而是代指車僕及其所率領的車隊整體。《周禮·春官·車僕》："凡師，共革車，各以其萃。"[7]孫詒讓《正義》："各以其萃者，謂五者各自成一隊，分別部居，不雜厠也。"[8]此時的車僕不僅包括戎路，還有其餘四戎，此車僕亦應爲周宣王之車僕。

---

[1]（漢）鄭玄注，（唐）賈公彥疏，彭林整理：《十三經注疏·周禮注疏》，上海古籍出版社2010年版，第24頁。
[2] 王世民、李學勤、陳久金、張聞玉、張培瑜等：《晉侯蘇鐘筆談》，《文物》1997年第3期。
[3] 李曉峰：《天馬—曲村晉侯墓地出土青銅器銘文集釋》，碩士學位論文，吉林大學，2004年。
[4] 陳秉新、李立芳：《出土夷族史料輯考》，安徽大學出版社2005年版，第228頁。
[5]（漢）鄭玄注，（唐）賈公彥疏，彭林整理：《十三經注疏·周禮注疏》，上海古籍出版社2010年版，第1052頁。
[6]（清）孫詒讓：《周禮正義》，中華書局2015年版，第2641頁。
[7]（漢）鄭玄注，（唐）賈公彥疏，彭林整理：《十三經注疏·周禮注疏》，上海古籍出版社2010年版，第1053頁。
[8]（清）孫詒讓：《周禮正義》，中華書局2015年版，第2645頁。

四　其他稱謂考

（一）公族

馬承源先生指出公族爲官名，爲"公"同姓官員。[1]陳秉新先生早先認爲此"公族"專指晉侯穌，其時穌尚未繼位，所以稱爲公族。[2]胡長春不認同，指出晉侯穌鐘爲自作用器，銘文中晉侯不會稱自己爲公族，此處的公族應是周王在成周的"公族"。[3]後陳秉新先生與李立芳一同提出"公族"爲職官名，所指爲公族大夫。[4]王治國認爲穌鐘中的公族應爲公族之長。[5]

西周金文中"公族"亦較常見，關於"公族"所指，各家多有討論。

1. 職官説。以牛夕先生和斯維至先生爲代表。

牛夕先生以公族爲官名，地位甚高。[6]斯維至先生認爲"公族"又名"公族大夫"，原指公之族，作爲職官名之"公族"亦來源於此，"公之族自與王族最親，固可托付王室之重"[7]。

2. 族人説。以唐蘭先生爲代表。

唐蘭先生指出"公族一般是諸侯的同族，只有春秋後期的晉國因爲沒有公族而把卿的嫡系作爲公族了"。[8]

3. 二元説。

這是目前學界贊成最多的觀點，即認爲"公族"既可以爲職官名，也可以指族人，西周時這兩種情況同時存在。但就其具體所指，學者還有不同觀點。

作爲官職的"公族"，學者大多認爲是"公族大夫"的省稱。持此觀點的有呂宗力、[9]楊伯峻[10]、謝維揚[11]等先生。楊伯峻先生引《禮記·文王世子》認爲公族"職掌爲教訓

---

[1] 馬承源：《晉侯穌編鐘》，《上海博物館集刊》第七期，上海書畫出版社1996年版，第15頁。
[2] 陳秉新：《晉侯穌編鐘銘文考釋》，安徽省考古學會主編《文物研究》第十三輯，黃山書社2001年版。
[3] 胡長春：《新出青銅器銘文研究》，博士學位論文，安徽大學，2004年。
[4] 陳秉新、李立芳：《出土夷族史料輯考》，安徽大學出版社2005年版，第228頁。
[5] 王治國：《金文所見西周王朝官制研究》，博士學位論文，北京大學，2013年。
[6] 牛夕：《西周官制考略》，《清華周刊》1933年第2期。
[7] 斯維至：《兩周金文所見職官考》，《中國文化研究匯刊》第七卷，1947年，第21頁。
[8] 唐蘭：《論周昭王時代的青銅器銘刻》，原載於《古文字研究》第二輯，引自《唐蘭論文集》（四），上海古籍出版社2018年版，第1493頁。
[9] 呂宗力主編：《中國歷代官制大辭典》（修訂版），商務印書館2015年版，第75—76頁。
[10] 楊伯峻：《春秋左傳注》（修訂本），中華書局2016年版，第726頁。
[11] 謝維揚：《周代家庭形態》，中國社會科學出版社1990年版，第241頁。

同族子弟"。[1]謝維揚先生也有相似觀點，認爲公族大夫是爲管理和教育公族集團的青少年而設立的。[2]

張亞初先生和劉雨先生認爲西周公族地位較高，常伴王之左右，所以册命時可作爲儐右出現，文獻中所記管理公族的人稱爲公族大夫，多爲東周情形。[3]

朱鳳瀚先生將東周狹義"公族"按照國君的在世與否分爲兩種形態，"初形是國君在世時與其若干直系後代近親組成的家族。發展形態是指國君去世後，此種家族的初形發展而成的親屬集團"。[4]

楊寬先生認爲當"公族"爲官名時，地位較高應爲"卿"一級的大官。[5]

"公族"除作爲官職，也可以指族人。"族人"所指學者亦有不同意見，可分爲：公之同姓子弟[6]、與周王同姓的貴族[7]、族中群公子[8]、公室後裔[9]、周朝王室及諸侯卿大夫的子弟[10]等。

朱鳳瀚先生指出就廣義而言，公族"包括有歷代國君之後裔（也就是歷代國君未繼位的庶子們的家族）在内的親屬集團，當然時公所在的近親家族亦應包含於其内"。[11]王治國與朱先生觀點相似，提出公族地位在周代有發展變化，在西周中期後段，公族地位甚至位於卿事寮和太史寮之上，到西周後期地位下降。[12]

通過對以上諸家論述進行總結，我們發現對"公族"含義的解釋，可分爲兩種，一將"公族"看爲族人；二將"公族"看爲職官。要想瞭解"公族"的含義，我們首先需要對西周金文中出現的"公室"進行解釋。

逆鐘[13]銘文中出現"公室"一詞。馬承源先生認爲此公室爲諸侯或公卿的家室。[14]

銘文載叔氏命逆𦣞於公室，業師馮時先生指出"𦣞"即《說文‧欠部》："𦣞，監持意，口閉也。"[15]爲監官之事。[16]前文已敘述此"叔氏"是爲恭王，故此"公室"即恭王

---

[1] 楊伯峻：《春秋左傳注》（修訂本），中華書局 2016 年版，第 726 頁。
[2] 謝維揚：《周代家庭形態》，中國社會科學出版社 1990 年版，第 241 頁。
[3] 張亞初、劉雨：《西周金文官制研究》，中華書局 1986 年版，第 39—40 頁。
[4] 朱鳳瀚：《商周家族形態研究》（增訂本），天津古籍出版社 2004 年版，第 437 頁。
[5] 楊寬：《西周史》，上海人民出版社 2018 年版，第 379 頁。
[6] 楊伯峻：《春秋左傳注》（修訂本），中華書局 2016 年版，第 726 頁。
[7] 張亞初、劉雨：《西周金文官制研究》，中華書局 1986 年版，第 39—40 頁。
[8] 楊寬：《西周王朝公卿的官爵制度》，《人文雜誌》叢刊，1984 年第 2 輯。
[9] 謝維揚：《周代家庭形態》，中國社會科學出版社 1990 年版，第 241 頁。
[10] 呂宗力主編：《中國歷代官制大辭典》（修訂版），商務印書館 2015 年版，第 75—76 頁。
[11] 朱鳳瀚：《商周家族形態研究》（增訂本），天津古籍出版社 2004 年版，第 435—437 頁。
[12] 王治國：《金文所見西周王朝官制研究》，博士學位論文，北京大學，2013 年。
[13] 逆鐘銘文釋文見前文。
[14] 上海博物館商周青銅器銘文選編寫組：《商周青銅器銘文選》（三），文物出版社 1988 年版，第 198 頁。
[15] （漢）許慎撰，（清）段玉裁注：《說文解字注》，上海古籍出版社 2017 年版，第 412 頁。
[16] 馮時：《周初二伯考——兼論周代伯老制度》，《中原文化研究》2018 年第 2 期。

之公室，其時叔氏尚未稱王，但必爲公，故曰"公室"。而逆所監管包括僕、庸、臣、妾、小子室家等，這些都是屬於公室，而非某一人所有。

圖4-1　逆鐘（《集成》00060—00063）銘文拓片

又卯簋蓋（《集成》04327）：

……焚（榮）白（伯）乎（呼）令卯曰：䖒乃先且（祖）考死嗣（司）焚（榮）公室，昔乃且（祖）亦既令乃父死嗣（司）葊人，不盄（淑）取我家寋用喪……

馬承源先生認爲公室爲榮公之家。[1]我們認爲此公室還是榮伯之公室。

從以上例子我們可以發現在金文中"公室"所指爲公之室。

《公羊傳·昭公二十五年》："季氏爲無道，於公室久矣。"何休《注》："諸侯稱公室。"[2]《論語·季氏》："孔子曰祿之去公室五世矣。"鄭玄《注》："言此之時，魯定公之初，魯自東門襄仲殺文公之子赤而立宣公，於是政在大夫，爵祿不從君出，至定公爲五世矣。"[3]可知文獻中稱諸侯之室爲公室。

至於"公室"之包含，《左傳·昭公五年》："初，作中軍，三分公室，而各有其一。"杜預《注》："三家各有一軍家屬。"[4]《左傳·襄公十一年》："正月，作三軍，三分公室而

---

[1]　上海博物館商周青銅器銘文選編寫組：《商周青銅器銘文選》（三），文物出版社1988年版，第173頁。

[2]　（漢）何休解詁，（唐）徐彦疏，刁小龍整理：《十三經注疏·春秋公羊傳注疏》，上海古籍出版社2014年版，第1006頁。

[3]　（清）劉寶楠撰，高流水點校：《十三經清人注疏·論語正義》，中華書局1990年版，第655頁。

[4]　（晉）杜預注，（唐）孔穎達等正義：《十三經注疏·春秋左傳正義》，上海古籍出版社1990年版，第742頁。

各有其一。"杜預《注》:"三分國民眾。"[1]有學者將之解爲貨財[2],楊伯峻先生提出"若三分魯襄公之貨財,豈不成爲公然叛亂?"楊先生以其所分爲軍隊指揮權。[3]可以看出對"公室"所含,學者有"民眾説""財貨説""軍隊指揮權説"等,對此朱鳳瀚先生認爲"公室……是一個親族的、經濟的、軍事的集合體"。[4]童書業先生指出"公室"包括土地和其上之人。[5]楊寬先生認爲"室"掌管全族財產,諸侯的"公室"包括軍隊成員及軍賦收入。[6]楊伯峻先生和徐提先生認爲"公室"包括兩方面的含義,一是"國君之政權及力量",二是"國君之軍賦及其所出"。[7]

我們認爲"公室"爲公之室,其掌管包括屬於公家的土地、人員及錢財等,是一個公有的屬性。

對於"公室"與"公族"之關係,朱鳳瀚先生認爲公室包括公族[8],後來又指出公室是狹義的公族的初形。[9]

《左傳·文公七年》:"昭公將去群公子,樂豫曰:'不可。公族,公室之枝葉也;若去之,則本根無所庇蔭矣。葛藟猶能庇其本根,故君子以爲比,況國君乎?此諺所謂庇焉而從尋斧焉者也。必不可。君其圖之!親之以德,皆股肱也,誰敢攜貳?若之何去之?'不聽,穆襄之族率國人以攻公。"[10]可以看出公族的組成爲"群公子","群公子"所指杜預《注》:"穆公、襄公之子孫。"[11]故"公室"與諸侯關係更爲密切。

對於"公族"所指,我們最終的落腳點要歸於對銘文和文獻的綜合分析。

經過我們統計,金文中出現的"公族",除了晉侯穌鐘外,還有以下八例:

中觶(《集成》06514):

> 王大省公族于庚,屏(振)旅,王易(賜)中馬,自𦈢侯四騜,南宮兄(貺),王曰:用先。中䢦(執)王休,用乍(作)父乙寶障(尊)彝。

師酉簋(《集成》04288):

> 隹(唯)王元年正月,王才(在)吳,各吳大廟,公族𩁹釐入右(佑)師酉,立

---

[1] (晉)杜預注,(唐)孔穎達等正義:《十三經注疏·春秋左傳正義》,上海古籍出版社1990年版,第544頁。
[2] [日]竹添光鴻:《左氏會箋》,巴蜀書社2008年版,第1249頁;童書業:《春秋左傳研究》,上海人民出版社1980年版,第155頁。
[3] 楊伯峻:《春秋左傳注》(修訂本),中華書局2016年版,第1084頁。
[4] 朱鳳瀚:《關於春秋魯三桓分公室的幾個問題》,《歷史教學》1984年第1期。
[5] 童書業:《春秋左傳研究》,上海人民出版社1980年版,第156頁。
[6] 楊寬:《西周史》,上海人民出版社2016年版,第472—473頁。
[7] 楊伯峻、徐提:《春秋左傳詞典》,中華書局1988年版,第114頁。
[8] 朱鳳瀚:《關於春秋魯三桓分公室的幾個問題》,《歷史教學》1984年第1期。
[9] 朱鳳瀚:《商周家族形態研究》(增訂本),天津古籍出版社2004年版,第443—446頁。
[10] (晉)杜預注,(唐)孔穎達等正義:《十三經注疏·春秋左傳正義》,上海古籍出版社1990年版,第317—318頁。
[11] (晉)杜預注,(唐)孔穎達等正義:《十三經注疏·春秋左傳正義》,上海古籍出版社1990年版,第318頁。

中廷，王乎（呼）史舀冊命師酉……

毛公鼎（《集成》02841）：

……王曰：父厝，巳曰及兹（兹）卿事寮、大（太）史寮于父即尹。命女（汝）𩁹（攝）嗣（司）公族，雩（與）三有嗣（司）、小子、師氏、虎臣，雩（與）朕褻事……

番生簋蓋（《集成》04326）：

……王令𩁹（攝）嗣（司）公族、卿事、大（太）史寮，取遺廿孚（鍰），易（賜）朱市、悤黃（衡）、鞞鞍、玉瑱（環）……

牧簋（《集成》04343）：

隹（唯）王七年十又三月既生霸甲寅，王才（在）周，才（在）師汓父宫，各大室，即立（位），公族𤔲入右牧，立中廷，王乎（呼）內史吳冊令（命）牧。

師酉盤（NB1637）：

唯四年三月既生霸甲戌，王在吳，各吳大室，公族鳴鼇入右師酉，立中廷，王乎𩁹冊令師酉……

秦子矛（《集成》11547）：

秦子乍（作）造公族元用。左右市鮁，用逸宜。

秦子戈（NB1218）：

秦子乍（作）竇公族元用，左右市鮁，逸宜。

從上我們可以發現"公族"，在西周早期金文中便已出現，一直持續到春秋早期，在西周中後期出現的次數尤爲頻繁。

在師酉簋和牧簋銘文中，公族都是作爲儐右出現的，專指一人。

至於中觶、毛公鼎、番生簋蓋中的"公族"則非專指。中觶"王大省公族"，張亞初和劉雨先生以此爲公之族，是周王的同宗。[1] 陳夢家先生認爲中觶之公族是從軍之卿子弟[2]，而番生簋之公族爲官名。[3]

在此我們以毛公鼎爲例進行分析。鼎銘言："及兹卿事寮、太史寮于父即尹，命汝𩁹司公族與三有司、小子、師氏與朕執事，以乃族扞敔王身。"高鴻縉先生認爲毛公鼎銘之公族爲官名。[4] 白川靜先生進一步談到公族職掌爲教化國子之事。[5] 張政烺先生以公族爲六師。[6]

---

[1] 張亞初、劉雨：《西周金文官制研究》，中華書局1986年版，第39頁。

[2] 陳夢家：《西周銅器斷代》，中華書局2004年版，第292—302頁。

[3] 陳夢家：《西周銅器斷代》，中華書局2004年版，第292—302頁。

[4] 高鴻縉：《毛公鼎集釋》，《師大學報》1956年第1期。

[5] [日]白川靜：《金文通釋》卷三，中村印刷株式會社，昭和46年2月；曹兆蘭：《金文通釋選譯》，武漢大學出版社2000年版，第176—222頁。

[6] 張政烺：《張政烺批注〈兩周金文辭大系考釋〉》，中華書局2011年版，第89—92頁。

西周官制爲兩寮執政，兩寮即行政官僚系統之卿事寮與宗教官僚系統之太史寮[1]，兩者共同在政治生活中發揮重要作用。由毛公鼎銘可知公族獨立於兩寮體系之外，其後言"以乃族扞敔王身"，"乃族"即"公族"[2]，即毛公之族。毛公不僅總理卿事寮與太史寮，同時對公族、三有司等有監督之責，以其族保衛王室，可見毛公地位尊崇，應爲王朝伯老。[3]此時，"公族"爲公之族。

在文獻中，關於公族的記載可分爲三種情況：

第一，官名。《史記·晉世家》："成公元年，賜趙氏爲公族。"裴駰《集解》引服虔："公族，大夫也。"[4]《國語·晉語七》："欒伯請公族大夫。"韋昭《注》："公族大夫，掌公族與卿之子弟。"[5]在此種情況下，"公族"便爲具體的官職名。《禮記·文王世子》："周公踐阼，庶子之正於公族者，教之以孝弟睦友子愛，明父子之義，長幼之序。"鄭《注》："庶子，司馬之屬，掌國子之倅，爲政於公族者。"[6]是公族之職可掌教化。

第二，與公同祖之群體。《詩·周南·麟之趾》："麟之趾，振振公子，於嗟麟兮。麟之定，振振公姓，於嗟麟兮。麟之角，振振公族，於嗟麟兮。"毛《傳》："公族，公同祖也。"[7]又《詩經·魏風·汾沮洳》："彼汾一曲，言採其藚。彼其之子，美如玉。美如玉，殊異乎公族。"毛《傳》："公族，公屬。"鄭《箋》："公族，主君同姓昭穆也。"[8]這便把公族看作與公同姓的群體。

第三，諸侯之孫輩。《儀禮·喪服》："諸侯之子稱公子，公子不得禰先君。公子之子稱公孫，公孫不得祖諸侯，此自卑別於尊者也。"[9]唐代杜牧在《樊川集》中提出："諸侯之子稱公子，公子之子稱公孫，公孫之子稱公族"。[10]

通過對銘文及文獻的分析我們認爲，"公族"於西周金文中的含義指"公"之族，獨立於兩寮之外，是周王的直系或旁系的同宗之人，是國家的根本，正所謂"公族者君之根本"，是一個群體。在師酉簋（《集成》04288）和牧簋（《集成》04343）中則是專指公族之中的某個人，故於公族之後加上具體的人名，於師酉簋（《集成》04288）銘爲鳴鼇，牧

---

[1] 馮時：《中國古文字學概論》，中國社會科學出版社2016年版，第577頁。
[2] （清）吳大澂：《愙齋集古録》第四冊，第8頁，據1930年涵芬樓影印本影印，引自《金文文獻集成》第12冊，線裝書局2005年版，第201頁。
[3] 周代伯老制度參見業師馮時先生《周初二伯考——兼論周代伯老制度》，《中原文化研究》2018年第2期。
[4] 《史記》，中華書局1982年版，第1676頁。
[5] （春秋）左丘明撰，（三國）韋昭注：《國語》，上海古籍出版社1982年版，第434頁。
[6] （漢）鄭玄注，（唐）孔穎達等正義：《十三經注疏·禮記正義》，上海古籍出版社2008年版，第397—398頁。
[7] （漢）毛亨傳，（漢）鄭玄箋，（唐）孔穎達疏，（唐）陸德明音釋，朱傑人、李慧玲整理：《十三經注疏·毛詩注疏》，上海古籍出版社2014年版，第80—81頁。
[8] （漢）毛亨傳，（漢）鄭玄箋，（唐）孔穎達疏，（唐）陸德明音釋，朱傑人、李慧玲整理：《十三經注疏·毛詩注疏》，上海古籍出版社2014年版，第511頁。
[9] （漢）鄭玄注，（唐）賈公彥疏：《十三經注疏·儀禮注疏》，上海古籍出版社2009年版，第378頁。
[10] （唐）杜牧：《樊川集·上宣州高大夫書》，四部叢刊景明翻宋本，第81頁。

簋（《集成》04343）銘爲組。

文獻中"公族"指公族大夫，有時省稱爲公族[1]，是管理公族的人，這些人的身份顯然是高貴的。在西周早期，公族大夫主掌教化子弟。

中觶（《集成》06514）銘："王大省公族于庚，振旅，王賜中馬……王曰：用先。……"與中觶同出之中方鼎（《集成》02751）："惟王令南宮伐反虎方之年，王令中先行南國……"兩者所記爲同一件事。周天子視行某一族金文名曰"大省"[2]，由兩彝器銘文可知周王先於庚地視行公族，振旅，而後命中先行南國，清戒王宮[3]，時值王令南宮伐虎方之年。

"振旅"，《左傳·隱公五年》："三年而治兵，入而振旅。"杜《注》："振，整也。旅，衆也。"[4]是以治兵而歸曰"振旅"。《左傳·僖公二十八年》："秋七月丙申，振旅，愷以入於晉。"楊伯峻先生指出此以作戰而歸曰"振旅"，"蓋凡軍旅作戰勝利歸來曰振旅。"[5]是都以收兵而歸曰"振旅"。然《周禮·春官·大師》："大師，執同律以聽軍聲，而詔吉凶。"鄭《注》："兵書曰'王者行師出軍之日，授將弓矢，士族振旅，將張弓大呼，大師吹律合音。'"[6]《漢書·李廣傳》："振旅扶師，以征不服。"[7]可見"振旅"，並非僅用於班師，也可用於作戰出征。故公族可以出征參戰，於中觶（《集成》06514）甚明。

晉侯穌鐘王歸成周，公族整師，是公族亦參與征伐，返歸成周後整師振旅，此時"公族"爲公之族，而非專指一人。

（二）膳夫

陳秉新、李立芳認爲，膳夫地位不高，因是王的近臣，所以有時也職掌出納王命。[8]

西周金文中只有"善夫"之稱，並無"膳夫"之載，對"膳夫"與"善夫"的關係目前學界有兩種觀點：

1. 善夫與膳夫不同，代表學者有黃然偉[9]、陳初生[10]等。

持此種觀點的學者認爲金文中"善夫"的職司與《周禮》中"膳夫"的職司有很大的不同，金文中"善夫"可出納王命，而《周禮》則僅記膳夫可職掌王、後及世子飲食，並

---

[1] 張亞初、劉雨：《西周金文官制研究》，中華書局1986年版，第39頁。
[2] 馮時：《周初二伯考——兼論周代伯老制度》，《中原文化研究》2018年第2期。
[3] 黃益飛：《金文所見"立"與西周政治統治》，《考古》2016年第9期。
[4] 楊伯峻：《春秋左傳注》（修訂本），中華書局2016年版，第45—46頁。
[5] 楊伯峻：《春秋左傳注》（修訂本），中華書局2016年版，第514—515頁。
[6] （清）孫詒讓：《周禮正義》，中華書局2015年版，第2231頁。
[7] （漢）班固撰，（唐）顏師古注：《漢書》，中華書局1962年版，第2443頁。
[8] 陳秉新、李立芳：《出土夷族史料輯考》，安徽大學出版社2005年版，第228頁。
[9] 黃然偉：《殷周青銅器賞賜銘文研究》，龍門書店有限公司1978年版，第153頁。
[10] 陳初生：《金文常用字典》，陝西人民出版社2004年版，第265頁。

無出納王命之記載。故金文善夫並非《周禮》之膳夫。

2. 善夫即爲膳夫，代表學者有郭沫若[1]、楊樹達[2]、曹瑋[3]等。

我們認爲金文中的"善夫"就是文獻所載之"膳夫"。

膳夫山鼎（《集成》02825）：

隹（唯）卅又七年正月初吉庚戌，王才（在）周，各圖室，南宫乎（呼）入右善（膳）夫山，入門，立中廷，北鄉（向），王乎（呼）史桒冊令（命）山。

業師馮時先生經過分析指出膳夫山可能便是《詩·大雅·烝民》之仲山甫。[4]《詩·大雅·烝民》："王命仲山甫，式是百辟。纘戎祖考，王躬是保。出納王命，王之喉舌。賦政於外，四方爰發。"[5]仲山甫在銘文中以膳夫稱之，在《詩經》記載中可以出納王命，知膳夫在文獻中所載之職除掌王、后及世子之膳羞外，還可以出納王命。故銘文中之"善夫"即是《周禮》之"膳夫"。

膳夫在西周中晚期金文中才出現，次數多達50餘次，經過梳理，我們發現金文中的"膳夫"可分爲地位高低決然不同的兩種。

第一類以克鼎諸器爲代表，地位較高。如：

小克鼎（《集成》02796）：

隹（唯）王廿又三年九月，王才（在）宗周，王命善（膳）夫克舍于成周遹正八𠂤（師）之年，克乍（作）朕皇且（祖）釐季寶宗彝，克其日用饗，朕辟魯休……

大克鼎（《集成》02836）：

王若曰：克，昔余既令女（汝）出內（入）朕令，今余隹（唯）䎽（申）豪（就）乃令，易（賜）女（汝）叔（素）市參同（綱）𦆷（中）悤（蔥）。易（賜）女（汝）田于埜（野）。

以上兩例，我們發現膳夫克的地位其實是很高的。西周金文紀年多以周王積年，少數紀年主事者雖非爲周王，但其地位也都比較尊崇，對此業師馮時先生已有論述。[6]金文中以事紀年與以王紀年很少同出，然小克鼎銘文中，先以周王紀年，次又以事紀年，可見克十分重視此次遹正八師之事，乃至鑄鼎以記之，同時將以事紀年附於王年之後，克之心態可見一斑。

爰尊（《集成》06008）：

隹（唯）十又三月既生霸丁卯，爰從師雝（雍）父戍于由𠂤之年，爰檴（蔑）厯，

---

[1] 郭沫若：《周官質疑》，《金文叢考》，《郭沫若全集考古編》第05卷，人民出版社2002年版，第76頁。

[2] 楊樹達：《積微居金文說》，中國科學院出版社1952年版，第63頁。

[3] 曹瑋：《周代善夫職官考辯》，見氏著《周原遺址與西周銅器研究》，科學出版社2004年版，第195—202頁。

[4] 馮時：《晉侯穌鐘與西周曆法》，《考古學報》1997年第4期。

[5] （漢）毛亨傳，（漢）鄭玄箋，（唐）孔穎達疏，（唐）陸德明音釋，朱傑人、李慧玲整理：《十三經注疏·毛詩注疏》，上海古籍出版社2014年版，第1785—1786頁。

[6] 參見業師馮時先生《周初二伯考——兼論周代伯老制度》，《中原文化研究》2018年第2期。

中（仲）競父易（賜）赤金，爰拜韻首……

便是周王積年與以事紀年同出，業師馮時先生已有分析，此時正值淮夷入侵，"個別德薄之人借機自以紀年"，是爲僭越。[1]小克鼎在王年紀時之後又加"王命膳夫克舍于成周遹正八師之年"，其心亦不正。

克雖爲膳夫，但是在法門寺出土的小克鼎卻爲七件，《公羊傳·桓公二年》何休《注》云："禮，祭，天子九鼎、諸侯七、卿大夫五、元士三也。"[2]是小克鼎之體例與諸侯同，而此時克僅爲膳夫之職，按西周禮制，克不應享有此種待遇。

所以對於膳夫克諸器我們並不能用常規的觀點來看待，這是特例。克是膳夫之職，職掌王之飲食，必爲王所信任，應是王的寵臣，這在大克鼎銘中也有所體現。大克鼎銘所言之克昔日替王出納政令，便是小克鼎所載克到成周發佈命令之事。現在王重申此命，并且賜予很多地方的田、臣妾等豐富的賞賜，其賞賜田土規模之大，於西周金文中也甚少見，更加體現了王對克的寵愛。

在文獻中，我們也可以發現此種特例。《詩·小雅·十月之交》："皇父卿士，番維司徒。家伯維宰，仲允膳夫。聚子內史，蹶維趣馬。楀維師氏，豔妻煽方處。"鄭《箋》："膳夫，上士也，掌王之飲食膳羞。"孔穎達《疏》："膳夫上士耳，得與司徒冢宰同列於詩者，鄭解其意：六人之中，雖官有尊卑，而此六人權寵相連，共朋黨於朝，是以疾焉。然官高者勢大，勢大者黨甚，放此，大率以官高爲先，而有不次者，便文以取韻也。"[3]是仲允爲膳夫，得以與司徒冢宰同列，也是因爲爲王之寵臣。

圖4-2　小克鼎（《集成》02796）銘文拓片　　　圖4-4　爰尊（《集成》06008）銘文拓片

---

[1] 馮時：《周初二伯考——兼論周代伯老制度》，《中原文化研究》2018年第2期。
[2] （漢）何休解詁，（唐）許彥疏；刁小龍整理：《十三經注疏·春秋公羊傳注疏》，上海古籍出版社2014年版，第127頁。
[3] （漢）毛亨傳，（漢）鄭玄箋，（唐）孔穎達疏，（唐）陸德明音釋，朱傑人、李慧玲整理：《十三經注疏·毛詩注疏》，上海古籍出版社2014年版，第1040—1041頁。

圖4-3 大克鼎（《集成》02836）銘文拓片

第二類，膳夫地位較低，如師晨鼎（《集成》02817）：

> 王乎（呼）乍（作）冊尹冊令（命）師晨（晨）：疋（胥）師俗嗣（司）邑人，隹（唯）小臣、善（膳）夫、守□、官犬，眔奠（甸）人、善（膳）夫、官守友，易（賜）赤舃。

此鼎（《集成》02822）：

> 王乎（呼）史翏冊令（命）此曰："旅邑人、善（膳）夫，易（賜）女（汝）玄衣黹屯（純）、赤市、朱黃（衡）、䜌（鑾）旂（旂）。"

我們可以看到此類膳夫位於師之下。斯維至先生指出師晨鼎銘文中的膳夫爲師晨的家臣，其地位與身爲王官的膳夫不同。[1]

文獻中關於膳夫更多的是職掌膳羞的記錄。在金文中我們只發現一例，即膳夫山鼎（《集成》02825）：

> 王曰："山，令女（汝）官嗣（司）猷（飲）獻人于㽙，用乍（作）害（憲）司貯（賈），母（毋）敢不善，易（賜）女（汝）玄衣黹屯（純）、赤市、朱黃（衡）、䜌（鑾）旂。"

對膳夫山鼎之"獻人"，目前還是有不同的觀點。張亞初和劉雨先生認爲膳夫山負責職

---

[1] 斯維至：《兩周金文所見職官考》，《中國文化研究匯刊》第七卷，1947年，第3頁。

掌四方賓客飲食之禮以及飲食的貯藏保管。[1]馬承源先生認爲歔爲地名，獻人即獻民，是士大夫。[2]黄盛璋先生以膳夫山鼎銘之"獻人"爲《尚書·洛誥》所載之"民獻"，是奴隸。[3]郭沫若先生也認爲"獻人"是奴隸，即大盂鼎之"人鬲"。[4]對此，李學勤先生已經指出大盂鼎之"人鬲"爲家奴，但是"獻"不會省作"鬲"。[5]陳夢家先生也指出"歔獻人"應是供奉酒食與膳獻之人，"相當於《周禮·天官》的獸人和酒人"。[6]我們認爲膳夫山鼎所記"歔獻人"應是與飲食膳羞有關。

《周禮·天官·敘官》："膳夫，上士二人，中士四人，下士八人，府二人，史四人，胥十有二人，徒百有二十人。"鄭《注》："膳之言善也，今時美物曰珍膳。膳夫，食官之長也。"[7]《周禮·天官·膳夫》："膳夫，掌王之食飲膳羞，以養王及后、世子。"[8]

可以看到膳夫在文獻中，更多的是以掌王的膳食爲職。所以在釋膳夫之職時，因與文獻對應有誤，王國維闕之不釋。[9]宋王昭禹《周禮詳解》："膳夫，食官之長必其智足以帥其屬，然後可以養王及后世子，故以膳夫名官王天下之至尊也。"[10]可見王昭禹認爲膳夫之官雖掌飲食，但其地位甚高。楊樹達先生認爲此膳夫即《周禮》所載之膳夫，至於與文獻記載不同，他也列舉《詩·小雅·十月之交》，言"卿士司徒冢宰內史師氏皆卿士大僚，而膳夫與之並列，則膳夫之職，雖以掌膳羞名其官，實則職掌不止於膳羞也。《周禮·天官·序官》注謂膳夫爲食官之掌，此猶漢室太官主膳食。湯官主餅餌，導官主擇米，皆屬於少府，少府爲其長，而列於公卿，其職甚尊矣"。[11]《宋書·百官下》："太官令一人丞一人，周官爲膳夫，秦爲太官令，至漢屬少府。"[12]印证了楊樹達先生之確。呂宗力先生認爲《詩·小雅·十月之交》之"仲允膳夫"是西周晚期時的執政大臣。[13]童書業先生認爲膳夫直至春秋前期地位一直很高。[14]張亞初、劉雨兩位先生分析到正是由於膳夫職掌飲食而與王的關係密切，所以有時也可參與政務活動，地位變得重要起

---

[1] 張亞初、劉雨：《西周金文官制研究》，中華書局1986年版，第42頁。
[2] 上海博物館商周青銅器銘文選編寫組：《商周青銅器銘文選》（三），文物出版社1988年版，第314頁。
[3] 黄盛璋：《班簋的年代、地理與歷史問題》，原載於《考古與文物》1981年第1期，引自《金文文獻集成》第28冊，線裝書局2005年版，第328—330頁。
[4] 郭沫若：《奴隸制時代》，《郭沫若全集歷史編》第03卷，人民出版社1984年版，第14—70頁。
[5] 李學勤：《大盂鼎新論》，《鄭州大學學報》（哲學社會科學版）1985年第3期。
[6] 陳夢家：《西周銅器斷代》，中華書局2004年版，第289頁。
[7] （漢）鄭玄注，（唐）賈公彥疏，彭林整理：《十三經注疏·周禮注疏》，上海古籍出版社2010年版，第11頁。
[8] （漢）鄭玄注，（唐）賈公彥疏，彭林整理：《十三經注疏·周禮注疏》，上海古籍出版社2010年版，第113頁。
[9] 王國維：《王國維遺書·克鼎銘考釋》，《王國維遺書》第六冊，據商務印書館1940年版影印，上海書店出版社1983年版。
[10] （宋）王昭禹：《周禮詳解》，清文淵閣四庫全書本，第59頁。
[11] 楊樹達：《積微居金文說》，中國科學院出版社1952年版，第63頁。
[12] （南朝梁）沈約撰：《宋書》，中華書局1974年版，第1244頁。
[13] 呂宗力主編：《中國歷代官制大辭典》（修訂版），商務印書館2015年版，第929頁。
[14] 童書業：《春秋左傳研究》，上海人民出版社1980年版，第303頁。

來。[1]曹瑋先生指出在東周之後膳夫才成爲專門負責管理王膳食之官，於金文中出現的善夫是有等級的，一類膳夫地位較高，由師氏兼任，可以出納王命、巡視地方，此即爲《詩經》中記載的膳夫；另一類膳夫則爲師氏所管轄的膳夫，其地位與小臣、邑人相同。[2]

在《周禮》中與膳夫相似之職，有一宰夫。有的學者將兩者視爲一職。《文選·西京賦》："膳夫馳騎。"薛氏《注》："膳夫，宰夫也。"[3]《儀禮·燕禮》："膳宰具官饌於寢東。"鄭玄《注》："膳宰，天子曰膳夫，掌君飲食膳羞者也。"[4]胡匡衷云："膳宰亦通稱宰夫。"[5]孫詒讓《周禮正義》亦贊同胡匡衷之釋。[6]

斯維至先生認爲膳夫、膳宰、宰夫等職經常混用，在古書中爲一職。[7]

郭沫若先生以膳夫、宰夫古皆稱爲"善夫"，只是其職有上下之别，後因嫌使用時易混淆，遂分爲兩名，"既析之新名與沿用已久之舊名輾轉相混，故復稱膳宰若膳夫爲宰夫也"[8]。

李學勤先生認爲膳夫克可以"敷奠王命"，應爲朝中重臣，是《周禮》的小宰或宰夫，"只因同膳夫有上下隸屬的關係，官名有時易用"。[9]

通過上文分析，我們認爲將膳夫與宰夫視爲一職的觀點是不正確的。我們已經論述了"膳夫"之職，不論金文還是文獻中所記皆明其既可以掌王之飲食亦可以出納王命，與《周禮》之小宰或宰夫不同。

膳夫在金文和文獻中我們都可以發現其兩個職掌：其一爲掌王、后及世子之飲食膳羞，這也是膳夫的本職；其二，職掌王飲食之人必受王的信任，又常隨王畔，故便可出納王命。

晉侯穌鐘銘文中，周王賞賜晉侯時由膳夫呼入，與我們上文分析膳夫常隨周王之側，正相對應。

(三) 司空

陳秉新和李立芳兩位先生提到晉侯穌鐘銘文中司空職掌工程修建、製造器械等。[10]

《周禮·冬官·考工記》："國有六職，百工與居一焉。"鄭《注》："司空，掌營城郭，

---

[1] 張亞初、劉雨：《西周金文官制研究》，中華書局1986年版，第42頁。
[2] 曹瑋：《周代善夫職官考辯》，見氏著《周原遺址與西周銅器研究》，科學出版社2004年版，第195—202頁。
[3] (南朝梁) 蕭統編：《昭明文選》，中州古籍出版社1990年版，第27頁。
[4] (漢) 鄭玄注，(唐) 賈公彥疏：《十三經注疏·儀禮注疏》，上海古籍出版社2009年版，第157頁。
[5] (清) 胡培翬撰：《儀禮正義》，清木犀香館刻本，第467頁。
[6] (清) 孫詒讓：《周禮正義》，中華書局2015年版，第31頁。
[7] 斯維至：《兩周金文所見職官考》，《中國文化研究匯刊》第七卷，第3頁注腳 (1)，1947年9月。
[8] 郭沫若：《周官質疑》，《金文叢考》，《郭沫若全集考古編》第05卷，人民出版社2002年版，第49—81頁。
[9] 李學勤：《從金文看〈周禮〉》，《尋根》1996年第2期。
[10] 陳秉新、李立芳：《出土夷族史料輯考》，安徽大學出版社2005年版，第228頁。

建都邑，立社稷宗廟，造宮室車服器械，監百工者，唐虞以上曰共工。"[1]鄭玄認爲司空職掌包括營造城郭都邑、設立宗廟社稷、製造車服器械等，早在唐虞之時便已出現。由於《周禮》冬官司空一章在漢代之前就已亡佚不存，漢時以《考工記》補之，故今本《周禮》中所載司空之職掌與西周時司空之職掌的一致性我們還是存在疑問的。

司空一職在文獻中最早見於《尚書·牧誓》。《尚書·牧誓》載"我友邦冢君、御事、司徒、司馬、司空、亞旅、師氏、千夫長、百夫長……"[2]是司徒、司馬、司空並舉。在金文中我們也發現，司徒、司馬、司空並舉，並以之爲三有司，盞尊（《集成》06013）銘文：

　　　　王冊令（命）尹，易（賜）盞：赤市、幽亢（衡）、攸（鋚）勒，曰：用嗣（司）六自（師）王行，三有嗣（司）：嗣（司）土（徒）、嗣（司）馬、嗣（司）工（空）。

現將文獻中所載司空職掌總結如下：

1. 司空職掌水利

《尚書·舜典》中載："僉曰：'伯禹作司空。'帝曰：'俞！'咨禹：'汝平水土，惟時懋哉！'"[3]是禹作司空功在治水土。《論語·泰伯》載禹"卑宮室而盡力乎溝洫"[4]，《史記·夏本紀》禹"以決九川致四海，浚畎澮而致之川"[5]，皆是稱其通溝洫之功。

《荀子·王制》："修隄梁，通溝澮，行水潦，安水臧，以時決塞，歲雖兇敗水旱使民有所耘艾，司空之事也。"[6]

2. 司空職掌營建城邑

《詩·大雅·緜》："乃召司空，乃召司徒，俾立世家。"鄭《箋》："司空、司徒卿官也。司空掌營國邑。"孔穎達《疏》："司空之屬有匠人，其職有營國廣狹之度，廟社朝市之位，是司空掌營國邑也。"[7]

《晏子春秋·內篇雜下》："於是召司空曰：立宮何爲夕？司空曰：立宮以城矩爲之。"[8]

《大戴禮記·盛德》："司空之官以成禮。"盧辯《注》："不主智者已兼司馬。凡宗社之設、城郭之度、宮室之量、典服之制，皆冬官所職也。"[9]

---

[1] （漢）鄭玄注，（唐）賈公彥疏，彭林整理：《十三經注疏·周禮注疏》，上海古籍出版社2010年版，第1520頁。
[2] （漢）孔安國傳，（唐）孔穎達等正義：《十三經注疏·尚書正義》，上海古籍出版社2007年版，第155頁。
[3] （漢）孔安國傳，（唐）孔穎達等正義：《十三經注疏·尚書正義》，上海古籍出版社2007年版，第42頁。
[4] （清）劉寶楠撰，高流水點校：《十三經清人注疏·論語正義》，中華書局1990年版，第315頁。
[5] （漢）司馬遷撰：《史記》，中華書局1982年版，第79頁。
[6] （清）王先謙撰，沈嘯寰、王星賢點校：《新編諸子集成·荀子集解》，中華書局1988年版，第168頁。
[7] （漢）毛亨傳，（漢）鄭玄箋，（唐）孔穎達疏，（唐）陸德明音釋，朱傑人、李慧玲整理：《十三經注疏·毛詩注疏》，上海古籍出版社2014年版，第1413頁。
[8] （春秋）晏嬰撰：《晏子春秋》，中華書局1985年版，第54頁。
[9] （漢）戴德撰，（魏）盧昭注：《大戴禮記》，中華書局1985年版，第138頁。

3. 司空職掌修交通道路

《國語·周語中》："火朝覿矣，道茀不可行，候不在疆，司空不視塗。"韋昭《注》："司空，掌道路者。"[1]

《左傳·襄公三十一年》："司空以時平易道路。"杜預《注》："易，治也。"[2]

4. 司空職掌度地居民

《尚書·洪范》："三，八政：一曰食，二曰貨，三曰祀，四曰司空，五曰司徒，六曰司寇，七曰賓，八曰師。"僞孔《傳》："主空土以居民。"[3]

《禮記·王制》："司空執度，度地居民，山川沮澤，時四時，量地遠近，興事任力。"[4]

5. 司空職掌疆理土地

《漢書·百官公卿表》："天官冢宰，地官司徒，春官宗伯，夏官司馬，秋官司寇，冬官司空，是爲六卿。"顔師古曰："司空，掌邦土也。"[5]

《淮南鴻烈解·天文訓》："何謂五官，東方爲田、南方爲司馬、西方爲理、北方爲司空、中央爲都。"許慎《注》："司空主土。"[6]

《呂氏春秋·季春紀》："是月也命司空曰：時雨將降，下水上騰，徇行國邑周原野。修利隄防、導達溝瀆、開通道路，無有障塞，田獵單弋罝罘羅網餧獸之藥無出國門。"高誘《注》："司空，主土官也。"[7]

6. 司空職掌盜寇

《漢書·百官公卿表》："宗正，秦官掌親屬有丞。平帝元始四年更名宗伯，屬官有都司空令丞。"顔師古引如淳曰："律，司空主水及罪人。"賈誼曰："輸之司空，編之徒官。"[8]

《尚書大傳·夏傳》："天子三公：一曰司徒公，二曰司馬公，三曰司空公。"鄭玄《注》："周禮天子六卿：與太宰、司徒同職者，則謂之司徒公；與宗伯、司馬同職者，則謂之司馬公；與司寇、司空同職者，則謂之司空公。一公兼二卿舉下以爲稱。"[9]

至於司空名稱的由來，《白虎通·封公侯篇》："司馬主兵，司徒主人，司空主地……

---

[1] （春秋）左丘明撰，（三國）韋昭注：《國語》，上海古籍出版社1982年版，第67頁。
[2] （晉）杜預注，（唐）孔穎達等正義：《十三經注疏·春秋左傳正義》，上海古籍出版社1990年版，第687頁。
[3] （漢）孔安國傳，（唐）孔穎達等正義：《十三經注疏·尚書正義》，上海古籍出版社2007年版，第168頁。
[4] （漢）鄭玄注，（唐）孔穎達等正義：《十三經注疏·禮記正義》，上海古籍出版社2008年版，第246頁。
[5] （漢）班固撰，（唐）顔師古注：《漢書》，中華書局1962年版，第722—724頁。
[6] （漢）劉安撰，（東漢）許慎注：《淮南鴻烈解》，中華書局1985年版，第82頁。
[7] （秦）呂不韋，（漢）高誘注，（清）畢沅輯校：《呂氏春秋》，中華書局1991年版，第93頁。
[8] （漢）班固撰，（唐）顔師古注：《漢書》，中華書局1962年版，第730—731頁。
[9] （漢）伏勝撰，（漢）鄭玄注，（清）陳壽祺輯校：《尚書大傳》，中華書局1985年版，第40頁。

司空主土，不言土言空者，空尚主之，何況於實，以微見著。"[1]對此楊樹達先生談到："（吳大澂）工字說據散氏盤、哉敦、牧敦、司工彝諸器有司土司工之文，謂古司徒之官本爲司土，職掌土地人民，司空之官本爲司工，職掌營造工作，足正《白虎通》空尚主之何況於實之說。"[2]是楊樹達先生認爲司徒主土，司空不復主土。[3]對此還是可以再進行分析的，說詳後考。

《初學記·職官部》引應劭："空，穴也。司空主土，古者穴居，主穿土爲穴以居人也。"[4]對此楊樹達先生也已提出反對意見，"夫穴居野處，乃上古猿狖之事，非周代文治大進之時所宜有。"[5]是也。

以上是司空在文獻中的記載。司空在西周金文中晚期出現次數較多。司空在金文中只有嗣工，沒有寫成嗣空的，《說文·穴部》："空，竅也。從穴工聲。"[6]可見空、工同音，學者也已指出[7]。

對於司空職掌學者也有討論。

一種觀點認爲司空與工程建造有關。張亞初先生和劉雨先生認爲司空可分爲王官之司空和諸侯之司空，"工"字最早見於卜辭中寫作"𠄐"，爲表示夯築工具的象形字，與土木工程建築有一定的關係[8]。左言東先生提到司空最主要的職責便是築城，其次爲道路、水渠等的修建。[9]李學勤先生認爲司空所管爲土地度量。[10]

還有一種觀點認爲司空職掌與貢賦有關。沈長雲先生認爲金文中的"司工"應爲"司貢"，最初是負責管理各地臣屬與眾庶的貢納，揚簋銘司量田甸，就是命令揚管理量地田甸所出之貢賦，後來司工主管納貢之事逐漸被遺忘，而主掌土地兼理修路和城邑，但不論是職掌徵收貢賦還是營造城邑、修建道路都與土地有關，所以有"司空主土"。[11]

對於司空職掌的分析還是要回歸青銅器銘文。

西周金文中，司空可以作爲儐右出現，如晉侯穌鐘銘之揚父，四十二年逨鼎銘之散等。歷史文獻中記載司空職掌多與土地有關，金文中也可以發現這樣的例子，如五祀衛鼎（《集成》02832）、矢人盤（《集成》10176）、永盂（《集成》10322）等銘文中司空都參與了土

---

[1]（漢）班固撰：《白虎通》，中華書局1985年版，第65—67頁。
[2] 楊樹達：《讀吳愙齋中丞字說書後》，見氏著《積微居小學述林》，中華書局1983年版，第269頁。
[3] 楊樹達：《司徒司馬司空釋名》，見氏著《積微居小學述林》，中華書局1983年版，第242—244頁。
[4]（唐）徐堅等撰：《初學記》，中華書局1980年版，第254頁。
[5] 楊樹達：《司徒司馬司空釋名》，見氏著《積微居小學述林》，中華書局1983年版，第242—244頁。
[6]（漢）許慎撰，（清）段玉裁注：《說文解字注》，上海古籍出版社2017年版，第343頁。
[7] 張亞初、劉雨：《西周金文官制研究》，中華書局1986年版，第22頁。
[8] 張亞初、劉雨：《西周金文官制研究》，中華書局1986年版，第23—24頁。
[9] 左言東：《先秦職官表》，商務印書館1994年版，第48頁。
[10] 李學勤：《西周金文中的土地轉讓》，《光明日報》1983年11月30日。
[11] 沈長雲：《談古官司空之職——兼說〈考工記〉的內容及作成時代》，《中華文史論叢》第三輯，上海古籍出版社1983年版，第257—266頁。

地交易活動。同時青銅量、錛等工具上面有"司空"銘文，如司工量（《集成》10363）、右司工錛（《新收》1125）等，從實物資料證實了司空職掌確與土地、工程建造有關。

我們嘗試分析一下揚簋（《集成》04294）中揚作爲司空所掌管的職務。

隹（唯）王九月既眚（生）霸庚寅，王才（在）周康宫，旦，各大室，即立（位），嗣（司）徒單白（伯）內（入）右（佑）揚，王乎（呼）內史史書冊令（命）揚，王若曰：揚，乍（作）嗣（司）工，官嗣（司）量田佃、眔嗣（司）寽、眔嗣（司）芻、眔嗣（司）寇、眔嗣（司）工司（事），賜（賜）女（汝）赤巿、繺（鑾）旂，訊訟，取遺五寽（鋝）。揚拜手䭫首，敢對揚天子不（丕）顯休，余用乍（作）朕（朕）剌（烈）考害（憲）白（伯）寶設（簋），子子孫孫其萬年永寶用。

圖4-5 揚簋（《集成》04294）銘文拓片

另一揚簋（《集成》04295）銘文内容與上述揚簋只是"司工司"與"司工事"的不同，其餘内容皆一致，可知"工司"即"工事"。"司"、"事"互通，在此假"司"爲"事"。[1]

對揚的司掌主要有以下觀點：

以郭沫若先生爲代表的"兼職説"。郭先生認爲揚是司空兼司寇，與今本《周禮》所言官聯官屬之説完全不同，是因劉歆篡改編造的原因，導致今天看到的文獻與銘文記載多有不合。[2]

也有"官聯説"。以斯維至先生和張亞初、劉雨先生[3]爲代表。斯維至先生認爲揚並非以司空兼司寇，而是《周禮》鄭《注》"官聯"之説，"官聯爲國有大事，一官不能獨共，則六官共舉之"。[4]

第三種觀點是"職司説"。徐宗元先生認爲揚以司空而兼有數職，於事理不符，故將"嗣"釋爲"屬"。[5]陳絜、李晶等先生認爲司寇並非爲官職，他們認爲銘文的内容爲"冊命你任司空之官，具體負責以生產軍糧爲主的糧田之佃人、行宫、芻槀、寇盜、百工諸事

---

[1] 陳絜、李晶：《夲季鼎、揚簋與西周法制、官制研究中的相關問題》，《南開大學學報》2007年第2期。
[2] 郭沫若：《兩周金文辭大係》上編，第118頁，《郭沫若全集考古編》第08卷，科學出版社2017年版。
[3] 張亞初、劉雨：《西周金文官制研究》，中華書局1986年版，第23頁。
[4] 斯維至：《兩周金文所見職官考》，《中國文化研究彙刊》第七卷，1947年，第14頁。
[5] 徐宗元：《金文中所見官名考》，《福建師範學院學報》1957年第2期。

項。"[1]王治國贊成,並指出西周早期官員的職掌帶有一定的隨意性。[2]

我們認爲西周職官與其所司之事是不盡相同的,揚的職官爲司空,但同時也可以司掌軍賦、訴訟等,西周金文中也有類似的例子,如:

哉簋(《集成》04255):

……王曰:哉,令女(汝)乍(作)嗣(司)土(徒),官嗣(司)耤(藉)田,易(賜)女(汝)哉衣……

師穎簋(《集成》04312):

……王若曰:師穎,才先王既令女乍(作)嗣(司)土(徒),官嗣(司)汸圎,今余隹(唯)肈(肇)䌛(申)乃令,易(賜)女(汝)赤巿、朱黃(衡)、䜌(鑾)旂……

又如蔡簋(《集成》04340):

……王若曰:蔡,昔先王既令女(汝)乍(作)宰,嗣(司)王家,今余隹(唯)䌛(申)憙(就)乃令,令女(汝)眔曰,䫜疋(胥)對各,從嗣(司)王家外內,母(毋)敢又(有)不聞,嗣(司)百工,出入姜氏令,氒(厥)又(有)見又(有)即令,氒(厥)非先告蔡,母(毋)敢疾又(有)入告。

哉簋銘載,哉作司徒,官司藉田。師穎也爲司徒,官司汸圎。可見同爲司徒,官司亦有所不同。蔡爲宰,亦可司百工。以上銘文都是在職官所掌之外接受王命,有其他不同的

圖4-6 哉簋(《集成》04255) 　　　　圖4-7 師穎簋(《集成》04312)
銘文拓片　　　　　　　　　　　　　　　　銘文

---

[1] 陳絜、李晶:《奔季鼎、揚簋與西周法制、官制研究中的相關問題》,《南開大學學報》2007年第2期。
[2] 王治國:《金文所見西周王朝官制研究》,博士學位論文,北京大學,2013年。

司掌，這與其本官司掌並無矛盾，學者對此也有討論。[1]我們認爲揚簋中揚之職司正如此例，司空是揚之本官，此外揚接受王命可以掌管軍賦、訴訟等。

圖4-8 蔡簋（《集成》04340）銘文

對於揚簋銘文中"官司量田佃"，陳夢家先生認爲此爲《周禮》司馬"量人"之量。[2]馬承源先生以"量"爲地名。[3]沈長雲先生認爲指讓揚管理量地田甸所出之貢賦。[4]王治國解爲令揚掌管土地的丈量和規劃。[5]

從上述觀點中我們可以看出對於"量"或釋爲地名、或釋爲丈量、或釋爲"量人"，此尚可繼續討論。

裘錫圭先生指出，"量"應釋爲"糧"，特指軍糧或其他行道所用的乾糧，"糧田"就是生產這些糧食的公田。[6]我們贊同裘先生所說。《周禮·地官·廩人》："凡邦有會同師役之事，則治其糧與其食。"鄭《注》："行道曰糧，謂糒也。止居曰食，謂米也。"[7]《莊子·逍遙游》："適百里者，宿舂糧；適千里者，三月聚糧。"[8]"糧"均爲行道所用之糧，《周禮》中更是明確指出爲"師役"之事，即爲行軍作戰所備之"糧"。

---

[1] 陳絜、李晶：《夨季鼎、揚簋與西周法制、官制研究中的相關問題》，《南開大學學報》2007年第2期。

[2] 陳夢家：《西周銅器斷代》，中華書局2004年版，第193頁。

[3] 上海博物館商周青銅器銘文選編寫組：《商周青銅器銘文選》（三），文物出版社1988年版，第184頁。

[4] 沈長雲：《談古官司空之職——兼說〈考工記〉的內容及作成時代》，《中華文史論叢》第三輯，上海古籍出版社1983年版，第257—266頁。

[5] 王治國：《金文所見西周王朝官制研究》，博士學位論文，北京大學，2013年。

[6] 裘錫圭：《西周糧田考》，張永山主編《胡厚宣先生紀念文集》，北京科學出版社1998年版，第292—298頁。

[7] （漢）鄭玄注，（唐）賈公彥疏，彭林整理：《十三經注疏·周禮注疏》，上海古籍出版社2010年版，第605頁。

[8] （清）郭慶藩撰，王孝魚點校：《新編諸子集成·莊子集釋》，中華書局1961年版，第9頁。

虞簋（《集成》04167）：

虞拜頜首，休朕（朕）旬（寶）君公白（伯），易（賜）氒（厥）臣弟虞丼五糧，易（賜）衺冑、干戈，虞弗敢望（忘）公白（伯）休，對揚白（伯）休，用乍（作）且（祖）考寶障（尊）彝。

銘文中賞賜虞丼五糧，張政烺先生認爲是一井所出的五種糧食，[1] 與丼五糧一同賞賜的爲衺冑、干戈，都與軍事有關，故此"糧"亦應爲軍糧。

"佃"學者多釋爲甸人或甸師[2]，我們有不同的觀點。

克鐘（《集成》00204—00205）：

隹（唯）十又六年九月初吉庚寅，王才（在）周康剌宮，王乎（呼）士智召克，王親令克遹涇東至于京㠯（師），易（賜）克佃車、馬乘。

圖4-9 虞簋（《集成》04167）銘文拓片

銘文中可以看出"佃"應與車有關。《說文·人部》："佃，中也。從人田聲。《春秋傳》曰：'乘中佃。'一轅車。"[3] 知"佃"即爲車。金文中並沒有"甸"字，都是"佃"字，容庚《金文編》即謂"佃與甸爲一字"[4]，是也。《周禮·地官·小司徒》："九夫爲井，四井爲邑，四邑爲丘，四丘爲甸。"鄭《注》："四丘爲甸，甸之言乘也，讀如衷甸之甸。"[5]《釋名·釋州國》："四丘爲甸，甸，乘也，出兵車一乘也。"[6] 業師馮時先生指出各家都以"甸"讀爲"乘"，但在克鐘銘文中"佃"與"乘"同出，可知"甸"並非讀爲"乘"，佃車所指即爲兵車，"糧田佃"爲司掌糧田及佃車，即軍賦。[7] 揚爲司空，同時負責掌管軍糧及軍車，與軍事後備資源有關，其在戰爭中的作用相當於現在的"後勤保障部門"。

陳夢家先生認爲司𢉖，就是司掌王的行屋，是《周禮》中的幕人。[8] 馬承源先生認爲嗣𢉖即司居，負責掌管居宅。[9]

---

[1] 裘錫圭：《西周糧田考》，張永山主編《胡厚宣先生紀念文集》，北京科學出版社1998年版，第292—298頁。

[2] 裘錫圭：《西周糧田考》，張永山主編《胡厚宣先生紀念文集》，北京科學出版社1998年版，第292—298頁；上海博物館商周青銅器銘文選編寫組：《商周青銅器銘文選》（三），文物出版社1988年版，第184頁；朱鳳瀚：《商周家族形態研究》（增訂本），天津古籍出版社2004年版，第334頁。

[3] （漢）許慎撰，（清）段玉裁注：《說文解字注》，上海古籍出版社2017年版，第378頁。

[4] 容庚：《金文編》，中華書局1985年版，第483頁。

[5] （漢）鄭玄注，（唐）賈公彥疏，彭林整理：《十三經注疏·周禮注疏》，上海古籍出版社2010年版，第390頁。

[6] （漢）劉熙撰：《釋名》，中華書局1985年版，第25頁。

[7] 馮時：《霸伯治鹽與西周井田》，《中原文物》2020年第1期。

[8] 陳夢家：《西周銅器斷代》，中華書局2004年版，第193頁。

[9] 上海博物館商周青銅器銘文選編寫組：《商周青銅器銘文選》（三），文物出版社1988年版，第184頁。

丮，舊說釋"居""位""廣"等，我們認爲"丮"應讀爲"居"，是西周時周王離宮之專用字。[1]

郭沫若先生將"司芻"讀作"司誓"，認爲其官就是《周禮》秋官的司約、司盟之類。[2] 陳夢家先生認爲司芻，即《周禮》中的委人。[3] 馬承源先生提出司芻可能與文獻中芻人相當。[4] 劉釗先生認爲芻應釋爲"苑"，"司苑"相當於《周禮》中的囿人。[5] 張亞初和劉雨先生認爲司芻爲司空下屬，芻就是建築中用來覆蓋屋頂的稻草類植物。[6]

芻，《說文·草部》："刈草也，象包束草之形。"段玉裁《注》："謂可飼牛馬者。"[7]《尚書·費誓》："魯人三郊三遂，峙乃芻茭。"僞孔《傳》："郊遂多積芻茭，供軍牛馬。"[8]《左傳·昭公十三年》："淫芻蕘者。"杜預《注》："飼牲曰芻，草薪曰蕘。"孔穎達《疏》："芻者，飼牛馬之草也；蕘者，共燃火之草也。"[9] 可見，"芻"是供牛馬所吃之草，孔安國進一步認爲是軍隊中牛馬的飼料。前文已分析，揚所掌有軍糧及軍馬，故揚所司之芻亦應爲供應軍馬的糧草。

《周禮·冬官》中並沒有"芻"這一官職，但《周禮·冬官》早已亡佚，是漢代以《考工記》補充得到全本。故書中關於官職的記載並不完全與原本《周禮》相同，但可通過其他歷史文獻和考古發現的一手資料進行適當補充，逐步完善。清代江永在《周禮疑義舉要》中補充現存《周禮·冬官》中記載官職可能缺有大司空、小司空、舟牧、車人、芻人等。[10] 是"芻"應爲司空所執掌。

業師馮時先生指出晉侯穌編鐘之揚父也就是揚簋銘之揚，與牧匜所載之伯揚父亦爲同一人。[11] 揚簋銘文記載揚作爲司空，還司掌司寇，司寇主要負責管理斷案訴訟，牧匜銘文所記即伯揚父審斷牧牛一案，與揚簋所載相符。[12]

通過上文分析，可以看到揚作爲司空所兼管的職務與軍事有密切聯繫，不僅執掌軍糧、軍馬的供應，包括軍馬的糧草也爲揚所掌管。同時揚作爲司空，軍事征戰中的工程修建亦是揚本職工作。可見揚的職務在整場征伐戰爭中的作用是重大的，揚跟隨周王一起出征，

---

[1] 參見黃益飛《金文所見"丮"與西周政治統治》，《考古》2016 年第 9 期。
[2] 郭沫若：《兩周金文辭大系》上編，第 118 頁，《郭沫若全集考古編》第 08 卷，科學出版社 2017 年版。
[3] 陳夢家：《西周銅器斷代》，中華書局 2004 年版，第 193 頁。
[4] 上海博物館商周青銅器銘文選編寫組：《商周青銅器銘文選》（三），文物出版社 1988 年版，第 184 頁。
[5] 劉釗：《釋金文中從夗的幾個字》，見氏著《古文字考釋叢稿》，嶽麓書社 2005 年版，第 106—115 頁。
[6] 張亞初、劉雨：《西周金文官制研究》，中華書局 1986 年版，第 23 頁。
[7] （漢）許慎撰，（清）段玉裁注：《說文解字注》，上海古籍出版社 2017 年版，第 44 頁。
[8] （漢）孔安國傳，（唐）孔穎達等正義：《十三經注疏·尚書正義》，上海古籍出版社 2007 年版，第 310 頁。
[9] （晉）杜預注，（唐）孔穎達等正義：《十三經注疏·春秋左傳正義》，上海古籍出版社 1990 年版，第 809—810 頁。
[10] （清）江永撰：《周禮疑義舉要》，中華書局 1985 年版，第 61 頁。
[11] 馮時：《晉侯穌鐘與西周曆法》，《考古學報》1997 年第 4 期。
[12] 馮時：《霸伯治鹽與西周井田》，《中原文物》2020 年第 1 期。

故在晉侯穌鐘銘文中周王賞賜晉侯穌時揚身爲司空在王左右。

（四）戰爭中不同人員的作用

一場戰爭若想獲得最終的勝利需要指揮人員、作戰人員乃至後勤人員等多方面的共同努力，晉侯穌鐘銘文出現的多種稱謂爲我們勾勒出西周時各方協同作戰的場景。

周王三十三年征伐夙夷之戰最高指揮者即爲宣王，晉侯穌爲戰場直接指揮者，作戰人員包括晉侯穌之小宗及其子弟、屬官、族外之人，及宣王之大室、小臣、車僕，隨同作戰的還有公族。膳夫爲食官之長，主掌王之飲食，周王蒞臨指戰，膳夫必從。

《孫子·軍爭》："軍無輜重則亡，無糧食則亡，無委積則亡。"王晳曰："委積謂薪芻蔬材之屬，軍恃此三者以濟，不可輕離也。"[1]可見糧草供應的充足性和及時性對戰爭取勝至關重要。司空揚父職掌糧草供應，負責工程修建，相當於現代戰爭中的後勤部門。

晉侯穌鐘銘文不僅爲我們記述了西周宣王時對夙夷征伐戰爭的作戰經過，同時保存了大量的職官稱謂，爲我們認識西周戰爭參與人員的組成提供了新的材料，各部門協同作戰，各司其職，最終取得了戰爭的勝利。

五　結論

本文對晉侯穌鐘銘文稱謂進行了新的梳理，可得出以下認識：

其一，晉侯穌率領之"亞旅"是晉侯穌的小宗及其子弟；"小子"在西周金文中的含義有：宗法意義、年輕人、謙稱及官職，晉侯穌鐘銘文中"小子"是晉侯穌的屬官；"或人"是晉侯穌率領的族外之人。從中也可看出晉侯穌所率領的軍隊成員組成是比較複雜的。

其二，銘文記載大室、小臣、車僕都是周王之官。"大室"即《周禮》大僕，其職與軍事有關，故隨周王出征；"小臣"地位自西周初至西周末年呈下降趨勢，但自本質而言仍是奴隸，由於部分小臣可常伴王旁，與王的關係比較緊密，可接受賞賜；"車僕"是職掌車隊及隨從與晉侯一起作戰的人。

其三，西周金文"公族"指公之同族，獨立於兩寮之外，是周王直系或旁系親族，與周王關係密切；"公族某"則專指公族中的某一人。文獻中有時會將"公族大夫"省稱爲"公族"。金文和文獻中都可發現膳夫職掌不僅是王、后和世子的飲食，同時也可以出納王命。因膳夫是掌握王飲食的官員，飲食安全對王而言至關重要，故周王定會讓自己信任的人來擔任相應官職，因而膳夫與王關係親密，可成爲王的寵臣，跟隨周王一起征戰。司空

---

[1]（春秋）孫武撰，（三國）曹操等注，楊丙安校理：《十一家注孫子校理》，中華書局1999年版，第140頁。

職司包括傳統的工程建築、土地管理等，在戰爭中也可掌管軍賦，是十分重要的後勤保障官員。

其四，西周銘文中出現稱謂時，我們不能籠統認爲是職官，而要具體情況具體分析。西周金文官職職司不能局限於《周禮》，在某些情況下，由於王的命令，其職司可更廣。

其五，晉侯穌鐘銘文爲我們認識西周征伐戰爭參與人員的組成提供了新的視角，有助於我們對西周晚期戰爭參與人員進行深入的分析。